# 방탄 사고

* 이 도서의 국립중앙도서관 출판예정도서목록(CIP)은 서지정보유통지원시스템 홈페이지(http://seoji.
nl.go.kr)와 국가자료공동목록시스템(http://www.nl.go.kr/korisnet)에서 이용하실 수 있습니다.
(CIP세어린호. 2019010191)

**WUNDER WIRKEN WUNDER**

by Dr. med. Eckart von Hirschhausen

* 일러두기
1. 주는 모두 옮긴이주와 편집자주다.
2. 단행본은 《 》, 신문과 잡지, 영화, 방송 프로그램은 〈 〉, 노래와 시는 ' ', 기사 제목은 「 」로 표기했다.

걱정, 무기력, 질병으로부터 당신을 지킬 해독제

# 방탄 사고

에카르트 폰 히르슈하우젠 지음

박규호 옮김

은행나무

차례

슈퍼맨들도 대지와의 접촉이 필요합니다. 슈퍼 푸드부터 나무 끌어 안기까지, 최첨단 처방부터 닭고기 수프까지 가방 가득 기발한 아이디어를 담고 기쁜 마음으로 세계를 여행합니다. 이 멋진 여행에 함께 해주시겠어요?

| 서문 |

## 아픈 벗에게 유머의 꽃다발을!
## 과학에 온기가 더해질 때 기적은 시작됩니다

어릴 때 놀다 넘어져 다치기라도 하면 어머니는 늘 저를 달래주곤 하셨습니다. 상처 부위에 '호' 하고 입김을 불면서 마법의 주문을 외워 주셨죠.

"봐라, 에카르트야. 저기 '아야'가 창문 밖으로 날아가는구나!"

저는 아픈 '아야'가 정말 창문 밖으로 날아가는 걸 보았습니다. 창문이 닫혀 있었는데도 말이죠.

훗날 대학에서 의학 공부를 할 때, 저는 의대 교수님 중 한 분이라도 어떻게 '아야'가 창밖으로 날아갈 수 있는지 설명해줄 거라 기대했습니다. 네 살 때 이후로 그런 일이 정말로 가능하다는 사실을 알고 있었으니까요. 하지만 그토록 길고 고된 의대 교육과정 동안 이 현상에 대한 언급은 단 한 마디도 없었습니다. 생각하면 할수록 답답한 일입니다.

오늘날, 갖가지 진통제부터 말기 암 고통 완화 치료에 이르기까지 과학이 이룬 성취와 가능성은 기쁘기 짝이 없는 일이지만, 그래도 가끔은 그냥 꼭 안아주며 '호' 하고 불어줄 누군가가 필요합니다.

다 큰 어른이 된 지금은 설명과 분석에 익숙해지고, 또 냉소적이 되어 아픔이 순식간에 사라질 수 있다는 사실을 더 이상 믿을 수도 없고 믿으려 하지도 않게 되었습니다……. 어른인 척, 합리적인 척, 잘난 척 하느라 아이에게 혹은 누군가에게 '호' 하고 불어줄 기회를 놓치고 만 것입니다.

애정 어린 관심이 없는 과학은 차갑습니다. 그리고 과학이 없는 애정은 현재 우리가 가진 가능성을 따라오지 못합니다.

그래서 이 책을 쓰게 되었습니다.

당신을 위해서, 그리고 '호' 하고 불어주지 못하는 모든 이들을 위해서.

에카르트 폰 히르슈하우젠

| 서문 사용 설명서 |

## 반복하는 생각과 행동이 삶을 결정합니다

우리 집에서는 다들 바닐라아이스크림에 끓인 라즈베리를 얹어 먹는 것을 좋아했습니다. 하지만 아버지는 지금까지도 "이건 열역학적 난센스야" 하고 비웃곤 하십니다. 한 가지 물질은 뜨겁게 끓이고 다른 한 가지는 애써 차갑게 식힌 다음 그 둘을 한 그릇에 담아 먹는 짓은 자연과학자인 아버지가 보기에는 끔찍한 만행이었죠. 하지만 아버지 역시 이런 만행을 몹시 즐기십니다. 열역학 법칙에 따라 라즈베리와 아이스크림의 서로 다른 온도대가 근접하게 되었을 때조차도 한사코 더 드시려고 하십니다.

어머니는 예나 지금이나 늘 집안의 감성 파트를 담당하십니다. 가족 구성원 모두의 관계와 친분, 의도한 바들이 유지되는 건 모두 어머니 덕분입니다. 어머니는 지금 누가 어떤 상태인지 늘 훤히 꿰고 계십니다. 전화로 "여보세요" 소리만 들어도 무슨 일이 있는지 바로 알아차리십니다. 저는 두 분의 이런 모습을 아주 고맙게 생각합니다. 그리고 제가 온전히 저의 길을 찾아갈 수 있도록 북돋아주신 것에 대해서도 마찬가지입니다. 여덟 살 무렵 제가 처음 마술 상자를 선물 받고 조금씩 재주를 익혀가기 시작했을 때, 그것이 앞으로 제 삶에 어떤 영향을 미치게 될지 아무도 알지 못했습니다. 이때 배운 마술과 코믹은 지금까지도 생생히 제 머릿속에 남아 있습니다. 그리고 이것은 의학을 전공하고 건강에 대해 공부하던 기나긴 시간 내내 마찬가지였습니다.

둘의 혼합물이 바로 이 책입니다. 그리고 그것은 또한 제 삶이기도 합니다. 이번 책은 행복과 사랑, 건강을 다루었던 이전의 책들과는 조금 다릅니다. 그 이상을 이야기하고 싶어 합니다. 삶과 웃음과 눈물에 관한 이야기입니다. 질병과 치료, 명백한 것과 기이한 것, 생명의 지속과 죽음에 관한 이야기입니다. 이 책은 저의 가장 개인적인 영역을 다룬 책입니다. 건강하고 행복한 삶은, 그리고 이를 얻는 다양한 방법은 제 삶의 주제이기도 하니까요.

각 장에는 여러 가지 다양한 글이 담겨 있습니다. 짧은 글도 있고 긴 글도 있고, 철저히 사실에 입각한 글도 있고 개인적인 글도 있습니다. 입맛에 맞는 대로 골라 읽으면 됩니다.

가령 제 친구 파울은 언제나 주차장 자리를 하나 내어달라고 우주에 대고 주문을 넣습니다. 하지만 늘 자전거를 타고 다닙니다. 어차피 그러는 게 그를 위해서나 우주를 위해서나 최선이긴 합니다. 우리는 알고 지낸 지가 아주 오래되었습니다. 서로를 좋아합니다. 하지만 때때로 사물을 아주 다른 시각으로 보기도 합니다. 최근에 함께 아침 식사를 한 적이 있는데 그가 자기 토스트를 그만 카펫이 깔린 바닥에 떨어뜨리고 말았습니다. 토스트는 물론 버터를 바른 쪽으로 떨어졌습니다. 그는 당장 "머피의 법칙!" 하고 소리치더군요. 저는 잠시 생각하다 이렇게 반박했습니다. "아니, 뉴턴의 법칙!"

여기서 우리의 세계관은 또다시 부딪쳤습니다. 파울에게 토스트는 바보 같은 일이 항상 최악의 형태로 발생하는, 즉 머피의 법칙을 보여주는 증거였습니다. 저는 이렇게 말했습니다. "이 친구야! 네가 정말로 우주의 중심이고, 그래서 너 한 사람의 삶을 피곤하게 만들기 위해 밤낮을 가리지 않고 노력하는 어떤 어둠의 힘이 실제로 있을 수도 있어. 하지만 과학적 사고의 기본 전제는 어떤 현상을 설명하기 위해 필요 이상으로 많은 가정을 하지 말라는 거야. 그리고 지금 내게는 회전력과 중력이면 충분해. 토스트가 식탁 높이에서 떨어지면 바닥에 닿기 전에 정확히 반 바퀴를 회전하게 되어 있고, 따라서 위를 향하고 있던 것이 아래로 뒤집힐 수밖에 없는 거라고."

파울은 이런 말을 듣는 게 영 달갑지 않아 볼멘소리를 했습니다. "또 그놈의 과학 타령." 저도 기분이 언짢아졌습니다. "과학 타령이 아니야. 이건 수많은 사람들에 의해 진행되고 있는 과정이야. 이런 식으로 세계에 대한 어떤 명제를 수립한 다음 검토를 통해 증명하거나, 아니면 버리는 거야."

"다들 고생이 많겠어. 그런데 그게 내 토스트와 무슨 상관이지?"

"우리 중 누가 옳은지 실험을 한번 해보자. 토스트를 이번에는 두 배 높이에서 떨어뜨려보는 거야. 그래서 토스트가 여전히 버터 바른 쪽으로 떨어지면, 번번이 그러면, 그럼 머피의 법칙이 맞는 거겠지."

파울은 마지못해 동의하고 토스트를 떨어뜨렸습니다. 무슨 일이 벌어졌을까요? 지구의 중력과 회전 때문에 토스트는 완전히 한 바퀴를 돌아 버터를 바르지 않은 쪽으로 바닥에 떨어졌습니다.

저는 우쭐해져서 파울이 이제는 인정할 수밖에 없을 거라 생각했습니다. 오산이었죠. 파울은 이렇게 소리쳤습니다. "솔직히 말해봐, 의도적으로 버터를 반대쪽에 바른 거잖아!"

이 이야기는 많은 진실을 담고 있습니다. 사람들은 누구나 나름의 세계관을 형성하는데 어떤 때는 현실과 잘 맞지만 어떤 때는 잘 안 맞기도 합니다. 우주가 우리에게 좋거나 나쁜 의도를 가졌으리라는 생각은 우주에서 우리가 얼마나 보잘것없는 존재인가 하는 생각보다 한결 받아들이기 편합니다. 어떤 사람이 우리가 좋아하는 신념에 의문을 제기하면 우리는 시각을 넓히는 대신 성급하게 그 사람으로부터 공격을 받았다고 느낍니다. 이 책에서 우리는 적절한 설명(회전과 중력)과 그것을 넘어서는 추측(오해와 성급한 결론)을 구별하게 해주는 많은 생각들과 만나게 됩니다.

어떤 사람도 한 가지 방식으로만 사고하지 않습니다. 우리들 대부분에게는 여러 사고 체계와 믿음 체계가 병존합니다. 감각적 직관을 사용할 때도 있고, 대상을 체계적으로 검토하는 차가운 이성을 따를 때도 있습니다. 직관은 우리에게 즉각적으로 주어지는데, 특히 많은 경험을 쌓은 영역에서 잘 작동합니다. 그러나 장기적으로 영향을 미치는 중요한 결론을 도출할 때는 직관의 즉각적인 반응에만 의지하지 말고 생각의 사치도 조금 부릴 필요가 있습니다.

그러니 제가 모든 것을 한 가지 관점에서 기술하지 않더라도 이상하게 여기시지 않기 바랍니다. 환자나 친척의 입장에서 이야기한다면 좀 더 개인적으로 접근하게 될 테니 자연스레 조금은 덜 객관적인 시각을 취하게 됩니다. 하지만 의사로서 환자와 권위적인 만남을 갖고 이야기할 때는 당연히 외부의 비판적 관찰자가 될 수 없습니다. 제 또 다른 직업인 마술사로서 등장할 때는 다시 다른 역할을 맡게 되죠. 이때는 기꺼이 마술 상자의 감추어진 뒷면을 보여드리겠습니다.

이번 책에서는 기적과 우연에 관한 이야기가 펼쳐집니다. 설명할 수 없는 것들은 어떻게 설명될 수 있을까요? 생각이 몸을 병들게 할 수 있을까요? 그리고 다시 낫게 할 수도 있을까요? 인생의 수많은 난관으로부터 스스로를 지킬 '방탄 사고'란 게 있을까요? 플라세보는 어째서 그 효과를 믿지 않는 사람에게도 효과가 있을까요?

인간은 스스로 믿는 만큼 그렇게 이성적이지 않습니다. 하지만 그렇다고 해서 믿음이 반드시 비이성적인 것도 아닙니다. 앞에서 말했듯 누구나 마음에 각기 다른 사고 체계, 적어도 두 개의 영혼은 품고 있으니까요. 비이성적인 것들은 우리를 안심시키기도 합니다. 때로는 이 비이성적인 것에 감쪽같이 속을 때도 있습니다. 잘못 오해한 것을 통념으로 믿을 때도 많죠. 대표적으로 비타민 C를 많이 먹어야 감기가 예방된다는 속설들 말입니다.

이런 잘못된 속설들이 우리를 현혹시킬 동안 왜 아무도 제대로 된 진실을 말하지 않는 걸까요? 이 책에서는 우리를 번번이 오해의 덫에 빠뜨리는 잘못된 통념들을 다룹니다. 우리의 눈과 귀를 멀게 하는 것들로부터 우리를 지킬 일종의 해독제가 담겨 있는 셈이죠. 건강을 위한 최선의 지렛대는 우리 자신의 손 안에 있습니다. 우리는 스스로 할 수 있는 것들이 놀라울 정도로 많아요!

최고의 영약은 우리가 매일같이 반복하는 일상의 소소한 생각과 행동입니다. 그래서 이 책에서는 건강한 습관을 몸에 익히는 방법을 이야기해보려고 합니다. 내 안의 나약한 녀석은 왜 채찍질을 원할까요? 늙어간다는 게 그렇게 나쁜 일일까요? 유머나 음악, 이야기가 우리를 치유하는 힘은 뭘까요? 어떻게 하면 위기를 극복할 힘을 축적해 기쁨이 넘치는 삶을 만끽할 수 있을까요?

일상의 수많은 자극 중 실제로 당신의 삶을 더 풍요롭고 강렬하게 만들어줄 쓸모 있는 자극을 찾으세요! 스킨십, 춤추기, 노래하기, 걷기, 대화하기 등 무엇이든 좋아요. 일단 시작하세요. 작은 변화로 큰 것을 얻을 수 있습니다. 삶은 그 어떤 의학보다 훨씬 더 커다란 영역입니다.

근래 들어 의학에는 많은 변화와 혁신이 일어나고 있습니다. 우리는 의학에서 엄청난 가능성을 발견함과 동시에 깊은 상실감을 느끼는 기이한 과도기를 살고 있습니다. 요즘은 인터넷에서 마우스 클릭 한 번으로 온갖 지식을 불러낼 수 있지만, 또한 많은 유익한 지식이 경제 논리에 따라 디지털 세계 안에서 사라집니다.

그래서 이제는 좀 더 소박해졌습니다. 세상에 나와 있는 수많은 건강법과 그에 대한 찬반 의견에 대해서는 설명은 고사하고 다 알기조차 불가능합니다. 지금 당신이 손에 들고 있는 이 책이 제가 드릴 수 있는 최선입니다.

저는 연구에 많은 시간과 노력을 들였습니다. 그리고 부족하나마 나름대로의 결론을 도출했습니다. 이 책은 어쩌면 당신의 침대 머리맡에 놓이게 될지도 모르겠습니다. 아주 작은 크기라 남의 도움 없이도 충분히 머리맡으로 옮겨갈 수 있을 테니까요. 여기에는 아무런 처방이나 이론도 담겨 있지 않으며 어떤 구루도 등장하지 않습니다.

그러나 부디 이 책에서 최대한 많은 것을 얻어내시기 바랍니다. 그것은 통찰이 될 수도 있고, 독서의 즐거움이, 깨달음의 체험이, 낄낄거리며 읽을 소일거리가, 생활 아이디어나 복잡한 건강 상식의 길잡이가 될 수도 있습니다.

물론 당신이 항상 저와 같은 의견이기를 기대하지 않습니다. 만약 당신이 모든 것을 저와 똑같이 생각한다면 그 역시 꽤나 지루한 일일 겁니다. 당신이 이 책에서 어떤 멋진 생각을 발견하여 당신의 삶으로 가져간다는 생각만으로도 벌써 즐거워집니다. 모든 독자가 그렇게 한다면 수천 가지의 새롭고 멋진 생각들이 생겨나는 겁니다. 이 책은 신기한 요술 주머니입니다. 여기서 당신에게 필요한 것을 꺼내가세요. 그리고 나머지는 다른 사람들에게 남겨주세요. 모두에게 다 돌아갈 만큼 충분하답니다!

# 건강한 몸과 마음을 위한 방탄 사고

# 놀랍고도 엄청난 일들

"다들 기적을 기다리지만 아무도 문밖을 내다보지는 않는다."

_클라우스 클라게스Klaus Klages

런던에 교환학생으로 가 1년 동안 임상 실습을 할 때였습니다. 2000년 전이었다면 성서의 기적으로 기록되기에도 충분했을 사건을 처음 경험하게 되었죠. 몸이 마비된 여인이 갑자기 다시 걸을 수 있게 되었으니까요. 아니, 정확하게 말하자면 그녀의 마비는 신경다발이 절단되었다든지 하는 신경학적 사실에 기인하지 않았습니다. 증상은 '정신적인 것'이었죠. 예전에는 이런 걸 히스테리라고 불렀습니다.

경험 많은 의사였다면 이것이 신경과 근육의 문제가 아니라는 사실을 곧바로 알아차렸을 겁니다. 환자의 경련과 마비는 마음의 고통이 밖으로 표출된 것이었습니다. 하지만 당시 우리는 미숙한 초짜로서 진찰해야 했습니다. 몹시 가냘픈 몸매를 지닌 이 20대 여성은 침대에 누운 채 자신이 더 이상 걸을 수 없다고 굳게 믿고 있었습니다. 의대생들은 환자가 누운 상태에서 반사 능력, 감각, 근력 등을 테스트해보았습니다. 검사 결과는 모두 정상이었지만 자력으로 일어서게 하면 환자는 바로 쓰러졌습니다. 아무도 환자에게 "침대를 치워버리고 일어나서 걸으시오"라고 감히 말하지 못했죠. 물론 그래봤자 소용없었을 테지만 말입니다. 알려진 임상 경험에 따르면 이런 환자는 섬세한 치료를 통해 자신의 능력에 대한 신뢰를 회복시키는 것이 중요합니다. 이건 우울증도, 꾀병도 아닙니다. 환자의 고통은 진짜입니다. 이런 환자는 먼저 내면의 갈등을 해소하여 자신과 남들 앞에 당당히 나설 수 있어야 합니다. 곧이어 환자는 그 방면 전문가의 치료를 받았고, 놀랍게도 마침내 모든 짐에서 벗어나 스스로 일어서서 자유롭게 병원을 떠나갔습니다.

두 번째로 접한 놀라운 체험은 뮌헨의 한 소아·청소년 정신과 병원에서였습니다. 20년 쯤 전에 저는 방송인 위르겐 폰 데어 리페의 유명한 방송 프로그램 〈돈이냐 사랑이냐〉에 출연하려고 지원한 적이 있습니다. 대학 병원 아동신경학과에서 일하며 틈틈이 취미로 즐기던 마술을 선보이기 위해서였죠. 카메라 앞 인터뷰에서 저는 의술과 유머를 결합시키고 싶은 바람이 있지만 아직 구체적인 아이디어는 없다고 말했습니다. 그 일이 있고 얼마 뒤 방송국으로부터 소아과 병원을 돌며 마술 공연을 하자는 제안이 왔습니다. 그리고 한 소아과 병동에서 공연을 하던 중 그 일이 일어났습니다. 병원 체육관에 모여 공연을 구경하던 아이들은 다 같이 입으로 바람을 '후' 불고 웃음을 터뜨리고 큰 소리로 숫자를 세었습니다. 공연이 끝난 뒤 어떤 의사가 찾아와 자신이 관찰한 것을 말해주고 싶다고 하더군요. "맨 앞줄에 작은 사내아이가 하나 앉아 있었는데 혹시 선생님도 보셨는지 모르겠습니다. 전혀 아무하고도 말을 하려 하지 않아 몇 주 전부터 병원에 입원 중인 아이입니다." 저는 함구증이라고 부르는 이 장애를 알고 있었습니다. 신경학적으로 아무 문제가 없는데도 환자가 어떤 심리적 요인에 의해 타인과의 소통을 전적으로 또는 선택적으로 중단하는 장애입니다. 그 의사는 제게 이렇게 말했습니다. "줄곧 아이를 관찰했는데, 아이는 선생님이 공연하시는 동안 자기 장애를 완전히 잊어버렸습니다! 다른 아이들과 함께 웃고 떠들고 재잘거렸어요."

순간 저는 말을 잊었습니다. 그리고는 깨달았습니다. 아이를 치료한 것은 제가 아니라 집단이었습니다. 제가 한 일이라고는 환경을 마련해 준 정도였고 주된 치료 효과는 아이들이 함께 어울린 데서 나왔던 것입니다. 긍정적 감정, 함께 보는 공연, 마술의 매력, 놀라움, 웃음 등이 지닌 전염력이었습니다. 실제로 셋 이상이 모인 자리에서는 일대일로 접촉할 때보다 훨씬 더 많은 일이 발생합니다. 이럴 때 병을 얻기도 하지만 치유되기도 합니다.

지금까지의 일은 모두 충분히 이해할 만합니다. 하지만 제가 경험한 일 중에는 아직까지도 도무지 이해할 수 없는 것도 있다는 말씀을 드리고 싶습니다.

설명할 수 없는 어떤 경험이 가능한 까닭은 어느 정도 신앙적 태도와 관련이 있지 않을까 생각됩니다. 통일 직후 베를린 호엔쇤하우젠의 빌딩 지역에서 있었던 일입니다. 인도계 미국인 트레이너 한 사람이 3일간 세미나를 열었는데, 동서 베를린 지역의 구도자 200여 명이 자기 계발을 위해 그곳의 한 초라한 다용도 체육관으로 몰려들었습니다. 당시 저는 막 의학 공부를 끝마친 터라 새롭게 시작할 방향을 정하지 못한 전형적인 과도기 상태에 있었습니다.

트레이너의 명쾌한 진행 방식은 제 마음을 사로잡았습니다. 인생의 근본적인 주제들을 깔끔하게 정리하고 유쾌한 유머와 더불어 우리 내부에 잠재된 창의력과 책임감을 북돋아주었습니다. 다양한 참가자들과 함께 어울리는 동안 저는 전혀 다른 삶의 목표를 지닌 다양한 연령대의 사람들이 근본적으로 비슷한 물음과 고집과 불만을 짊어지고 살아간다는 사실을 깨달을 수 있었습니다.

셋째 날 저녁에는 각자 긴장을 풀고 편안한 상태에서 자기 내면으로 여행을 떠나는 의식이 행해졌습니다. 대학 때 들었던 의료심리학 세미나 덕에 이런 꿈 여행의 원리는 이미 어느 정도 알고 있었습니다. 그때까지의 경험에 따르면 저는 긴장 이완 능력이 무척 좋은 편이어서 트레이너의 음성에 따라 내면세계로 들어가는 과정에서 곤란을 겪을 때가 많았습니다. 너무 빨리 잠들기 때문입니다. 하지만 베를린 체육관 바닥에서는 달랐습니다. 늘 그랬듯이 잠들지 말아야겠다고 굳게 마음먹었는데 놀랍게도 이번에는 마음먹은 대로 되었던 겁니다. 사실 모두 발터 덕분이었습니다.

발터는 특별한 참가자였습니다. 맨 앞자리에 앉는 특권을 누렸는데, 트레이너의 말을 입술을 통해 읽어내야 했기 때문이었습니다. 발터는 자동차 사고로 난청을 얻었는데, 한쪽 귀는 완전히 들리지 않았습니다. 그래서 그가 제대로 이해하지 못한 말을 반복해서 들려주는 누군가가 항상 곁에 있어야 했습니다. 그 밖에 발터에 대해 생각나는 것은 동물원에서 사육사로 일하는 50세가량의 친절한 남자였다는 사실 뿐입니다. 치유 트레이닝이 시작되자 발터는 두 눈을 꼭 감은 채 불안해하기 시작했습니다. 끙끙 신음을 내고 몸을 뒤척였는데 마치 통제할 수 없는 어떤 힘이 그를 흔들어대는 것 같았습니다. 트레이너와 도우미들이 그를 보살피느라 트레이닝은 중단되었습니다. 발터의 내부에서 벌어지는 과정은 몇 분간 계속되었습니다. 그러다 갑자기 발터가 눈을 번쩍 뜨더니 이렇게 말했습니다. "말이 다시 들려요!"

발터는 여전히 미심쩍어하는 얼굴로 웃었습니다. 몹시 충격을 받은 모양이었습니다. 다른 사람들도 모두 놀라서 입을 다물지 못했습니다. 사람들은 한편으로는 다행스러워하고, 한편으로는 어리둥절해했습니다. 세미나 진행자와 스텝들도 무척 놀란 듯 보였습니다. 같은 세미나를 벌써 몇 년째 해오고 있었지만, 이런 일을 이렇게 직접적으로 체험한 적은 없었기 때문이었습니다. 발터는 마치 자신을 세상과 떼어놓고 있던 커다란 솜뭉치가 순식간에 귓속에서 사라져버린 것 같다고 말했습니다.

도대체 무슨 일이 일어났던 걸까요?

저는 모르겠습니다. 발터가 착각을 했을까요? 다른 사람들에게 확신을 주려고 일부러 그렇게 행동한 거라고 믿을 만한 근거는 없었습니다. 25년이나 지났지만 아직도 제 머릿속을 떠나지 않고 있는 일인데, 당시 너무 당황한 나머지 가까운 이비인후과로 발터를 데려가 청력 테스트를 받게 할 생각을 미처 하지 못한 게 지금까지도 후회됩니다.

최근에 베를린에서 모든 채널을 동원하여 발터를 수소문해보았습니다. 심지어 라디오 방송에서도 언급했지만 아직 소식을 듣지 못했습니다. 혹시 발터가 이 책을 읽고 연락해오지는 않을까 하는 기대도 물론 있습니다.

아무튼 이 이야기를 비롯하여 자발적 치유나 기적적인 회복 과정을 보여주는 많은 사례에서, 우리는 그 자리에 있던 사람들이 기적의 가능성을 믿게 된다는 공통점을 발견할 수 있습니다. 물론 객관적인 전후 증거자료 없이 오로지 목격자의 진술에만 의존하는 개별 사례들은 회의론자와 과학자를 만족시키기에는 부족합니다. 하지만 제게 그것은 계속해서 생각을 자극하는 물음이 되었습니다. 무엇이 가능하고 무엇이 가능하지 않은가? 무엇이 '정상'이고 '비정상'인가?

아무튼 그리고 여러 해가 지난 뒤 당시 트레이너를 다시 만나 물어볼 기회가 있었습니다. 그는 수십 년 동안 수많은 그룹 세미나를 진행해왔지만 발터와 비슷한 경우는 한 번도 겪어본 적이 없다고 말했습니다. 하지만 세미나 참가자들로부터 그들의 심각한 질병이 개선되었다는 이야기를 자주 듣는다고 했습니다. 그렇다면 그는 치료사일까요? 아닙니다. 그는 자기 자신을 도구로 여기고 있었습니다. 자신에게는 사람들에게 다가가는 능력이 있다고 했습니다. 그런 능력은 사람들의 유형과 재능을 알아보고, 이를 그들 자신에게 되비추어주는 그의 방식에서 나오는 것이지만, 또한 그가 '우주' 또는 '신'이라고 부르는 것을 통해서도 얻는다고 했습니다.

그는 자신의 세미나를 양자택일의 문제가 아니라 과학적 의학에 추가적으로 제시될 수 있는 보완적 방법으로 이해하고 있었습니다. 사람들이 질병을 '스스로 만들어낸다'는 견해는 저로서는 받아들이기 힘들었습니다. 하지만 그는, 그렇다고 올바른 생각만으로 모든 질병이 회복 될 수 있다는 식의 주장을 펼치지는 않았습니다. 물론 그런 가능성을 완전히 배제할 필요 또한 없다는 입장이긴 했지만 말입니다.

이것이 제가 경험한 세 가지 사례입니다. 죽은 자가 다시 살아나지도 않았고 잘려나간 다리가 다시 자라나지도 않았습니다. 하지만 이런 경 험은 저의―그리고 바라건대 당신도―호기심과 궁금증을 불러일으키 기 충분했습니다. 무엇이 우리를 병들게 하고, 무엇이 다시 낫게 하는 걸까? 생각은 육체에 어떤 힘을 발휘할 수 있을까? 육체와 정신의 분리 는 케케묵은 사고방식이 아닐까?

오늘날 가능해진 많은 것들이 이전 세대에게는 기적처럼 보였을 겁 니다. 초대교회의 교부 아우구스티누스는 1600년 전에 이런 말을 했습 니다. "기적은 자연과 모순된 것이 아니라 우리가 자연에 대해 알고 있 는 것과 모순될 뿐이다." 비록 오늘날의 우리가 자연에 대해 당시보다 훨씬 더 많이 알고 있다 하더라도 저는 이 말에 여전히 동의합니다.

기적은 기적을 행합니다. 우리는 감정과 뇌와 호르몬의 결합에 관해 서, 그리고 우리의 면역 체계와 자기 치유력에 관해서 많은 것을 배웠 습니다. 하지만 여전히 많은 것이 불분명하죠. 설령 모든 걸 이해하게 되더라도 좀 더 자세히 들여다보면 우리가 지닌 가능성에 놀라움을 금 치 못할 것입니다.

경탄, 기대, 긍정적 사고 같은 것들의 힘은 대단합니다. 이 힘은 불가 능한 일을 현실로 바꿉니다. 이 힘을 진지하게 고려하여 더 자세히 연 구하거나, 행복하고 더 건강한 삶을 위해 체계적으로 활용하지 못한 것은 지난 100여 년 동안 주류의학이 저지른 커다란 실수입니다. 우리는 기대와 낙관, 환대와 지지를 과학의 영역으로 과감하게 불러들여야 합니다. 이 둘은 서로 모순되지 않습니다.

# 사람들은 어떤 믿음을 가지고 있을까요?

(설문 조사를 믿을 수 있다면! 독일인 대상 조사입니다)

52퍼센트는 기적이 실제로 있다고 믿는다.

54퍼센트는 신적인 존재가 있다고 믿는다(구서독 지역).

23퍼센트는 신적인 존재가 있다고 믿는다(구동독 지역).

38퍼센트는 가끔씩 미래를 본다고 믿는다.

33퍼센트는 죽은 이의 영혼을 느낀 적이 있다.

26퍼센트는 검은 고양이가 불행을 가져온다고 믿는다.

24퍼센트는 환생을 믿는다.

23퍼센트는 숫자 13이 불행을 가져온다고 믿는다.

13퍼센트는 자기 안에 치유력 같은 '마술적 힘'이 있다고 망상한다.


다른 나라 사람들은?

미국에 사는 사람들의 77퍼센트는 외계인이 지구를 방문한 적이 있다고 믿는다

(2012년, 즉 도널드 트럼프 이전 시기의 설문 조사).

## 방탄 사고의 효과

넘어신다. 일어선다.

왕관을 고쳐 쓴다. 계속 나아간다.

제 대녀 마리는 마술적 사고가 우리 안에 얼마나 깊이 뿌리박혀 있는지 제게 보여주었습니다. 마리는 네 살 때 거실에서 춤을 추다가 소파 탁자에 정강이를 부딪친 적이 있습니다. 어린 마리는 무척 아팠지만 꾹 참고 계속 춤을 추었습니다. 그리고는 나중에 탁자를 손바닥으로 한 번 힘껏 때린 뒤 아주 엄하게 이렇게 말했습니다. "다시는 그러지 마, 못된 탁자야!"

이런 걸 보면 어른들은 대개 이렇게 생각합니다. "아휴, 귀여워. 저 애는 모든 사물에 다 영혼이 깃들어 있는 줄 아는군!" 그런데 마리의 순진한 믿음은 심리적으로도 커다란 이점을 제공합니다. 책임 문제가 곧바로 해결되기 때문입니다! 마리에게는 한 치의 의혹도 남지 않습니다. 잘못을 저지른 것은 책상이니까 자신은 부끄러워하거나 자책감에 시달릴 필요 없이 좋아하는 춤을 계속 춰도 되는 것이죠. 자신을 지키는 일종의 방탄 사고인 것이죠.

어른이었다면 어떻게 반응했을까요? 아마도 식탁을 향해 분통을 터 뜨리며 일단 소파에 앉은 다음 자기 자신을 동정했을 겁니다. "아, 오늘 은 정말 운이 나쁜 날이야. 어쩐 기분이 이상하더라니. 거실에서 춤을 추는 게 아니었어. 그냥 소파에 앉아 과자나 먹으며 텔레비전에 나오 는 발레 공연을 보는 건데 말이야." 하지만 이런 태도는 탁자를 혼내주 고 즐겁게 계속 춤을 추는 것보다 훨씬 더 어리석어 보입니다.

마술적 사고는 우리를 북돋아주고 또 보호해줍니다. 숲속에서 덤불 이 움직였을 때 진화론의 관점에서 유의미한 반응은 거기에 어떤 못된 짐승이 숨어 있을 거라고 추측하여 몸을 피하는 것입니다. 물론 실제로 짐승이 있을 수도 있고, 그냥 바람 때문일 수도 있습니다. 침실 커튼이 움직일 때 어린아이들은 바람보다는 어떤 침입자나 유령을 떠올립니다. 아이가 조금 더 크면 무언가 들키고 싶지 않 은 것을 감추기 위해 이런 마술적 사고를 역이용하기도 합니다. 예를 들어 헨젤과 그레텔은 마녀의 과자집을 바삭거리며 뜯어먹다가 "누가 내 집에서 바삭거리지?" 라고 묻는 음성이 들려오자 이렇게 대답합니다. "바람, 바람, 하늘에서 불어온 바람이 그랬어요."

부모들은 잘 압니다. "괴물은 없어"라는 단순한 설명 은 아이에게 통하지 않습니다. 아이는 오히려 자신의 판

◀ 보이지 않는 위험에 맞서는 가장 좋은 방법은 눈에 보이는 행동입니다. 한 병이면 700번의 스프레이 공격을 가할 수 있으니 사춘기까지는 충분 합니다. 그때가 되면 여러 가지 다른 스프레이와 다른 괴물이 다시 등장 할 겁니다.

타지를 철석같이 믿으며 밤에 무서운 괴물이 자기 침대 밑에 숨어 있다고 떼를 씁니다. 참다못한 아빠는 해결하겠다며 침대 다리를 모두 톱으로 잘라내고는 말합니다. "자, 얘야. 이제 괴물은 더 이상 숨을 데가 없어!" 하지만 다음날 밤이 되면 괴물은 커튼 뒤에 숨어 있습니다. 판타지의 힘을 과소평가해서는 안 됩니다!

이성적 설명보다 훨씬 더 효과가 있는 방법은 무시무시한 괴물들을 쫓아버리는 스프레이입니다. 판타지 내공이 뛰어난 부모들이 개발한 이 괴물 퇴치 스프레이는 오렌지, 라임, 라벤더 등의 천연 재료와 부모 사랑을 혼합하여 만든 아동용 수면보조제입니다. 상표는 어두운 데서도 빛을 발하는 야광입니다. 아이는 어두컴컴한 불안에 맞설 수 있는 진짜 무기를 손에 쥐고 괴물이 숨어 있는 쪽으로, 아니면 직접 괴물 얼굴을 향해 발사합니다. 이렇게 전투가 끝나고 나면 기분 좋은 냄새가 은은하게 풍겨옵니다. 라벤더 향은 실제로 수면을 촉진하는 효과가 있습니다. 작전 성공! 같은 원리는 어른들에게도 통합니다. 무기력에 맞서기 위해서는 어떻게 하는 게 좋을까요? 무슨 행동이든 일단 시작하는 게 좋습니다. 활동적인 게 중요합니다. 마술$^{Magie}$과 힘$^{Macht}$은 같은 뿌리에서 나온 단어입니다 ('할 수 있다' 또는 '능력이 있다'를 뜻하는 인도·게르만어 magh가 어원입니다). 두 단어의 뒤편에는 똑같은 소망이 자리 잡고 있습니다. 잘 모르기 때문에 위협으로 간주되는 대상을 통제하고자 하는 소망입니다.

어떤 현상들은 너무 복잡해서 우리의 능력이 미치는 범위를 벗어나는데, 이럴 때 기분이 안 좋은 것은 어른들도 마찬가지입니다. 가령 우

리는 날씨, 질병, 철도청의 전횡 등에 무방비 상태로 노출될 때가 많습니다. 그래서 이들 세 영역에 대해서는 온갖 주술과 대응 마술, 휴대폰 어플이 존재합니다.

우리는 비를 내리게 하겠다고 북을 쳐대는 '원시' 부족을 보며 재미있어합니다. 그렇다면 계몽된 현대인들은 어떤 행동을 할까요? 그들은 이런 말을 합니다. "우산을 가져가겠어. 그러면 절대로 비가 오지 않을 테니까!" 구름이 당신 가방 속 우산을 들여다보고는 의도적으로 다른 데로 옮겨가서 비를 뿌릴 능력이 있다고 정말로 믿으시나요? 북을 치는 것도 그 정도 설득력은 있어 보입니다만.

평소에 우리가 얼마나 마술적 사고를 하는지는 주사위 놀이에서도 잘 드러납니다. 높은 숫자가 나오기를 바라는 사람은 주사위가 든 컵을 아주 세게 그리고 아주 오래도록 흔듭니다. 그렇게 정신없이 흔들어대는 바람에 주사위는 그 사람이 대체 어떤 숫자를 기대하는지 도무지 알 수 없는 지경이 되고 맙니다. 이런 게임을 할 때 사람들은 누구나 '항상 잘 통하는' 자신만의 기술이 있습니다. 물론 항상 통하는 건 아니고 거의 통합니다. 아니, 좀 더 정확히 말하면 우연보다는 조금 덜 자주 통한다고 하겠습니다. 정말 혐오스러운 건 주사위 컵에 침을 뱉는 사람입니다. 이렇게 심란한 저녁 시간이 끝나면 컵 안에 주사위가 처음 시작할 때보다 더 많이 들어 있지 않은 게 다행일 지경입니다. 아무튼 주사위는 기억력이 없습니다. 우연도 마찬가지죠. 하지만 우리는 그렇지 않아서 자신의 기술이 한 번이라도 통하면 그 순간을 머릿속에 고이 간직해둡니다.

항해에 나서는 사람들은 술을 마실 때 첫 잔을 곧장 제 입으로 가져가지 않습니다. 바다에 부어 여러 해신들에게 바치며 그들의 기분을 달래주죠. 그리고 배가 요동치기 시작하면 그것이 자기들 혈중알코올농도 탓이지 다가오는 폭풍우 때문이 아니기를 간절히 바랍니다. 여기에는 넵튠이나 다른 해신들에게 한 잔 올린 것에 대한 은근한 기대도 작용합니다. 어쩌면 극소량 투입으로 예방 효과를 노리는 동종 요법의 기본 아이디어는 사무엘 하네만Samuel Hahnemann이 처음 개발한 게 아니라이미 그전에 뱃사람들에 의해 생겨난 건지도 모릅니다.

흡연자인 어떤 친구는 제게 재미난 마술 의식을 한 가지 들려주었습니다. "버스를 기다릴 때 난 항상 담뱃불을 붙여. 그러면 버스가 빨리오거든."

이때 제 머릿속에는 카를 마이Karl May의 인디언 소설에 나오는 아파치 전사 비네토우가 떠올랐습니다. 아마도 버스 운전사는 세 블록쯤전에 이미 멀리서 연기 신호가 피어오르는 것을 보고 자기 차에 박차를 가할 겁니다. 교통부도 이런 의식을 알고 있었던 게 분명합니다. 정거장에 흡연자 구역을 따로 마련해놓은 걸 보면 말이죠. 노란 마술 상자 안에 이빨도 노랗고 손가락도 노란 사람들이 모여 동시에 집단적으로 연기 신호를 하늘로 쏘아 올리는 것은 다음 차의 때 이른 도착을 기원하는 의식입니다. 하지만 주의하세요. 자칫 실수로 담배 필터에 불을붙였다가는 차가 후진으로 들어오는 일이 생길 수도 있으니까요!

아기들은 누가 뭐라지 않아도 엄마 뱃속에서부터 벌써 배움을 시작합니다. 어떻게 그럴 수 있을까요? 아기들은 엄마의 목소리뿐만 아니

라 엄마가 어떤 조미료를 선호하는지 따위도 기억에 새겨둔다고 합니다. 심지어 모국어와 외국어 같은 추상적인 대상도 구별할 줄 압니다. 천부적인 능력일까요? 아닙니다. 아이는 엄마 뱃속에서 양수의 진동을 통해 말과 멜로디를 엿들으며 배웁니다. 그렇게 세상에 나오면 스피커에서 모국어로 음성이 나올 때 유심히 귀를 기울이게 됩니다.

천부적으로 주어지는 것은 인식의 틀뿐입니다. 이 틀에 맞추어 우리는 지식을 우리 것으로 습득해나갑니다. 우리의 세계관은 사물들이 서로 관계를 맺을 확률이 얼마나 되는가에 따라 형성됩니다. 특정한 단어가 특정한 상황과 동시에 등장하면 아이는 둘 사이에 어떤 의미 연관이 있다고 가정하게 됩니다. 엄마는 연신 멍멍 짖어대는 곱슬곱슬한 동거자를 아이에게 보여주면서 매번 '강아지'라고 일러줍니다. 아빠가 같은 동물을 보여줄 때도 역시 '강아지'라고 말합니다. 그러면 그 동물은 강아지가 틀림없습니다. 누가 '강아지'라고 말할 때 항상 동일한 대상이 눈에 들어오지 않더라도, 또 누가 강아지를 보여주면서 굳이 '강아지'라고 말하지 않더라도 마찬가지입니다. 어떤 때는 "앉아!"라거나 "안 돼, 네가 먹을 게 아냐!"라는 말이 들리기도 합니다. 강아지가 이런 말을 얼마나 알아듣는지는 잘 모르겠습니다. 하지만 아이들은 아무런 이론이나 문법을 배우지 않아도 단어와 규칙을 신기할 정도로 잘 유추해냅니다.

간혹 아이들은 귀엽게 엉뚱한 유추를 하기도 합니다. 예를 들면 풍차에서 바람이 나온다고 말할 때가 그렇습니다. 풍차가 돌아갈 때 항상 바람이 부니 그럴 만도 합니다. 하지만 우리 좀 더 솔직해져봅시다. 주식 전문가들의 주가 분석도 이 수준이 아닌가요?

아이들은 끊임없이 '음모론'을 제기하면서 배웁니다. 말하자면 주변에서 일어나는 모든 일들이 어떻게 조종되고 있는지 아이들은 끈질기게 추측합니다. 아이들의 세계는 마술적이고 생생하게 살아 있습니다. 아이들은 어떤 일에 자기가 얼마나 영향을 미칠 수 있는지, 더 정확히 말하면 언제 사람들이 황급히 자신에게 달려오는지 쉬지 않고 테스트합니다. 갓난아기는 울음이 효과가 있다는 걸 아주 빨리 알아차립니다. 그리고 시간이 지날수록 더욱 영리한 방식을 찾아냅니다.

부활절 직전에 저는 마리의 동생 카를에게서 비슷한 일을 겪었습니다. 아이 엄마는 부활절에 찾기 놀이를 하려고 초콜릿으로 만든 부활절 토끼를 사서 잘 감춰두었습니다. 하지만 카를은 미리 선수를 쳐서 엄마가 감춰놓은 부활절 토끼를 약탈하고는 이번에는 자기가 소파 밑에 숨겨두었습니다. 일요일 아침에 엄마는 자신의 부활절 토끼 계획이 어긋난 걸 알고 깜짝 놀라 온 집안을 뒤져보았지만 소용이 없었습니다. 결국 포기하고 다른 과자들을 마저 숨겨놓다가 소파 밑에서 마침내 머리가 사라지고 없는 부활절 토끼를 발견했습니다. 그러는 동안 카를은 내내 천진난만한 표정으로 엄마 곁에 서 있었습니다. 엄마는 토끼의 남은 부분을 꺼내 들며 세 살짜리에게 물었습니다. "이게 어떻게 된 일인지 아니?" 아이는 엄마를 빤히 쳐다보다가 말했습니다. "지진이 났었나?"

# 우연과 창의력이 만든 의학의 역사

"내겐 오직 양자택일만이 있을 뿐이다.

전체 아니면 전부, 둘 중 하나."

_토니 폴스터Toni Polster

당신은 어떤 사고 체계를 갖고 있나요? 어느 쪽에 더 기울어 있나요? 의학의 세계는 두 개의 커다란 진영으로 나뉜 듯이 보입니다. 주류의학과 대체의학입니다. 보건의료 영역에서는 종교전쟁이 한창입니다. 사람들에게는 이 중 어느 진영에 가담할 것인가의 문제가 개신교냐 가톨릭이냐, 분데스리가의 샬케 팬이냐 뮌헨 팬이냐의 문제보다 훨씬 더 중요해 보입니다. 친구들과 저녁 식사를 함께할 때 동종 요법이나 글루텐, 글로불리* 같은 핫한 주제가 나오면 금세 분위기가 험악해집니다. 이럴 때는 빨리 줄행랑치는 게 최선입니다.

　주류의학이냐 대체의학이냐. 우리의 사고에 각인된 이 두 개념의 배후에는 무엇이 감추어져 있을까요?

　주류의학을 지칭하는 '학교의학Schulmedizin'이라는 말은 19세기 중반

---

\* 　대체의학, 특히 동종 요법에서 주로 사용하는 작은 구슬 형태의 알약.

동종 요법의 대변자들이 처음 사용하기 시작한 전투적 개념이자 일종의 욕이었습니다. 당시 독일에서는 이 개념이 어찌나 확고하게 자리 잡았던지 더 적절한 개념이라 할 '과학에 기초한 의학'은 거의 들어설 틈이 없었습니다. '대체의학Alternativmedizin'은 전도유망한 동시에 오해의 여지도 많은 개념입니다. 'alter'는 라틴어에서 유래한 단어로서 '둘 중 다른 하나'를 의미합니다. 'nativus'는 '타고난', '자연 그대로의'라는 뜻입니다.

이렇게 볼 때 'alternativ'는 무엇에 찬성하거나 반대하는 결정을 뜻하는 말입니다. 그리고 '자연스러운' 것이 '자연스럽지 못한' 것보다 더 나을 수 있지만, 반드시 그런 것은 아닙니다. 가령 자연 그대로의 곰팡이 포자를 많이 먹으면 우리는 죽을 수도 있습니다. 하지만 같은 양의 플라스틱 레고 조각을 먹었을 때는 자연스러운 방법으로 조각들이 다시 배출될 뿐 별다른 해를 입지 않습니다. 조금 아프긴 하겠지만 말입니다. 둘이 서로 다툴 때는 이런 질문을 해볼 필요가 있습니다. 과연 세 번째 방법은 없을까? 제 대답은 '있다'입니다.

의사로서 언제나 저를 열광하게 만드는 단순하고도 직접적인 질문은 이것입니다. 정확히 무엇이 문제인가? 사람들은 대부분 망설임 없이 두 세계로부터 최선의 것을 얻어내고자 합니다. 어떤 문제가 있을 때는 어떤 의사를 찾아가고, 무언가 다른 문제가 있을 때는 다른 의사를 찾아갑니다. 야채가 필요할 때 정육점에 가지 않는 것과 같습니다. 상담을 하고 싶은데 방사선과를 찾아가서는 곤란합니다. 방사선과 의사는 40년 의사 생활 내내 하는 말이라고는 "숨을 깊이 들이마시세요"

와 "숨을 멈추세요" 두 마디가 고작이니까요. "숨을 내쉬세요"라고 말하는 사람은 내과 의사입니다. 아, 호흡 치료사도 있군요. 하지만 후자는 전혀 다른 그룹에 속합니다.

올바른 치료 방법을 찾는 것은 이제 대단히 복잡한 일이 되었습니다. 하지만 사람들은 여전히 단순한 설명을 좋아합니다. 문제는 그런 설명이 가능한 때도 있지만 그렇지 않을 때도 많다는 데 있습니다. 과학이 사람들의 요구를 제대로 충족시키지 못하고, 구체적인 통계 확률에 대해 아무 말도 해주지 못한다는 비난은 정당합니다. 다 맞는 말이죠. 바로 이런 실망감에 사람들은 반대 방향으로 움직이기 시작합니다. '위'로부터가 아니라 '아래'로부터의 움직임입니다. 주류의학은 신뢰의 위기에 빠져 있으며, 스스로 그 책임에서 자유롭지 못합니다. 그들은 오랜 세월 환자의 심리적 요구를 제대로 돌보지 않았습니다. 환자들에게 툭하면 금치산 선고를 내렸고, 치료 과정에서 환자의 의사는 무시되었습니다. 게다가 철저히 환자의 입장에서 결정되어야 할 문제에 경제적 요소가 개입되었습니다. 모든 것은 법률적으로 처리될 뿐 정서적으로 책임을 떠맡는 사람은 아무도 없습니다.

이와 같은 신뢰의 위기가 끼치는 영향을 우리는 가까운 주변에서 자주 경험하게 됩니다. 한 지인의 딸은 오래전부터 가슴에 혹이 만져졌는데 시간이 지날수록 점점 커지고 있습니다. 그런데 의학에 대한 거부감이 심해서 진료를 한사코 기피합니다. 대신 '에너지 치료'를 받습니다. 하지만 이것은 생명을 위험하게 만드는 짓입니다. 그녀의 증세가 정말 유방암이라면 상태와 진행 정도에 따라 충분히 좋은 치료를 받을 수 있기 때문입니다.

'주류의학'은 많은 이들에게 모욕감과 불쾌감을 주어 의학을 축복이 아니라 위협으로 받아들이게 만들고 있습니다. 환자들은 좀 더 자신의 증상에 귀 기울여주고, 좀 더 자상하게 어루만져주고, 좀 더 희망을 품을 수 있게 해주는 곳으로 떠나갑니다. 친절한 자연요법 전문가부터 비교秘教 종사자까지 없는 게 없는 다채로운 대체의학의 영역으로 말입니다. 그러면 이 둘의 싸움은 얼마나 오래되었을까요? 마술과 의술은 언제부터 서로 나뉘어 각자의 길을 가기 시작했을까요?

의대생 시절 의술의 역사 강의는 저를 매료시켰습니다. 고대 이집트인들은 이미 눈병에 간(그 안에 포함된 비타민 A 성분)이 좋다는 걸 알았습니다. 그들은 또한 개미를 소변 테스트를 위한 '리트머스지'로 사용할 줄 알았습니다. 당뇨병 환자의 소변에는 개미들이 좀 더 오래 머물기 때문입니다. 소변에 손가락을 담갔다가 혀로 핥아보는 것보다 훨씬 슬기로운 방식이었습니다.

의술의 역사가 괴상한 유행, 고독한 투쟁, 엄청난 우연 등 언제나 뜻밖의 엉뚱한 사건에 힘입어 발전해왔다는 사실은 저를 무척이나 안심시켜주었습니다. 특히 고무적인 것은 알렉산더 플레밍Alexander Fleming의 경우였습니다. 플레밍은 실험실에서 세균을 배양하던 샬레에 실수로 곰팡이를 슬게 했지만, 그 덕에 곰팡이에 세균 성장을 억제하는 물질이 들어 있다는 사실을 발견했습니다. 이렇게 탄생한 것이 바로 페니실린입니다! 플레밍은 이 발견으로 노벨상까지 받았죠. 저도 화장실과 부엌에 설거지하지 않은 지저분한 접시를 의도적으로 장시간 방치해두기

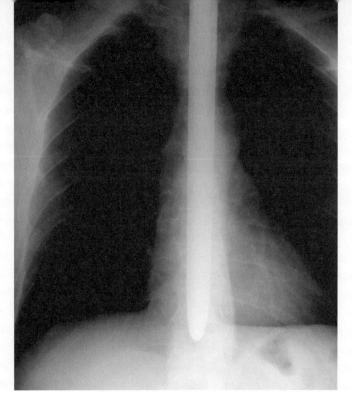

칼 삼키기 기술: 칼끝이 조심스럽게 후두를 지나고 식도를 통과하여 위의 바닥에까지 다다르고 있습니다. 관객들이 아무리 박수갈채를 보내도 칼을 다시 빼기 전까지는 절대로 몸을 숙여 인사해서는 안 됩니다.

도 했습니다. 언젠가 비슷하게 획기적인 발견을 하게 되지 않을까 하는 은근한 기대가 있었지만 성공하지는 못했습니다.

위내시경도 1868년 독일 프라이부르크의 한 와인 주점에서 얻은 기발한 영감을 통해 생겨났습니다. 당시 이 대학 도시에서는 의학자 회의가 열리고 있었습니다. 회의 참석자들은 저녁에 무슨 일을 했을까요? 당연히 한잔하러들 갔습니다. 그리고 그중에는 당대 최고의 다재다능한 의학자로 손꼽히던 아돌프 쿠스마울Adolf Kußmaul도 있었습니다. 주점에서는 유랑 극단이 공연 중이었는데, 마침 칼을 삼키는 곡예가 펼쳐지고 있었습니다. 쿠스마울은 이 곡예를 보며 속으로 생각했습니다. 저렇게 칼을 식도에서 위까지 다치지 않고 밀어 넣을 수 있다면, 관을 주입해서 위의 내부를 들여다볼 수도 있지 않을까? 쿠스마울은 곧바로 칼 삼키는 곡예사를 병원으로 초대했고, 그렇게 위내시경의 기본 아이디어가 탄생했습니다!

심리 치료도 마찬가지로 마술적 뿌리에서 생겨났습니다. 프리드리히 안톤 메스머Friedrich Anton Mesmer는 빈에서 의사로 활동하다가 나중에 '자기磁氣' 치료를 행하였습니다. 지금도 영어에는 'to mesmerize'라는 개념이 있는데 누군가에게 마술을 걸다, 최면을 걸다, 영감을 주다 등의 뜻으로 사용됩니다. 메스머는 육체 안에 눈에 보이지 않는 생명 에너지가 있다고 믿었습니다. 메스머는 1774년에 치통과 이통으로 고생하는 젊은 여성 환자의 몸 위에 자석을 이리저리 갖다 대는 방식으로 치료를 실시했습니다. 그러자 한동안 증상이 사라졌습니다. 메스머의 치료법은 환자들에게 커다란 희망을 안겨주었고, 비밀스러운 힘을 찾아 이리저리 헤매던 낭만주의자들에게도 영감을 주었습니다. 하지만 얼마 지나지 않아 이 시술의 근본적 치료 원리가 자석이 아닌 암시의 힘에 있다는 사실이 밝혀졌습니다. 그리고 20세기 초에는 지그문트 프로이트를 통해 무의식이 지닌 치유력, 말이나 다양한 의식 차원의 작용에 더욱 강력히 주목하는 최초의 심리 치료법도 생겨났습니다.

그러나 웃음과 해학을 좋아하는 저에게 의술 역사 최고의 사건은 뭐니 뭐니 해도 마취의 발견입니다! 여기서도 체계적인 연구가 이루어졌

던 것은 아닙니다. 결정적인 역할을 한 이들은 마술사였죠. 그들은 대중을 웃기기 위해 웃음 가스를 사용하곤 했는데, 미국인 치과 의사 호러스 웰스Horace Wells는 1844년에 어느 대중 공연에서 웃음 가스를 마신 사내가 모서리에 정강이를 심하게 부딪쳐 피를 흘리는 광경을 목격하였습니다. 그 사내는 아무런 통증도 느끼지 못하는 게 분명해 보였습니다. 그 뒤 웰스는, 환자의 이를 뽑을 때 최초로 웃음 가스를 사용하여 마취하는 데 성공했습니다. 마취의 시대가 열리기 전까지 사람들이 어떤 고초를 겪어야 했는지는 요즘으로서는 상상하기조차 힘듭니다. 술을 잔뜩 마시거나 나뭇조각을 입에 꽉 물고서 고통을 참아야 했으며, 견디다 못해 정신을 잃는 경우도 비일비재했습니다. 의술의 역사에 한 획을 그은 마취의 발명은 이처럼 우연과 창의력의 조합으로 탄생했습니다. 겨우 150년 전에!

병을 치료하는 일이 언제나 가능한 것은 아닙니다. 하지만 치료 과정의 고통은 과거의 그 어느 때보다도 확실히 줄어들었습니다. 모르핀이 효과적인 진통제로서 처음 등장한 곳은 독일의 시골 마을 파더보른이었습니다. 물론 아편은 이미 수천 년 전부터 고통을 줄이는 수단으로 사용되고 있었습니다. 하지만 양귀비 유액의 농도가 일정하지 않아 늘 큰 위험이 따랐죠. 아무 효과도 없으면 그나마 다행이지만 심하면 사망에 이르는 경우도 많았으니까요. 약방에서 조수로 일하던 프리드리히 빌헬름 세르튀르너Friedrich Wilhelm Sertürner는 수많은 시도 끝에 마침내 1804년에 기본 성분을 분리하는 데 성공했고, 여기에 그리스 신화에 나오는 잠의 신 모르페우스를 따서 '모르핀'이라는 이름을 붙였습니다.

모르핀은 순물질로 된 최초의 고성능 식물성 약재입니다. 모르핀의 등장은 제약 산업의 시작을 알리는 신호탄이었습니다. 이전까지는 약사들이 직접 약을 조제해야 했습니다. 하지만 모르핀과 그 재료에 대한 수요가 빠르게 증가하면서 의약 제조업이 비약적으로 발전하게 됩니다. 한 마디 덧붙이자면, 바이엘 사에서 헤로인(모르핀의 파생물)과 아스피린이라는 새로운 물질은 거의 같은 시기에 개발되었습니다. 헤로인은 기침 감기 치료제로 약국에서 판매하기로 결정했지만 아스피린은 판매하지 않기로 했습니다. 아스피린은 너무 위험하다는 게 당시 경영진의 판단이었습니다.

19세기에는 의학 분야에서 많은 획기적 발명이 이루어집니다. 이를 통해서 사람들은 종교적 치유 의식, 마술 주문, 설명이 불가능한 약초 조제, 조잡한 수술법 따위와 차츰 멀어지기 시작합니다. 하지만 자연과학에 기초한 의학은 전과 마찬가지로 어린아이 단계에 머물러 있었고, 구체적인 활용 면에서도 거의 진전이 없었습니다. 치료는 대개 사혈, 구토제, 설사약 등이 뒤죽박죽 뒤섞인 방식으로 이루어졌으며, 독성이 강한 약이 많이 사용되었습니다. 이런 '극약 처방'들은 좀 더 부드러운 치료법이 탄생하는 계기가 되었습니다. 그 대표자 중 한 사람이 바로 동종 요법의 창시자 사무엘 하네만입니다. 하네만은 약제에서 독성분의 분자가 단 한 개도 검출되지 않을 때까지 독을 희석시키는 방법을 개발했습니다. 1876년에는 학술지 〈월간 동종 요법〉에 처음으로 과학적 의학 개념이 비하적인 의미로 등장했습니다. 당시 일반 대중의 대부분은 의사에게 진료를 받을 형편이 되지 못했습니다. 그리고 진료를 받

은 환자들도 이제 막 시작된 과학적 의학의 미숙함을 직접 몸으로 겪고 나서는 곧바로 다른 새로운 방법으로 시선을 돌렸습니다. 의사와 약제에 대한 깊은 불신은 우리 시대만의 현상이 아닙니다. 150년 전에 이미 사람들이 비슷한 딜레마에 처해 있었다는 사실을 접하고 나면 조금은 마음이 놓이기도 합니다. 비록 사용하는 개념은 달라졌지만 의견이 대립하는 상황은 놀라울 정도로 똑같습니다. 의사들도 항상 서로 갈라져 있었습니다. 1800년 즈음의 갈등은 '미래의 의술' 대 '돌팔이 의사'의 싸움으로 정의될 수 있습니다. '엉덩이 의사(Afterarzt, 치질은 당시에도 몹시 아팠습니다)'나 '엉터리Pfuscher' 같은 말들이 돌팔이를 가리키는 욕으로 흔히 쓰였습니다.

19세기 중반에 루돌프 피르호Rudolf Virchow는 개별 세포를 병리학의 중심에 두는 물리화학적 방법을 크게 발전시켰습니다. 그러나 피르호는 현미경을 통해 보이는 것에만 시선을 한정하지 않았습니다. 그는 몽상가였고 대단히 사회참여적이었습니다. 그는 비단 세균만이 아니라 생활환경도 사람을 병들게 만드는 중요한 요인이라는 점을 알고 있었습니다.

1871년부터 독일은 치료의 자유가 허용되어 누구나 거의 무제한으로 의술을 시행할 수 있었습니다. 이 조치로 바이마르공화국 시기에 이르러서는 돌팔이 의사들이 폭발적으로 증가하게 됩니다. 그 후 나치가 집권하면서 '신독일 의술'이라는 것이 개발되었습니다. 나치 정부의 권력자들은 자연 치료법과 동종 요법에 대단히 관심이 많았습니다. 1939년에는 오늘날까지도 유효한 민간 치료사 법률이 제정되었고, 유명한 유대인 의사들이 해외로 도피하거나 죽임을 당했습니다. 카바레 티스트 카를 발렌틴<sup>Karl Valentin</sup>은 당시 이렇게 익살을 떨었습니다. "히틀러의 이름이 잡초<sup>Kräuter</sup>가 아니어서 정말 다행이에요. 안 그랬다면 사람들이 모두 그에게 '약초!'라고 인사해야 했을 테니까요."*

이 모든 혼란을 뒤로 하고 주류의학은 끊임없이 변화하고 있습니다. 요즘 매독으로 사망한 사람이 얼마나 될까요? 솔직히 말해서 우리는 21세기에 살고 있어서 정말 다행입니다. 카사노바, 베토벤, 니체는 항생제만 구할 수 있었다면 더 이상 바랄 게 없었을 겁니다! 주류의학이 없었다면 얼마나 많은 이들이 이미 오래전에 저세상 사람이 되었을까요? 제 경우, 어머니와 아버지가 모두 그랬을 겁니다. 저는 두 분이 아직 살아계셔서 정말 좋습니다. 50년 전이었다면 두 분은 70세까지 사실 수 없었을 테니까요. 우리는 지금의 의료 수준에 익숙하지만 지난 세대 사람들만 해도 이를 기적으로 여겼을 게 분명합니다.

건강을 위한 최선의 길을 찾는 일뿐만 아니라 돈과 권력도 의학의 발전에 중요한 역할을 합니다. 30년 전만 해도 가장 똑똑한 학생들은 의학을 공부했습니다. 그리고 나중에 무엇이 되고 싶은지 잘 모르겠는 사람들이 경영학을 공부했습니다. 하지만 요즘 병원에서 결정권을 쥐고 있는 사람은 누구일까요? 경영자들입니다! 뭔가 잘못되었습니다. 이제 누가 당신에게 "아무 걱정 말고 편히 쉬세요!"라고 말하기를 기대

---

* 나치 시대에 히틀러에게 경례할 때 붙이던 '하일(Heil)'이라는 단어와 '잡초(Kräuter)'라는 단어가 합쳐지면 '약초(Heilkräuter)'라는 뜻의 복합어가 된다.

하면 안 됩니다. 또 제약 업체가 자발적으로 약값을 내린다거나 민간 의료보험에서 당신은 좀 더 회복이 필요하니 사흘 정도 더 입원해야 한다고 말하기를 기대하지 마세요. 기업은 이익에 더 관심을 두기 마련이고, 당신과 내가 뭐라 한다고 금방 바뀔 일도 아닙니다. 그래서 저는 당신에게 무엇이 잘못되었고, 또 어떻게 하면 여기서 무사히 살아남을 수 있을지를 보여드리고자 합니다. 우리에게 필요한 것은 또 다른 음모론이 아니라 계몽과 투명성입니다.

우리는 마술과 의술이 우리의 운명과 신체에 대한 권력을 놓고 아주 오래 전부터 펼쳐온 대결의 일부입니다. 이 둘은 늘 새로운 형식과 수단을 통해 삶과 죽음을 둘러싼 싸움을 벌였습니다.

의술은 언제나 지식과 믿음, 해체와 '조립'의 혼합물입니다. 의술은 관찰하고 측정하고 해석할 뿐만 아니라, 맥박을 느껴보고 환자의 머리나 어깨에 살며시 손을 얹기도 해야 합니다. 우리는 기계가 아니기 때문입니다.

의사로서 제가 어느 편인지 알고 싶으세요? 저는 좋은 사람 편입니다. 그리고 좋은 사람은 양쪽에 다 있습니다. 저는 또한 생명의 편입니다. 생명은 보호받아야 하고 또 마음껏 누릴 수 있어야 합니다. 생명은 자세히 들여다보면 모든 면에서 하나의 기적이니까요.

## 자발적 회복은 정말 자발적일까?

> "기적은 늘 반복된다,
> 오늘도 내일도 일어날 수 있다.
> 기적은 늘 반복된다,
> 단, 마주치면 너도 알아보아야 한다."
> _카차 엡슈타인Katja Ebstein

최근에 저는 의사들과 만날 때마다 "환자에게 기적이 일어나는 걸 직접 경험해보셨나요?"라고 물어봅니다. 그러면 이렇게 되묻는 경우가 많습니다. "기적이 대체 뭔데요?"

사실 기적을 한마디로 정의하기는 어렵습니다. 그럼 기적이 과연 무엇인지 그 핵심에 조심스럽게 접근해보겠습니다. 국어사전에는 이렇게 나와 있습니다. "자연법칙 또는 모든 경험에 위배되고, 그렇기 때문에 신적 권능이나 초자연적 힘의 직접적인 작용으로 간주되는 비상하고 놀라운 사건이나 결과." 또는 "완벽함의 방식이나 정도가 평범하고 익숙한 수준을 크게 능가하여 엄청난 감탄과 놀라움을 불러일으키는 어떤 것."

간단히 말해서 일상적 이해의 범위를 넘어서기 때문에 경이로움의 대상이 되는 것입니다. 하지만 일상적 이해라는 것은 또 무엇일까요? 자기 시대의 누군가에게 이해할 만하다거나 놀랍다거나 불가해하다고

진짜 기적은 자발적으로 치유되는 사람들이 아니라 하루하루를 자신의 질병과 함께 살아가고 있는 수많은 사람들입니다.


여겨지는 무언가는 항상 역사적이고 주관적인 영향 하에 있기 마련입니다. 기적을 '초자연적'으로 보는 요즘의 생각은 근대에 비로소 생겨난 것입니다. 자연법칙을 알지 못한다면 무엇이 자연법칙에 위배되는지도 평가할 수 없을 테니까요. 천둥과 번개 같은 현상까지도 이해할수 없었던 고대와 중세 사람들에게는 '가능한 것'과 '불가능한 것'의 경계가 훨씬 더 불분명했습니다. 고대 세계에서 치유의 기적은 종교에 국한된 것이 아니었습니다. 유명한 정치가나 시인들에게도 기적을 일으킨다는 수식어가 따라다녔습니다. 하긴 정치가들은 요즘도 어떤 일이

기적이라 가능했다고 주장하기를 좋아합니다. 하지만 그런 정치가들은 다음 선거에서 놀라자빠질 일을 겪게 될 겁니다.

　기적을 뜻하는 독일어 단어 'Wunder'의 어원이 무엇인지는 명확히 밝혀지지 않았습니다. 다른 언어들에서 기적은 대개 'Mirakel(불가사의)'의 의미로 사용됩니다. 'Wunder(기적)'과 비슷한 의미로 쓰이는 단어로는 'Kuriosum(기이함)', 'Mysterium(신비)', 'Spektakulum(장관)' 등이 있으며, 그밖에도 'Rätsel(수수께끼)'부터 'Hexenwerk(마술)'에 이르기까지 모든 놀라운 일이 이 개념에 포함됩니다. 이때 결정적인 요소는 그런 놀라운 일이 누군가의 눈에 뜨인다는 점입니다. 아무도 웃지 않는 농담은 더 이상 농담이 아니듯 아무도 놀라워하지 않는 기적은 더 이상 기적이 아닙니다. 누구에게든 놀랍고 경이로워야 기적입니다. 'wunderbar(놀라운)', 'komisch(이상한)', 'staunen(경탄하다)', 'lachen(웃다)' 등은 비슷한 종류로 묶일 수 있는 말들입니다. 제가 기적에 관심을 갖게 된 이유는 아마도 그것이 마술사들이 행하는 일이기 때문일 겁니다.

　의학에서는 종교적 특색을 지닌 개념을 꺼립니다. 그래서 어떤 환자가 모두의 예상을 깨고 건강을 회복했는데 치유의 메커니즘으로 도무지 이해되지 않을 때, 의학은 '기적'이라는 표현 대신 '자발적 회복'이라는 말을 사용합니다. 의사들은 놀라운 경과나 극적인 반전을 다양한 방식으로 수없이 경험합니다. 예를 들어 초음파검사에서나 출산 당시에 전혀 가망 없어 보였던 아기들이 탈 없이 잘 자라고, 자궁이 아닌 복강 내 나팔관에 자리 잡은 태아가 무사히 태어나는 일은 다반사입니다. 보

통 난자는 제대로 착상하지 못하면 생존하지 못합니다. 나팔관에 임신된 사실을 모르던 임산부의 나팔관이 갑자기 터지고 내출혈이 생기는 바람에 사망에 이르는 경우도 자주 되풀이됩니다. 하지만 기적적으로 4만 번에 한 번은 40주 이상 출산 과정이 아무 탈 없이 진행됩니다!

얼음이 깨지며 물에 빠져 오랫동안 산소 공급을 받지 못했던 아이가 완벽히 회복되고, 여러 해 동안 혼수상태에 있던 사람이 말짱히 다시 깨어난 유명한 사례도 있습니다.

많은 사람들이 '암' 진단을 받으면 곧바로 시한부 판결을 받았다고 여깁니다. 하지만 이런 고약한 질병에 오히려 뜻밖의 경과를 보인 이야기들이 많이 존재합니다. 암이라고 다 같은 암이 아니니까요. 그리고 환자도 다 다릅니다. 클레멘스 운거Clemens Unger 교수는 프라이부르크의 종양생물학 클리닉에서 수많은 암 환자를 치료해온 암 연구자입니다. 그는 12년 전에 치료한 마그레트 슈미트라는 이름의 암 환자를 정확히 기억하고 있었습니다. 2003년 5월에 운거 교수는 하이델베르크 대학의 동료 교수로부터 전화를 받았는데, 심각한 수술을 받은 뒤 화학요법이 필요한 한 여성 환자를 치료해달라는 부탁이었습니다. 환자는 자궁에 이미 전이가 진행된 자궁내막 육종으로 고생하고 있었고, 외과에서 자궁과 난소를 제거했지만 이미 복막 전체와 간에까지 암세포가 전이된 상태여서 수술 치료가 불가능했습니다. 운거 교수는 당시를 이렇게 기억했습니다. "초음파검사를 한 다음 면역 체계 강화를 위해 환자에게 세균 백신을 처방하고 두 달 뒤에 다시 오라고 했습니다. 8월에 그녀가 다시 와서 초음파검사를 했더니 어떻게 된 줄 알아요? 간과 복부 림프

샘에 전이된 암세포가 모두 사라지고 없는 겁니다." 운거 교수에게 그 런 현상을 어떻게 설명할 거냐고 묻자 이렇게 대답했습니다. "왜 그런 지는 아무도 몰라요. 하지만 그 여자는 매일 저녁에 이런 청원을 했다 는군요. '암세포야, 나는 너를 초대하지 않았어. 그러니 부탁인데 내 몸 에서 나가주렴' 하고 말이죠. 암세포는 지금까지도 다시 찾아오지 않고 있어요. 5년이 지난 뒤 완치 판정이 내려졌고 지금은 12년이 지난 상태 입니다."

이 경우 환자의 믿음이 어떤 중요한 역할을 했는지는 아무도 모릅니 다. 하지만 가능성을 완전히 배제할 수도 없습니다. 다만 이런 자발적 회복이 아주 드물게 일어나는 일이긴 합니다. 개개의 경우들에서 어떤 단순한 설명이나 패턴을 곧장 유추해내서는 곤란합니다. 치료법으로 권할 수 없다는 건 두말할 필요도 없고요. 많은 경우 이런 '기적'의 배 후에는 선행된 오진이 숨겨져 있기도 합니다. 예를 들면 종양의 분류가 잘못되었다든가 하는 식으로 말입니다. 하지만 한 가지 확실한 건 이런 예외적 경우가 엄연히 존재한다는 사실입니다. 그런데도 이런 사실에 관심을 보이는 연구자들이 이토록 드문 건 왜일까요?

헤르베르트 카파우프Herbert Kappauf 박사는 이런 드문 연구자 중 한 사 람입니다. 독일 바이에른주 출신의 종양학자인 카파우프 박사는 20여 년 전부터 자발적 회복 현상의 근거를 좀 더 파고들기 위해 연구해왔 습니다. 박사는 오랜 시간에 걸쳐 수많은 사례를 수집했습니다. 이렇게 수집된 사례들을 비교해보면 자발적 회복이 좀 더 빈번히 나타나는 암 종류가 엄연히 존재한다는 사실이 분명해집니다. 특히 신장과 피부에 발병하는 암은 자주 놀라운 경과를 보입니다.

암은 처음에 육체의 한 지점에서 생겨나 다른 부위로 확산될 수 있습니다. 세포들은 현재까지 완전히 이해되지 못한 어떤 방식으로 서로 접촉하고 있습니다. 이런 사실은 '엄마 종양(원발 종양)'이 제거되고 나면 '새끼 종양(전이 종양)'도 사라지는, 이미 입증된 현상에서도 나타납니다. 실제로 신장에 있던 원발 종양을 제거하는 수술을 시행하자 메스가 닿지 않아 미처 제거하지 못한 간의 전이 종양도 자취를 감춘 일이 있었습니다. 흑색종 피부암에서도 피부에 번진 원발 종양을 치료하자 전이된 종양들이 저절로 소멸된 경우들이 있습니다. 이런 식으로 외과 시술과 자기 치유는 서로 보완적인 역할을 할 수 있습니다. 세포들이 어떤 '끈'을 통해 서로 연결되어 있는지, 이때 면역 체계는 어떤 역할을 하는지 등에 대해 지금도 계속 연구가 이루어지고 있습니다.

면역 체계가 약해지면 특정한 암 종류가 좀 더 쉽게 발생한다고 알려져 있습니다. 후천성 면역결핍증HIV 감염자나 장기이식 후 장기간 면역억제제를 사용해야 하는 사람들은 백혈병, 림프종, 피부암 등에 쉽게 노출됩니다. 반면에 유방암이나 대장암의 발생 빈도에는 면역억제가 아무런 영향도 끼치지 못합니다. 다시 말해서 '암은 면역 체계가 약할 때 발생한다'는 상식이 꼭 들어맞는 것은 아닙니다. 또 일반적 '면역 체계 활성화'도 만병통치약이 아닙니다.

카파우프 박사는 이렇게 말합니다. "자발적 증세 완화가 특별한 질병 행동이나 특이하고 의도적인 노력의 결과가 아니라는 사실은 한편으로는 암에 걸린 사람들의 짐을 덜어줄 수 있습니다. 하지만 또 한편으로 제 연구는 자발적 종양 퇴화가 드물지만 실제로 존재한다는 사실을 의심할 바 없이 증명하고 있습니다. 이 사실 하나만으로도 많은 희망이 생겨납니다."

흑색종 피부암, 신세포암, 기저세포암 같은 암 종류의 경우, 기회는 어쨌든 당첨 확률이 1400만 분의 1인 로또보다 훨씬 낮습니다. 그러니 로또에 당첨될 수 있다고 믿는다면 암에 걸렸을 때도 자발적 회복의 가능성을 믿어도 좋습니다. 21세기에도 여전히 징조가 나타나고 기적이 발생합니다.

## 플라세보를 처방합니다

> "나는 플라세보 중독이다.
> 그만 끊어야 할 테지만, 무슨 차이가 있나?"
> _스티븐 라이트Steven Wright

2차 세계대전이 한창이던 1944년에 있었던 일입니다. 한 간호사가 부상당한 병사를 돌보고 있었는데, 병사는 엄청난 고통에 몸부림쳤습니다. 하지만 간호사에게는 당시 가장 강력한 진통제로 사용되던 모르핀이 다 떨어지고 없었습니다. 간호사는 자신이 도와줄 수 있는 게 없다는 말을 차마 병사에게 할 수 없었습니다. 대신 그녀는 커다란 주사기에 식염수를 넣어 고통받고 있는 환자에게 투여하며 이렇게 말했습니다. "이건 아주 강력한 약이니까 곧 좋아질 거예요." 그리고 실제로 병사의 상태는 훨씬 더 좋아졌습니다.

간호사가 동정심에 직감적으로 행한 조치가 기적과도 같은 효과를 낸 것인데, 바로 플라세보 효과입니다. 그렇다면 이때 무엇이 작용한 걸까요? 망상일까요, 아니면 다른 무엇일까요?

아무 성분이 들어 있지 않은 약, 즉 가짜 약을 가리키는 플라세보placebo는 라틴어에서 온 단어로 '마음에 든다'는 뜻을 지녔습니다.

예를 들면 무해한 식염수가 그런 것입니다. 앞의 예에서 간호사가 주사한 '모르핀'이 자신에게 도움이 될 거라는 긍정적 기대가 병사의 고통을 덜어준 게 분명합니다. 이때 누가 누구의 마음에 든 걸까요? 그리고 의사와 간호사는 환자에게 그런 식의 '호의'를 베풀어도 되는 걸까요?

오랫동안 과학은 기대와 긍정적 태도가 치료에 얼마나 강력한 힘을 발휘하는지에 대해 전혀 관심을 갖지 않았습니다. "그건 단지 플라세보 효과일 뿐이야." 여기서 '단지'가 도대체 무슨 뜻일까요? 의학자들은 곧바로 이런 효과를 무시하며 '망상'이라고 단정했습니다. 심한 착각이었죠.

20세기 말에 들어 연구는 눈부신 진척을 이루었습니다. 이제 우리는 환자가 고통을 망상하는 것도, 플라세보 복용 뒤 통증 완화를 망상하는 것도 모두 아니라는 사실을 알게 되었습니다. 우리 뇌에서 내인성 진통제가 만들어진다는 사실은 이미 오래전에 알려졌습니다. 유명한 엔도르핀이 그것입니다. 엔도르핀은 '진짜' 진통제와 똑같은 수용체에 작용합니다. 즉 알약 안에 아무것도 들어 있지 않아도 머릿속 처리 과정은 실제로 변화를 겪게 됩니다. 완전히 실질적인 변화이고 측정도 가능합니다.

이런 효과는 비상사태나 의술에서만 가능한 것이 아닙니다. 기대는 일상의 여러 상황에서도 우리에게 큰 영향을 끼칩니다. 공감 능력을 지닌 어머니와 아버지라면 누구나 한 번쯤 자기 아이의 무릎에 '호' 하고 입김을 불고 문질러주면서 나쁜 '아야'를 쫓아버리거나, 아이에게 주스를 건네주며 이걸 마시면 금방 힘이 세질 거라고 암시를 준 적이 있을 겁니다. 이게 아이에게 통한다면 어른에게 안 될 이유가 있을까요? 우리는 그다지 이성적인 존재가 아닙니다. 하지만 백문이 불여일견! 직장에서 직접 해볼 수 있는 간단한 플라세보 테스트를 알려드리겠습니다. 사람들이 일하는 곳이면 어디에나 커피 머신이 있습니다. 커피는 정신을 차리게 도와주니까요. 그런 효과가 카페인 때문일까요? 그렇지 않다면 뭘까요? 직접 테스트해보세요.

1. 당신이 평소에 사무실에서 마시는 커피와 종류가 비슷한 디카페인 커피를 플라세보용으로 준비하세요.
2. 준비한 커피를 아무도 모르게 사무실 커피와 교체하세요.
3. 커피를 내릴 때 커피 가루 양을 늘려 강한 맛이 나게 하세요.
4. 커피를 마신 동료들의 반응을 관찰하세요.
5. 당신이 직접 커피를 마셔보고 차이를 느낄 수 있는지 알아보세요.

단언컨대 적어도 한 사람 이상은 이렇게 말할 겁니다. "와, 오늘 커피는 아주 센데. 심장이 마구 뛰는 게 금방 느껴지는걸."

우리는 쉽사리 마음이 흥분된 상태와 커피를 연결시키곤 합니다. 하지만 제아무리 카페인이라도 조건화의 힘을 빌리지 않고는 즉각적 효과를 불러일으킬 수 없습니다. 카페인이 실제로 작용하려면 먼저 뇌의 신경세포에 도달해야 하는데, 이게 시간이 좀 걸리는 일이기 때문입니다. 커피는 입, 목구멍, 식도, 위, 장을 차례로 통과한 뒤 혈액으로 흡수되고, 혈액에서 다시 뇌로, 그리고 전달체를 통해 신경세포로 계속해서 전달됩니다. 그러고 나서야 비로소 무언가를 실행할 수 있습니다. 이 모든 과정을 거치려면 제법 시간이 걸릴 수밖에 없습니다. 최소한 15분 정도는 필요합니다. 커피를 한 모금 마시자마자 곧바로 자극적인 효과가 느껴지는 사람은 조금만 훈련하면 그냥 냉수만 마셔도 같은 효과를 얻을 수 있습니다. 커피를 한 모금 입에 물고 아무리 고개를 뒤로 바싹 젖혀도 커피가 입에서 곧장 뇌로 가는 일은 없습니다. 만약 정말 그런 일이 발생한다면 얼른 치과 의사를 찾아가는 것이 좋습니다. 당신에게는 전혀 다른 종류의 문제가 생긴 것이니까요.

　커피에 든 카페인이 미처 혈액에 흡수되기도 전에 벌써 작용을 시작하는 것과 마찬가지로 두통약도 그것이 도움이 될 거라고 인지하는 순간부터 바로 효과를 발휘합니다. 더욱 놀라운 사실은, 진짜 약의 효과를 세 번만 겪고 나면 네 번째부터는 똑같이 생긴 가짜 약을 먹어도 비슷한 효과를 본다는 겁니다. 이런 효과는 두통약이나 천식 흡입기 같은 가벼운 약들에서만 나타나는 게 아닙니다. 심지어 장기이식 후 면역 체계에 작용하는 약들에서도 같은 효과가 증명되었습니다. 이 점을 이용해 우리는 앞으로 약을 투여할 때 네 번째마다 진짜 약 대신 독성과 부작용이 없는 가짜 약을 사용하는 실질적인 성과도 이끌어낼 수 있습니다. 물론 그에 따른 비용 절감 효과는 덤입니다. 처음에는 외부의 자극이 있어야 하기 때문에, 그러기 위해서는 실제로 작용력이 있는 약이 필요합니다. 하지만 우리 몸이 약의 작용을 학습하고 나면 내부의 치유자가 자신의 고유한 약으로 치료를 떠맡습니다.

일상생활에서도 통증을 무력화시키는 방법은 많습니다. 함부르크-에펜도르프 대학 병원 교수 크리스티안 뷔헬Christian Büchel 박사는 기대와 주의력과 통증의 상관관계에 대해 많은 연구를 해왔습니다. "사랑니를 뽑으면 많이 아픕니다. 이럴 때 대부분의 사람들은 집에 가서 조용히 방에 틀어박혀 아픔을 견디려 애쓰는데, 그렇게 하기보다는 직장에 일하러 가는 게 훨씬 더 낫습니다. 고통에 조금이라도 덜 몰두할수록 그만큼 기억에서 고통을 덜어낼 수 있기 때문입니다. 허리 통증도 마찬가지입니다. 꾸준히 출근하며 치료받는 환자는 병가를 내고 집에서 쉬면서 만성 통증까지 얻는 환자들보다 수월하게 고통에서 벗어날 수 있습니다."

뷔헬 박사는 기대의 역할이 얼마나 큰지 보여주는 또 다른 예도 제시합니다. 박사는 이번에는 반대로 환자에게 알리지 않고 효능이 있는 약을 투여해보았습니다. 링거를 통해 '은밀히' 아주 강력한 진통제인 노발긴을 주입했더니 사전에 투약을 인지하여 효과를 기대한 환자에게서보다 훨씬 약하게 작용하는 것으로 나타났습니다.

좀 더 자세히 들여다보면 주류의학에서든 대체의학에서든 플라세보 효과에 기댄 치료들이 상당히 빈번히 이루어지는 것을 알 수 있습니다. 관절이 탈구되었을 때 좀 더 빠르게 통증을 가라앉히기 위해 상처 부위에 자석 코일을 갖다 대는 치료가 있습니다. 하지만 이때 실제 효과를 내는 것은 자석이 아니라 긍정적 기대입니다. 플라세보 효과는 심지어 외과 시술에서도 찾아볼 수 있습니다. 하지만 이 이야기는 나중에 제 무릎 수술을 예로 들면서 하도록 하겠습니다.

의사에 대한 신뢰는 환자에게 좋은 약 못지않은 효과를 불러일으킬 수 있습니다. 의사들은 약리학에 대해서는 온갖 쓸데없는 것들까지 다 배우면서 왜 언어의 심리학은 그토록 등한시하는지 모르겠습니다. 환자에게 좀 더 올바른 방식으로 말과 생각을 건네고, 또 여기에 적절한 의식이 곁들여지면 약의 효과는 배가됩니다. 말과 약이 합쳐질 때가 말 따로 약 따로일 때보다 훨씬 낫습니다. 의사는 자신의 작용력에 좀 더 주의를 기울일 줄 알아야 합니다. 또 단순한 것들이 얼마나 큰 차이를 만들어내는지를 명심하여 환자와 시선을 맞추고, 환자의 말을 경청하고, 환자의 감정을 잘 인지하여 반응하고, 환자가 기대하는 바를 묻고, 두려움을 가라앉혀주고, 긍정적 기대를 일깨워줄 수 있어야 합니다. 믿음, 사랑, 소망은 아주 오래전부터 있어온 효과 좋은 약입니다. 이런 약효를 제약 회사에서 만든 알약에서만 구하고자 하는 것은 의학자들이 저지르는 가장 큰 오류입니다.

결정적인 질문을 던져보겠습니다. 플라세보는 사람들이 모두 그 정체를 알고 있을 때도 과연 효과가 있을까요? 플라세보를 공개적으로 투약해도 될까요, 아니면 환자 모르게 해야 할까요?

보스턴 하버드 의대의 괴짜로 유명한 테드 캡트척Ted Kaptchuk 교수는 이 문제를 연구했습니다. 캡트척 교수는 과민성 대장 증후군을 앓는 사람들에게 하루에 세 번 플라세보를 복용하도록 처방했습니다. 다들 '알맹이 없는' 약이 처방된 사실을 알고 있었지만 40퍼센트 이상의 환자에게서 증상이 개선되었습니다. 특히 의사의 지시를 정확히 따르며 가짜 약을 진지하게 받아들인 환자들의 효과가 더 좋았습니다. 매일 세 번

씩 자신의 회복을 기원하는 의식을 행한 것이 회복의 근본 요인이었던 것 같습니다. 어쩌면 약은 아예 필요 없었을지도 모릅니다. 이런 의식은 여러 가지 형태로 이루어질 수 있습니다. 촛불을 켜거나, 하늘의 특정 방향으로 절을 하거나, 겸손하게 무릎을 꿇거나, 심호흡을 하는 등의 행위를 통해 사고의 일상적 흐름을 중단시키는 것이 중요합니다.

뮌헨의 과학자 유타 마이스너Jutta Meissner는 플라세보 효과가 심지어 간처럼 특정한 장기에도 적용된다는 놀라운 사실도 발견했습니다. 하지만 이것이 정확히 어떻게 가능한지는 아직 과학적으로 설명되지 않았습니다. "대체의학은 그것이 사람들에게 희망을 주는 순간 곧바로 터부시되고 신빙성 없는 것이 되는 것 같습니다. 하지만 어떤 환자에게서 불필요하게 희망을 앗아가는 행위 역시 일종의 신체 상해라는 게 현재 우리가 알고 있는 가장 확실한 사실입니다!"

예전에 사람들은 언어와 내적 이미지의 힘을 굳게 믿었습니다. 사실 달리 어찌할 방도가 별로 없던 시절이기도 했습니다. 몇 가지 알려진 약초 말고는 의사들이 쓸 수 있는 변변한 수단이 없었으니까요. 그래서 예를 들면 성서의 한 구절을 종이쪽지에 적어 환자에게 먹이는 풍습 같은 것들이 존재할 수 있었습니다. 쪽지를 씹어서 삼키면 몸에 좋은 말씀이 말 그대로 '체화'된다고 믿었습니다. 구구절절 씹을수록 맛이 난다는 말은 이럴 때 써야 하는 게 아닐까 싶습니다.

가끔씩 지금도 알약 대신 동봉된 설명서를 씹어 먹으면 어떨까 하는 생각이 들기도 합니다. 그랬다가 설명서에 적힌 부작용까지 얻게 될 수도 있겠지만, 그 전에 설명서 내용을 모두 읽어야 가능한 일입니다. 설명서에 적힌 대부분의 '정보'는 정신의 식이섬유들이니 마음껏 드셔도 좋습니다. 비교를 위해 아무 나쁜 성분도 없는 백지에 "좋아질 거예요!" 라고만 적혀 있는 '플라세보 설명서'를 먹어보는 것은 어떨까요?

그러면 플라세보에 대한 '가짜 약'이라는 명칭은 이제 '종이 약'이라 는 전혀 새로운 의미로 해석될 겁니다.*

* 가짜를 뜻하는 독일어 Schein에는 종이, 문서라는 뜻도 있다.

# 당신이 플라세보에 대해 아직 모르는
## 열 가지 사실

1. 플라세보는 환자가 그 정체를 알고 있을 때도 효과가 있다.

2. 파란색 플라세보는 진정 효과가 있고 빨간색은 흥분 효과가 있다.

3. 아무 성분도 들어 있지 않은 알약 네 개는 두 개보다 강한 효과를 낸다.

4. 플라세보 주사는 플라세보 알약보다 더 잘 듣는다. 가장 효과가 좋은 것은 플라세보 수술이다.

5. 값비싼 플라세보는 값싼 플라세보보다 효과가 좋다.

6. 플라세보는 진짜 약에도 적용되는 부작용을 지닌다.

7. 플라세보는 척추 부위에도 효과가 있다.

8. 플라세보는 개별 장기에 작용하는 특수한 효과도 지닌다.

9. 흰색 가운을 입은 수석 의사가 건네는 플라세보는 폴로셔츠를 입은 간호사가 주는 플라세보보다 효과가 좋다.

10. 습관적으로 사용하는 의약품의 20퍼센트 정도만이 플라세보보다 더 나은 효과를 보이는 것으로 입증되었다.

# 작동이 멈춘 냉동 창고에서 죽은 한 남자

당신의 심근경색 위험을 높이는,

병력 기록에는 나오지 않는 사소한 질문 하나.

"자신이 사랑받고 있다고 느끼시나요?"

우리는 살면서 몇 번이나 죽도록 웃어볼 수 있을까요?

이번에는 진지하게 묻겠습니다. 혹시 죽도록 생각해본 적이 있나요?

한밤중에 여럿이 모닥불 가에 모여 앉으면 무서운 이야기가 제격입니다. 예전 수학여행에서 듣고 지금까지 줄곧 제 머릿속에 남아 있는 이야기가 하나 있습니다. 냉동 창고에 갇혀 죽은 어떤 남자 이야기입니다. 다음 날 아침 얼어 죽은 채로 발견되었는데, 냉장실은 당시 가동되지 않았다고 합니다. 그 사람은 완전히 공포에 빠져 얼어 죽는 상상을 했을 텐데, 생각이 어찌나 강렬했던지 몸이 실제로 그와 같은 상황을 받아들였던 겁니다. 이 이야기에는 많은 곁가지 일화가 추가되기도 합니다. 가령 손가락에 동상 흔적이 있었다든지, 자신의 상상력에 의해 죽임을 당한 이 희생자가 덜덜 떨리는 손으로 쓴 마지막 작별 인사가 담긴 쪽지가 발견되었다든지 하는 것들입니다. 이런 이야기를 전하는 사람은 대개 남들로부터 들은 이야기를 전하는 것이고, 그 남들은 또

남들로부터 들은 이야기일 겁니다. 당연히 여기에는 사실 여부를 확인할 수 있는 분명한 장소와 시간이 제시되어 있지 않습니다. 간단히 말해서 도시의 전설이라고나 하겠습니다.

2009년에 나온 좀 더 잘 기록된 사례는 더욱 많은 생각을 하게 만듭니다. 우울증에 걸린 환자가 스스로 목숨을 끊으려고 자신이 가진 모든 알약을 다 삼켰습니다. 잠시 후 그 사람은 성급한 행동을 후회하고 112에 전화를 걸어 응급실로 실려 오게 되었습니다. 가쁜 숨을 몰아쉬며 땀을 흘리던 그 사람은 응급실에 도착하자마자 순환 기능 장애로 쓰러지고 말았습니다. 의사들은 부리나케 링거를 주입하고 약물 과다 복용 검사를 실시했는데, 결과는 놀랍게도 음성반응이었습니다. 알고 보니 환자는 그 일이 있기 직전 한 실험에 플라세보 대조군으로 참여했던 사람이었습니다. 그가 삼킨 약은 그때 제공된 가짜 약이었습니다. 다시 말해서 환자는 아무 성분도 없는 약에 중독되었던 것입니다. 더 이상 생명의 위험이 없다는 사실을 인지하자 환자는 눈 깜작할 새에 회복되었습니다. 만약 그가 계속해서 자신이 약물 과다 복용으로 죽을 수밖에 없다고 믿었다면 과연 어떤 일이 벌어졌을까요?

이와 비슷한 몇몇 사례는 심지어 의학 저널에 발표되기도 했습니다. 담당 의사로부터 상당히 진행된 식도암 판정을 받은 어떤 환자가 다음 날 곧바로 사망한 일이 있었습니다. 하지만 병리학적 조사에서는 아무런 암의 흔적도 발견되지 않았습니다. 단지 조금 부풀어 오른 림프종 몇 개가 전부였는데, 그것으로는 환자의 죽음이 설명되지 않았습니다. 담당 의사의 오진이 치명적인 결과로 이어진 끔찍한 경우였습니다.

나쁜 생각의 위력은 얼마나 클까요? 정말 단지 생각만으로도 죽음에 이를 수 있을까요? 흑마술이나 아프리카 부두교 추종자들이 주장하는 것처럼 남들의 저주가 실제로 우리 자신에게 힘을 미칠 수 있는 건 아닐까요?

정신적 원인으로 죽음에 이르는 소위 심인성 사망은 의학의 수수께끼입니다. 인간의 사망 원인을 규정하고자 할 때 병리학자들은 커다란 벽에 부딪히게 됩니다. 심근경색은 혈관이 물리적으로 막힌 탓에 흔적이 남습니다. 반면에 부정맥은 증명할 도리가 없습니다. 그래서 병리학에서는 자주 배제 진단의 방법을 사용합니다. 확실한 사망 원인을 도무지 발견할 수 없을 때 자발적 심정지를 추측하는 것입니다.

우리가 심한 정신적 위기에 처했을 때 우리의 심장도 함께 고통을 겪습니다. 정도의 차이는 있겠지만 대부분 몸소 경험한 적이 있을 겁니다. 부정맥을 앓는 제 친구 한 사람은 이런 증상을 아주 강력하게 겪어야 했습니다. 그는 심장이 비정상적인 리듬으로 박동하는 기외수축을 매일 수도 없이 느끼며 살았습니다. 기외수축은, 한 번 찾아오면 대단히 이성적인 제 친구도 정신이 몽롱해질 정도로 강력하고 지속적이었습니다. 그 친구가 직장 일 때문에 늘 힘들어했던 이유도 이런 증상과 관계가 있었습니다. "직장을 그만두어야겠다고 결정한 바로 그 날부터 심장의 비정상적 떨림이 씻은 듯이 사라지더니 다시는 나타나지 않더군." 정말 마술 같죠?

정신과 신체의 상관성은 우리 심장에 얼마나 큰 영향을 미칠까요?

스위스의 최면 치료사 개리 브루노 슈미트Gary Bruno Schmid는 심인성

사망에 관해 알려진 모든 것들을 수집했습니다. 기록을 취합하고, 추가 조사를 실시하고, 해석을 내리는 일은 힘든 작업입니다. 하지만 죽을 수밖에 없다는 확신을 통해서 죽음이 초래되거나 앞당겨지는 일은 문화의 차이를 뛰어넘는 보편적인 현상입니다. "스스로의 상상력이 죽음의 순간에 결정적인 영향을 미친다"고 슈미트는 말합니다.

이때 우리 몸에서는 어떤 일이 벌어질까요? 이럴 때는 다른 현상과 비교해보는 것이 도움이 됩니다. 우리는 동화책에 자주 나오는 이야기처럼 마음의 상처 때문에 죽을 수 있을까요? 답은 분명합니다. 그렇습니다! 이를 가리키는 의학 개념으로는 '스트레스성 심근증'이나 '타코츠보 심근증' 같은 별로 시적이지 않은 단어들이 사용됩니다. '타코츠보 심근증'은 2002년에 일본 전문 문헌에 소개되면서 이름 붙여졌습니다. 일본 과학자들은 극심한 스트레스로 심실에 변화가 생기는 현상이 일본의 전통 문어잡이 덫인 타코츠보를 연상시킨다고 여겼습니다. 심근경색을 앓는 것처럼 보이지만 실제로 혈관 폐쇄가 나타나지는 않는 이 경우는 대개 여성 환자들에게서 많이 나타납니다. 아드레날린 같은 스트레스 호르몬이 지나치게 분비되면 혈액순환을 위험 수위까지 억제하며 심근을 약하게 만듭니다. 거의 모든 환자들에게서 이러한 증상은 가까운 사람의 죽음이나 이혼, 불의의 사고, 암 진단 등과 같이 정서적 스트레스가 심한 사건을 겪은 직후에 나타납니다. 심장 건강과 마음의 평화가 실제로 얼마나 밀접하게 연결되어 있는지는 우울증 상태에서 심순환계 질환의 발병이 두 배로 증가한다는 사실에서도 잘 드러납니다.

한 마디 덧붙이자면, 남자들도 마음의 상처로 인해 죽음에 이를 수 있습니다. 하지만 조금 다릅니다. 안 좋은 농담처럼 들릴 수 있겠지만, 1996년 6월 22일에 네덜란드 남자들의 심장병 사망 수치가 통계적으로 유의미하게 높이 치솟는 일이 발생했는데, 사망한 남자들은 모두 유럽 챔피언십 축구 대회 8강전 승부차기에서 네덜란드 대표팀이 프랑스에 패하는 장면을 텔레비전으로 지켜보던 사람들이었습니다. 일종의 사랑의 고통 같은 것인데, 아마도 알코올 섭취와 동시에 발생한 것이 아니었을까 싶습니다. 이것이 단지 특수한 경우에 불과한 사건일까요?

미국의 소도시 프레이밍햄에서는 1948년에 이미 심장 건강에 관한 대규모 연구가 진행되었습니다. 다양한 연령대의 사람 수천 명을 여러 세대에 걸쳐 수십 년간 관찰한 결과, 연구진은 심근경색과 뇌졸중의 가장 큰 위험 요인에 대한 의미심장한 인식을 얻을 수 있었습니다. 이때 조금 덜 주목받은 성과는 미래에 대한 기대가 여성 건강에 미치는 영향이었습니다. 연구 초기에 실시된 설문 조사에는 특히 다음과 같은 질문이 있었습니다. "당신은 비슷한 나이의 다른 여성들에 비해 심근경색에 걸릴 위험이 더 높다고 믿습니까?" 이 질문에 그렇다고 대답한 여성들은 기존에 알려진 다른 모든 위험 요인을 배제하더라도 실제로 심근경색으로 사망할 위험이 그렇지 않다고 대답한 여성들보다 세 배나 더 높게 나타났습니다. 이렇듯 심장병 사망에 대한 두려움은 심장병 사망의 가능성을 더욱 높이는 것으로 보입니다. 일종의 자기실현적 예언이라고도 하겠습니다.

휴대폰으로 장시간 통화를 하고 나서 두통이 찾아온 경험은 누구나

있지 않나요? 이것이 정말로 전자파 때문일까요? 아닙니다. 기대가 작용한 겁니다. 한 실험에서는 주거지역에 이동통신 송신탑을 세우고 그곳 주민들의 수면의 질을 뇌전도를 사용해 정확히 측정해보았습니다. 실제로 수면의 질이 나빠진 것으로 나타났습니다. 그런데 기계 작동을 멈추고 측정했을 때도 같은 결과가 나왔습니다. 부정적 기대의 힘은 아주 강력합니다. 우리는 이것을 '노세보 효과'라고 부릅니다. 유명한 플라세보 효과의 반대말입니다. 긍정적 기대가 건강을 더 빨리 회복시켜주듯 두려움은 건강을 해칩니다.

이런 효과들을 좀 더 깊이 생각해보면 환자에게 수술의 위험을 설명하는 것에 대해 한 가지 진지한 윤리적 질문을 제기하게 됩니다. 레겐스부르크 의대 마취과 에르닐 한센Emil Hansen교수는 이 분야의 전문가입니다. 그는 마취의 부작용 중 가장 큰 부분이 약을 통해서가 아니라 환자에게 설명하는 상담 방식을 통해 초래된다는 사실을 증명했습니다. 마취로 인해 부작용이 생길 수 있다는 설명을 사전에 들은 환자들은 실제로 마취가 끝난 뒤 두통을 얻었다는 겁니다.

간단한 자가 테스트를 해보겠습니다. 지금 당신의 등에 주사기가 꽂혀 있다고 상상하시기 바랍니다. 당신이 A 그룹에 속해 있다면 사람들은 당신에게 이렇게 말합니다. "우리는 이제 당신에게 부분 마취를 실시하겠습니다. 마취는 잠시 후 당신을 더 편안하고 고통 없이 만들어드릴 겁니다."

B 그룹은 다음과 같은 말을 듣게 됩니다. "당신은 마치 벌에 쏘였을 때처럼 등이 아주 심하게 따끔하면서 타는 듯한 통증을 느끼게 될 겁

# 아무것도 더 이상
# 도움이 안 되십니까?

## von HIRSCHHAUSEN

# 강력 플라세보

현탁액으로 만들어 먹는 과립.
무성분 50mg과 완전 무성분 30mg 함유

자기 치유력 보조제.
통증을 가라앉히고
건강을 증진시킴.

**20 포**

20

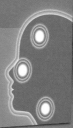

폰
히르슈하우젠

**성분:** 믿음, 사랑, 희망. 많은 애정과 긍정적 기대를 가지고 복용할 깃.

내용물은 없지만 '진짜'처럼 보이는 약을 시중에 유통시키는 사람은 그 약이 '진짜' 약처럼 효과가 좋아도 놀라서는 안
됩니다. 어린아이와 동물에게는 약효가 강할 수 있으니 주의하세요. 부작용은 의사에게 문의하거나 사용 설명서 대신
책을 자세히 읽으세요.

니다. 이때가 전체 수술 과정에서 가장 고약한 부분입니다." 이 실험에서는 물론 B 그룹이 확연히 더 많은 고통을 느끼게 됩니다. 단지 상상만으로도 확실히 그렇지 않습니까?

한센 교수는 환자와 상담할 때 상대의 관점을 받아들일 필요가 있고, 법률적 안전조치에 대한 지나친 고려와 천편일률적인 대응 방식도 개선되어야 한다는 점을 의사협회에 납득시키고자 노력했습니다. 좋은 설명을 듣고 좋은 간호를 받은 환자는 모든 걸 궁금해하며 조바심을 내지 않습니다. 사실 95퍼센트의 환자는 치료 과정을 아주 잘 극복합니다. 그런데도 왜 다들 이런 사실은 강조하지 않고 치료를 잘 받아들이지 못하는 5퍼센트에만 주목하는 걸까요?

한 지인 여성은 제게 수술 직전에 마취 의사와 나누었던 대화를 털어놓았습니다. 그녀가 "선생님, 제가 다시 깨어나게 될까요?" 하고 물었더니 의사는 농담이랍시고 "그건 나도 모르죠!"라고 대답하더라는 겁니다.

의사들은 종종 부지불식간에 내뱉은 부주의한 말 몇 마디로 환자의 긍정적 기대를 파괴해버립니다. "당신에게는 지금까지 백약이 무효네요" 따위의 시건방진 말 한마디가 뒤이어 실시되는 조치들의 효과를 얼마나 극적으로 감소시키는지 모릅니다.

암 환자에게 실시되는 화학요법은 생명을 구하기 위해 불가피한 선택이지만 대단히 불쾌하고 고통스러운 부작용을 동반하는 경우가 많습니다. 하지만 이런 부작용들도 적절한 심리학적 개입과 강화된 자기통제를 통해 충분히 완화시킬 수 있습니다. 이에 대한 훌륭한 증거들도 많습니다. '화학요법'은 노세보 효과처럼 부정적으로 작용하는 끔찍한 개념입니다. 이 말에서 우리는 곧바로 탈모, 구토, 독소 같은 단어들을 연상하게 됩니다. 정말 그럴까요? 첫째로 화학요법에는 아주 여러 가지가 있습니다. 각각 작용하는 방식도 모두 다릅니다. 둘째로 구토 반응은 환자가 치료를 얼마나 두려워하는가에 따라 어느 정도 다르게 나타납니다. 당연히 화학요법은 생활의학의 영역이 아닙니다. 생명을 위협하는 기저 질환 같은 아주 절박한 이유가 있을 때만 사용되는 수단입니다.

제 친척 한 사람이 위암에 걸려 구글에 검색했더니 이런 말을 뱉어냈다고 합니다. "⋯⋯방치하면 빠르게 사망에 이른다." 우리는 두 가지 사실에 합의했습니다. 절대로 구글 검색을 하지 말 것. 그리고 약을 앞으로 '치료 소스'라고 부를 것. 링거를 맞는 동안 우리가 어떤 생각을 머릿속에 품느냐에 따라 커다란 차이가 생겨납니다. '나는 지금 독을 몸에 주입하고 있는 거야'라고 생각할 수도 있지만 '내 목숨을 구해줄 효과적 약들이 준비된 21세기에 살고 있어서 얼마나 다행인지 몰라'라고 생각할 수도 있습니다.

생각이 그토록 큰 영향을 미치고, 또 우리 모두가 어느 정도는 부두교 신자라고 가정한다면, 이런 효과를 좀 더 긍정적으로—어쩌면 정신에 의해 더 연장될 수도 있는—삶을 위해 사용할 수 있지 않을까요? 한 연구에서 50세 이상의 사람 660명에게 자신의 노화과정을 어떻게 머릿속에 그리고 있는지 물었습니다. 그리고 23년이 지난 뒤 사망자 기록을 살펴보니 놀라운 사실을 발견할 수 있었습니다. 노화에 긍정적인

태도를 지닌 사람은 그렇지 않은 사람보다 7년 반이나 더 오래 사는 것으로 나타났습니다!

그러므로 저는 제안합니다. 《인구학적 쓰나미》《므두셀라의 음모》《알츠하이머 창궐》따위의 책*을 읽으며 스스로 절망에 빠지지 말고, 행복하게 늙어간 사람들의 삶에 주목하세요! 그들은 어떤 이들을 자기 삶의 모범으로 삼았던가요? 그들은 어떤 삶을 살았나요? 평온하고 만족스러운 삶을 산 사람들이 오랜 세월 문화적으로 갈고 닦아 자신의 것으로 만든 성격은 어떤 모습을 띠고 있던가요? 그걸 체득하세요. 이것이 생각에 스며들어 평생토록 삶을 오염시키는 낙담의 악순환을 끊어낼 최고의 해독제가 되어줄 것입니다.

당신을 감탄하게 만드는 사람들의 이름을 적어보세요. 80세가 넘은 이들 중 가장 멋진 인물들을 모아놓은 당신만의 빌보드 차트를 작성하세요. 그렇게 하면, 첫째로 당신 자신이 그렇게 늙어갈 기회가 많아지고, 둘째로 당신이 다른 사람의 바로 그런 차트에 오를 확률이 높아집니다. 이것이 생명을 연장시키고 삶을 더 행복하게 만드는 효과적인 '방탄 사고'입니다.

---

* 모두 고령화 사회의 문제를 다룬 책이다.

## 가짜 수술로 사라진 사마귀

> "모든 것은 어떤 식으로든 서로 연결되어 있다.
> 엉덩이에서 털을 한 올 뽑으면 눈에서 눈물이 나는 걸 보라."
>
> _데트마르 크라머Dettmar Cramer

여성 관객 한 사람이 메일을 보내왔습니다. "어릴 때 손에 흉한 사마귀가 생겨서 친구들한테 놀림을 당했습니다. 당시 우리 마을에는 의사가 없었기 때문에 어머니는 저를 민간 치료사에게 데려갔습니다. 그 여자는 사마귀에게 주문을 외더니 특수한 물약을 발랐습니다. 그러고 3주 뒤 사마귀는 감쪽같이 사라져서 다시는 나타나지 않았습니다. 이게 뭘까요? 어떻게 나은 걸까요?"

주문을 외고, 타이르고, 고함치고 기도하는 등의 행위는 추측컨대 세상에서 가장 오래된 치료 의식이 아닐까 싶습니다. 예전에는 마을마다 이런 능력을 지녔다고 여겨지는 마녀나 현자가 있었습니다. 제가 베를린에 살 때도 이웃에 이런 여자가 있었는데, 그녀의 집에는 도움이 필요한 사람들이 정기적으로 찾아와 비밀스러운 옛 주문을 청하곤 했습니다. 하루는 직접 찾아가 제게 비술을 전수해줄 수 없겠냐고 물어보았습니다. 그녀는 몹시 호감어린 눈길을 보내면서도 당신 같이 너무 똑똑

한 의사에게는 이런 소중한 경험 지식을 맡기고 싶지 않다고 말하더군요. 그럼에도 불구하고 하고 싶으면 개인적인 봉헌 의식을 치러야 한다고 했지만 저 역시 굳이 그럴 생각은 없었습니다.

사마귀와 관련된 마법의 주문은 아주 많습니다.

> "내가 보는 것은 사라지고, 내가 쓰다듬는 것은 누그러지고, 사마귀야, 떨어져라!"

좀 더 실제적인 조언도 있습니다.

> "실끈에 당신의 사마귀 수만큼 매듭을 묶으시오. 그런 다음 그 끈을 처마 빗물받이의 물 떨어지는 관 아래에 놓아두시오. 실끈이 썩으면 사마귀가 사라짐. 포인트: 아무에게도 이 사실을 말해서는 안 되고, 실끈이 어떻게 되었는지 들여다봐도 안 됨."

사마귀가 생기면 정말 성가십니다. 특히 아이들은 사마귀를 긁어서 떼어내려고 하는데, 그러다간 손 전체로 퍼질 수도 있습니다. 사마귀는 아주 집요해서 도무지 없앨 수가 없지만 그러다 또 어느 순간 갑자기 사라지기도 합니다. 이처럼 경과가 들쑥날쑥한 질환이기 때문에 신기한 치료담도 아주 많습니다. 그중에는 심리가 건강에 미치는 영향을 보여주는 이야기도 있고, 모든 일에 원인과 설명을 찾으려는 우리의 소망을 잘 채워주는 이야기도 있습니다.

피부에 이렇게 작은 혹이 자라나게 되는 이유는 소위 '유두종 바이러스'라는 것 때문입니다. 유두종 바이러스에는 아주 많은 유형이 있으므로 이것들과의 접촉을 완전히 피하기는 힘듭니다. 사마귀가 생기는 원인은 피부에 작은 균열 같은 출입구, 우리 몸의 면역 상태와 관련이 있습니다. 우리 몸의 면역 체계와 자기 치유력은 심리 상태와 마찬가지로 단단할 때도 있고 허약해질 때도 있습니다. 스트레스는 우리를 허약하게 만들고, 즐거운 일과 휴식과 긍정적 기대는 면역 체계를 강화시켜 줍니다. 기분과 면역의 밀접한 관계를 보여주는 또 다른 예는 '헤르페스바이러스'입니다. 날이 화창할 때나 중요한 데이트를 앞두고 있을 때 입술에 작은 물집들이 생겨 가렵기 시작하면 사람들은 비가悲歌라도 부르고 싶은 심정이 됩니다. 그러면 모든 왕자님들에게 '키스 금지령'이 내려지기 때문입니다. '열성 포진熱性疱疹'이라는 명칭은 우리 몸이 다른 침입자를 상대하느라 바쁜 틈을 이 작은 악당들이 악용하고 있음을 보여줍니다.

다시 사마귀로 돌아가서, 이것들은 또한 통증을 유발하기도 합니다. 특히 발에 난 사마귀는 물리적 압박으로 인해 더욱 깊은 곳으로 파고들어 신경을 건드리는 지경에까지 이를 때도 있습니다. 육체는 장기적으로 방어 체계를 구축하는 경향이 있는데, 여기서 우리는 작은 위안을 얻을 수 있습니다. 어릴 때 사마귀가 많이 났던 사람은 어른이 되면 사마귀가 좀처럼 나지 않는데, 이는 면역 체계가 이미 학습한 덕분입니다.

사마귀는 아주 많은 사람들이 앓는 질환이지만 그럼에도 불구하고 피부과 의사들의 체계적인 조사와 연구는 놀라우리만치 드물고, 대체

치료에 대한 연구는 아예 전무한 실정입니다. 흔히들 대체의학은 원칙적으로 과학적 연구가 불가능하다고 주장합니다. 하지만 그렇지 않습니다! 누군가가 명확한 진술을 제시하기만 한다면 그것이 올바른지 아닌지 검토할 수 있습니다. 사마귀를 없애준다고 주장하는 약이든 달팽이 점액이든 원격치료든 다 마찬가지입니다. 대체의학은 스스로 주장하는 효능을 검사할 수 있을 때 비로소 진지하게 받아들여질 수 있습니다. 에드차르트 에른스트Edzard Ernst 교수가 영국의 원격 치료사들과 함께 했던 일이 바로 그런 것입니다. 출발점이 된 질문은 사마귀 환자들이 원격으로 에너지 치료를 받을 때와 받지 않을 때, 분명한 차이가 나타나느냐 하는 것이었습니다. 이런 조사가 과연 확실하게 이루어질 수 있을까요? 실험에 최대한 많은 수의 환자를 참가시킨 다음 무작위로 두 집단으로 나눕니다. 그리고 한 집단은 원격치료를 받고, 다른 집단은 받지 않도록 합니다. 물론 환자들은 자신이 어느 집단에 속하는지 알 수 없습니다. 즉 실험은 '맹검'으로 실시됩니다.

에른스트 교수는 원격치료 개념에 거부감이 없는 사람들을 대상으로 모두 84명의 환자를 모아 실험을 실시했습니다. 치료사들은 환자들과 150킬로미터 정도 떨어진 곳에 살고 있는 공식 치료사협회의 회원이었습니다. 고차원의 에너지와 환자를 연결하는 '채널'로서 이미 평균 11년 이상을 일해온 사람들입니다. 그들은 자신들의 작업이 병자의 자기 치유력을 높여줄 뿐만 아니라 플라세보 효과를 훨씬 능가하는 치유력을 지닌다고 확신하고 있었습니다. 에른스트 교수는 원격치료에서 일반적으로 행해지는 방식에 따라 치료사들에게는 각 환자의 이름과

나이, 거주지 그리고 사마귀의 개수와 위치만을 알려주었습니다. 치료사들은 이를 토대로 그들의 에너지를 환자들에게 흘려보냈습니다.

그 결과, 치료 전 환자들에게는 평균 여덟 개의 사마귀가 있었고 그로부터 6주 뒤 원격치료를 받은 환자들은 여전히 평균 여덟 개의 사마귀를 지니고 있었습니다. 정확히 하자면 평균 0.2개가 심지어 증가했습니다. 반면, 대조군에서는 평균 1.1개의 사마귀가 사라졌습니다. 치료에너지가 런던의 안개 속에서 길을 잃은 걸까요? 만약 에너지 치료에 분명한 효과가 있다면 이 실험에서 어떤 식으로든 드러났어야 합니다. 하지만 결과는 그렇지 않았습니다.

원격치료가 자신에게 효과가 있다고 믿었던 환자 중 절반은 대조군에 속해 있었으므로 아무런 치료도 받지 못했습니다. 하지만 실험의 실패와 무관하게 대부분의 참가자들은 앞으로도 다시 원격 치료사를 찾아가겠다고 대답했습니다.

우리의 자기 치유력을 활성화하는 데에는 원격치료보다 '근접 치료'가 더 적합하지 않을까요? 마르부르크 대학의 '정신피부학자Psychodermatolog' 우베 길러Uwe Gieler 교수는 피부와 심리와 면역 체계의 상관관계에 대한 진짜 전문가입니다. 길러 교수는 열 명의 어린아이에게 엑스선 치료를 시뮬레이션하는 실험을 실시했습니다. "우리는 아이들을 엑스선 기기 앞에 세우고 납 보호복을 입힌 다음 기기의 냉각장치만 돌려 소음이 나게 했습니다. 아이들은 무언가 중요한 일이 벌어지고 있다는 인상을 받았죠." 그러자 어린 환자의 90퍼센트에게서 사마귀가 사라졌습니다. "기존의 치료는 일단 이 방법을 따라해볼 필요가 있습니다"라고

길러 교수는 말했습니다.

피부과 의사의 전통적인 치료법은 태우고 레이저를 쏘고 냉각시키거나, 아니면 뾰족한 큐렛이나 메스를 들이대는 겁니다. 당연히 통증을 동반하고 대개는 흉터도 남습니다. 그래서 길러 교수는 부모들에게 일단 실과 민들레 잎사귀를 가지고 한밤중에 직접 시도해볼 것을 권합니다. 승산은 충분합니다. 단지 기다리기만 해도 사마귀는 석 달 내로 70퍼센트까지 사라지니까요.

옛날의 방법과 주문이 아직 잘 안 통하는 분들이 있다면 몇 가지 현대적 방법의 사용을 권합니다. 아래의 주문들은 정말 시도해볼 만한 가치가 있습니다.

모욕주기 전략:

> 사마귀야, 넌 참 못생기기도 했구나
>
> 널 내 몸에서 떼어버릴 거야
>
> 다시 커질 거라는 생각은 버려
>
> 난 네게 질렸으니까!

좀 더 과학적으로 하고 싶다면:

> 잘 들어, 너희 꼬마 바이러스들아
>
> 어서 빨리 꺼져버려!

　　요놈의 유두종들아

　　내게 면역이 생기면 너희는 곧바로 혼수상태야!


이것도 너무 복잡한 이들을 위한 더 간단한 주문:


　　사라져라, 사마귀!


이제 기다리면 됩니다.

# 기적이 없는 듯 살거나
# 모두 기적인 듯 살거나

"내가 진실로 너희에게 말한다.

너희에게 겨자씨 한 알 만한 믿음이라도 있다면,

이 산더러 '여기서 저리로 옮겨가라' 하더라도 그대로 옮겨갈 것이다.

너희가 못할 일은 하나도 없을 것이다."

_마태오복음 17장 20절

옛날에는 어쨌든 더 단순했습니다. 사람들은 기적을 믿었습니다. 가령 예수가 물 위를 걸을 수 있다고 일단 믿으면 그것으로 그만이었습니다. 하지만 오늘날 우리는 매사에 배후를 캐묻습니다. 기적과 자연과학은 서로 대립할까요? 고체물리학은 이렇게 말합니다. 누구나 물 위를 걸을 수 있다, 중요한 것은 외부 온도일 뿐.

믿음과 기적이라는 주제를 말할 때마다 저는 말 그대로 살얼음판 위를 걷습니다. 금세 누군가는 자신에게 성스러운 주제가 공격이나 모욕을 당한다고 느낄지도 모르니까요. 물론 제게는 전혀 그럴 의도가 없지만 말입니다. 저는 개신교이고, 아내는 가톨릭입니다. 가끔씩 가톨릭 신자들에게 질투가 날 때가 있는데, 종교개혁을 거치지 않은 가톨릭은 감성적으로 신비주의에 좀 더 열려 있기 때문입니다. 좋은 예가 바로 제아내의 고향입니다. 그곳은 중세 초기에 있었던 전설적인 '피의 기적' 덕분에 유명해진 고장입니다. 1347년 그곳 교구에서는 새 교회를 짓기 위한 헌금을 모아 궤짝에 보관했다고 합니다. 하지만 한밤중에 도둑이 들어 돈 궤짝 뿐만 아니라 성체가 든 함까지 모두 도둑맞고 말았습니다. 도둑은 훔친 물건을 가지고 달아나다가 성체 함을 실수로 떨어트렸지만 별로 돈이 되지 않을 거라 여겨 그냥 놔두고 가버렸습니다. 성체함은 곧 발견되었는데, 맙소사, 기적이 일어났습니다! 성체들은 마치 구세주의 피로 물든 듯 붉은색으로 변해 있었습니다. 이 기적은 드높은 권능의 표시로서 들판의 불길처럼 퍼져나갔다고 합니다. 당시에는 소셜 미디어를 흔히 이렇게 들판의 불길에 비유했습니다. 사람들은 이 소식을 이웃과 친구들에게 말하고, 길에서 마주친 500명의 모르는 이들에게도 전했습니다. 다들 그 고장으로 모여들었습니다. 모든 재물을 다 도둑맞은 작은 시골 마을은 마치 기적이 일어난 듯 입에서 입으로 전해진 끝에 유명한 순례지가 되었습니다. 순례자들은 교회를 세우기에 충분한 수입을 가져다주었고, 마을에는 궤짝 안에 든 돈으로 할 수 있었던 것보다 훨씬 더 아름답고 웅장한 교회가 세워졌습니다. 할렐루야! 성체가 이렇게 큰돈이 될 수 있으리라고 도둑이 짐작이나 했겠습니까. 기적일 밖에요.

네, 옛날엔 그랬습니다! 적어도 이와 비슷한 일들이 꽤 있었죠. 피의 기적 이야기는 가톨릭 민간신앙에 자주 등장합니다. 오늘날의 자연과학자들은 성체가 붉게 변색된 사건이 예수의 피 때문만은 아닐 수도 있다는 사실을 알고 있습니다. '세라티아마르세센스'라고 불리는 박테리아균의 놀랍도록 강렬한 붉은색 색소가 사건의 원인일 수 있다는 겁니다. 1347년의 기적도 과연 이 세균에게 빚진 것인지, 왜 하필 그 순간

그 장소에서 그런 일이 발생했는지 등은 사실 신이나 알 수 있는 일입니다. 저는 여기에 두 개의 서로 다른 판단 기준이 모두 적용되기를 간절히 소망합니다.

과학으로 모든 것이 설명될 수 있을까요? 과학이 믿음을 없앨 수 있을까요? 분명히 말하지만, 그렇지 않습니다. 믿음에는 여러 가지 형태가 있습니다. 예나 지금이나 같습니다. 이 주제는 너무 복잡하고 너무 큽니다. 신이 존재하는지 여부를 여기서 제가 다 밝힐 수는 없는 노릇입니다. 그리고 신이 존재한다면 왜 그분은 사람들이 필요로 할 때마다 늘 곁에 계시지 않는 걸까요? 종교와 종교적 왜곡에 대한 가장 단호한 비판자 중 한 사람으로 꼽히는 버트런드 러셀Bertrand Russell은 만약 사후의 삶이 정말로 있어서 신 앞에 서게 된다면 무슨 말을 하고 싶냐는 질문에 특유의 영국식 유머로 이렇게 대답했습니다. "그분께 말하겠소. 제게 힌트를 조금만 더 주실 수는 없었던 거냐고 말이오!"

그러니 제 수준에서는 기적, 신앙, 교회 등의 문제와 관련하여 어떤 현상들이 있는지를 추려내는 일 정도로 만족하겠습니다. 그것들을 정리하고 받아들이는 일은 스스로 하시기 바랍니다.

종교적 감정은 어떤 긍정적인 작용을 할까요? 신앙인들은 이에 대해 무슨 말을 할까요?

폴란드로 수학여행 갔던 일은 아직도 기억이 생생합니다. 우리는 가장 중요한 가톨릭 성지 중 한 곳인 쳉스토호바의 검은 마돈나를 방문했습니다. 난생 처음 기적 신앙의 장소에 가본 저는 헤아릴 수 없이 많은 봉헌 제물에 입을 다물지 못했습니다. 유리 진열장 안에는 밀랍이나 금속으로 만들어졌거나 직접 손으로 공들여 깎은 작은 팔다리며 손, 얼굴, 눈, 귀, 가슴 등이 가득 들어 있었습니다. 순례자들이 치료에 대한 감사의 표시로 제작하여 가져다놓은 것들이었습니다. 사춘기를 겨우 지나고 있던 우리들에게는 이 모든 것이 몹시 기이하게 여겨졌습니다. 아무튼 예배당과 박물관과 유령의 집을 한 데 뒤섞어놓은 묘한 장소였습니다.

벽에는 여러 쌍의 목발도 세워져 있었습니다. 아마도 더 이상 필요 없어진 것인 듯 했습니다. 이 성지에서 가장 유명한 사례로 꼽히는 것은 야니나 라흐Janina Lach 사건입니다. 그녀는 10년이 넘게 다발성 경화증을 앓고 있었습니다. 그녀의 다리는 더 이상 그녀의 것이 아니었습니다. 목발이나 휠체어 없이는 꼼짝도 할 수 없었으니까요. 그러던 어느 날 쳉스토호바의 성모님이 꿈속에 나타났고, 그녀는 그 길로 150킬로미터를 차로 달려 성지로 갔습니다. 목격자들 증언에 따르면 목발을 짚은 여자가 성모상으로 다가가 간신히 몸을 가누며 목발을 내려놓더니 잠시 후 혼자 힘으로 걷기 시작했다고 합니다. 야니나 라흐는 바르샤바와 포젠에 있는 병원에서 검진을 받았고, 의사들은 그녀의 다발성 경화증이 사라진 것을 확인했습니다. "병은 기적이 일어난 지 27년이 지난 지금까지도 다시 나타나지 않고 있어요"라고 야니나 라흐는 한 인터뷰에서 말했습니다. 가톨릭 교회는 그녀의 회복을 기적으로 인정했습니다. 이 사건은 지금도 많은 이들에게 희망을 주고 있습니다. 당연한 일 아니겠습니까?

제 안의 의사는 이런 의문을 제기합니다. 루르드 같은 다른 성지에서

도 다발성 경화증, 파킨슨병, 정신 질환 같은 병들이 치유되었다거나 이런저런 암과 골 질환 따위가 완전히 사라졌다는 이야기는 많지만, 아직 절단된 다리가 다시 자라났다거나 유전병이 저절로 치유되었다는 말은 전혀 들을 수가 없는데, 그건 왜 그런 걸까요? 기적담에는 특히 궁합이 잘 맞는 질병들이 있는 듯합니다. 주로 다양한 증상이나 심각한 경과가 겉으로 드러나는 질환이나 면역 체계와 심리 상태가 중요한 역할을 하는 질병들입니다. 감기가 사라졌다고 기적이라고 믿는 사람은 없습니다. 그것은 충분히 예상할 수 있기 때문입니다. 다발성 경화증의 경우 환자나 의사 모두 병의 경과가 어떻게 나타날지 정확히 알 수 없습니다. 이 병은 돌발적으로 찾아와 단박에 삶의 일부가 되어 머물기도 하고, 빠르게 악화되기도 하고, 갑자기 모든 증상이 사라져버리기도 합니다. 회의적인 사람에게는 모든 에피소드가 공포물이지만 회복된 사람은 자신이 어떻게 다시 건강해졌든 별로 개의치 않습니다.

사람들은 성서 시대부터 이미 치유의 기대를 신앙 경험과 연결시켜 왔습니다. 예수와 관련된 수많은 치유담이 있습니다. 나병에 걸린 남자라든가 출혈이 심한 여자가 등장하고, 이런저런 피부병들이 언급되고, 장님이 눈을 뜨고 귀머거리가 다시 듣게 됩니다. 예수가 베드로의 장모를 치료하는 조금 덜 알려진 이야기도 있습니다. 예수는 그녀의 열병을 낫게 해줍니다. 제 안의 의사는 물론 그녀의 열이 얼마나 높았는지 알고 싶어집니다. 열은 얼마나 오래 지속되었으며, 혹시 예수의 개입 없이도 사라지지 않았을지 궁금합니다. 종아리 찜질로도 충분하지 않았을까? 아니면 글로불리 정도로? 아니, 어쩌면 전혀 다른 원인이 아니었을까?

제가 가장 좋아하는 이야기는 마르코복음서에 있습니다. 예수가 가 버나움의 어느 집에서 설교하는 이야기입니다. 그곳에는 예수의 설교 를 들으려는 사람이 너무 많아서 집안은 물론이고 문밖에도 사람이 들 어설 틈이 없었습니다. 한 중풍 환자가 네 사람이 나르는 들것에 실려 그리로 왔습니다. 들것을 든 사람들은 환자를 도저히 예수 가까이로 데 려갈 수 없음을 깨닫고는 지붕에 구멍을 내서 환자가 누운 들것을 아 래로 내려 보냈습니다. 예수는 이들의 믿음을 보고는 중풍 환자에게 이 렇게 말합니다. "네 죄는 용서받았다!" 그러자 당시 감독관청이던 율법 학자들이 예수의 이런 행위를 불손하게 여깁니다. 죄의 용서는 오직 신 만이 할 수 있는 일이니까요. 하지만 예수는 바로 이렇게 말합니다. "내 너에게 말하니, 일어나 네 들것을 가지고 집으로 가거라!' 그러자 그는 일어나 그의 들것을 가지고 밖으로 나갔다. 이를 지켜본 사람들은 크게 놀라 신을 찬양하였다. 그리고는 '우리는 이와 같은 것을 한 번도 본 적 이 없다'고 말하였다."

예수에게 이처럼 사람을 치료하는 능력이 있었다면 왜 병원을 열어 아침부터 저녁까지 그 일을 하지 않았을까요? 예수는 자신의 능력을 알았지만 계속 이동하며 환자를 돌보는 편이 훨씬 의미 있는 일이라고 여겼던 것 같습니다.

이를 곧이곧대로 믿을지 여부와 무관하게, 제가 보기에 이 이야기의 핵심에는 흥미로운 점들이 수두룩합니다. 지붕을 뚫고서라도 치유자에 게 데려가고자 하는 친구들의 강고한 의지를 예수는 높이 평가합니다. 병든 사람은 홀로 남겨져서는 안 됩니다. 그에게는 사회적 지원이 필요

합니다. 지붕을 뚫는 수고도 마다하지 않으며 고락을 함께해줄 사람들이 필요합니다. 하지만 예수가 마침내 기적을 행할 수 있도록 모두가 자리를 내어주었을 때, 일단은 아무런 가시적인 사건도 벌어지지 않습니다. "네 죄는 용서받았다!"는 말씀뿐입니다. 말로써 병자의 영혼을 어루만지는 일이 예수에게는 곧바로 증상을 보살피는 일보다 중요했던 것 같습니다. 중풍이 회복된 것은 덤입니다.

예수는 이렇게 묻지 않습니다. "어쩌다 중풍에 걸리게 되었는가? 누구 때문에 그렇게 되었는가? 의료보험은 들었는가?" 병자는 이제 일어나 들것을 가지고 집으로 가라고 단 한 마디만 말합니다. 요즘이라면 어떨지 상상해봅니다. 소파에 누워 정신분석 치료를 받는 환자가 치료사의 말 한 마디에 자리에서 일어나 소파를 들고 밖으로 나간다면 어떨까요? 하지만 그는 먼저 눈치를 살필 겁니다. 아직 50분이 다 되지 않았다면 말입니다.

종교는 과연 심리 치료보다 더 많은 일을 할 수 있을까요? 서로 다른 관점을 좀 더 잘 이해하기 위해 저는 두 분야에 모두 정통한 인물을 만났습니다. 정신병원 원장이자 가톨릭 신학자이기도 한 만프레트 뤼츠Manfred Lütz 박사입니다. 그는 이렇게 말합니다. "과학과 신앙은 관점이 서로 다릅니다. 그래서 사람들은 심리 치료와 사제의 사목을 엄격히 구분합니다. 우울증 환자가 병적인 죄책감에 빠지는 것은 이것은 진짜 죄와는 무관합니다. 좋은 치료가 필요한 경우죠. 하지만 실제로 살인을 저지른 자가 그렇다면 그것은 진짜 죄의 문제입니다. 죄는 실존의 영역입니다. 여기서는 치료가 소용없습니다. 신앙을 가진 사람이라면, 예를 들어 신 앞에 자기 죄를 고백하고 매듭을 지을 수 있는 참회가 도움이 될 겁니다. 신앙을 갖지 않은 사람이라면, 심리 치료사들이 이런 이들을 위해 만들어낸 의식이 어느 정도 도움을 줄 수 있습니다. 이런 종류의 치료 의식이 참회를 연상시키기는 합니다."

현대 정신의학과 심리 치료는 정말 많은 일을 할 수 있습니다. 하지만 종종 한계에도 부딪힙니다. 뤼츠 박사는 제게 한 여자에 관한 이야기를 들려주었습니다. 여자는 오랫동안 우울증을 앓아왔는데, 훌륭한 정신과 치료에도 불구하고 결국 완전히 절망에 빠지고 말았습니다. 그러자 친구가 그녀를 보스니아의 메주고레 성지로 데려갔고, 거기서 그녀는 마침내 우울증에서 벗어날 수 있었습니다. 그 이후로 그녀는 완전히 신앙에 귀의하여 탁월한 능력을 인정받으며 다니던 방송국 직장을 그만두고 수녀원에 들어가 25년 째 행복한 삶을 살아가고 있다고 합니다. 우울증은 물론 씻은 듯이 사라졌고요. 하지만 그럼에도 불구하고 뤼츠 박사는 자신의 일을 계속할 것이며, 자신의 환자를 성지나 수도원으로 보내는 일도 절대로 없을 거라고 말합니다.

그렇다면 신앙인들은 다른 사람들보다 더 건강할까요? 네, 그렇습니다. 하지만 이때 신앙이 결정적인 역할을 하는지, 아니면 고정된 집단 안에서 주변 사람들의 지원을 받을 수 있는 데 따른 긍정적 효과 덕분인지는 확인하기 어렵습니다. 교구는 단지 기도하고 노래하고 대화를 나누는 장소만 제공하는 게 아니라 사회적 통제의 역할도 수행합니다. 다시 말해서 담배, 술, 약물 등의 섭취를 줄이게 합니다. 모두 건강에 도움이 되는 게 사실입니다.

남을 위해 기도하는 것은 도움이 될까요? 여기서도 통계적 사실들 안에는 악마가 숨어 있습니다. 기도의 효과를 입증하려는 시도가 연구 기법의 모든 규칙에 맞추어 진행되었지만 결과는 지극히 다의적이어서 별로 의미 있는 진술을 내놓지 못했습니다. 실험에서는 기도와 건강의—부정적이거나 긍정적이거나 이도 저도 아닌—모든 가능한 상관성이 제시되었습니다. 기도가 해가 될 수도 있을까요? 지극히 불만족스러운 통계 데이터의 설명에 따르면 환자가 가지고 있는 신의 이미지에 따라 달라집니다. 구약의 벌하는 신을 믿는 사람에게는 그를 위해 기도해준다는 말이 별로 도움이 되지 않고 오히려 스트레스로 작용할 수 있습니다. "맙소사, 벌써 나를 위해 기도해준다는 걸 보니 나는 정말 죽을병에 걸렸군!" 하지만 사랑의 신을 상상하는 사람에게는 남들이 자신을 걱정해주고 생각해준다는 감정이 힘과 자신감을 줍니다. "우리가 아무리 바닥으로 떨어져봐야 하느님 손길 안 아니겠어!" 제가 보기에 정말로 위험한 경우는 병을 앓는 사람이 자책에 빠져드는 것입니다. "넌 기도와 믿음이 부족해. 안 그렇다면 이런 병에 걸렸겠어?" 하지만 성서조차도 '올바른' 기도와 영원한 건강 사이에 어떤 기계적 상관관계가 있다고 주장하지 않습니다. 오히려 그 반대죠.

제가 지금까지도 흥미진진하고 생각해볼 만하다고 여기는 지점이 있습니다. 예수가 보인 치유의 기적에서 핵심은 질병의 사라짐이 아니라는 겁니다. 치유는 무엇보다도 사람들이 신과 이웃에게 화해의 손길을 내밀 때 이루어집니다. 요즘 식으로 표현하자면, 자기 자신과 세상에 대한 고민이 해결될 때입니다. 사실을 있는 그대로 받아들일 수 있

을 때, 우리가 누구나 100살까지 건강히 살 수 있다는—어쩐지 그래야
마땅할 것 같은—기대를 내려놓을 때, 그리고 인간의 가치를 육체의 상
태가 아니라 더 큰 어떤 것, 아마도 헤아릴 수 없이 무한한 어떤 것에
비추어 가늠할 때 비로소 치유는 이루어집니다.

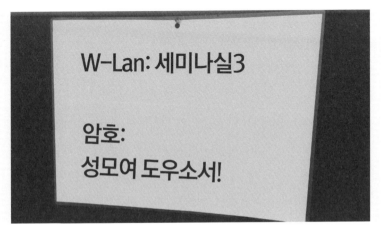

개신교와 가톨릭의 차이가 뭘까요? 둘 모두 눈에 보이지 않는 것을 믿습니다. 하지만 접속하
는 통로가 각기 다릅니다. (가톨릭 세미나 하우스[위]와 독일 개신교회 사무실[아래]의 장면.)

　늙고 병들고 상처받고 약한 이들을 외면하지 않고 보살피는 것은 서양 인도주의의 긍정적인 측면입니다. 자신들의 믿음과 인간관을 바탕으로 기꺼이 남을 위해—명예직이든 전문직이든—행동에 나서는 사람들이 없었다면 우리는 훨씬 더 가련한 처지가 되었으리라고 생각합니다.

　'병원Hospital'의 설립은 환대Hospitality, 즉 손님 환대와 이웃 사랑이라는 소중한 가치에서 출발합니다. 물론 오늘날에는 신앙의 집에서조차도 이런 것들을 당연하게 기대하기 힘들지만 말입니다. 교회 공동체는 수많은 관심사들이 오가는 상담소입니다. 다른 단체에서는 비슷한 형태를 찾아볼 수가 없을 정도입니다. 이에 상응하는 세속적 형태로는 여러 세대가 모여 사는 대가구 세대나 자조 집단, 볼링 클럽 정도가 있을 겁니다. 공동체의 힘은 개개인을 뛰어넘는 공동의 더 큰 관심이 존재할 때 더욱 강해집니다. 교회 성가대에서는 다성 합창으로 노래할 수 있습니다. 혼자서는 못합니다. 이런 의미에서 교회는 중요한 음악의 후원자이기도 합니다. 교회에서는 각자가 집 안에 혼자 웅크리고 앉아 텔레비전에 나오는 가수들 노래를 따라 부르는 것보다는 좀 더 나은 기회를 제공해줄 수 있으니까요. 두세 명 이상만 모이면 적어도 옆 사람을 떨어뜨려야만 자기가 살 수 있는 '슈퍼스타를 찾아라' 프로그램보다는 좀 더 긍정적인 무언가를 만들 수 있습니다.

　미사에서 유향 연기와 스테인드글라스가 하는 역할을 공연 무대 위에서는 연무기와 라이트 쇼가 합니다. 좋은 사제는 자기 신자들을 지루하게 만들지 않습니다. 그는 이야기를 어떻게 해야 하는지, 언제 그만

두고 언제 희망을 갖게 해야 하는지를 압니다. 느린 노래와 빠른 노래, 요란한 히트송과 조용한 발라드가 있고, 예배 의식이 끝나면 함께 먹고 마시는 친교 시간이 뒤따릅니다. 이렇게 보면 카바레티스트와 엔터테이너 중에 교회에서 복사로 커리어의 첫걸음을 뗀 사람이 많은 것도 놀랄 일은 아닙니다. 배우 하페 케르켈링Hape Kerkeling의 복사 시절은 유감스럽게도 아주 짧았습니다. 그가 미사종 치는 걸 까먹고는 웃음을 터뜨렸을 때 보좌신부는 그에게 복사단을 떠날 것을 권했습니다. 그 후 보좌신부의 소식은 더 이상 알 수 없습니다. 하지만 하페가 산티아고 데 콤포스텔라로 순례를 떠나 자신의 영성을 깨닫고 책을 낸 뒤로 산티아고 순례길은 A9* 고속도로보다 더 붐비고 있습니다.

아인슈타인은 이런 말을 남겼습니다. "살아가는 방식은 두 가지 뿐이다. 마치 기적이 없는 듯 살거나, 아니면 모든 게 다 기적인 듯 살거나." 결정은 당신의 몫입니다.

---

\* 독일 뮌헨과 뉘른베르크 간 고속도로. 통행량이 많기로 유명하다.

# 어떤 문제는 자는 동안 해결되지요!

밤이 되어 자리에 누워 잠을 잔다고 상상해봐요.
당신이 자는 동안 기적이 일어나
오랜 짐이었던 문제가 해결되었습니다.
당신은 잠들었으니 그런 기적이 일어난 줄 모릅니다.

기적이 일어난 줄 제일 먼저 알아차릴 이는 누구인가요?
무엇을 보고 그 기적을 알아차릴까요?

기적이 일어난 뒤 달라질 이는 누구인가요?

당신의 문제가 해결되어 가장 놀라워할 이는 누구인가요?

남들은 당신에게서 이전에 불가능하게 여겼던 어떤 모습을 보게 될까요?

당신은 자신에게서 어떤 뜻밖의 긍정적 변화를 감지하게 될까요?

과거에 당신은 언제 성공을 거두었나요?

그때 당신의 성공을 가능하게 했던 것은 무엇인가요?

이 질문과 관련해 떠오르는 생각들은 종종
미래에 대한 긍정적인 상상으로 이어집니다.
자신이 더 이상 어려움이 없는 시간 속에 있다고 상상하는 것은
불가피하게 더 먼 길을 떠나야 하는 상황의 부담을 덜어줍니다.
어떤 문제들은 잠을 자는 동안 상당히 해결되기도 합니다.

## 인생이라는 거대한 행운 추첨기

미국에서 어떤 남자가 몸을 씻었습니다.
그랬더니 호주에 사는 그의 쌍둥이 동생이
갑자기 깨끗해졌습니다.

살면서 겪은 가장 놀라운 사건이나 기이한 사건은 무엇이었나요?

영화감독 멜 브룩스는 "내 손가락이 문틈에 끼면 비극, 남이 하수구에 빠지면 코믹"이라고 말했습니다. 기적과 우연의 차이도 이와 마찬가지로 개인적이고 주관적입니다. 어떤 사람에게 가장 의미심장한 일이 다른 사람에게는 우습기 짝이 없는 일이 되기도 합니다.

우연을 영어에서는 coincidence라고 하는데, 이 말의 뜻은 "두 가지 일이 동시에 발생하다"입니다. 코믹과 우연은 사람들의 반응, 뜻밖의 놀라움, 웃음, 미심쩍음 등 공통점이 많습니다.

어떤 일에 뚜렷한 인과관계를 발견할 수 없을 때 우리는 당황하여 어리둥절해집니다. 더 이상 아무것도 이해할 수 없을 것 같은 감정에 빠지기도 합니다. 이럴 때 얼마나 빠르게 또는 힘겹게 다시 현실에 안착하느냐에 따라 이 순간은 우스울 수도 있고 위협적일 수도 있습니다.

"우연은 항상 관찰자의 눈에 달려 있다"고 케임브리지 대학의 데이

비드 슈피겔홀터David Spiegelhalter 교수는 말합니다. "숲속에서 기이한 일이 발생해도 아무도 보지 못한다면 여기에 진짜 우연은 존재하지 않는다." 무슨 선문답 같이 들리기도 합니다. 숲에서 나무 한 그루가 쓰러지는데 주변에 아무도 없다면 그때 생긴 소음은 존재하는 걸까요?

우연은 주변에서 벌어지는 사건들의 소란스러움 속에서 우리에게 미소 짓습니다. 누군가에게 무언가 놀라운 일이 발생했다는 확신을 가지려면 먼저 충분히 많은 사람들에게 물어보아야 합니다. 출생 직후 헤어진 쌍둥이 형제가 얼마나 많은 공통점을 갖는지 조사한 연구자들도 그렇게 했습니다. 두 형제는 생후 몇 개월 만에 헤어져 서로 전혀 소식을 모른 채 자랐습니다. 하지만 양쪽 입양 가족은 두 아이에게 똑같이 '제임스'라는 이름을 붙여주었습니다. 두 형제는 모두 자라서 '린다'라는 이름의 여성과 결혼했고, 헤어진 뒤에는 '베티'라는 여성과 재혼했습니다. 둘은 모두 아들에게 '앨런'이라는 이름을 지어주었고, '래리'라는 이름의 의붓 형제가 있었고, 기르는 개를 '토이'라고 불렀습니다. 둘은 모두 긴장성 두통이 있고, 플로리다의 같은 마을에서 휴가를 보냈습니다.

여기서 어떤 결론을 도출할 수 있을까요? 배우자나 애견의 이름을 결정짓는 어떤 유전자가 있는 걸까요? 애견 이름이 '에카르트'였더라면 더욱 놀라웠을 텐데요. 미국에서 기르는 개 이름으로는 훨씬 더 희귀할 테니까요. 그런데 이렇게 일치하는 점이 많은 것이 단순히 우연일 수는 없다는 느낌이 드는 것도 사실입니다. 하지만 충분히 많은 사람들에게 물어본다면 우연에게도 기회는 있습니다.

충분히 많은 수의 법칙은, 로또 복권이 모두 팔려나간다면 그중에 분명히 1등 당첨자가 있을 거라고 말합니다. 하지만 당첨된 사람에게 이것은 평생 기적으로 남습니다. 그 사람은 복권을 사던 날 하마터면 그냥 안 사고 지나칠 뻔했는데 문득 어떤 느낌이 들었다는 등의 말을 끊임없이 할 겁니다. 반면에 그날 실제로 로또를 안 사고 그냥 지나쳐버린 사람들에 관해서는 아무런 이야기도 들을 수 없습니다. 그러나 1등 당첨자가 있다는 사실은 공정한 로또에서는 결코 기적이 아닙니다.

우리가 평생 얼마나 많은 사람을 만나고 또 얼마나 많은 곳을 가보게 되는지를 생각하면 그랜드캐니언의 기념품 가게에서 중학교 때 같은 반이었지만 그 후로 한 번도 소식을 듣지 못했던 클라우스라는 친구를 만난 것도 그리 놀랄 일이 아닐 수 있습니다. 노련한 회의론자라면 아마도 그 순간에 이렇게 자문할 겁니다. 그를 만나지 못했다면 못 만난 사실을 알기나 했을까?

우리가 만약 신이라면 혹은 스릴 넘치는 영화를 만드는 감독이라면 완전히 뜻밖의 장소에서 전혀 예상치 못하게 지인과 마주칠 뻔한 일이 얼마나 자주 일어나는지 추적해볼 수도 있을 겁니다. 은유적으로 말하자면 우리는 인생이라는 거대한 로또 추첨기 안에서 쉴 새 없이 움직이고 있습니다.

우리는 확률을 가늠하는 일에 그다지 익숙하지 못합니다. 누가 자기 생일에 어느 파티에 갔는데 다른 손님 중에도 그날이 생일인 사람이 있다면 '진짜 신기한 일'입니다. 하지만 수학적으로 계산하면 파티에 초대받은 손님이 365명 이상일 필요 없이, 23명만 되어도 그중에 생일이 같은 사람이 있을 확률이 50퍼센트나 된다고 합니다. 믿기 힘든 이야기라는 거 잘 압니다. 저도 믿을 수가 없으니까요. 하지만 수학적으로 그렇다니 어쩌겠습니까.

저는 8월 25일생으로 처녀자리입니다. 저와 생일이 같은 이묾르는 산느라 마이슈베르거, 마티아스 오프덴회벨, 숀 코너리, 에리히 호네커 등이 있습니다. 제1공영방송의 황금 시간대에 활동하는 서부 독일 방송WDR 출신 사회자 5명 중 3명이 같은 날 태어났다는 사실도 놀랍기 그지없는 일입니다. 어쩌면 제가 제임스 본드 연기자가 될 수 있었지 않을까요? 운명은 쉽사리 자기 의중을 드러내지는 않습니다.

우리는 자신이 당사자일 때보다 남들을 대상으로 할 때 확률을 더 잘 가늠합니다. 예를 들어보겠습니다. 당신의 친구가 미성년자인 자녀와 휴대폰 통화를 시도하는데 아이가 도무지 전화를 받지 않습니다. 그 순간 무력할 수밖에 없는 아이 부모는 걱정에 사로잡혀 온갖 나쁜 생각을 떠올리게 됩니다. 우리 아이에게 무슨 일이 났나? 혹시 유괴를 당해 전화를 받지 못하는 건 아닐까? 좀 더 일찍 전화했더라면? 그럼 아무 일도 없었을 텐데…….

하지만 당신이 보기엔 분명히 좀 더 가능성이 높은 설명도 있습니다. 배터리가 다 되었거나, 아이가 한창 키스 중이거나, 게임에 열중하고 있거나, 아니면 그냥 전화를 받고 싶은 마음이 없을 수도 있습니다. 자기 아이가 아니면 사태에 대한 이런 식의 왜곡이 쉽게 눈에 띕니다. 사실 이런 건 너무 흔해서 아예 걱정할 필요조차 없는 일이라 친구의 걱정을 진지하게 받아들이기 어렵습니다. 다른 진짜 걱정거리도 많은데

귀가 아파서 치료 시술사를 찾아갔습니다. 담낭을 마사지했더니 짜잔! 아픈 귀가 싹 나았어요.

세탁기가 고장나기를 빌었어요. 용량 7kg짜리 세탁기를 꼭 갖고 싶었거든요. 그랬더니 일주일 뒤에 고장났어요.

제 자신이 기적입니다. 프시렘벨 교수님은 제 쌍둥이 누이가 태어나고 25분이 지나서야 겨우 저를 발견했죠.

사랑하는 여자에게 처음으로 "사랑해"라고 말했을 때 냉장고 안에 세워둔 샴페인 병 코르크 마개가 날아갔어요.

아직도 기적을 믿는 사람이 있다는 게 기적입니다.

우리 부부와 두 아이(두 살과 7주)가 고속도로에서 차가 전복되는 큰 교통사고에서 살아남았을 때 우리 곁에는 수천 명의 수호천사들이 있었어요.

최근에 사귄 남자들은 모두 생일이 2월이었어요.

## 진짜 기적!

개인적으로 경험한 놀라운 일을 소개해주신 제 라이브 방송 방청객들께 진심으로 감사드립니다.

말입니다. 가령 수술 전 상담은 제때 이루어져야 합니다. 물론 휴대폰으로 말고 말입니다.

사랑에 빠졌든 아니든, 누구나 이런 상황을 경험해보았을 겁니다. 목욕물을 받고 욕조에 누워 누군가를 생각하고 있는데, 바로 그때 그 사람이 전화를 걸어온 경우 말입니다. 이건 당연히 단순한 우연일 수가 없습니다!

놀라운 일이죠? 조용한 일상에서 밖으로 두드러지는 사건은 놀라울 수밖에 없습니다. 그래서 우리는 그런 일에 주목하고, 또 남들에게도 이야기하게 됩니다. 사실 반대 경우라면 누가 이런 이야기에 관심이나 갖겠습니까? "방금 내게 어떤 일이 있었는지 알아? 누군가를 아주 집중적으로 생각하고 있었는데 그 사람이 전화를 하지 않는 거야. 그래서 욕조에 들어가 누웠더니 정말로 전화벨이 울리더군. 하지만 내가 전혀 생각지도 못한 사람이었어. 정말 놀랍지 않아?"

전혀 놀랍지 않습니다. 그리고 일상에서 목욕할 때마다 습관적으로 전화하는 사람은 또 얼마나 되겠습니까?

혹시 자신에게 초능력이 있는지 한번 테스트해보시기 바랍니다. 욕조에 들어앉아 휴대폰 주소록에서 누군가를 선택한 다음 열심히 그 사람을 생각해보세요. 그리고 당신에게 놀라운 일이 생기는지 기다려보세요. 이따금씩 온수 틀어주는 거 잊지 마시고요. 시간이 좀 걸릴 테니까요.

## 특별한 아이들

"최고의 기적은 내 아이의 탄생이다."
_모든 어머니와 아버지

아이가 태어났을 때 흔히 세상의 빛을 보았다고 말합니다. 하지만 아이가 갓 태어났을 때 세상의 빛을 보는 건 오히려 우리가 아닐까요?

'기적'의 바보 같은 점은 도통 신뢰할 수 없다는 것입니다. 가끔 기적이 절실할 때가 있지만 아무런 일도 일어나지 않습니다. 그 대신 아무도 원하지 않는 일들이 일어납니다. 삶은 예측할 수 없으며 인간의 통제를 벗어납니다. 삶은 언제나 지성에 대한 도전의 연속이며 종종 모욕이 되기도 합니다. 생명의 기적은 아기의 첫 숨과 더불어 비로소 이루어진다기보다는 생식이 이루어질 때부터 이미 시작됩니다. 자궁 안에서 아이가 생겨나는 과정은 너무도 복잡하여 번번이 성공을 거두는 것이 오히려 경이로울 지경입니다. 또 이 과정은 누가 애써 고민하지 않아도 알아서 잘 진행됩니다. 그러나 아이를 원하는 많은 사람들이 아이를 얻지 못합니다. (그리고 원하지 않는 많은 사람들은 아이를 얻습니다.) 드디어 부모가 된 이들은 이제 마음을 굳게 먹어야 합니다. 모든 아이에게 뛰어난 재능이 주어지지는 않기 때문입니다.

모든 자동차 운전자들이 평균 이상으로 뛰어난 운전 능력을 지닐 수 없습니다. 그래도 다들 자신은 평균 이상이라고 확신합니다. 마찬가지로 모든 부모는 자기 아이가 평균 이상이라고 여깁니다. 사실 말도 안 되는 소리입니다. 만약 그렇다면 평균이 뭔가 잘못된 겁니다.

유명한 유대인 유머에서 어떤 어머니는 자녀들 나이가 몇 살이냐는 물음에 이렇게 대답합니다. "요 법관은 이제 곧 세 살이고, 요 의사는 내년에 학교에 들어가요." 물론 다들 자녀가 건강하고 다재다능하고 훌륭한 직장에 다니기를 원합니다. 하지만 우리는 완벽주의 문화와 건강의 강박에 시달리는 와중에 한 가지 사실을 간과합니다. 아이들 열 중 하나는 천식, 간질, 류머티즘, 낭포성 섬유증 같은 만성질환을 앓거나, 저능이거나, 심지어 정신지체가 있습니다. 정신지체의 원인은 의사들도 모르는 경우가 많습니다. 의사로 일하면서 남들과 다른 방식으로 특별한 아이들을 많이 보았습니다. 그중 많은 아이들은 단지 운이 나빴을 뿐입니다. 유전자 로또에서 여섯 자리 조합이 안 좋았거나, 출산 때 산소가 모자랐거나, 중증 질환이나 중독증이 있는 부모를 만난 탓입니다. 이런 '차이'의 대부분을 막아줄 수 있는 알약이나 기적의 묘약 같은 것은 없습니다. 또 이와 관련하여 학문적으로 가장 눈부신 발전을 이룬 분야는 유전자치료나 분자유전학이 아니라 특수교육학입니다! 지금처럼 다운증후군을 가진 아이들이 학교를 졸업하고 직업을 가지고 노년에 이를 때까지 별 탈 없이 살아가는 것은 한 세대 전까지만 해도 생각할 수 없는 일이었습니다. 정말 엄청난 사건이죠. 그런데도 사람들의 반응은 조용합니다. 하긴 '수익'을 가져다주지 못하는 삶에 누가 '투자'를 하려들겠습니까? 간질을 앓는 아이들을 위해 한번 기부금을 모집해보세요! 암에 걸린 아이들을 위해서는 많은 기부금이 쏟아집니다. 실제로 병을 앓는 아이도 별로 많지 않은데 말입니다. 게다가 암 환자는 다시 건강해질 수 있습니다. 하지만 완전히 낫지 않는 질병도 많습니다. 그래서 제게 더 경탄스러운 것은 놀라운 재능을 지녔다는 신동이 아니라 삶이 초래한 달갑지 않고 끔찍한 상황 속에서도 최선을 다하는 놀라운 가족입니다.

예전에 제가 일하던 소아과 병동에는 할아버지의 고무장화를 신고 계단을 내려가다 굴러서 뇌를 심하게 다친 네 살짜리 사내아이가 있었습니다. 그때 부모에게 아이의 MRI 사진을 보여줘야 했던 일을 저는 아직도 생생히 기억합니다. 아이 부모는 둘 다 의사였기 때문에 사진 속의 커다랗고 희뿌연 얼룩이 무얼 의미하는지 금방 알아차렸습니다. 요나스는 오랫동안 병동에 머물다 옮겨졌습니다. 저는 의사 일을 그만둔 뒤로도 자주 그때 일을 떠올리곤 했습니다. 그러다 3년 전에 아이가 어떻게 되었는지 궁금해 연락을 해보았습니다. 가족 이름을 기억하고 있어서 어렵지 않게 주소를 찾을 수 있었습니다. 제가 편지를 보내자 곧 아주 다정스러운 답장이 돌아왔고, 우리는 만났습니다. 아들은 살아있고 여전히 의식이 없는 상태이지만 매일 그를 사랑하는 가족의 보살핌을 받고 있었습니다. 부모는 이혼하지 않고 함께 살았는데, 오랜 투병 생활을 하는 자녀를 둔 부모에게 결코 쉬운 일이 아닙니다. 어머니만 홀로 아이를 돌보게 되는 경우가 비일비재하니까요. 요나스와 어린

끔찍한 상황 속에서도 최선을 다하는 것이야말로 진짜 기적이죠.

동생은 그 사이 청년이 되었습니다.

　신동이라고 다 피아노를 잘 쳐야 하는 것은 아닙니다. 요나스의 가족
이 보여준 사랑과 헌신에 저는 깊이 감동했습니다. 그들이 계속 그렇게
해나가는 것이 정말 놀라웠습니다. 생각하기조차 어려운 일인데 말입
니다.

　치유는 모두가 다 건강하지는 않다는 사실을 받아들이는 데서 시작
되는지도 모릅니다. 혼자가 아니라는 사실도 함께 말입니다.

# 히틀러 스웨터에 관한 심리 실험

누군가로부터 사랑을 받을 때
우리는 순식간에 하나의 기적이 된다.

사랑에 빠진 사람들은 생각과 행동이 대단히 마술적입니다. 두 사람에게는 물론 멋진 일입니다. 하지만 다른 사람들은 피곤해집니다. 그나마 다행인 것은, 대부분 저절로 지나갑니다.

제가 아직 젊던 ─ 그리고 아주 낭만적이던 ─ 시절에 우리는 요즘 젊은 사람들에게는 낯설어 보일 어떤 일을 즐겨 했습니다. 바로 편지쓰기입니다! 편지의 핵심은 텍스트로 된 소식을 전하는 것입니다. 일정한 글자 수에 제한을 받지 않고 말이죠. 모두 다 손으로 직접 썼습니다. 심지어 먼저 초고를 완성한 다음 정서하기도 했습니다. 그땐 자동 교정 같은 게 없었으니까요. 때로는 개인적인 표식을 남기기 위해 머리카락 몇 올을 뽑아서 봉투에 넣어 보내기도 했습니다. 결속과 헌신의 표시로 말입니다. 머리카락 하나까지 온통 사랑에 빠졌다는 뜻이죠. 답장으로 다시 머리카락이 동봉되어 오기도 했습니다. 머리카락을 바치는 아이디어는 아주 오래된 마술 주문에 바탕을 두고 있습니다. '파르스 프로

토토<sup>Pars pro Toto</sup>', 즉 부분이 전체를 대변한다는 주문입니다. 대표적 상징으로 상대방의 마음을 획득하려는 것입니다.

낭만적인 관계를 오래도록 잘 유지하기란 그리 간단한 일이 아닙니다. 어느 순간 열망의 대상과 유체동을 공유하게 되면 편지를 통한 소통은 대개 마비되고 맙니다. 게다가 샤워실까지 공유하게 되면 아침에 왜 이렇게 물이 잘 안 빠지는지 궁금해하다가 배수구 거름망에서 그 이유를 발견하게 되기도 합니다. 예전에 편지봉투 안에 들었던 것과 똑같은 머리카락인데, 그때와 다른 건 머리카락을 보는 감정입니다.

'파르스 프로 토토(전체를 대변하는 부분)' 마술은 페티시즘의 형태로 나타나기도 합니다. 파우스트는 메피스토펠레스에게 그레첸의 개인적인 물건을 몰래 가져다달라고 간청합니다. "그녀의 가슴에 걸었던 목도리나/ 양말 끈이라도 내 사랑의 기쁨을 위해 가져다다오." 파트너가 멀리 여행을 떠날 때, 흔히들 자기 체취가 배어 있는 티셔츠를 챙겨줍니다. 외로운 밤에 곁에 있을 수 없다면, 대신 후각을 통해서라도 함께 있는 느낌을 주려는 것입니다. 사진보다 훨씬 낫습니다. 아이들에게도 잘 통하는 방법이죠. 특정한 사람이나 감정과 연결된 물건은 우리 마음을 편안하게 해줍니다. 가령 엄마 냄새가 나는 수건은 아기에게 위안을 줍니다. 이 같은 정서의 반대편 끝에는 입던 팬티를 사고파는 마켓이 자리합니다. 많은 이들이 이런 거래에 경멸의 시선을 보낼 테지만 여기서도 사람을 자극하는 것은 순전히 상상력입니다.

사물을 통해 '정신'을 감염시킬 수 있다는 생각은 소위 '생세포 치료'의 핵심이기도 합니다. 생세포 치료는 아직 태어나지도 않은 송아지나 새끼 양에서 추출한 세포를 노화가 진행 중인 육체에 주입하여 다시 젊어지게 만들려는 시도입니다. 과학적으로는 의심스럽지만 마술적 사고와 결합하면 별로 미신을 믿지 않는 사람들에게도 충분히 매력적인 치료법입니다. 파악할 수 없는 것에 대한 믿음은 의학 쪽에서도 그 역할을 인정받고 있습니다. 장기 기증의 경우가 그렇죠. 심장이 영혼이 들어 있는 장소를 상징한다면, 다른 사람의 심장을 이식받았을 때 우리에게는 과연 어떤 일이 벌어질까요? 비록 자주 토론되는 주제는 아니지만 장기 기증에 대한 무의식적 거부감에는 이런 사고방식이 확실히 영향을 미칠 거라고 생각합니다. 저는 장기 기증을 약속했습니다. 죽고 나면 콩팥, 간, 각막 등이 제게는 더 이상 필요 없지만, 다른 사람들에게는 도움을 줄 수 있다고 믿습니다. 우리는 육신의 불멸에 이보다 더 가까이 다가갈 수는 없습니다. 필요하면 다른 이의 심장을 받아들여도 아무 문제가 없으리라고 믿습니다. 하지만 다른 이의 뇌를 받아들이는 건 좀 더 어려운 일이 될 것 같습니다. 그 경우 저는 누구인 걸까요?

가톨릭교회에서도 영혼이 머무는 상징적 부위에 대한 믿음은 특히 성유물에서 문제가 됩니다. 성서에 따르면 예수는 태어난 지 8일째에 할례를 받았다고 합니다. 신학자들은 메시아의 포피가 어떻게 되었을지, 땅에 그냥 남았을지 아니면 함께 하늘로 승천했을지 여부를 놓고 수백 년 동안 심각한 토론을 벌였습니다. 바티칸은 특별위원회를 열어 이 사안을 심의하였습니다. 열네 곳 이상의 교구에서 이 성유물을 소유하고 있다고 주장했기 때문입니다. 실로 가톨릭교회 최고의 기적으로 손색이 없어 보입니다. 성스러운 포피의 증식!

요사이 일어난 또 다른 작은 기적으로는 교황이 타던 폭스바겐 자동차의 놀라운 가치 증식을 꼽을 수 있습니다. 골프라는 이름의 이 소형차는 원래 요제프 라칭거 추기경이 처음 구입했다가 9,500유로에 중고차로 되판 것인데, 얼마 전 이베이eBay에서 18만 8,938유로 88센트에 팔려나갔습니다. 중고차에도 신의 인도하심이 작용한 걸까요? 그런데 정신적 부가가치는 어디에 깃들어 있을까요? 이전 소유자가 계속해서 그 안에 머물고 있는 걸까요?

현대의 스타들도 성유물을 남깁니다. 존 레논 같은 천재가 연주했던 피아노는 어떤 가치가 있을까요? 존 레논이 '이매진'을 작곡할 때 사용한 스타인웨이 피아노는 2000년에 무려 227만 유로에 가수 조지 마이클에게 팔렸습니다. 이 악기는 단순한 기념물이 아니라 종교적 숭배의 일부이기도 합니다. 우리가 속세에 살면서도 얼마나 마술적 대상에 대한 믿음을 원하는지 잘 보여주는 예입니다. 피아노에 어떤 식으로든 정신이 현존하지 않는다면 단순히 너무너무 비싼 돈을 지불한 것에 불과할 테니까요. 하지만 조지 마이클은 이 특별한 피아노를 통해서 메가 히트송의 영감을 얻었다고 하니 투자로서도 나쁘지 않았던 셈입니다.

심리학자들은 한 실험에서 실험 참가자들에게 아돌프 히틀러가 입었던 스웨터를 입을 의향이 있는지 물어보았습니다. 그랬더니 많은 이들이 생각만으로도 구토가 나오려 한다며 거부했습니다. 사람들은 사악함이 정확히 어디에 숨어 있다고 생각했던 걸까요? 스웨터의 뜨개코 사이에? 그리고 그것이 어떻게 다른 사람에게 '전염'된다는 걸까요? 어떤 못된 세균이 옷을 입은 사람에게 감염되기라도 한단 말인가요? 우리로 하여금 악랄한 성격의 소유자가 접촉했던 물건을 기피하게 만드는 것은 사악함이 질병처럼 전염될 수 있다는 생각일 겁니다. 박테리아, 바이러스, 진균류 따위에 대해 더 잘 알게 된 오늘날에도 이런 혐오는 진화론적으로 여전히 우리 뼛속에 자리 잡고 있습니다.

이 글을 쓰는 동안 일간지 〈쥐트도이체 차이퉁Süddeutsche Zeitung〉에 나치 정권의 2인자였던 헤르만 괴링이 입던 팬티가 뮌헨에서 경매에 나왔다는 기사가 실렸습니다. 다행스럽게도 큰 관심을 끌지는 못했습니다. 실크 잠옷과 함께 500유로에서 시작된 경매는 고작 3,000유로에서 끝나고 말았죠. 어떤 예술가가 평화의 찬가를 작곡할 때 연주했던 피아노가 나치 권력자의 방구 냄새가 밴 팬티보다 756배나 더 값지게 팔려 나갔다는 사실은 그래도 제게 희망을 줍니다. "당신은 저더러 몽상가라고 하시겠지만 저만 그런 게 아니랍니다!You may say I'm a dreamer, but I'm not the only one!"*

---

* 존 레논의 노래 'Imagine'의 가사 일부.

# 프랑스 병, 영국 병, 독일인 병?

마음은 어떤 역할을 할까요?

사람들마다 다를까요?

모든 의사가 동일한 학문적 기준을 따라야 한다는 의무감을 지닌 유럽에서만큼은, 적어도 동일한 질병을 앓는 환자들이 비슷한 수준의 치료를 받으리라고 기대할 수 있습니다. 하지만 천만의 말씀입니다! 모든 의사가 똑같은 최고 수준의 국제 학술지를 구독하고, 현재 도달한 최고의 명증성에 입각하여 진료 지침이 정해짐에도 불구하고 일선 병원에서 이루어지는 치료는 전혀 일치하지 않습니다. 독일인은 심장을 특히 중요하게 여기고 프랑스인은 간을 중요시합니다. 농담처럼 들리겠지만 의약품 사용 기록이나 진료 기록을 보면 이런 사실을 분명하게 확인할 수 있습니다. 심장을 한 개라도 지닌 독일인은 누구나 심도자술*을 받고 싶어 합니다. 이 분야는 독일인이 세계 챔피언입니다. 독일인이 스

---

* 볼펜 심처럼 생긴 플라스틱관을 혈관에 삽입하여 심장에 도달하게 한 후 심장 안의 심방 및 심실의 압력, 산소 포화도를 측정하고 심장의 모양을 알아보는 검사.

위스인보다 여섯 배나 많은 심장약을 먹는다는 사실은, 어쩌면 독일의 낭만주의 전통에서 온 것인지도 모르겠습니다. 어차피 독일인이나 스위스인이나 심장은 한 개뿐인데 말입니다.

반면에 프랑스에서는 간이 건강을 지키는 핵심적인 장기로 여겨집니다. 그래서 그곳 사람들은 특별히 간에 좋은 약을 많이 처방받습니다. 통통하게 살찐 간은 억지로 키운 거위의 것이나 사랑받습니다.

이탈리아를 비롯한 남쪽 나라 사람들은 다른 지역 사람들보다 좌약 사용 비율이 현저히 높습니다. 다들 '항문 고착' 성격을 지닌 걸까요? 아닙니다. 그곳 사람들이 다른 문화의 사람들에 비해 유난히 음식을 사랑하기 때문입니다. 그곳에서는 음식을 잘 먹는 것이 곧 건강하다는 표시입니다. 좌약은 내복약에 비해 위에 부담을 덜 주는데, 이런 식으로 위는 좀 더 음식을 먹는 장소로만 쓰일 수 있게 됩니다.

마음은 어떤 역할을 할까요? 프랑스인은 진정제를 엄청나게 애용하는 덕에 독일인보다 좀 더 느긋한 인상을 줍니다. 하지만 독일인도 영국인보다는 많이 먹습니다. 앵글로·색슨 국가들에서는 일반적으로 향정신성 의약품이 덜 팔려나갑니다. 그곳에서는 일반적으로 용인되는 행동의 스펙트럼이 다른 곳에서보다 좀 더 큽니다. 가령 어떤 기벽이 있다고 곧바로 정신병원에 보내야 한다는 말이 나오지는 않습니다. 그냥 '정상적인 다름'으로 간주합니다.

불쾌한 질병은 다들 남의 나라로 떠넘기려 합니다. 가령 임질을 영국에서는 '프랑스 병'이라고 부르고, 프랑스에서는 '영국 병'이라고 부릅니다. 저혈압을 영국인은 '독일인 병'이라고 부릅니다. 고혈압은 위험하지만 저혈압은 그렇지 않습니다. 눈앞이 완전히 캄캄해지는 일이 생기지 않도록 자리에서 천천히 일어나고 여유롭게 행동하면 별 문제 없이 오래 살 수 있습니다. 그런데도 독일에서는 저혈압 증상에 터무니없이 많은 약이 처방됩니다. 이미 건강한 데도 다시 '정상'이 되고 싶어 하는 사람들이 많기 때문입니다.

시야를 좀 더 넓혀보면 질병 개념이나 치료 방법에 있어서 더욱 큰 차이가 눈에 띕니다. 어떤 생각들은 우리가 보기에 너무나 기이해서 본의 아니게 웃음을 터뜨리게 됩니다. 문화적 각인과 마술적 사고와 의술은 세계 곳곳에서 진기한 동맹을 맺고 있는 듯합니다. 나이지리아, 말레이시아, 태국, 중국 등지의 남자들 중에는 코로Koro라고 불리는 별로 아름답지 않은 생각에 사로잡힌 사람들이 있습니다. 이들은 어떤 어둠의 힘이 남자의 예민한 부위를 공격하여 죽을 때까지 음경을 몸속으로 집어넣는다고 생각합니다. 남자들은 누구나 찬물로 샤워하거나 얼음장같이 찬 계곡물에 몸을 담그고 난 뒤 몸의 중요한 부위가 갑자기 쪼그라든 것을 보고 놀랐던 경험이 있을 겁니다. 코로는 이런 일을 육체의 자연스러운 보호반응으로 보지 않고 저주의 탓으로 돌립니다. 따라서 완전히 사라지는 불상사를 막으려면 강력한 조치가 필요합니다. 친척이나 가까운 이웃, 친구 등이 끈과 무거운 추 따위를 동원하여 도움을 주는데 부분적인 훼손이 발생하기도 합니다. 하지만 음경도 바보가 아니어서 이런 무시무시하고 불편한 상황을 감지하면 머리를 문 안쪽으로 감춥니다. 이런 맥락에서 보면 코로의 뜻이 '거북이 머리'인 것도 이해가 됩니다.

남아프리카의 한 치료사가 운영하는 병원. 결혼 생활의 파경을 막는 발기력 강화를 비롯하여 부채와 법률문제 상담까지 못 하는 게 없습니다. 이 '약초상'이야말로 만능 재주꾼이자 해결사입니다.

이 기괴한 망상증은 국제적으로 분류된 180개의 '문화 고유 장애' 중 하나로 국제 질병 분류 'ICD 10'에 등록되었습니다. 원인과 발생 빈도에 대한 신뢰할 만한 수치가 제시되지는 않았지만, 코로는 심각한 질환으로 간주되고 있습니다. 문화 고유 장애의 또 다른 예로는 이누이트족에게서 주로 발병하는 '북극 히스테리' 피블락토크<sup>Pibloktoq</sup>가 있습니다. 이 질병에 걸리면 혼란에 빠져 옷을 잡아 찢으며 눈 속을 질주하다가 한 시간 정도 정신을 잃게 됩니다. 라틴아메리카를 여행할 때 알게 된

수스토Susto라는 개념은 어떤 사람이 몸에 커다란 충격을 받아 여러 가지 증상이 나타나는 것을 뜻한다고 합니다. 멕시코인은 길에서 넘어져 의기소침할 때, 땅의 정령이 영혼을 붙잡아두어서 그렇다고 설명합니다. 이런 설명은 의기소침하다는 단어가 라틴어 deprimere(내리누르다)에서 유래한 것과도 잘 들어맞습니다. 병적인 중력과 무거움 마음 때문에 균형을 잃고 쓰러졌다는 뜻입니다. 반면에 그리스인은 매사를 어둡게 보는 것이 흑담즙의 영향이라고 생각했습니다. 오늘날 우리는 우울증에 빠진 사람들이 실제로 색깔을 좀 더 어둡게 지각한다는 사실을 알고 있습니다. 대부분의 개념과 문화적 표상 안에는 많은 생활 경험과 진실, 시가 담겨 있는 게 사실입니다.

남아프리카에서는 마술적인 질병 관념의 어두운 측면을 경험할 수 있었습니다. 대부분의 아프리카 언어에는 '우연'이라는 단어가 없습니다. 설명할 수 없는 일은 모두 어둠의 힘과 연결시킵니다. 영국인은 그들이 이해한 건강 개념을 아프리카에도 수출했습니다. 하지만 제 나름의 설명 방식을 갖춘 전통적인 민간 치료사들이 주민들과 훨씬 더 가까웠습니다. 저는 인턴 과정의 일부를 남아프리카 공화국의 흑인 거주 지역인 소웨토의 대형 병원에서 이행했습니다. 90년대 초였는데 에이즈 전염병이 창궐하기 시작한 때이자 정치적 변혁의 시기였습니다. 넬슨 만델라Nelson Mandela와 프레데리크 빌렘 데클레르크Frederik Willem de Klerk의 현명하고 사려 깊은 결정은 기적을 이루어냈습니다. 남아공의 극단적 인종차별 정책인 아파르트헤이트가 평화적으로 종말을 맞이한 것입니다. 내전도 피의 복수도 벌어지지 않았습니다. 두 사람은 이 역사적인 업적으로 노벨 평화상을 공동 수상하였습니다.

하지만 이러한 정권 교체는 보건 정책에 치명적인 결과를 초래했습니다. 음베키Mbeki 대통령과 당시의 보건부 장관이 에이즈는 질병이 아니라고 공식적으로 부정한 것입니다. 이들은 에이즈 사건을 흑인에 대한 음모론으로 여겼습니다. 대통령의 의심스러운 조언자들은 비타민, 올리브 오일, 마늘 같은 '자연적인' 수단으로 에이즈 감염을 치료하도록 권했습니다. 이 같은 태도는 아무런 과학적 증거도 없이 10년 동안이나 국가 신조로 고수되었습니다. 남아공의 신임 보건부 장관 바버라 호건Barbara Hogan이 에이즈는 HIV 바이러스에 의해 감염되며 효능이 입증된 약품을 통해 치료해야 한다는 사실을 분명하게 공표한 것은 겨우 2008년의 일입니다.

남아공에서 효과적인 에이즈 치료를 거부한 사건은 2000년에서 2005년 사이 33만 명의 남아프리카 에이즈 환자들을 사망에 이르게 했습니다. 피할 수도 있었던 죽음이었습니다. 게다가 3만 5000명의 신생아들이 에이즈에 감염된 채로 태어났습니다. 이 아이들은 예방의 기회조차 가질 수 없었습니다. 신화와 마술적 사고는 이렇게 치명적일 수 있습니다. 그리고 그 피해는 당사자들에게만 미치는 것이 아닙니다.

에볼라 전염병의 경우에도 완고한 지역 신앙이 바이러스 확산을 차단하는 데 큰 걸림돌이 되었습니다. 심지어 '백인 의술'이 질병 확산의 주범으로 몰리기도 했습니다. 서양 의술의 도움으로 회복된 생존자들이 늘어나면서 비로소 약초를 사용하는 전통 의술에 등을 돌리는 사람들이 많아지기 시작했습니다.

다른 나라를 찾아가서 돕고자 하는 사람은 먼저 그곳 사람의 신앙 체계를 이해할 필요가 있습니다. 스위스 약사협회 회장 파비앙 보셰Fabian Vaucher는 잘못된 길로 들어선 개발원조의 사례를 한 가지 말해주었습니다. "이 아프리카 흑인 여성의 사진을 보세요. 이 여자는 피임약을 모두 실에 꿰어 목걸이로 만들어 목에 걸고 있습니다. 그들의 문화에서는 목걸이가 구원을 가져다주는 중요한 부적으로 쓰이기 때문입니다. 우리는 그것도 모르고 그곳에 열심히 알약을 제공했습니다. 질병에 대한 우리의 이해는 완전히 달랐으니까요."

무언가를 이해하기 위해서는 먼저 생각으로 세계를 여행해볼 필요가 있습니다. 이것은 의사들도 마찬가지입니다. 환자가 자기 자신의 상태나 질병을 스스로에게 어떻게 설명하고 있는지 묻는 의사는 없습니다. 그러니 치료에 대한 신뢰도 나쁠 수밖에 없습니다. 스스로 느끼기에는 문제가 전혀 다른 곳에 있기 때문에 환자는 의사가 주는 약이 자신에게 무슨 도움이 될지 이해할 수 없습니다. 그래서 그렇게들 자주 약 먹는 걸 깜빡하는지도 모릅니다.

이런 이유로 의사이자 인류학자인 아서 클라인만Arthur Kleinman은 진료에 환자의 시각을 동참시킬 수 있는 몇 가지 질문을 작성했습니다. 클라인만은 질병의 내적 논리가 환자들에게 하나의 일관된 스토리로 구성되는 것을 여러 문화에서 관찰했습니다. 이에 대한 이해가 없을 때 의사와 환자가 하는 말은 서로 어긋날 수밖에 없습니다. 진료를 돕기 위한 클라인만의 질문은 다음과 같습니다.

1. 당신이 생각하기에 당신의 문제는 어떤 원인에서 생겨났을까요?

2. 왜 하필 지금 그 문제가 발생했을까요?

3. 그 문제가 당신의 몸에서 어떤 일을 일으킨다고 생각하나요?

4. 상태가 심각하며, 당분간 지속되리라고 여기나요?

5. 당신이 보기에 어떤 치료가 적당하다고 생각하나요?

6. 무엇이 가장 두려운가요?

7. 치료를 통해 당신이 도달할 가장 중요한 목표는 무엇인가요?

## 우리가 세상을 경험하는 방식

"심리 치료는 옛 이야기의 새로운 결말을 찾는 일이다."

_칼 해머슐랙Carl Hammerschlag

여름에 팔을 베고 누워 구름을 관찰하면 무엇이 보이나요? 어떤 사람들은 금세 여러 가지 모형이나 멋진 얼굴, 동물 따위를 찾아냅니다. 저기 강아지가 고양이를 막 쫓아가는군! 한쪽 눈을 감고 다른 쪽 눈을 가늘게 뜨면 구름은 금세 엘비스 프레슬리의 얼굴로 변하기도 합니다. 그리고 그 뒤에는 무지개가 아른거립니다. 그러다 지루해지면 놀이를 합니다. '구름 없애기'는 각자 구름을 하나씩 정한 다음 양미간을 잔뜩 찡그리고 그 구름을 쳐다보면서 정신력으로 구름을 사라지게 하는 놀이입니다. 자기 구름을 제일 먼저 사라지게 만든 사람이 이깁니다. 물론 여름날을 온종일 풀밭에서 보내면서도 아무런 재미를 느끼지 못하는 사람들도 있습니다. 또 어떤 사람들은 물리학과 인지심리학 지식이 무척 해박하여 이렇게 말합니다. "자기야, 구름은 그냥 수증기가 응축된 것일 뿐이야. 구름이 어떤 모양을 띠는 건 완전히 우연일 뿐 아무 의미도 없어!"

당신은 어떤 사람에 속합니까? 세상을 어떤 눈으로 보나요? 시적으로? 아니면 이성적으로? 한 걸음 더 들어가서 여성 독자에게만 묻겠습니다. 여성 독자 여러분, 이것이 상당히 내밀한 질문이라는 것은 저도 잘 알고 있습니다만, 당신은 어떤 유형의 사람과 첫 경험을 하셨나요? 시인형이었나요? 아니면 이야기꾼 유형? 아니면 수학과 물리학을 잘했을 유형?

잠시 첫사랑에 대해 다시 생각해보았습니다. 참 대단한 사건이죠. 저도 잘 압니다. 참고로 저는 학교에 다닐 때 물리학을 잘했습니다. 그게 무슨 뜻인지는 다들 아시겠죠? 8학년* 때였습니다. 같은 반 여학생을 사랑하게 되었죠. 그녀는 제게 바스티(이 이름을 저는 절대로 잊지 못합니다)와 남몰래 밤하늘의 별을 보며 거닐었던 일을 황홀한 표정으로 말해주었습니다. 네, 우리는 '그냥 친구' 사이였습니다. 바스티는 멋진 별자리를 많이 알고 있었습니다. 그런 녀석을 상대로 제게 기회가 있었겠어요? 다 지나간 일이지만 그 일은 제게 깊은 인상을 남겼습니다.

사람들은 이야기꾼을 좋아하지 똑똑한 척하는 사람을 좋아하지 않습니다. 그렇다면 번식은 누구에게 허락될까요? 물리학자일까요, 아니면 몽상가일까요? 별들에서 전차를 보고 곰을 보는 사람일까? 아니면 밤이 되면 하늘이 어두워지는 이유를 과학적으로 설명하는 사람일까요? 사랑을 받는 사람은 밤에도 하늘의 푸르름을 이야기할 수 있는 사람입니다. 이제 제 사춘기의 좌절을 진화심리학 차원으로 끌어올려 말

---

* 우리나라 학제로 중학교 2학년에 해당한다.

해보겠습니다. 이런 식의 선택이 한동안 계속되면 다음 세대도 영향을 받게 됩니다. 그러면 그 세대에는 창조적이다 못해 정신 나간 유전자들이 넘쳐나게 될 겁니다. 어머니와 아버지의 유전자 로또에서 이야기꾼 유전자를 지나치게 많이 받은 사람은 어느 순간 여름날 풀밭에 누워서도 더 이상 뭐가 뭔지 알 수 없는 지경에 이르게 됩니다. 구름이 정말로 내게 말을 걸었나? 방금 지나간 빨간 차가 내 생각을 훔쳐간 건 아닐까? 왜 다들 저렇게 우스운 표정으로 나를 쳐다보는 거지?

이런 태도가 극단적으로 심화된 상태를 우리는 정신병이라고 부릅니다. 한때 정신분열증이라고도 불렸던, 영혼이 갈라진 상태입니다. 정신병은 어느 시대 어느 문화에나 다 있습니다. 하지만 이런 건강하지 못한 정신 상태를 지닌 사람은 결코 부러움의 대상이 될 수 없습니다. 설사 그 사람이 이따금씩 신들에게 더 가까이 다가선 인물로 여겨지더라도 말입니다. 다행스럽게도 의술은 여기서도 커다란 진보를 이루었습니다. 정신병에 대해 제대로 된 진료가 가능해진 것은 겨우 50년 전의 일입니다. 전문적인 약물 치료와 심리 요법과 사회적 지원이 결합된 치료의 성과였습니다.

그런데 정신병은 대체 왜 생겨나는 걸까요? 진화심리학자들은 그것이 창의성의 대가일 거라고 추측합니다. 발명, 설화, 농담 등 우리를 동물과 구분 짓는 모든 것의 토대는 말랑말랑하고 자유분방한 연상 능력이기 때문입니다.

고지식한 물리학자들과 자연과학자들이 완전히 멸종하지 않은 것은 기적입니다. 회의론자와 합리주의자는 비록 언제나 소수에 불과하지만 꼭 필요한 사람들입니다. 미심쩍은 경우 우리는 그들에게 약간의 도움을 줄 수도 있습니다. 어느 과학자가 우연에 힘입어 시험관에서 발견한 강력한 환각제 LSD라는 것이 있습니다. 이것을 조금만 쓰면 순식간에 물리학자의 뇌도 구름에서 여러 가지 모습을 볼 수 있게 되죠. 양을 조금 늘리면 심지어 구름에 색칠도 할 수 있습니다.

우리가 세상을 경험하는 방식은 단지 세상만이 아니라 우리 자신과도 관계가 있습니다. 남들보다 음악적 재능이 뛰어나 음악의 선율을 훨씬 수월하게 받아들이고 기억하는 사람이 있는 것과 마찬가지로 남들보다 더 '영매' 소질이 있는 사람도 있습니다. 남들보다 빈번히 '우연'을 경험하는 사람은 종교적이거나 영적 성향을 지녔을 가능성이 더 크며, 스스로 썩 마음에 들지는 않겠지만 남들보다 더 이기적인 사람일 수 있습니다. 이런 성격 유형은 매사에 자신을 중심으로 생각하기 때문입니다. 이런 유형을 심리학에서는 신경증적 성향이라고 부릅니다. 간단히 말해서 세상에 대한 자신의 의미와 영향을 과소평가하기보다는 과대평가하려는 성향입니다.

우리가 처음부터 지니고 태어난 '하드웨어'는 거대한 검색기입니다. 끊임없이 맥락을 탐색하고 학습하여 최대한 좋은 삶을 살아가려고 합니다. 공간, 시간, 의미 등의 범주는 우리 뇌 안에 확고하게 자리 잡고 있습니다. 마주치는 모든 것을 이 범주라는 '안경'을 끼고 관찰합니다. 그런데 이 안경은 머릿속에 있기 때문에 벗어버리기 힘들죠. 우리는 이렇게 얻은 세상에 대한 시각을 통해 아주 멀리까지도 가볼 수 있습니다. 다만 어떤 것이 더 높은 의미의 신비로운 작용에 이끌려 생겨난 것이 아니라 단지 공간과 시간 안에서 발생한 일이라고 상상하는 것은 무척 어려울 수 있습니다.

한밤중에 방에서 윙윙거리며 잠을 방해하는 파리의 비행 궤적을 예측하려고 해본 적이 있나요? 침대며 탁자며 의자를 마구 타넘으며 뭐가 깨지든 말든 아랑곳하지 않고 필사적으로 파리의 뒤꽁무니를 쫓아다닐 때의 굴욕감을 저는 잘 압니다. 놈들은 마치 우리의 교활한 다음 공격을 이미 알고 있는 듯 번번이 손아귀를 빠져나갑니다. 사실 파리는 그런 생각을 할 줄 모릅니다. 그냥 우연한 행동일 뿐이죠. 하지만 이런 우연한 행동은 우리를 미치게 만들기에 충분합니다. 우연은 우리의 대뇌에게는 일종의 모욕입니다. 대뇌는 파리에게 복수할 일념으로 모기 스프레이며 끈끈이며 고압 살충 램프 같은 온갖 무기들을 생각해냅니다. 하다못해 진공청소기라도 들이댑니다.

스위스의 신경생물학자 피터 브루거Peter Brugger는 사람들에게 숫자 0과 1을 잔뜩 늘어놓고 순전히 우연적 순서에 따라 배열하게 하는 실험을 한 적이 있습니다. 사람들은 이 과제를 제대로 해내지 못했습니다. 반복을 본능적으로 피하려 했기 때문입니다. 우연이 그런 반복을 행하는 것을 상상할 수 없었던 것입니다. 하지만 우연은 동전을 던져서 세 번 연거푸 숫자가 나오더라도 외눈 하나 깜짝 안 합니다.

우연은 꿈과도 같습니다. 해석은 주관적이며, 자신의 꿈과 우연은 왠지 남들의 것보다 항상 더 스릴 넘칩니다. 안 그런가요? 우연은 없다고 말하는 사람은 모든 것이 예정되어 있다고 인정해야만 합니다.

더 높은 질서에 대한 관념이 아무리 매력적이어도 그 배후의 엄청난

커피 한 잔 드시겠어요, 멜랑콜리한 프로이트 박사님?

계산 용량을 상상하고 싶지는 않습니다. 어쩌면 은하수는 정말로 일종의 구름일지도 모릅니다!

제게는 자유의지를 믿는 편이 더 멋지고, 함께 살아가는 삶을 위해서도 더 유리해 보입니다. 하지만 이 두 세계관은 서로를 물어뜯습니다. 모든 것이 예정되어 있으면서, 동시에 인간에게 생각과 행동의 자유가 주어질 수는 없습니다. 사회 실험에서는 인간에게 자유의지가 없다는 말을 들려준 실험 집단이 남들에게 좀 더 함부로 행동하는 것으로 나타납니다. 인간이 단지 자기 뉴런이 시키는 일의 실행자이거나 희생자에 불과하다면 책임감 있게 행동해야 할 이유가 어디 있겠습니까? 하지만 "그것은 내가 아니라 나의 뇌가 한 짓이에요!"라고 누가 말한다면 거의 유치원생 수준의 변명으로밖에는 들리지 않습니다.

우리는 정서적 스트레스 상황에 처했을 때, 의미심장한 우연을 더 많이 '보고' 경험하도록 논리적으로 훈련되어 있습니다. 불안하거나 화가 나거나 깊은 슬픔을 느낄 때, 우리는 더욱 예민해져서 의미들 간의 맥락을 만들어내고 외부의 신호를 자신과 관련된 것으로 여기게 됩니다.

심각한 질병에 걸렸거나 누군가를 몹시 걱정할 때도 마찬가지입니다. 병에 걸린 친척에게 병문안을 가는데 병원 엘리베이터에서 'Time to Say Goodbye'가 흘러나온 적이 있습니다. 저는 그냥 어깨를 으쓱하고 말았습니다. 하지만 어떤 신호였던 건 아닐까요? 네. 병원 측의 형편없는 선곡 취향을 알려주는 신호이기는 했습니다. 다른 곳도 아닌 병원 엘리베이터 안에서 이렇게 감상적인 곡을 무한 반복하다니 말입니다. 하지만 잠시, 그것은 제게 개인적으로 전달된 메시지 같았습니다. 삶의 유한성을 직시하라는 메시지 말입니다. 물론 메시지의 의미는 엘리베이터 바깥에서도 유효합니다. 혹시 근심하실까봐 덧붙이자면, 건강한 체질과 유능한 의술 덕분에 이야기 결말은 모두에게 해피엔딩이었습니다.

우리의 사고 체계는 기본적으로 이런 해프닝을 '마술적' 사건으로 해석하려는 경향이 있습니다. 이런 과도한 해석에 저항하려면 힘이 필요합니다. 이를 확인하기 위해 핀란드의 연구자들은 실험 대상자들을 그들의 기본 신념에 따라 분류하여 실험해보았습니다. 피실험자의 절반

해답: 우리는 있는 그대로의 세계를 보는 게 아니라 우리가 존재하는 방식대로 세계를 봅니다.

A) 연상적 유형   B) 분석적 유형
C) 모색한 유형   D) 유당 내성 유형

무엇이 먼저인가요?

A) 새   B) 수영기
C) 나침반 아인   D) 처크

당신이 판타지는 어떤 유형인가요?

은 초자연적 현상의 실재를 믿는 사람들이었고, 나머지 절반은 단호하게 회의적 태도를 견지하는 사람들이었습니다. 연구자들은 피실험자 모두에게 뇌 스캐너 안에 누운 채로 다음과 같은 글을 읽게 하였습니다. "당신은 친구가 음주운전으로 감옥에 가야 하는 것이 두렵다." 그런 다음 사진을 한 장 보면서 그 사진이 사건의 진행에 관한 어떤 '신호'를 담고 있는지 말하게 했습니다. 예상대로 초자연적 현상을 믿는 사람들은 좀 더 수월하게 사진 속의 장벽을 감옥 스토리와 연결시켰습니다.

과제를 수행하는 동안 회의론자들은 '인지적 억제'에 관여하는 뇌 영역이 활성화되었습니다. 간단히 말해서 회의적인 사람들은 지나친 연상이 일어나지 않도록 스스로 브레이크를 밟았습니다. 여기서 중요한 물음은 사람들이 초감각적 현상을 믿는 이유가 아니라 왜 어떤 사람들은 그런 진행을 의도적으로 억누를 수 있는가 하는 것입니다. 심리학자들은 이 같은 능력을 '후천적 합리화 능력'이라고 부릅니다. 이 능력은 충분한 주의력과 계산 용량을 필요로 합니다. 우리는 정신적 능력이 떨어지더라도 온갖 계산을 다 해보는 경향이 있습니다. 사실 오만 가지 것이 다 기적으로 보이는 것은 졸리거나 취한 상태에서 가능합니다.

그러나 어쩌면 정말 기적일 수도 있습니다. 어쩌면 우리가 볼 수 없는 전혀 다른 원천에서 어떤 빛이 보내져 우리 뇌의 한 영역이 뇌 스캐너 안에서 반짝이는 걸지도 모릅니다. 우리는 아무런 인지적 거리낌 없이 꿈을 꿀 수 있습니다. 이것은 밤하늘에 빛나는 달과도 비슷합니다. 지구의 다정한 동반자인 달은 자기 스스로 빛을 내지는 못하지만 밤마다 우리에게 태양의 존재를 상기시켜줍니다. 시적 감성이 필요합니다!

뇌에 관해 배운 모든 지식에도 불구하고, 저는 밤이 되면 언제나 달과 구름에게 말을 걸고 싶어집니다. 달은 제 말을 잘 들어줍니다. 게다가 날짜에 따라 자꾸 살도 찌기 때문에 대단히 인간적으로 보이기도 합니다.

핀란드 연구자들은 멋진 결론에 도달합니다. "'신호'를 보는 현상의 배후에 자리 잡은 인과적 과정은 알려지지 않았다."

이와 비슷한 말을 시인 마티아스 클라우디우스Matthias Claudius도 했습니다. 물론 좀 더 시적으로 말이죠. 지금도 저는 그의 시 '달이 떴다'를 즐겨 낭송합니다.

저기 뜬 달이 보이니?
반밖에 안 보이지만
둥글고 아름답단다!
우리가 멋대로 비웃는
많은 일도 실은
눈에 보이지 않아서 그런 거야.

## 나아라 나아라 아기 거위야

나아라, 나아라, 아기 거위야,     금방 다시 좋아질 거야.

아기 고양이 꼬리는     조그만 꼬리,     금방 다시 좋아질 거야.

나아라, 나아라,     마시멜로야,     백 년 뒤에는

다 없어질 거야.

시인은 이 구절로 우리에게 무슨 말을 하려는 걸까요?

텍스트 분석을 조금 해보려 합니다. 바보 같이 들리는 이 카니발 히트송에는 일종의 심신의 학적 응급처치가 담겨 있으니까요.

아픈 사람에게 간절한 것이 무엇일까요? 애정어린 관심과 병이 나으리라는 희망입니다. 이 것이 첫 행의 내용입니다. "나아라, 나아라, 아기 거위야." 메시지는 분명합니다. 곧 좋아질 거라며 누군가 당신의 머리를 쓰다듬어주듯 노래합니다. "나아라"는 말이 연거푸 두 번, 효과도 두 배입니다. 누군가 책임을 떠맡아주니 당신은 편히 뒤로 기대도 됩니다. 다시 어린아이로 돌아가도 됩니다. "거위야"가 아니라 "아기 거위야" 하고 부르는 것도 그래서입니다. 이런 식으로 내면의 아이에게 말을 건네는 겁니다. 그런데 아플 때마다 관심을 얻을 수

있다는 걸 사람들이 알고 나면 무슨 일이 벌어질까요? 맞아요! 순식간에 더 자주 아프게 됩니다. 그래야 관심도 더 많이 받을 테니까요. 이런 걸 심리학에서는 '2차 이득'이라고 부릅니다. 남자들의 주특기죠.

여성 여러분, 하지만 너무 그렇게 의기양양해하지 마세요. 손바닥도 마주쳐야 소리가 나는 법이니까요! 남자들은 아무리 인정받고 싶어도 금방 어떻게 될 사람처럼 아파하지 않습니다.

이 노래는 그런 술책을 이미 알고 있습니다. 그래서 두 번째 행에 바로 해법이 제시됩니다.

"아기 고양이 꼬리는 조그만 꼬리"

이 문장은 당신을 자기 연민에서 다시 끄집어냅니다. 자기 배꼽 주위만을 빙글빙글 돌고 있던 당신은 두 가지 반응을 강요당합니다. 처음엔 이런 생각이 듭니다. '엥? 이게 대체 무슨 말이지?' 그리고 잠시 후 이렇게 소리칩니다. "맞아!" 이 문장은 정말 몹시 맞는 말이어서 속으로 '그래' 하고 긍정할 수밖에 없습니다. 고양이도 '그래', 꼬리도 '그래', 인생도 '그래' 하고 긍정합니다!

이런 동의의 감정은 다음 문장으로 전이됩니다. "금방 다시 좋아질 거야." 같은 말을 두 번째 들으면서 우리는 생각합니다. "이미 들었던 말인데, 반복되는 걸 보니 뭔가가 있을지도 모르겠군." 그리고는 그 말을 믿게 됩니다. 직접 시험해보세요! 자신에 대해 완전히 말도 안 되는 엉터리 소문을 지어내 아무런 친분도 없는 사람 3명에게 이야기해보세요. 소문은 신나게 퍼져나가 곧 당신의 지인 중 누군가에게도 전달될 겁니다. 장담하지만 어느 지인이 당신 자신의 소문을 당신에게 다시 전해주면 잠시 하던 일을 멈추고 이렇게 생각할 겁니다. "그렇게 많은 사람들이 이미 들은 이야기라니 혹시 뭔가가 있을지도 모르겠군!" 마시멜로는 제게, 11세기부터 이미 감기 치료제로서 설탕과 곁들여 사용되기 시작한 약초를 떠올리게 합니다. 희망의 상징으로서 말이죠.

이제 마지막 문장이 남았습니다. "백 년 뒤에는 다 없어질 거야." 이로써 우리 자신의 고통을 바라보는 관점은 시간을 초월한 영역으로 넘어갑니다. 우울하지만, 동시에 위로가 되기도 합니다. 지금 무슨 걱정이 있든 무조건 확실한 사실이 한 가지 있습니다. 100년 뒤에 그 걱정은 이미 사라지고 없으리라는 겁니다. 이것이 이 짧은 시에 담긴 지혜입니다.

## 2부

## 의사인 내가 마술을 하는 이유

## 중요한 것은 트릭이 아니라
## 프레젠테이션

> 유리 겔러는 포크를 구부렸습니다.
> 차라리 지게차가 더 인상적일 겁니다.

네다섯 살 무렵의 일이었습니다. 옆집에 사는 카르스텐의 생일에 초대받아서 갔었죠. 코코아차와 과자를 먹고 난 뒤 카르스텐의 아버지는 우리 아이들을 위해 마술 공연을 했습니다. 카르스텐의 아버지가 흰 공을 팔소매에 문지르던 장면은 지금도 눈에 선합니다. 공은 갑자기 두 개가 되었습니다. 저는 공이 코에 닿을락 말락 한 거리에서 지켜보았지만 도무지 어떻게 그렇게 하는 건지 알 수가 없었습니다. 그리고 다시 순식간에 공 하나가 자취를 감추었습니다. 감쪽같이 어디론가 사라진 겁니다. 저는 소매를 만져보았습니다. 마술사들이 모든 걸 소매 속에 감춘다는 걸 들은 적이 있기 때문이었습니다. 그러나 공은 눈에 보이지도, 감촉을 느낄 수도 없었습니다. 제가 검사를 하는 동안 카르스텐의 아버지는 번개처럼 재빨리 제 귀의 뒷부분을 만지더니 그곳에서 공 한 개를 끄집어냈습니다. 제가 애타게 찾던 바로 그 공이었죠. 정말 신기했습니다. 제 머리 뒤에서 나타난 공을 조금도 눈치챌 수 없었다니 말입니다. 저는 그저 모든 아이들이 그 순간에 소리친 말을 간절히 함께 따라 할 뿐이었습니다. "또 해주세요!"

하지만 훌륭한 마술사가 다 그렇듯이 카르스텐의 아버지는 저의 이런 소망에 응해주지 않았습니다. 사실 그럴 필요도 없었습니다. 저는 이미 온통 마술에 걸린 상태였으니까요. 더할 나위가 없었죠. 놀라서 어찌할 바를 모르는 이런 감정을 저는 이때부터 사랑하기 시작했습니다. 무언가에 이 정도로 직접적인 느낌을 받아본 적은 없었으니까요.

그 후로 20여 년이 지난 뒤 데이비드 코퍼필드가 베를린에 왔습니다. 그는 마술 쇼의 클라이맥스로 '플라잉' 환상을 보여주었습니다. 저는 입을 다물 수가 없었죠. 인간이 정말로 날아다닐 수 있다면 바로 저런 모습일 거라고 생각했습니다. 그는 약간의 도움닫기를 한 뒤 간단히 날아올랐습니다. 하지만 그 무렵 저는 이미 마술의 비밀에 몸담고 있었습니다. 그래서 코퍼필드가 최고의 전문가답게 구현해낸 환상의 배후에 자리 잡은 테크닉에 감탄했습니다. 객석에 있는 어느 누구에게도 준비된 장치는 노출되지 않았습니다.

어린 시절의 생일 파티와 코퍼필드의 공연 사이에는 제가 틈틈이 시간과 코 묻은 돈을 들여가며 마술에 바친 많은 세월이 놓여 있습니다. 이 세월을 거치면서 저는 중력을 극복했다고 주장하는 마술사들이 대부분 여자 조수를 천으로 가리거나, 아니면 적어도 그녀가 '떠오를 때' 항상 걱정스러운 눈빛으로 곁에 가까이 서 있었던 이유를 더 잘 이해하게 되었습니다. 저는 운이 좋았습니다. 루트 이모가 제 소원을 일찌감치 눈치채고 마술 상자를 선물해주셨기 때문입니다. 물론 초등학교 때는 이런 마술이 유행이다시피 했지만 대개는 결정적인 경험을 해볼 수 없었던 탓에 금세 시들해졌습니다. 마술의 재미는 다른 사람들에게 놀라움을 선사하고 마술에 걸리게 만드는 데서 나옵니다. 그런데 문방구에서 파는 마술 상자에는 그냥 '싸구려 트릭'밖에 없었기 때문에 어른들은 거의 놀라지도 않는데다, 그마저도 열심히 연습하지 않으면 아예 불가능했습니다.

저의 이른 마술사 데뷔를 가능하게 했던 두 번째 행운은, 삼촌이 프로 마술사인 세바스티안과 같은 반 친구였던 것입니다. 세바스티안의 삼촌은 마술 용품을 전문적으로 거래하는 상점에 우리를 데리고 가서 '진짜' 물건을 구할 수 있게 도와주었습니다. 우리는 '독일 마술 클럽'의 청소년단 회원이 되어 매주 비슷한 덕후들과 어울렸습니다. 동시에 제 가족들에겐 힘겨운 시간이 시작되었습니다. 거울 앞에서는 아무리 연습해봤자 자신을 진짜로 놀라게 할 수 없었기 때문입니다. 자기 몸을 자기가 간지를 수 없듯이 말입니다. 마술사에게는 관객이 필요합니다. 그래서 부모와 형제들에게는 새로운 카드 마술을 선보일 때마다 인내심을 갖고 지켜봐줘야 하는 의무가 강제로 부과되었습니다. 저는 곧 사방에 '대출'되어 사람들을 매혹시킬 수 있게 되었습니다.

그렇게 저는 마술의 핵심적인 다음 단계를 익혔습니다. 마술에서 중요한 것은 트릭이 아니라 프레젠테이션입니다. 마술 상자도 그렇고 사람들도 그렇고 대부분 '트릭의 원리를 아는 것'에 관심이 있습니다. 이런 태도는 '마술'에서 '예술'을 발견하고 그 매력에 빠져든 모든 이의 얼굴에 주먹을 한 방 먹입니다. 바이올린 연주는 어떤가요? 네 개의 현위로 활을 켜면서 다른 손으로 현의 이곳저곳을 누르는 게 고작입니다. 이것이 '트릭'의 전부입니다. 그러나 바이올린 연주가 마술을 걸 수 있기까지 얼마나 오랜 세월이 필요한지는 초보 연주자의 옆방 사람만이 헤아릴 수 있습니다. 여기서는 오랜 수행으로 모든 것을 내려놓은 고승조차도 때때로 살의를 느낀다고 합니다.

바이올린 연주의 경우와 마찬가지로 예술 작품의 역학적 비밀은 놀라울 정도로 평범하고 진부할 때가 많습니다. 어린 시절의 제 입문 악물이었던 흰 공의 트릭이 어떤 원리인지를 알게 되었을 때, 저 역시 참담한 실망감을 넘어 분노마저 느꼈습니다. 마술 클럽에 미리 용서를 구하며 예외적으로 이 마술의 비밀을 털어놓자면, 두 번째 공은 사실 공이 아닙니다! 그냥 반쪽짜리 공에 불과합니다. 더 정확히 말하면 공을 반으로 자른 딱딱한 껍데기로 첫 번째 공에 씌워놓으면 완전히 한 개의 공으로 보입니다. 사실은 한 개 반인데 말이죠. 마술사는 반쪽짜리 공의 가장자리를 노련하게 손가락으로 가려 겹치는 부분이 눈에 띄지 않게 합니다. 그러다 적당한 순간에 딱딱한 반쪽짜리 껍데기를 벗겨내면 순식간에 공이 두 개가 된 것처럼 보이는 겁니다. 적어도 마술사 앞쪽에서 보고 있는 사람들에게는 그렇습니다. 하지만 뒤편에서 보면 당장 '속임수 포장'을 알아차릴 수 있고, 속임수는 실망으로 바뀌게 됩니다.

제 호기심은 더욱 커졌습니다. 이때부터 저는 트릭뿐만 아니라 포장에도 관심을 갖기 시작했습니다. 예전에 러시아 인형 같은 것을 가지고 놀아본 적이 있어서 어떤 물건이 다른 물건 속으로 사라질 수 있다는 사실을 이미 알고 있는 다 큰 어른들이 반쪽짜리 공 껍데기 트릭에 줄

줄이 속아 넘어가는 이유는 무엇일까요? 어른들이 다 바보여서일까요?

저는 이모할머니에게서 또 다른 종류의 깨달음을 얻었습니다. 제 마술을 이미 수없이 보았을 뿐 아니라 저의 작은 공연이 편찮은 노부인에게 기분전환 거리가 된다는 것을 관찰한 어머니는, 저를 이모할머니에게 파견했습니다. 이 방문으로 저는 미소 띤 꼬마 소년에서 기적의 사나이로 변모할 수 있었습니다. 그보다 몇 주 전에 이모할머니에게 몇 시간 동안 연습한 카드 마술을 보여드린 적이 있었습니다. 물론 카드는 사전에 몰래 일정한 순서로 정리해놓아서 멀리서 봐도 어떤 카드가 뽑혔는지 금방 알 수 있었습니다. 이모할머니의 반응은 시큰둥했습니다. 카드 마술에 얼마나 교묘한 원리가 숨어 있는지 전혀 모르셨지만 "그냥 카드 마술이잖아"로 분류되는 이모할머니의 고정관념은 전체를 다 흥미 없다고 잘라내기에 충분했습니다. 하지만 저는 이모할머니가 초자연적인 것에 끌린다는 사실을 알아낼 수 있었고, 그렇게 다음을 기약했습니다.

저는 진자를 사용해보기로 했습니다. 공연을 좀 더 감성적으로 연출하기 위해서 제게 있던 진자를 쓰지 않고 이모할머니의 목걸이와 묵직한 반지로 세상에 단 하나밖에 없는 특별한 진자를 만들었습니다. 카드가 한 장 뽑혔고, 이모할머니만이 어떤 카드인지 알 수 있었습니다. 네, 물론 저도 알았지만 이모할머니는 그 사실을 몰랐습니다. 저는 모든 카드를 엎어서 바닥에 늘어놓았습니다. 이제 진짜로 이모할머니의 카드가 어디 있는지 몰라야 합니다. 네, 물론 저는 이것도 알고 있었습니다. 하지만 어디 있는지 제가 말해버리면 실망하셨을 겁니다! 저는 마법의

# 모든 사람에겐 – 최소한 – 양면이 있다

낮에는 실험실의 박사과정 연구원

저녁에는 무대 위의 마술 엔터테이너

## 간단한 트릭:
## 맥박을 멈추다!

고행자들이 극한의 의지로 고통을 통제하고 호흡과 맥박을 조절하는 것을 볼 때마다 사람들은 깊은 감동을 받습니다. 하지만 아주 간단한 트릭으로 당신도 맥박을 사라지게 만들 수 있습니다.

한 번 크게 심호흡을 하세요! 이렇게 하면 마음이 차분해집니다. 실제로 호흡 조절은 심장 박동에 영향을 미칩니다. 우리는 대부분 무의식적으로 이미 그렇게 하고 있습니다. 오랜 세월 훈련을 하면 최면적 무통증, 호흡과 맥박의 극단적 안정, 숙면과 각성의 중간적 의식 상태 등 놀라운 신체 조절 능력을 얻을 수 있습니다.

그보다 훨씬 더 간단한 방법도 있습니다. 아주 오래된 고행자 트릭을 쓰면 사람들에게 고도의 신체 지배력을 지닌 듯한 인상을 줄 수 있습니다. 고무공 한 개만 있으면 됩니다.

전통적으로 맥박은 엄지 쪽 손목에서 잽니다. 그곳에서 박동치는 혈액은 겨드랑이 쪽에서 내려오는 굵은 동맥에서 온 것입니다. 고행자 속임수를 쓰려면 몰래 작고 단단한 고무공(이나 그와 비슷한 물건)을 겨드랑이 속에 감춰두어야 합니다. 그리고 팔을 몸쪽으로 지그시 압박하면 자동적으로 동맥이 눌리게 됩니다.

그러면 팔에 피가 흐르지 않아 갑자기 팔목에서 아무런 맥박도 느껴지지 않게 됩니다! 그리고 맥박을 재는 사람의 맥박은 눈에 띄게 빨라집니다……

주문을 외면서 진자를 손에 들었고, 이모할머니는 머릿속으로 자기 카드에만 집중했습니다. '마법의 기운'을 더욱 끌어올리기 위해 이모할머니와 지는 두 손을 맞잡고 거실 바닥 위에서 몸을 흔들었습니다. 바로 그때였습니다. 갑자기 어떤 카드 위에서 진자가 움직이기 시작했습니다. 완전히 불가사의한 일이었습니다. 이모할머니에게는 말이죠. 저는 우리가 이모할머니의 카드를 찾아냈다는 걸 알았습니다. 그리고 진자를 움직이기 위해서는 약간의 동작이 필요하다는 사실도 알고 있었습니다. 하지만 너무 감쪽같아서 이모할머니는 제 손과 진자를 모두 쥐고 있으면서도 제 동작을 알아채지 못했습니다. 우리는 진자가 '말해준' 카드를 뒤집어보았고, 한동안 모두 말을 잊었습니다. 기적이 일어났던 것입니다.

진자는 자기 기만의 힘을 보여주는 훌륭한 예입니다. 한번 주변의 지인들에게 물어보세요. 다들 어디까지 진자를 사용해서 고르는지 말이죠. 여행지, 적당한 식품, 약, 알레르기, 파트너 등등 끝도 없습니다. 솔직히 누군가 이런 걸 확실하게 미리 알 수 있다면 그 사람은 진즉에 백만장자가 되었겠죠. 사실대로 말하자면 진자는 아무 말도 하지 못합니다. 그냥 이리저리 흔들거릴 뿐입니다. 그래서 사람들은 마음이 이리저리 흔들릴 때 진자를 즐겨 사용합니다. 우리 자신의 흔들림이 물리적으로 진자에 전달되어, 거의 지각할 수조차 없는 미미한 움직임을 눈에 보이는 큰 움직임으로 만들어주는 겁니다. 게다가 이미 짐작하고 있던 사실을 초자연적으로 확인까지 받습니다. 더 좋은 점은 진자가 어쩌다 틀리더라도 잘못된 결정을 내린 것이 반드시 우리 자신일 필요는 없다

는 겁니다. 불확실할수록 더 떨게 되고 그러면 진자도…….

### 현장 테스트: 진자 운동

호의적 제안: 실험을 한번 해보세요. 오로지 정신력만으로 진자를 움직일 수 있다고 굳게 믿는다면 직접 테스트해보시기 바랍니다. 진자를 부엌문 위에 매달고 적당히 떨어진 식탁에 가서 앉으세요. 이제 정신을 진자에 집중하세요. 그렇게 한 시간, 하루, 아니 1년을 시도해보아도 좋습니다. 진자는 움직이지 않을 겁니다. 하지만 어느 순간 갑자기 움직인다면 의사로서 이렇게 조언하고 싶습니다. 빨리 그 건물을 빠져나가세요!

## 함정에 번번이 걸려드는 이유

독심술사가 생각을 읽을 수 있다고 믿는 사람은
복화술사의 인형이 스스로 말한다고 믿어도 됩니다.

지극히 간단한 방법으로 사람들의 눈을 속일 수 있습니다. 아래와 같은 트릭을 쓰면 됩니다. 이 트릭은 자신에게 직접 테스트할 수도 있고, 최면 실험을 통해 남에게도 테스트해볼 수 있습니다.

### 트릭 1: 초보자를 위한 최면—자석 손가락

눈앞에 집게손가락 두 개를 펼쳐서 약 2센티미터 거리를 두고 마주보도록 세웁니다. 나머지 손가락들은 깍지를 끼웁니다. 손바닥을 서로 압박하면서 이제 마법의 자력이 두 손가락 끝을 서로 달라붙도록 끌어당긴다고 상상합니다. 두 손가락 끝은 마치 저절로 그러듯 서로 가까워지다가 마주 닿습니다. 당신도 막을 도리가 없습니다. 그냥 두 손가락 끝에 자석이 들어 있어 점점 더 강력하게 달라붙는 거라고 상상하는 수밖에 없습니다. 손가락이 서로 맞닿으면 손바닥의 압력을 풀어도 됩니다.

잘 되셨나요? 좋습니다!

손가락이 제멋대로 살아서 움직이다니 묘한 느낌입니다. 하지만 이 것은 상상의 자석과는 무관합니다. 집게손가락 두 개는 계속해서 똑바로 마주 보며 서 있는 게 훨씬 더 어렵기 때문에 달라붙는 겁니다. 이제 남들에게 당신의 정신 마술을 보여주세요. 실제로는 자연스러운 이런 현상이 마치 아무도 빠져나올 수 없는 당신의 엄청난 암시력 때문에 발생한 것처럼 꾸며서 말입니다.

마음에 드셨다면 남들을 더욱 놀라게 만들 수 있는 또 다른 비밀을 알려드리겠습니다.

### 트릭 2: 누가 무엇을 원하는지 미리 알기

여기서 관객은 자신이 자유롭게 선택한다고 여기지만 당신은 그가 어떤 선택을 할지 미리 알고 있습니다. 이게 어떻게 가능할까요?

세 가지 물건을 일렬로 탁자 위에 올려놓습니다. 세 가지 물건은 일단 뒤 페이지 그림에 있는 것처럼 사과, 휴대폰, 라이터로 하겠습니다. 휴대폰을 가운데에 놓습니다. 이제부터 여러 단계에 걸쳐 세 물건 중 한 개가 '자유롭게' 선택될 것입니다. 관객이 어떻게 행동하든 상관없이 마지막에는 휴대폰만이 남도록 다음 단계를 조정해나가면 됩니다. 모든 가능성을 하나씩 다 시험해보고 나면 이 트릭이 어떻게 가능한지 알 수 있을 겁니다.

이 트릭의 심리학적 원리는 마술사들이 '강요'라고 부르는 뻔뻔함입니다. 가령 누군가에게 "1과 3 사이의 숫자를 아무거나 하나 말해보세요"라고 부탁하는 것이 그런 경우입니다. 이때 남는 것은 숫자 2밖에 없으니까요. 마찬가지로 우리의 트릭에서도 마지막에는 항상 휴대폰이 남을 수밖에 없습니다. 어떻게 그런 걸까요?

이제 당신 앞의 관객을 향해 이렇게 말합니다. "많은 사람들은 자신에게 자유의지가 있다고 믿습니다. 하지만 저는 당신이 곧 내리게 될 결정에 제가 영향을 미칠 수 있다고 믿습니다. 그 증거로 여기 이 접은 쪽지 안에 제 예언이 적혀 있습니다. 그럼 이제 당신의 오른손을 세 물건 중 아무거나 하나 위에 올려놓으세요. 그냥 마음이 가는 대로 하면 됩니다."

휴대폰은 가운데에 있기 때문에 관객의 손이 곧바로 그리로 향할 가

능성이 큽니다. 빙고! 그러면 당신은 벌써 이긴 겁니다. 그냥 이렇게만 말하면 됩니다. "사과나 라이터에 손을 올려놓을 수도 있었지만 당신은 휴대폰을 결정하셨군요. 물론 저는 미리 알고 있었습니다!" 그런 다음 당신의 예언을 관객들에게 보여주시면 됩니다. 정확히 어떻게 하는지는 뒤에서 곧 설명하겠습니다.

사람들은 중앙을 선택하기 좋아합니다. 이것은 고속도로 휴게소에서도 마찬가지죠. 일렬로 늘어선 여러 개의 화장실 중 가운데 칸이 가장자리 칸보다 더 빈번히 사용됩니다. 정당도 똑같습니다. 다들 자신이 중도라고 주장합니다. 물론 말뿐이지만 말입니다.

관객의 손이 라이터나 사과로 향하면 어떻게 해야 할까요? 상관없습니다. 그러면 2단계로 넘어가면 됩니다. 어차피 시간은 충분하고, 선택 과정이 정확히 어떻게 진행되는지 관객은 아직 모릅니다. "이제 왼손을 남은 두 물건 중 하나 위에 올려놓으세요."

가능성은 두 가지입니다. 두 손이 각각 라이터와 사과 위에 놓여 있다면 남은 것은 휴대폰뿐이므로 당신은 목표에 도달했습니다.

아니면 한 손은 휴대폰에 놓여 있고 다른 손은 라이터와 사과 중 하나 위에 놓여 있게 됩니다. 이 경우 목표에 도달하려면 한 단계를 더 거쳐야 합니다.

"제게 두 물건 중 하나를 주세요." 당신의 손에는 이제 휴대폰이 있거나 라이터와 사과 중 하나가 있습니다.

이 '자유 선택'이 재미난 점은 어떤 일이 벌어지든 상관없이 항상 끝에는 휴대폰이 '선택'되도록 결과를 해석할 수 있다는 겁니다. 제일 처

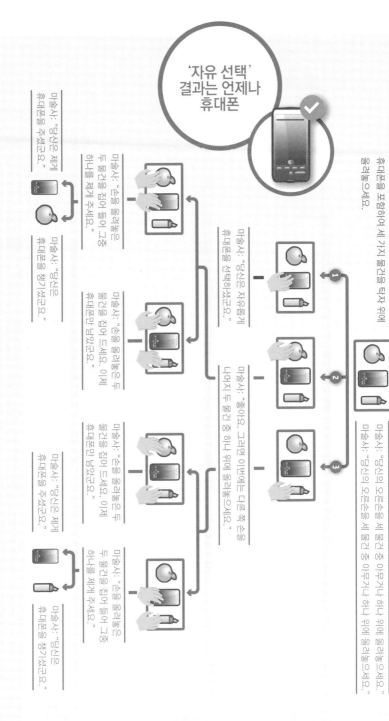

'자유 선택'
결과는 언제나
휴대폰

휴대폰을 포함하여 세 가지 물건을 탁자 위에
올려놓으세요.

마술사: "당신의 오른손을 세 물건 중 아무거나 하나 위에 올려놓으세요."
마술사: "당신의 오른손을 세 물건 중 아무거나 하나 위에 올려놓으세요."

마술사: "당신은 자유롭게
휴대폰을 선택하셨군요."

마술사: "좋아요, 그러면 이면에는 다른 쪽 손을
나머지 두 물건 중 하나 위에 올려놓으세요."

마술사: "손을 올려놓은
두 물건을 집어 들어 그중
하나를 제거해 주세요."

마술사: "당신은
휴대폰을 집기셨군요."

마술사: "당신은 제게
휴대폰을 주셨군요."

마술사: "손을 올려놓은 두
물건을 집어 드세요, 이제
휴대폰만 남으셨군요."

마술사: "손을 올려놓은 두
물건을 집어 드세요, 이제
휴대폰만 남으셨군요."

마술사: "당신은 제게
휴대폰을 주셨군요."

마술사: "손을 올려놓은
두 물건을 집어 들어 그중
하나를 제거해 주세요."

마술사: "당신은
휴대폰을 집기셨군요."

마술사: "당신은 제게
휴대폰을 주셨군요."

이 마술의 트릭: 상대방이 '자유롭게' 어떤 결정을 내리든 상관없이 마지막에 무엇이 남을지는 당신이 결정합니다.
그렇게 할 수 있는 이유는 게임 규칙이 미리 정해져 있지 않고 그때그때 조정되기 때문입니다.

음 관객의 손이 간 물건이 휴대폰일 수도 있고, 마지막에 탁자 위에 남아 있는 물건이 휴대폰일 수도 있습니다. 또 당신이 건네받은 물건이 휴대폰일 수도 있고, 관객이 마지막에 손에 든 물건이 휴대폰일 수도 있습니다. 당신은 언제나 정확히 그런 결과가 나올 수밖에 없었다고 주장하면 됩니다. "당신은 자유로운 선택으로 휴대폰을 결정하셨습니다!"

하지만 이 트릭을 실행하는 것은 보기보다 쉽지 않습니다. 머뭇거리지 말고 신속하고 자신 있게 다음 단계로 넘어가야 합니다. 그래야 사람들이 눈치채지 못합니다. 물론 그 전에 당신이 해야 할 말들을 충분히 익혀야 하는 건 두말할 필요도 없습니다.

어떤가요? 사람들을 속이는 것 의외로 별거 아니죠! 참, 소개가 늦었군요. 책 하단의 오른쪽 구석에 보면 마술 펭귄 한 마리가 자신에게 생명을 불어넣어줄 당신의 손길을 기다리고 있을 겁니다! 그 부분을 잡고 책을 부드럽게 뒤로 구부린 다음 한쪽씩 차례로 펼쳐지게 하면 작은 펭귄 그림이 동영상이 되어 살아 움직이기 시작합니다.

"저의 작은 펭귄을 소개합니다. 이 펭귄은 이 트릭을 도와줄 제 조수입니다. 보이시나요? 녀석이 지금 당신에게 손짓을 하고 있군요! 모자에 손을 넣어 새를 날리는군요. 녀석은 낮에는 마술사 조수이지만 밤에는 하늘을 나는 슈퍼 펭귄을 꿈꾸고 있습니다. 정말 그런 일이 일어난다면 기적이겠죠(책의 표지에서만큼은 이뤄졌군요!).

### 트릭 3: 독심술

당신 앞에 일곱 장의 카드가 그림이 안 보이게 놓여 있습니다. 그리고 그 옆에는 다른 색깔의 카드 한 장이 마찬가지로 그림이 안 보이게 놓여 있습니다. 이 한 장의 다른 카드는 예언이 담긴 카드입니다. 당신은 앞에 놓인 카드들이 어떤 카드인지 모릅니다. 이제 일곱 장의 카드 중에서 아무거나 한 장을 당신 마음대로 선택합니다. 짜잔, 선택한 카드는 예언의 카드와 일치합니다.

어떻게 이런 게 가능할까요? 우연이었을까요? 아니면 어떤 미지의 힘이 작용한 걸까요?

마술사가 자신의 트릭을 반복해서 보여주지 않는 데는 다 그럴 만한 이유가 있습니다. 그들은 반복을 극도로 꺼립니다. 두 번째에는 그들이 관객의 생각에 영향을 행사하는 메커니즘이 쉽게 드러날 수 있기 때문입니다. 당신이 어떤 카드를 선택하든 그것은 항상 예언의 카드와 일치할 것입니다. 왜냐고요? 카드가 모두 똑같으니까요!

심리학자들은 학생들을 상대로 그들이 혼자 힘으로 이 손쉬운 해답을 찾아내는지 실험해보았습니다. 실제로 학생들은 대부분 첫 번째 실험에서 이미 트릭의 해답을 찾아냈습니다. 대학생의 일반적인 수준에 비추어볼 때 당연한 결과라 하겠습니다. 하지만 두 번째 실험의 결과는 우리의 상식을 의심하게 만들었습니다. 이번에는 다른 학생들을 대상으로 실시되었는데, 마술사는 실험 대상자에게 다음과 같은 생각의 함정을 팠습니다. "나의 이 마술적 손동작은 당신의 생각에 영향을 미칩니다. 당신은 내가 예언의 카드에 미리 적어놓은 카드를 선택할 것입니다." 그리고는 의미심장하게 허공에 대고 손을 휘둘렀습니다. 학생들은 이런 손동작이 마술사가 말한 트릭과 아무 관계도 없다는 사실을 금방

이 책은 당신의 생각을 읽을 수 있다

여기 있는 일곱 장의 각기 다른 카드를 보면서 당신의 고정관념을 테스트해보세요. 마음속으로 한 장을 고른 다음 책장을 넘기면 제가 이미 당신이 생각한 카드를 예언했다는 걸 알게 될 겁니다. 자, 먼저 카드 한 장을 마음속으로 생각하고 책장을 넘기세요.

짜잔! 여기 여섯 장의 카드가 있습니다. 그런데 당신의 카드는 안 보이는군요.

멋지지 않아요? 제가 당신의 생각을 읽은 거죠?

이게 어떻게 가능할까요?

힌트를 하나 드리죠. 이건 당신의 카드와 아무 상관도 없답니다.

알아챘습니다. 하지만 이 사실을 생각하느라 더 분명한 트릭을 간과했습니다. 그들의 생각은 마술사의 손동작이 거짓임을 밝혀내는 데 몰두했고, 그 결과 마술사의 함정에 제대로 걸려들고 말았습니다. 손동작이 아니라면 과연 마술사는 어떤 트릭을 쓰고 있는 거냐는 질문에 학생들은 대부분 곤혹스러운 표정을 지으며 제대로 답하지 못했습니다. 정말 대단한 효과가 아닐 수 없습니다. 트릭의 명백한 메커니즘을 알아차린 학생이 20퍼센트도 안 되었으니까요. 정말 충격적인 결과입니다.

그런데 이런 실험 결과가 의술과 무슨 관계가 있을까요? 이처럼 일견 타당해 보이는 설명의 원리는 어디서나 작동하고 있습니다. 그리고 우리는 다들 이런 설명의 함정에 걸려듭니다. 의사가 피를 뽑을 때 어떤 수치가 '눈짓'을 보내면 그는 금세 원인을 찾았다고 생각하고는 다른 설명을 찾으려는 노력을 중단합니다. 더 큰 문제는 일단 '의심 진단'이 내려지면 확증 편향의 오류도 곧 뒤따른다는 점입니다. 자신의 의심을 확인해주는 것들은 중요하게 받아들이고, 그렇지 않은 것들은 모두 무시하게 됩니다.

마술사들의 오랜 트릭을 익혀보는 것은, 불분명한 근거와 설명을 동원한 속임수가 판을 치는 세상에서 판단의 감각을 예리하게 연마하는 데 도움이 됩니다. 위의 실험은 세 번째 버전도 있습니다. 여기서는 질문 내용을 조금 바꾸어 커다란 지렛대 효과를 얻어낼 수 있었습니다. 제대로 대답하지 못한 학생들 중 절반에게는 "손동작이 답이 아니라면 어떤 트릭일까요?"라고 물었습니다. 하지만 나머지 절반의 학생들에게는 질문을 더욱 명확하게 바꿔서 던졌습니다. "손은 확실히 올바른 해답이 아닙니다. 그렇다면 올바른 해답은 무엇일까요?" 생각을 딴 데로 돌리는 사고의 함정이 확실하게 제거되자 정신은 다시 손쉽게 올바른 해답을 찾아나갔습니다. "그렇다면 모두 똑같은 카드가 아닐까요?" 정답입니다!

일상생활에서도 스스로에게 질문을 던질 필요가 있습니다. 우리를 속이려는 사람이나 아마도 자신의 잘못된 설명을 스스로 굳게 믿고 있을 사람이 우리에게 신호를 보낼 때까지 기다리고 있어서는 안 됩니다. 틀렸다는 느낌이 들면 용기를 내서 질문을 던지세요.

# 속임수의 심리학

① 사람들이 반드시 눈앞에서 벌어지는 일을 보는 것은 아닙니다. 우리는 관심이 가는 것, 알고 있는 것, 보고 싶은 것을 봅니다.

② 명명백백한 것은 기꺼이 간과하거나 심지어 적극적으로 외면합니다. 이를 잘 보여주는 유명한 예는 농구 경기 영상입니다. 사람들에게 농구 경기 영상을 한 편 보여주면서 특정 팀이 얼마나 자주 패스하는지 세어보도록 요구했습니다. 그러는 동안 영상 속에서는 고릴라 복장을 한 사람이 농구장을 가로질러 뛰어갑니다. 하지만 영상을 지켜보던 사람 절반 이상이 그 사람을 인지하지 못했습니다. 정말로!

③ 속임수의 기술은 그러므로 주의를 완전히 빼앗는 것이 아니라 무언가 다른 사소한 데로 돌리는 것입니다. 마술사가 당신에게 카드를 섞어달라고 하거나 빈 상자를 세 번 보여준다면 그때가 바로 의심의 눈초리를 보내야 할 순간입니다.

④ 사람들은 설명을 원합니다. 모든 일에 대해서. 만약 설명이 주어지지 않으면 우연처럼 '이해할 수 없는' 상태를 그냥 받아들이거나 이해하지 못하겠다고 인정하기보다는 차라리 설명을 꾸며내는 편을 택합니다.

⑤ 우리는 아무 접점이 없는 곳에서도 접점을 봅니다. 상자 앞쪽에 머리가 보이고 뒤쪽에 신발이 보이면, 우리는 곧바로 사람이 한 명 상자 속에 누워 있다고 생각합니다. 하지만 신발은 두 번째 사람의 것일 수도 있습니다. 그래서 한 사람과 다른 사람 사이를 톱으로 썰 수 있는 겁니다. 물론 아무도 다치지 않습니다. 관객의 상상 속에서만 빼고 말입니다.

⑥ 개인보다 집단을 속이기가 더 쉽습니다. 가장 쉬운 경우는 내통자가 있을 때입니다. 야바위 게임이 그렇습니다. 내통자가 구경꾼인 척하면서 게임에 참가해 세 번을 연거푸 이깁니다. 그러면 다들 나도 할 수 있겠다고 생각하고 달려들었다가 결국 돈을 잃고 말죠.

⑦ 게임에 억지로 참가하는 사람은 아무도 없습니다. 다들 자신은 쉽게 속아 넘어가지 않는다고 여기고 싶어 하니까요. 그렇게 해서 싸구려 트릭은 진짜 기적이 됩니다. 흡사 소문의 덫에 걸려들기라도 한 듯이 사람들은 실제로 일어난 사실과 무관한 내용을 남들에게 떠들어댈 겁니다. 확실합니다.

## '손'은 아무 말도 하지 않습니다

성형외과를 찾아가 생명선 연장 수술을 받았습니다.

제 생명선은 이제 손바닥 끝을 넘어 손등에까지 이어집니다.

아시는 분은 아시겠지만, 이건 정말 좋은 신호예요!

제 손금을 봐준 사람은 다름 아닌 주임 의사의 여비서였습니다. 굳이 비유하면 그의 오른팔과도 같은 사람이었죠. 당시 저는 석 달 동안 스위스 베른주에 있는 한 작은 병원에서 인턴으로 일하고 있었습니다. 스위스가 고학년 의대생에 대한 처우와 교육 환경이 더 좋았기 때문입니다. 그때까지 저는 스위스 하면 청결, 은행, 초콜릿, 치즈 따위를 가장 먼저 떠올렸습니다. 완전히 상투적인 생각들이었죠. 하지만 직접 스위스에 와보니 겉으로 보이는 정확성의 이면에 영성과 초자연적 신비에 대한 깊은 애착이 있다는 걸 알 수 있었습니다. 치즈가 익어가는 외딴 골짜기마다 기적의 치유자들이 살고 있었습니다. 지난 수백 년 동안 제대로 된 의술의 보살핌을 받지 못했을 테니 어찌 보면 당연한 일입니다. 어차피 앰뷸런스 헬기를 기대할 수 없다면 저부터도 도와주겠다고 나서는 사람을 마다할 이유는 없을 겁니다. 이런 형태의 민간요법은 세계에서 가장 뛰어나고 값비싼 보건 체계를 구축한 오늘날의 스위스에서도 여전히 유지되고 있습니다.

여비서가 손금 보는 능력을 어디서 배웠는지 알 수 없었지만, 얼마 지나지 않아 병원의 모든 직원이 그녀를 찾아가 앞일에 대한 조언을 구하기에 이르렀습니다. 저는 스물다섯 살로 호기심이 많았던 데다가 병동의 여러 간호사로부터 여비서의 특별한 재능에 대해 수없이 들었던 차였습니다. "그 여자는 너보다 너를 더 잘 알아!" "완전 족집게야!" "돈 달라고도 안 하니 한번 해봐!"

스위스 사람이 아무런 비즈니스 모델도 개발하지 않고 어떤 일을 한다면 그것은 진짜 열정을 가지고 그 일을 한다는 뜻입니다. 그래서 저는 기회를 봐서 단둘이 이야기를 나누어보기로 했습니다. 그녀는 별로 놀라지 않았습니다. 오히려 누군가가 마침내 자신의 기술에 대해 물어봐주기를 기다렸던 것처럼 보였습니다. 저는 근무시간이 끝난 뒤 그녀를 찾아갔습니다. 그녀가 사무실에서 자신의 낮 시간을 온전히 지배하던 전화기들 사이에 앉아 과거와 미래에 접속하려 애쓰는 모습은 놀랍기 그지없었습니다. 그녀는 대단히 친절했습니다. 제 미래에 대해서도 좋은 일들만 보인다고 하더군요. 저더러 '오래된 영혼'이라고 했는데 비교秘敎에서는 칭찬이라고 했습니다. 이미 여러 번의 생을 거치는 동안 지혜에 도달할 기회가 많았다는 의미니까요. 이 모든 것이 손에 다 나와 있었습니다. 좀 더 정확히 말하면 손에 그어진 여러 개의 선들에 말입니다. 손금 이론에 따르면 경험은 비단 영혼만이 아니라 손에 있는 선들에도 새겨진다고 합니다. 모두 다 오래된 영혼의 전형적인 특징이라고 했습니다. 제가 혼자 있는 시간을 좋아하는 것도, 정신적으로 성장하기를 원하는 것도, 정확한 관찰 능력을 지닌 것도, 비인간적인 메인스트림에 대해 거부감을 갖는 것도, 대단히 직관적인 사람인 것도 모두 말입니다. 와우, 정말 다 맞는 말이었습니다!

여비서 역시 오래된 영혼이 분명해 보였습니다. 그만큼 그녀의 직관 능력에 대한 제 신뢰는 커졌습니다. 그래서 저는 가장 중요한 질문도 던졌습니다. 제 애정운이 어떻게 되는지. 그녀는 다시 한번 세심하게 제 모든 손금을 살펴보더니 말했습니다. "서른다섯 살이 넘어야 진정한 사랑을 만나네요."

이제 오십을 바라보는 나이가 되어 하는 얘기지만, 그것도 그녀 말이 맞았습니다.

많은 세월이 흐른 지금 생각해보면 그녀의 예언이 저를 그냥 아무 흔적도 없이 비껴간 것은 아니었습니다. 한편으로 그것은 미숙한 청년이었던 제게 큰 부담을 덜어주었습니다. 진정한 사랑을 일찌감치 만나게 되리라는 전망은 제게 큰 스트레스가 되었을 테니까 말입니다. 또한편으로 그녀의 말은 계속 제 잠재의식에 남아 아직 시간 여유가 있다는 느낌이 들게 해주었고, 이것은 정서적으로 늦된 저에게 큰 힘이 되었습니다.

당시에는 여비서가 저를 너무도 잘 '아는' 것이 무척 놀라웠습니다. 하지만 지금은 그런 자기실현적 예언이 바람직하지 못한 결과를 초래할 수도 있다는 생각이 듭니다. 손에 그어진 선들과 인생사 사이에는 아무런 관계도 없습니다. 두말 할 필요도 없죠. 다른 주장을 하려는 사람은 증거를 대거나, 아니면 손을 입 앞에 갖다 대고 있기를 바랍니다.

불안정한 사람들에게는 그냥 재미있자고 하는 놀이가 문제를 일으킬 수도 있습니다. 정확한 날짜도 말하지 않고 그저 어떤 위기나 사고가 닥쳐올 거라는 식의 막연한 예언을 충격적으로 받아들여, 다가오는 운명의 타격을 두 손 놓고 기다리게 될 수도 있으니까요.

당시 여비서는 벌써 두 달이 넘게 저를 겪어본 상태였습니다. 그 정도면 제 성격을 영 엉뚱하지 않게 파악하는 데 굳이 손금이 필요하지도 않았을 겁니다. 막 세상에 나와 온갖 것들을 경험하기 위한 야심찬 여행을 계획 중인 젊은이가 아직 가정에 정착할 생각이 없으리라는 것은 예언이 없어도 충분히 알 수 있는 일입니다.

손금은 물론 대단히 암시적입니다. 손금은 지문처럼 누구나 다릅니다. 그리고 우리는 자신이 남들과 전혀 다른 사람이기를 갈망합니다. 하지만 손금 보는 기술은 대부분의 사람들이 똑같은 소망을 지니고 있다는 데서 출발합니다. 그래서 단순히 듣고 싶은 말을 해주는 것만으로도 많은 사람들에게 기쁨을 줄 수 있는 겁니다.

악수도 그 사람의 성격에 대해 많은 말을 해줍니다. 최소한 그 사람이 상대에게 어떤 인상을 주고 싶어 하는지 정도는 알 수 있습니다. 주도적인 성향의 남자들은 힘주어 악수하는 걸 좋아해서 인사를 나눈다기보다는 일종의 팔씨름을 합니다. 반면에 '죽은 물고기' 유형은 반대편 끝에 위치합니다. 실제로 육체의 긴장 상태는 손의 섬세한 근육에서 가장 잘 드러납니다. 그래서 좋은 의사는 엄지 근육의 두께만 보고도 근육 위축을 조기에 알아차릴 수 있습니다. 나이 든 사람들은 악력 측정기로 자기 몸에서 힘이 얼마나 빠져나갔는지 확인할 수 있습니다.

손을 보면 누가 물을 얼마나 조금 마시는지, 손가락 관절에 염증이 생겼는지 따위를 알 수 있고, 손톱의 변형을 통해 심장이나 간에 문제가 있는지도 알 수 있습니다. 또 담배를 피운다든지 손톱을 물어뜯는다든지 하는 것은 마음에 문제가 있다는 뜻이고, 땀으로 축축한 손은 흥분 상태를 드러냅니다. 이런 걸 알기 위해서는 천리안이 필요한 게 아닙니다. 그저 세심하게 잘 들여다보면 됩니다.

런던에서 의대생으로 지낼 때 소위 '병상 매너'라는 것을 배워야 했습니다. 병상에 누운 환자를 대하는 규칙인데 독일에는 그런 개념이 없을 뿐만 아니라 의대 교육에서도 별로 중요하게 다루지 않았습니다. 수천 년 이래로 의사들이 환자를 진단할 때 가장 먼저 하는 행동인 손목을 잡고 맥박을 감지하는 일도 이런 병상 매너에 속합니다. 중국인들은 이 행위 하나만으로도 수백 가지 진단을 내리는데, 이것이 어떻게 가능한지는 수수께끼입니다. 적어도 맥박의 빈도, 규칙성, 세기 등은 알 수 있겠지만, 여기서 그에 못지않게 중요한 것은 환자와의 신체 접촉입니다. 환자에게 좀 더 가까이 다가가기 위해 평화의 신호로 신체의 한 부위를 먼저 내미는 것입니다. 그 부위는 물론 등이나 발이나 혀가 아닙니다. 사람들이 서로 가까워지려고 노력할 때 가장 먼저 하는 일은 손을 잡는 것입니다. 그런 다음에 쓰다듬든 두드리든 합니다. 그런데 요즘 의사들은 혹시 이걸 잊은 것은 아닐까요?

# 손금 보기 놀이

상대방 왼손(심장에서 오는 손)을 당신 손으로 붙잡은 다음 손바닥에 있는 선들에 이름을 붙이세요. 제가 제시한 이름도 좋고 직접 재미난 이름을 생각해내셔도 좋습니다.

손금 보기의 가장 큰 장점은 신체 접촉입니다. 이를 통해서 우리는 실제로 많은 정보를 얻을 수 있습니다. 상대가 지금 느긋한지 아니면 초조한지, 적극적인 관심을 보이는지 아니면 방어적인 태도를 취하는지 말입니다.

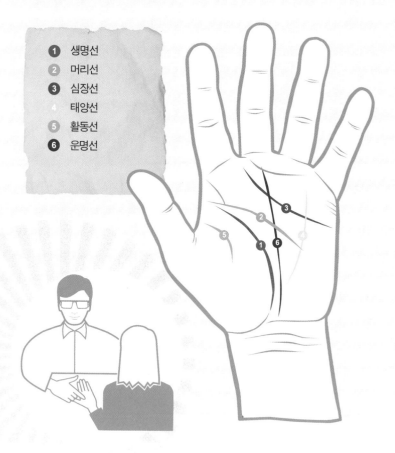

1  생명선
2  머리선
3  심장선
4  태양선
5  활동선
6  운명선

손금을 정확히 살펴본 다음, 개인적인 것처럼 들리지만 실제로는 일반적인 이야기를 하시면 됩니다. 우리는 그런 이야기를 들으면 자신에게 잘 들어맞는다고 여기는 경향이 있습니다(심리학자들은 '바넘 효과'라고 부르기도 합니다). 아래의 예를 말해도 좋고, 아니면 잡지 유세란에 있는 말들을 짜깁기해서 자신만의 해석을 만들어도 좋습니다. 어차피 원리는 항상 똑같으니까요.

❶ "당신은 훌륭한 관찰력과 상상력을 지녔고, 애정에 민감합니다. 손금을 보면 금방 알수 있죠. 생명선과 엄지 근육의 생김새로 보아 당신은 무척 섬세한 감각을 지녔으면서도 두 발을 땅에 굳건히 딛고 서 있는 사람입니다."

❷ "당신은 뛰어난 잠재력을 지녔지만 지금까지는 그런 재능을 잘 발휘할 기회를 좀처럼 찾지 못하고 있습니다. 스스로 독립적으로 사고한다는 자부심이 커서 다른 사람의 말을 쉽게 받아들이지 않습니다. 모든 일을 혼자서 다 해야 한다는 생각을 버릴 필요가 있습니다."

❸ "최근에 이별의 상처가 있었군요. 아마도 연인과 헤어졌거나 누군가 가까운 사람이 돌아가셨나 봅니다. 친구들은 당신이 믿을 만한 사람이라는 걸 다들 잘 압니다."

❹ "최근에 선물이든 사례금이든, 아무튼 당신에게 소중한 어떤 것을 누군가로부터 받았습니다……. 문이 열리는 게 보이는군요. 당신에게는 이게 무슨 의미일까요?"

❺ "앞으로 건강을 조금 조심하셔야겠습니다. 힘이 필요할 테니까요. 체력을 유지하려면 잘 드시고, 충분한 휴식을 취하시고, 최대한 많이 주무시는 게 중요합니다."

❻ "당신은 어딘가로부터 벗어나 심신을 말끔히 정리하고 심신을 정화하려 애쓰고 있습니다. 겉보기에 당신은 엄격하고 자의식이 강한 것 같지만, 내면은 불안에 떨고 있는 듯합니다."

# 수상쩍은 확신범들

"문외한이 네 말을 이해하지 못한다고 네가 전문가인 것은 아니다."

_M. G. 베트로브M. G. Wetrow

우리는 누구나 한 번쯤은 반강제로 설득당한 경험이 있을 겁니다. 이자가 한 푼도 안 붙는다는 신용카드, 지금 반드시 필요하다는 보험, 절대로 끊어서는 안 된다는 신문 구독. 하지만 보지도 않는 신문은 휴가 때마다 성가신 짐이 되고 평소에도 휴지통이나 배불릴 뿐입니다. 보행자 보호구역에서든, 온 가족을 배불리 먹일 수 있다는 엄청난 식품 가공기의 판매 행사장에서든, 어디서나 우리는 '보험 판매원과 중고품 거래상' 유형의 사람들과 마주치게 됩니다. 그럴 때면 속으로 '아니'라고 생각하면서도 정작 말은 '네'라고 해야 할 것 같은 어떤 사회적 의무감마저 느끼게 됩니다. 마음이 조금 불편해지죠. 아니, 사실은 너무 성가시고 짜증납니다. 그들이 우리에게 마법의 대패를 들이댈 때 사용하는 심리적 트릭은 기적의 치유자들 입에서 나오는 장광설과 크게 다르지 않습니다. 그러므로 언어의 연막탄이 뿜어내는 연기와 소음을 헤치고 내부를 좀 더 자세히 들여다볼 필요가 있습니다.

단지 물건을 사고파는 문제라면 해악도 적당한 선에서 그칩니다. 하지만 희망을 가지고 장난을 치며 절망에 빠진 사람들을 갈취하고자 한다면, 말도 안 되는 엉터리에 어마어마한 돈을 요구하면서 단지 도우려는 것일 뿐이라고 둘러댄다면, 더 이상 웃을 일이 아닙니다.

미국에서 오랫동안 못된 짓을 자행한 비열하기 짝이 없는 기적의 치유자가 있습니다. 전도사 피터 포포프Peter Popoff입니다. 그는 기독교 행사로 위장한 쇼를 벌여 희망을 갈구하는 수많은 사람을 끌어모았습니다. 멀리서도 한 눈에 질병의 이름을 알아맞히는 그의 '초자연적인' 능력은 사람들을 감탄하게 만들었습니다. 그가 쏟아내는 말은 하나같이 공격적이고 조작적이었습니다. "신께서는 당신이 위암에 걸렸다고 제게 말씀하십니다. 하지만 저는 당신을 위암에서 벗어나게 해주겠습니다!" 그런 다음 그 사람에게 다가가 손을 이마에 얹고 큰소리로 사탄에게 물러가라고 명령했습니다. 그러자 놀라운 '기적'이 벌어집니다. 신도들이 줄줄이 무아지경의 상태에 빠지고 울음을 터뜨리더니 몇몇은 휠체어에서 일어나 사람들의 환호 속에 몇 걸음 비틀거리며 걷기도 했습니다.

마술사 제임스 랜디James Randi는 자기 분야에서 사용되는 다양한 트릭을 잘 아는 인물로 소위 '영매 능력'을 지녔다는 사기꾼의 속임수를 이미 여러 차례 폭로한 바 있습니다. 하지만 포포프의 기만술은 차원이 달랐습니다. 랜디는 포포프가 쓰는 속임수의 비밀을 풀기 위해 그가 벌이는 치유 쇼를 몇 번씩이나 찾아가 관찰했습니다. 포포프가 한 번은 그가 있는 곳을 가까이 지나갔는데, 이때 무언가를 발견했습니다. 포포프의 귀속에 작은 단추가 있었던 겁니다. 수신기였습니다! 그것을 통해 들려오는 소리는 물론 신의 음성이 아니라 포포프 아내의 음성이었습니다. 그녀는 포포프에게 모든 것을 말해주었습니다. '치유의 쇼'가 시작되기에 앞서 방문객들은 모두 어디가 치유되기를 바라는지 쪽지에 적어야 했습니다. 그렇게 포포프는 상대에게 그가 삼십 분 전에 스스로 알려준 내용을 마치 초자연적인 능력으로 알게된 듯이 말해줄 수 있었습니다. 게다가 휠체어에 앉은 몇몇 내통자들도 있었습니다. 그들은 쇼가 절정에 다다를 무렵 자리에서 벌떡 일어나 몇 걸음을 내디디며 효과를 극대화시켰습니다. 물론 쇼 이전에도 잘만 걸어 다니던 사람들이었습니다. 포포프는 거액을 벌어들여 값비싼 집을 사고 포르쉐를 탔습니다.

랜디는 유명한 텔레비전 쇼에 나가 속임수를 까발렸고, 1년 뒤에 포포프는 파산했습니다. 그걸로 이 사기꾼은 끝났을까요? 유감스럽지만 그렇지 않습니다. 정의의 승리는 그렇게 쉽게 얻어지지 않습니다. 포포프는 여전히 활동 중입니다. 지금은 영국에서입니다. 그는 여전히 '성스러운 모래'와 체르노빌 근처에서 퍼온 기적의 물을 신심이 깊은 사람들과 절망에 빠진 사람들에게 팔고 있습니다. 그 자신을 채무로부터 정화시켜줄 물인 셈입니다. 2015년에는 그가 어느 병든 여인을 치료하는 장면이 회의론자들 눈에 띄었습니다. 여자는 그의 팀원이 분명했습니다. 20년 전과 똑같은 수법입니다.

랜디도 그 사이 80세가 넘었지만 여전히 활동 중입니다. 가짜 영매나 치유자들을 더욱 창의적인 방법으로 공격하고 있습니다. 그는 젊은 사람들에게 회의적 사고를 가르치기 위한 교재도 개발했습니다. 풍부한 유머와 설득력을 갖춘 훌륭한 책입니다. 마술은 다르게 생각하는 법을 배우기 위한 탁월한 토대를 제공합니다. 젊은 여자를 톱으로 썰 수 있다고 주장하는 사람들은 왜 굳이 여자를 나무상자 안에 넣고 톱질할까요? 톱질하기가 더 어렵기만 할 텐데요. 물론 그렇게 해야 상자의 절반에 한 사람이 숨고 나머지 절반에 또 한 사람이 숨을 수 있어서 톱질을 해도 아무도 다치지 않는다는 걸 숨길 수 있기 때문입니다. 톱질이야 간단하겠지만 반쪽짜리들을 다시 붙이는 건 훨씬 어려운 일이 될 테니까요.

사람들은 스스로 기만당하기를 원하는 걸까요? 왜 우리는 그런 허풍선이들에게 계속 속아 넘어가는 걸까요? 그것도 아주 태곳적부터 말입니다. 돌팔이들은 중세 때는 염소 불알을 발기부전 치료제라고 팔아먹고, 얼마 뒤에는 이집트 미라를 원료로 만들었다는 가루를 인후통, 오한, 두통 따위에 잘 듣는 약으로 팔아먹고, 19세기에는 '뱀 기름'을 탈모 치료제로 팔아먹었습니다. 뱀은 몸에 털이 한 올도 없는데 말입니다. 이런 사기는 오늘날에도 이어집니다. 요즘 관절에 좋다며 인기를 끌고 있는 산호초 가루가 그렇습니다. 영어에서 '뱀 기름 장수'는 장터에서 시끄럽게 소리치며 속임수와 허풍과 재주로 약을 파는 사람을 가리키는 개념으로 아예 자리를 잡았습니다.

뛰어난 장사꾼은 자기 자신과 자신의 일에 확신을 갖고 있으며 의심하거나 망설이지 않습니다. 그들은 감정이입에 능하고 매력을 지녔고 칭찬을 잘합니다. 그들은 사람의 마음을 재빨리 얻은 다음 상대의 신뢰를 거리낌 없이 이용합니다. 장사꾼의 허풍에 속아 넘어가지 않는 법을 이야기하려면 먼저 제가 직접 겪었던 일을 말해야겠습니다. 저도 예전에 사기꾼에게 당한 적이 있습니다. 하이델베르크의 학생 공동주택에 살 때였습니다. 어느 날 그 사람이 찾아와 제 방 초인종을 그것도 두 번 연거푸 누르더군요. 그는 교도소에서 방금 출소했다며 제게 가슴 아픈 이야기를 들려주었습니다. 자세한 내용은 더 이상 기억나지 않지만, 아무튼 저는 그 사람에게 가지고 있던 현금을 모두 '빌려'주었습니다. 함께 살던 친구들은 믿을 수 없다는 표정으로 저를 쳐다보았습니다. 하지만 그들은 그 가슴 아픈 이야기를 듣지 못했습니다. 친구들의 쏟아지는 질문에 저는 아무 대답도 하지 않았습니다. 두 시간쯤 뒤에 그 사람이 다시 찾아왔습니다. 그는 추위에 떨고 있었습니다. 그는 이미 제가 얼마나 인정 많은 사람인지 알고 있었습니다. 그는 제게 다시 사연을 털어놓아 제 겨울 외투를 내어주게 만들었습니다. 그렇게 하지 않으면 제 자신이 너무 비인간적인 사람이라는 생각이 들었던 것 같습니다.

나중에 그 사람을 다시 본 적이 있습니다. 먼발치에서 보았는데 보행자 전용 구역 한 귀퉁이에 제 외투를 걸치고 앉아 있더군요. 그에게 말을 걸지는 않았습니다. 저는 그때 무언가를 깨달았고 교습료를 지불했다고 여겼습니다. 마술사로서 그에 대한 존경심도 없지 않았습니다. 그는 제가 미처 알아차릴 새도 없이 정확히 제 '단추'를 눌렀던 겁니다. 언어의 달인들은 물건을 팔기 위해 대화를 할 때 상대를 겁주거나 궁금증을 유발하거나 불안하게 만드는 말을 해서는 절대로 안 된다는 걸 잘 알고 있습니다. 그들은 우리가 속으로 오직 "네"라고만 대답할 수 있는 지극히 상투적인 말들로 우리의 경계심을 가라앉힙니다.

판매자들은 "네"라고 대답하게 만드는 패턴을 알고 있습니다. 두 가지 사항이 맞으면 사람들은 곧 '전체'도 맞다고 생각합니다. 이미 두 번 고개를 끄덕였다면 세 번째 "네"라는 대답은 더 쉽게 나옵니다. 그러므로 미심쩍은 치료법에 관해서 토론이 벌어졌을 때는 한 걸음씩 계속해서 단계적으로 자신에게 유리한 평가를 이끌어내야 합니다.

"건강은 중요하다." 맞음.

"의약 산업은 돈을 벌고 싶어 한다." 맞음.

"그래서 당신은 이 금속판으로 지구복사를 차단해야 한다." 맞지 않음.

뛰어난 치유자나 예언자, 의사, 치료 시술사는 모두 사람을 잘 아는 사람들입니다. 그들은 신체 언어의 모든 신호를 놓치지 않습니다. 누가 눈을 유난히 깜빡일 때 무엇이 그를 괴롭히고 그가 무엇을 추구하는지 금방 이해합니다. 그들은 다양한 감정과 말의 차원을 또 번개같이 포착하여 때로는 친구가 되고, 때로는 스승이 되고, 때로는 살갑게 굴고, 때로는 권위적으로 행동합니다. 사람들은 그들을 신뢰합니다. 이러한 신뢰는 유익하게 쓰이기도 하지만 악용되기도 합니다.

우리의 모든 교류는 신뢰를 바탕으로 합니다. 누구에게 겁을 줄 생각은 없습니다. 다만 못된 사람들을 경고하려는 것뿐입니다. 양의 탈을 쓴 늑대 말입니다. 사실 세상에는 착한 사람이 더 많습니다. 신뢰는 충분히 가치가 있습니다. 기본적으로 타인을 신뢰할 수 있는 사람은 끊임없이 의심하는 사람보다 더 건강하고 행복한 삶을 살아갑니다.

그러나—누가 당신에 대한 어떤 사실을 알고 있는데 그것이 원칙적으로 그 사람이 알 수 없는 사실이라면, 그 사람은 그것을 당신으로부터 혹은 당신을 통해서 알게 되었을 가능성이 큽니다. 실제로 남의 생각을 읽을 수 있는 사람은 없으니까요. 쪽지라면 모를까! 요즘은 이름이나 주소 같은 몇 가지 단서만 있으면 인터넷에서 재빨리 서로 연결되는 지점을 찾아내, 마치 비상한 공감 능력을 지닌 듯한 인상을 주며 희생자에게 접근하는 것이 훨씬 간단해졌습니다. 아니면 단지 무선 교신 기술에 불과한 경우도 많습니다. 누가 도저히 믿기 힘든 놀라운 일을 행한다면 대부분 혼자가 아니라 공범이 있다고 봐야 합니다. 야바위꾼부터 기적의 치유자까지 모두 말입니다.

짝짝이 다리를 골반 압박으로 교정하는 것은 요즘까지도 확신범들이 가장 애용하는 트릭입니다. 얼핏 보면 정말 인상적입니다. 하지만 다년간에 걸쳐 진행된 해부학적 변형을 손으로 한두 번 만져서 단 몇 초 만에 완전히 바로잡는다는 것이 과연 얼마나 개연성이 있을까요?

그러니 어떤 놀라운 의술을 소개받았을 때는 이런 식으로 접근하시기 바랍니다. 치료법이 동화 같은 이야기라고 느껴진다면 어릴 때 빨간 망토 이야기에서 배웠던 것을 떠올리세요. 할머니라고 주장하는 늑대를 만났을 때 빨간 망토는 "할머니는 왜 그렇게 눈이 커요?" 하고 묻습니다. 당신도 마찬가지로 이렇게 물어야 합니다. 이 치료는 왜 이렇게 비싼가요? 왜 건강보험 적용이 안 되죠? 치료에 성공했다는 증거는 어디 있죠? 그토록 놀라운 경험을 한 사람들은 모두 어디 있죠? 만약 진짜 할머니라면 모든 질문에 기꺼이 대답할 겁니다. 하지만 늑대는 두 번째 질문에 벌써 인내심을 잃고 맙니다. 동화 속에서만 그런 게 아닙니다.

# 운동 역학을 이용한 판매 트릭

**1** 실험 대상자는 제자리에 서서 두 팔을 옆으로 펼치고 한쪽 다리를 구부립니다.

**2** 당신의 손을 실험 대상자의 구부린 다리 쪽 팔꿈치에 올려놓습니다.

**3** 실험 대상자에게 최대한 똑바로 선 자세를 유지하라고 말하세요.

**4** 손으로 실험 대상자의 팔을 아래로, 그리고 살짝 몸 중심 바깥 방향으로 눌러서 실험 대상자가 균형을 잃게 만드세요.

**5** 이번에는 실험 대상자의 손에 에너지가 들어 있는 물건 (예를 들면 부적이나 수정)을 쥐어주고 같은 실험을 반복합니다. 다만 앞의 실험과 은밀한 차이가 한 가지 있습니다. 실험 대상자의 팔을 아래로 누를 때 이번에는 살짝 몸쪽 방향으로 힘을 줍니다. 그러면 실험 대상자는 자동으로 더 강하고 안정적인 느낌을 받게 됩니다. 이런 식으로 수많은 파워 밴드가 팔려나갔고, 새로운 약품들이 '테스트를 거치고' 대대적으로 광고됩니다.

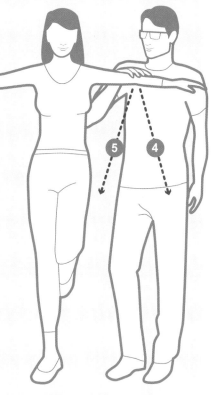

## 송신자-수신자 실험

> "비범한 주장을 하는 사람은
> 비범한 증거도 제시해야 한다."
> _회의론자의 원칙

긍정적 아우라를 발산하는 사람이 있습니다. 물론 정반대의 사람도 있습니다. 어떤 사람이 내미는 손은 기꺼이 잡고 싶어지지만, 어떤 사람에게는 그런 마음이 통 생기지 않습니다. 얼굴만 쳐다봐도 마음이 동하는 사람이 있습니다. 그가 발산하는 온기나 진정성, 인생 경험, 사심 없는 태도 등이 신뢰감을 주기 때문입니다. 그런데 그런 메시지는 어떤 경로를 통해서 전달되는 걸까요? 눈? 손? 아니면 눈에 보이지 않는 어떤 에너지? 실험을 한 번 해보겠습니다. 정확히 말하면 한 번이 아니라 100번입니다.

커다란 상자를 한 개 구해서 탁자 위에 올려놓고 앉으세요. 상자는 한쪽 측면이 열려 있어야 하고, 상자의 높이는 앉은 사람이 상자 반대편을 넘겨다볼 수 없을 정도로 높아야 합니다. 상자의 열린 쪽 반대편에 손이 하나 들어갈 정도의 구멍을 뚫으세요. 하지만 구멍에 손을 넣은 사람은 구멍을 통해 반대편을 훔쳐보아서는 안 됩니다.

실험의 질문은 이렇습니다. 구멍에 손을 넣은 사람은 누군가 다른 사람의 손이 자기 손 위에 머물 때 과연 어떤 에너지를 느낄 수 있을까요? 이 말은 실험에 또 한 사람이 필요하다는 뜻입니다. 그밖에도 주사위와 연필과 종이도 필요합니다. 1차 실험에서는 당신이 수신자가 되어 구멍에 손을 넣고 상대방이 보내는 '에너지'를 느껴보세요.

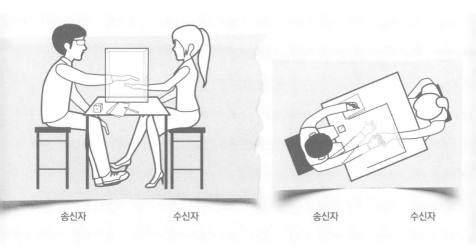

송신자          수신자           송신자         수신자

송신자는 수신자의 손 위에 자신의 손을 얹을 때, 최소한 한 뼘 정도 간격을 두어야 합니다. 그렇지 않으면 물리적으로 온기가 느껴질 수 있는데 그래서는 실험이 제대로 이루어지지 않습니다. 우리가 탐구하려는 것은 과연 우리 몸 주변에 에너지장을 형성하는 '아우라'가 존재하는지 여부입니다.

송신자는 종이에 1부터 100까지 숫자를 적습니다. 실험은 열 번까지만 할 수도 있지만, 그럴 경우 실험 결과를 해석하기 쉽지 않을 수 있습니다. 실험 빈도가 높을수록 '아우라'가 느껴졌는지 여부를 더욱 명확히 확인할 수 있습니다.

송신자는 손을 수신자의 손 위에 곧바로 올려놓거나 아니면 다른 곳에 둡니다. 송신자는 수신자가 추론을 끝낼 때까지 손의 자세를 유지해야 합니다. 실험을 잘 진행하는 것은 쉬운 일이 아닙니다.

실험 조건이 두 가지이므로 우연히 올바른 해답을 내놓을 가능성은 반반입니다. 수신자가 어떤 패턴을 인식해서는 안 됩니다. 매 두 번째 실험 때마다 송신자의 손이 자기 손 위에 위치한다는 걸 알면 수신자의 '느낌'이 쉽게 유도될 수 있기 때문입니다. 그래서 주사위가 필요합니다. 송신자는 수신자가 볼 수 없도록 주사위를 던져 짝수가 나올 때마다 수신자의 손 위에 손을 올려놓고, 홀수가 나오면 손을 다른 곳에 둡니다.

첫째 실험을 예로 들어 보겠습니다. 주사위를 던졌더니 숫자 5가 나왔습니다. 송신자는 수신자의 손 위에 자기 손을 올려놓지 않습니다. 그렇게 5초가 흐른 뒤에 수신자는 느낌이 있었는지 여부를 "네" 또는 "아니오"로 대답합니다. "네"는 송신자의 손을 느꼈다는 뜻이고, "아니오"는 송신자의 손이 내 손 위에 있지 않다고 믿는다는 뜻입니다.

송신자는 숫자 1 옆에 R 혹은 F라고 적어 수신자의 느낌이 맞았는지 틀렸는지 여부를 기록합니다.

실험을 모두 끝낸 뒤 맞았다고 R로 표시한 실험이 모두 몇 번이나 되는지 세어보세요. 실험 횟수가 열 번이면 당연히 R로 표시된 실험의 횟수도 0에서 10 사이일 겁니다. 이때 만약 여덟 번 이상 R이 표시되었다면 수신자는 매우 훌륭한 영매의 자질을 타고났을 가능성이 높지만 우연일 가능성도 배제할 수는 없습니다. 우연을 통해 열 번 중 여덟 번 이상 R이 나올 확률은 5.5퍼센트입니다. 하지만 실험 횟수를 높일수록 우연이 작용할 가능성은 적어집니다. 만약 100번의 실험에서 R이 80번 나왔다면 우연히 그렇게 되었을 확률은 0.000000043퍼센트로 줄어듭니다.

만약 당신이 100번 중 80번 이상 고정적으로 R이 나온다면 당장 제게 연락하시기 바랍니다. 꼭 만나보고 싶으니까요.

# 3부

# 우리는 모두 우리가
# 보고 싶은 것을 본다

## 내 무릎의 오랜 고난

신과 외과 의사의 차이는 무엇일까요?
신은 자신을 외과 의사라고 여기지 않습니다!

제 자신이 환자가 되자 의술을 바라보는 관점은 금세 돌변했습니다. 왼쪽 무릎이 아팠다 안 아팠다 하더니 언제부턴가 계속 아프기 시작했습니다. 저는 의사에게 가보기로 했습니다.

제일 처음 찾아간 정형외과 의사는 이렇게 말했습니다. "크크, 볼 것도 없어요. 나이 탓이에요."

"네? 지금 뭐라고 하셨어요?"

"나이가 많아져서 그렇다니까요!"

기가 막혔습니다. "말도 안 돼요. 나이 탓이라니! 오른쪽 무릎은 안 아프다고요. 그런데 연식은 똑같잖아요."

그 의사가 말만 좀 더 예쁘게 했어도 좋았을 텐데요, 가령 이런 식으로 말이죠. "몸이 이렇게 좋으신 걸로 봐서 아주 오랫동안 운동해오신 듯한데 그럼 이 정도 통증은 어쩔 수 없다고 봐야겠죠⋯⋯." 하지만 전혀 그렇게 말하지 않았습니다.

아마도 제 분노를 눈치챘는지 슬그머니 물러서더군요. "죄송합니다. 유머를 잘 아시는 분이라 여겨서 그랬습니다."

"이건 개인적인 일이라서요."

"네, 그러면 선생님도 아시겠지만 이건 여러 가지 원인으로 발생하는 통증입니다. 병인론적으로 보자면 유전적 소인과 생역학적 과부하와 근육 불균형 등이 가중된 데다가, 연골 표면의 다발성 외상과 활액 자극 상태가 과다 분비를 일으키고, 이것이 다시 관절낭 수축을 가져온 겁니다. 이런 것들이 무릎 통증을 부분적으로 설명해줍니다."

"네, 저도 압니다. 하지만 솔직히 우리끼리 하는 말인데, 제가 대체 무엇을 해야 합니까?

그러자 그 의사는 아무렇지 않은 표정으로 엄청난 말을 쏟아냈습니다. "제 솔직한 의견을 말씀드리자면 살을 빼시고 운동을 더 많이 하세요."

그 길로 다른 의사를 찾아갔습니다. 인생의 커다란 결정을 앞두고 두 번째 의견을 묻는 것은 당연한 일이니까요. 게다가 그 말도 안 되는 조언은 또 뭐죠? 살을 빼고 운동을 더 많이 하라니……. 그런 게 정형외과 의사의 전공 분야라도 된다는 말인가요?

지인에게 물었더니 운동요법과 음성 분석 요법을 다루는 대체의학 전문의를 한 사람 추천해주더군요. 물론 개인 병원이었습니다. 의사는 여유를 가지고 천천히 제 근육의 긴장 상태를 검사하고 몸 이곳저곳을 눌러보았습니다. 뭔가 좋은 진료를 받고 있는 느낌이 들었습니다. 하지만 곧 이상하게 흘러가기 시작했습니다. 의사는 제 피를 한 방울 뽑아 여과지에 떨어뜨리더니 끝에 금 구슬이 달린 막대기를 여과지 위에서 이리저리 흔들었습니다. 정말 전혀 생각지도 못한 일이었습니다! 저는 옆에 서서 아무 말도 할 수 없었습니다. 진심으로 그런 일이 벌어지리라고는 상상도 못했기 때문입니다. 하지만 그는 실제로 그렇게 했고, 제가 유당을 소화하지 못한다는 분명한 에너지 신호를 받았노라고 말했습니다.

"무슨 착오가 있었나 봅니다. 저는 늘 우유를 즐겨 마시지만 한 번도 문제가 없었습니다."

"그건 자기 몸에 너무 둔감해서 그럴 뿐이에요."

좋아요. 하지만 저는 무릎이 아파서 찾아갔던 겁니다. 우리는 기억을 환기시켰습니다. 그러나 한창 진자 운동에 몰두하고 있던 그 의사는 그게 다 서로 관계가 있다고 말했습니다. 지속적으로 몸에 안 좋은 음식을 먹어서 장이 자극을 받았다고 하더군요.

"장이 염증 때문에 오그라들었어요. 장은 장간막이라는 결합조직으로 복강에 고정되어 있기 때문에 장이 오그라든 영향을 후복부 쪽에서 받게 됩니다. 이 자극은 다시 주변의 척근에 작용하는데, 척근은 아시다시피 고관절 굴곡근과 무릎 신전근에 밀착되어 있습니다. 그리고 장은 배아 발생 과정에서 왼쪽으로 회전하기 때문에 당연히 왼쪽이 더 아픈 것이고요."

저는 합리적인 설명을 들을 수 있어서 기뻤습니다. 특히 살을 빼라거나 운동을 더 하라거나 모두 다 자기 책임이라거나 하는 말을 듣지 않아서 다행이었습니다. 유당 알레르기가 제 탓은 아니니까요.

"이제 평생 다이어트를 해야 하나요?"

아니, 그는 제 알레르기를 없애줄 수도 있다고 했습니다. 하지만 치료비는 건강보험이 안 된다더군요. 이런 생각이 들었습니다. 그래, 너무 의심하지 말자. 시험 삼아 한번 받아보는 거야. 병이 낫기만 하면 되잖아!

음성 분석 치료는 체내의 여러 정보들이 상자에서 흘러나오는 진동을 통해 자연스레 공명을 일으키는 것이라고 했습니다. 저는 80년대 비디오 게임기를 연상시키는 상자 앞에 앉아 금속 막대 두 개를 손에 쥐었습니다. 금속 막대를 힘껏 쥐고 있으면 전류와 정보들이 제 몸속으로 흘러든다고 했습니다. 바늘이 이리저리 움직이며 수치를 가리키니까 마치 무언가가 열심히 진행 중인 것 같았습니다. 저는 그렇게 상자 앞에 앉아 아무것도 느낄 수가 없었습니다. 내부의 음성이 제게 소리쳤습니다. 돈을 이미 냈잖아, 뭔가 느껴봐! 그래도 여전히 아무 느낌 없었습니다. 20분 내내.

그래서 생각할 시간이 조금 있었습니다. 하지만 좋은 시간은 아니었습니다. 이런 생각이 들었습니다. 이거 기발한데, 정말 흠잡을 데 없는 비즈니스 모델이야! 멀쩡한 사람들한테 다리에 알레르기가 있다고 구라를 치는 거야. 그리고 나서 네가 '없애주면' 알레르기는 '사라지게' 되는 거지. 게다가 너는 여기에 이미 1,000유로나 지불했잖아!

음성 분석 치료는 사이언톨로지 쪽에서 처음 생겨난 것입니다. 거칠게 요약하자면 사이비 과학의 헛소리죠. 발 미용사라면 누구나 독자적으로 음성 분석 치료 시술이 가능합니다. 어떤 포괄적인 연구도 이루어진 적이 없으니까요. 상자를 분해해보면 공구점에서 훨씬 저렴한 가격으로 구입할 수 있는 부품밖에 없습니다. 치료 효과에 대해서도 개별적인 사례 보고와 현학적 횡설수설이 전부인 걸 보면 건강보험이 치료비를 지원하지 않는 것은 잘하는 일이라 여겨집니다. 하지만 알레르기 환자들은 자주 이런 사이비 치료에 넘어가 돈을 갈취당하곤 합니다. 제게 만성질환이 있다면 저 역시 지푸라기라도 잡으려고 하겠죠. 알레르기를 그렇게 쉽게 없앨 수만 있다면 의사로서 반대할 이유가 없겠지만 유감스럽게도 아무런 증거가 없습니다. 의약 마피아도 그건 어쩔 수 없습니다. 자신의 제조 방법을 확신하는 기기 제조 업체였다면 진즉 포괄적인 연구 결과를 제시했을 겁입니다. 사람들이 조금이라도 효과를 봤다면 그것은 치료에 대한 기대에서 온 것이지 상자가 어떤 역할을 했기 때문이 아닙니다. 이것은 단지 제 개인적인 의견이 아니라 에드차르트 에른스트 교수로부터 독일 제품 테스트 재단에 이르기까지 대체의학을 검토한 모든 권위 있는 기관들의 일치된 견해입니다.

제 무릎은 조금도 달라지지 않았습니다. 저는 세 번째 정형외과 의사를 찾아갔습니다. 사실은 열 번째 의사였습니다만 나머지는 생략하겠습니다. 왜 그런지는 잘 아실 테니까요.

세 번째 의사는 완력이 센 사람이었습니다. 반월형 연골의 상태를 알아보려고 제 하퇴부를 불가능한 자세로 마구 시끄럽게 비틀었습니다. 그러고 나서 MRI 촬영도 했는데, 결과는 반월형 연골이 찢어진 것으로 나왔습니다. 제 반월형 연골은 관절의 아랫부분과 윗부분 사이의 압박을 중재하는 역할을 제대로 수행하지 않고 아무렇게나 제멋대로 움직였습니다. 그러자 의사는 아주 멋진 말을 했습니다. "이걸 잘라내야겠습니다. 사라진 것은 더 이상 아픔을 주지 못하니까요."

아주 명료한 그의 태도는 행동으로 이어지기에 충분했습니다. 저는 외래 수술에 동의했고, 열흘 뒤 그 물건은 제거되었습니다. 짧게 말하겠습니다. 그 뒤에도 무릎은 여전히 아픕니다. 하지만 조금 다르게 아픕니다. 배은망덕할 생각은 없습니다. 무릎은 이제 삐걱거리는 소리를 내는데, 그 소리가 다른 사람에게 들릴 정도로 큽니다. 아마도 슬개골이 안쪽 뼈와 마찰을 일으키며 내는 소리 같습니다. 하지만 그곳을 수술할 수는 없죠. 그래서 저는 이 질병을 인생 여정의 일부로 여기고 이런 제 운명을 기회로 삼기로 작정했습니다. 예를 들면 공포 영화를 볼 때 극장 맨 뒷줄에 앉는 겁니다. 그리고 영화에서 끔찍한 일이 벌어지려는 순간 무릎을 지그시 누르는 겁니다. 그러면 마치 관이 열리는 것 같은 소리가 날 테니 다들 더욱 오싹해지지 않겠어요?

이제 와서 저를 진료한 의사들 중 누군가를 비난할 생각은 없습니다. 다들 자신이 개인적으로 옳다고 여기는 행동을 했을 테니까요. 하지만 바로 그런 행동을 가능하게 한 시스템은 좀 비난해야겠습니다. '치료의 자유' 덕분에 의사들은 누구나 자기가 원하는 대로 치료할 수 있습니다. 하지만 그 때문에 대부분의 환자들은 자신이 어떤 수술을 받는지, 얼마나 잘 증명된 방법인지 도무지 알 수가 없습니다.

제 자신도 비난해야겠습니다. 살을 빼고 운동하라는 말을 좀 더 진지하게 받아들였어야 합니다. 몸무게를 줄이고 다친 무릎 주변의 근육을 강화하는 것만으로도 대개 충분하니까요. 이것만으로 부족하다면 그때 수술하면 됩니다. '보수적인' 치료는 시간이 걸리고 더 많은 노력과 규율이 필요합니다. 제겐 무릎이 하나 더 있습니다. 오른쪽 무릎인데 이제 이것도 저를 괴롭히기 시작합니다. 하지만 아직 수술을 받을 생각은 없습니다. 그 대신 동작 조정을 위한 밸런스 보드와 근력 운동용 탄력 밴드를 구입했고 저녁에는 탄수화물이 없는 식사를 좀 더 자주 합니다. 이제 어떤 일이 벌어지는지 봐야죠. 장밋빛 미래까지는 아니더라도 일단 긍정적으로 보려 합니다. 가장 큰 문제는 따로 있습니다. 자신이 우연을 통해 대조군에 편입되었다는 사실을 제 오른쪽 무릎에게 어떻게 전달하냐는 겁니다. 혹시라도 모욕감을 느끼지 않도록 말입니다.

# 없는 것보다는 낫다!

von HIRSCHHAUSEN

## 플라세보 플러스 C

물, 따끈한 꿀 우유, 닭고기 수프 등에 타 먹는 발포정.
무성분 50mg과 아스코르빈산 2,000mg 함유

감기와 고열에는 특효 없음.
두 배 빠른 효과. 30분 뒤면
소변으로 증명 가능.

20 포

폰
히르슈하우젠

**성분:** 믿음, 사랑, 희망. 애정과 긍정적 기대를 가지고 복용할 것.

내용물은 없지만 '진짜'처럼 보이는 약을 시중에 유통시키는 사람은 그 약이 '진짜'처럼 효과가 좋아도
놀라서는 안 됩니다. 어린아이와 동물에게는 약효가 강할 수 있으니 주의하세요. 위험과 부작용에 대해서는
의사에게 문의하거나, 사용 설명서 대신 책을 자세히 읽으세요.

# 기대가 결과를 바꾼다

"우리를 화나게 만드는 것은 우리가 잘 모르는 일들이 아니다.

그게 그렇지 않다는 걸 우리가 아주 확실히 아는 일들이다."

_월 로저스Will Rogers

비타민 C는 건강에 좋습니다. 여기까지는 누구나 동의합니다. 흥미로운 건 그다음 질문입니다. 그걸 어떻게 아시죠? 어머니가 그렇게 말씀하셨기 때문인가요? 할아버지가 이미 알고 계셨기 때문인가요? 의사나 약사가 진통제 'Plus C'를 팔아먹으려고 의견을 제시했기 때문인가요? 아니면 감기 기운이 있을 때 뜨거운 레몬차를 마셨더니 병이 사라졌나요? 그렇다면 그것은 레몬차 덕분이었을 테고, 레몬에 비타민 C가 많이 들어 있다는 건 아이들도 다 아는 사실이니까요. 물론 인터넷에도 나와 있고요!

우리는 지식 사회에 살고 있습니다. 하지만 지식이 일반적으로 어떻게 성립하고, 우리가 무언가를 언제 '확실히' 알고, 언제 단지 '개연적으로' 아는가라는 핵심 질문에 대해서는 체계적 연구가 거의 이루어지지 않고 있습니다. 그래서 저는 우리의 상식을 돌아보는 투어에 당신을 초대하고자 합니다. 제 생각에 자기 자신이 틀렸을 가능성을 통찰할 줄 아는 것은 우리의 뇌가 지닌 놀라운 능력 중 하나입니다. 물론 그렇지 못한 사람들도 많습니다.

어떤 남자가 박수를 치며 거리를 걸어갑니다. 한 여자가 다가와 묻습니다. "왜 그렇게 하세요?" 남자가 대답합니다. "코끼리를 쫓아내고 있습니다." "하지만 여기엔 코끼리가 없잖아요!" 그러자 남자는 "그것 봐요. 사라졌잖아요!" 하고는 돌아서서 계속해서 박수를 치며 걸어갑니다.

사람들은 기꺼이 자기가 보고 싶은 걸 보려고 합니다. 자신을 세상의 중심으로 느끼고 싶어 하죠. 자신이 일의 경과에 결정적인 영향을 미칠 수 있는 사람이라는 느낌을 특히 좋아합니다. 실제로 그럴 수도 있고요. 하지만 그렇지 않을 때도 많습니다. 박수치는 남자에게 그의 착오를 질책하는 사람은 아마도 그로부터 잘했다고 칭찬받기 힘들 겁니다. 오히려 한 대 얻어맞기 십상이죠.

어떻게 하면 그 남자에게 잘못을 납득시킬 수 있을까요?

치료의 시각에서 보자면 당연히 먼저 물어야 합니다. 누구에게 문제가 있을까? 남자 자신도 심한 정신적 스트레스를 겪고 있다면 그런 정신 나간 짓에서 벗어나고 싶어 할 겁니다. 아니면 그것 말고 다른 문제가 있을지도 모릅니다.

남자가 진실에 관심이 있다고 가정한다면, 그에게 이렇게 물어볼 수 있습니다. "그걸 어떻게 아세요?"

남자는 이렇게 대답합니다. "저도 여기에 코끼리가 없다는 걸 알아요. 그리고 제가 박수를 치지 않는 아프리카에는 수많은 코끼리가 돌아다니죠. 이건 정말 위험하기 짝이 없는 일이에요. 그러니 제가 당신들을 위해 이런 일을 떠맡아준 것에 고마워해야 합니다."

혁! 확신의 문제는 그렇게 간단해 보이지 않는군요.

우리는 그에게 반대로 생각하는 것도 가능하지 않은지 물어볼 수 있습니다. 그가 박수치기를 중단하면 과연 지금 없는 코끼리들이 다시 돌아올까요? 이 방법은 어쩌면 그를 납득시킬 수도 있습니다. 하지만 박수치기를 얼마나 오랫동안 중단해야 할까요? 어쩌면 그는 코끼리를 아주 멀리 쫓아버렸다고 믿기 때문에 아무리 오래 박수를 중단하고 기다려본들 자신이 틀렸다는 느낌을 받지 않을 수도 있습니다.

그와 함께 동물원에 가볼 수도 있습니다. 가서 그곳에 있는 코끼리들이 박수에 반응하는지 보는 겁니다. 아니, 아예 아프리카로 가는 게 제일 좋겠습니다. 그곳에서는 코끼리들이 마음대로 자유롭게 움직일 수 있을 테니까요. 아무튼 대단히 소모적인 방법인데다, 남자는 자신의 착오를 깨닫지 못할 수도 있습니다.

사람들의 완고함을 극복하기란 정말 눈 앞을 가린 두꺼운 널빤지에 구멍을 뚫는 일과 같습니다. 하지만 널빤지에 간신히 구멍을 뚫고 나면 이제 더욱 단단한 콘크리트 두개골이 나타납니다. 진실에 가까이 다가가려면 도대체 어떻게 해야 할까요?

무엇보다 가장 필요한 것은 깔끔하게 증명된 실험입니다.

박수가 거리에 코끼리가 줄어들게 만드는 결정적인 '성분'인지 여부를 알고 싶다면, 먼저 코끼리의 수를 세어볼 필요가 있습니다. 이상적인 조건은 아주 비슷한 형태의 거리 두 곳을 실험 대상으로 하는 겁니다. 두 거리에는 같은 수의 코끼리가 있어야 합니다. 그런 다음 동전을 던져서 박수로 '치료'할 거리를 결정합니다. 다른 거리에도 남자는 걸어갑니다. 단, 박수를 치지는 않습니다. 어쩌면 코끼리를 쫓아내는 것이 박수가 아니라 남자의 지독한 몸 냄새일지도 모르니까요. 그러므로 비교검사를 위해 다른 남자를 투입해야 합니다. 두 번째 거리에서 아예 아무것도 안 해서는 곤란합니다. 그랬다가는 결정적인 근거를 놓칠 수도 있으니까요.

실험은 단 두 번에 그치지 말고 적어도 삼십 번 정도는 실시하는 게 바람직합니다. 그래야 우연에 의한 변수가 별로 힘을 쓰지 못합니다. 그런 다음 코끼리 수를 다시 세어봅니다. 물론 수를 세는 일은 그 남자에게 맡기지 말아야 합니다. 그는 분명히 자신의 효력을 확인하고 싶을 테니까요. 혹시 그가 특정한 결과에 경제적인 관심이 있다면 더욱 그 일을 맡겨서는 안 됩니다. 만약 그가 저렴하게 맨손으로 박수를 치는 대신 특정한 진동으로 코끼리의 감소를 보증하는, 오직 그를 통해서만 구입할 수 있는 199유로짜리 호루라기를 사용한다면 연구 결과를 자신에게 유리하게 이끌어내고자 할 겁니다.

여기까지 제가 하는 말을 잘 따라오셨기 바라고, 또 저를 박수치는 남자보다 더 정신 나간 사람으로 생각하지 않기를 더욱 간절히 바랍니다. 박수치는 남자와 코끼리 이야기는, 원인과 결과를 올바르게 조사하기 위해서는 반드시 엄격한 접근법이 필요하다는 사실을 설명하기 위해 예로 든 것입니다. 실험에는 결과를 왜곡시킬 위험이 도처에 도사리고 있으니까요.

인간을 대상으로 하는 의약품 테스트도 코끼리의 경우와 다르지 않습니다. 생명을 좌우할 정도로 중요할 수 있는 치료 효과의 문제에 대해 아무 왜곡 없이 최대한 객관적인 결과를 얻어내기 위해서는, 연구가 '전향적, 무작위적, 대조적'으로 이루어져야 한다는 표준화 지표가 수립되어 있습니다.

## 전향적 연구

시간이 흐르면 사람들은 항상 더 똑똑해집니다. 나중에 되돌아보면 우리는 어떤 일에 대한 잘못이 어디에 있었는지 쉽게 발견할 수 있습니다. 그렇기 때문에 전향적 연구는 일단 가설을 먼저 수립합니다. 예를 들면 '비타민 C를 추가로 섭취하면 감기에 덜 걸린다' 같은 것 말이죠.

전향적이란 말의 반대는 회고적입니다. 가령 감기에 걸린 사람과 안 걸린 사람에게 과거에 비타민 C를 섭취했는지 여부를 묻는 겁니다. 회고적 연구는 훨씬 부정확하지만 대단히 신속하게 진행됩니다.

정교한 결과를 얻으려면 아주 오랜 관찰 기간이 필요합니다. 하지만 다들 그렇게 시간이 많지 않습니다. 기업들은 어떤 성분을 테스트할 때 빨리 긍정적인 결과가 나와서 판매에 들어가기를 원합니다. 하지만 희귀한 부작용은 아주 많은 사람들이 아주 오랜 시간에 걸쳐 약을 섭취했을 때 비로소 나타나기도 합니다. 그래서 '옛날' 약이 최신 약보다 더 안전할 때가 많습니다. 실험은 거의 전적으로 젊은 남성을 대상으로 합니다. 임산부에 나쁜 부작용을 우려해서이기도 합니다. 그렇지만 실생활에서 약은 주로 나이 든 사람들이 이용합니다. 물론 여자들도 많고요.

## 무작위 연구

랜덤 분포는 계통적 오류를 막기 위한 훌륭한 방법입니다. 실험 대상자를 실험군 별로 선별할 때 같은 실험군에 포함시킨 사람이라고 다 똑같지는 않습니다. 퀼른 사람들 말처럼 바보도 다 다릅니다. 랜덤 분포를 무시하고 처음 신청한 열 사람을 첫 번째 집단에 배치하고, 나머지를 모두 두 번째 집단에 배치하는 경우를 가정해보겠습니다. 이때 바보들은 나중에 신청했기 때문에 모두 두 번째 집단에 배치됩니다. 그리고 이 바보들의 혈액에 다른 성분이 들어 있을 수 있습니다. 그럴 경우 당신은 실험 결과를 보고 어리둥절해집니다. 두 집단 간의 차이는 실험과는 무관하며 실험 대상자들의 차이에서만 비롯된 것일 테니까요. 우연을 끌어들이는 편이 언제나 더 낫습니다. 말하자면 두 집단을 마구잡이로 뒤섞어서 각 집단에 바보들이 비슷하게 배치되도록 하는 것이 좋습니다.

## 대조 연구

대조군이 중요한 이유가 뭘까요? 박수치는 남자의 예를 보면 코끼리는 심심해서 저 혼자 그냥 떠나버릴 수도 있습니다. 누가 박수를 치든 말든 상관없이 말입니다. 마찬가지로 질병도 저 혼자 사라지는 경우가 많습니다. 약을 투약한 집단과 투약하지 않은 집단에서 비슷한 수의 사람들이 다시 건강해진다면 질병과 약이 무관하다는 걸 알 수 있습니다. 그사이 약을 섭취하는 의식 하나만으로도 효과가 있다는 사실이 밝혀졌으므로 대조군에는 플라세보를 투약하는 경우가 많아졌습니다. 생긴 것과 맛은 똑같지만 성분은 전혀 들어 있지 않은 가짜 약입니다.

## 이중 맹검

선생님들은 학생들의 과제물에 점수를 매길 때 가끔씩 학생 이름에 영향을 받는다고 고백합니다. 객관적으로 동일한 결과물인데도 겉표지에 적혀 있는 이름에 따라 다른 점수를 주게 된다는 겁니다. 기대는 결과를 달라지게 만듭니다. 자신이 처방하는 약에 대한 믿음이 강한 의사는 환자가 더 나아진 느낌이 든다고 말할 때까지 계속해서 약을 권합니다. 자신이 플라세보를 먹고 있을 뿐이라는 사실을 아는 환자는 다시 건강해질 거라는 믿음이 약해집니다.

그래서 사람들은 의사나 환자가 결과를 곡해하지 못하도록 연구를 '못 보게' 하고 환자에게 약상자를 제비뽑기로 선택해서 줍니다. 모든 관찰이 끝나고 난 뒤에야 비로소 어떤 환자에게 진짜 약이 주어지고, 어떤 환자가 플라세보를 받았는지 알 수 있습니다.

실생활에서도 간단히 맹검의 효과를 확인해볼 수 있습니다. 유명한 펩시콜라와 코카콜라 실험입니다. 코카콜라는 영리한 광고 전략을 통해 사람들로 하여금 코카콜라가 더 맛있다는 믿음을 갖도록 만드는 데 성공했습니다. 또한 대부분의 사람들은 자신이 맛의 차이를 구별할 수 있다고 믿습니다. 종이컵 열 개를 준비하여 아랫부분에 숫자를 적은 다음 짝수 번호가 매겨진 컵에는 코카콜라를, 홀수 번호가 매겨진 컵에는 펩시콜라를 따르세요. 그런 다음 안에 어떤 콜라가 들었는지 알 수 없도록 컵들을 뒤섞으세요. 그리고 이제 누가 어떤 콜라를 더 맛있어하고, 올바른 상표를 골라내는지 테스트해보세요. 코카콜라 병에 펩시콜라를 채워 넣은 다음 상표를 가리지 않고 마시게 하면 결과는 더욱 흥미로워집니다. 여기서 우리는 기대가 끊임없이 결과를 좌우한다는 것을 볼 수 있습니다.

어떤 연구 결과가 실제로 우리의 삶이나 질병에 얼마나 값진지는 물론 조사 대상이 누구였고 실험군이 어떻게 만들어졌는지에 따라 달라집니다. 가령 알츠하이머 치료에 획기적 진전이 이루어졌다는 글이 있다면 그 밑에 작은 글씨로 적혀 있는 테스트 표본이 사람인지, 쥐인지 아니면 시험관에 든 세포인지 살펴보아야 합니다. 심리학에서는 대부분의 실험이 대학 주변에서 쉽게 만날 수 있는 학생들을 대상으로 이루어집니다. 하지만 이런 대학생들의 행동이 모두를 대표할 수 없다는 언급은 생략될 때가 많습니다.

전화 설문 조사 때 전화번호는 전화번호부에서 무작위 원칙에 따라 선택됩니다. 전화번호부에 이름이 없다면 당연히 설문 조사 전화는 오지 않습니다. 특정한 주민 집단에게 전화 연결이 불가능하다면 결과는 왜곡될 수밖에 없습니다. 구내식당에서 직원 3명을 대상으로 하는 설문 조사는 수천 명의 응답자가 참여한 설문 조사에 비해 타당성이 떨어집니다. 그러므로 어떤 진술의 품질에 대한 또 다른 중요한 평가 기준은 응답자 집단의 크기입니다.

### 연구 규모
참가자 수에 유의하시기 바랍니다. 더 많은 사람을 대상으로 조사가 이루어질수록 결과에 대한 신뢰도가 높아집니다. 수많은 신비의 영약이 대단히 감동적인 치료 사례에 기대고 있지만, 정작 이러한 사례들은 대부분 명확한 기록으로 남겨져 있지 않습니다. 그리고 감동적인 이야기들이 항상 그렇듯 부풀려지고 아름답게 치장되어 있습니다. 가령 당신이 비타민 C가 감기 예방에 도움이 되는지 알고 싶어서 일주일 동안 일정하게 섭취했는데, 그 기간 동안 정말로 감기에 걸리지 않았다고 가정해보겠습니다. 이 사실이 과연 무언가를 증명할 수 있을까요? 아무것도 증명하지 못합니다.

하지만 1,000명이 1년 동안 비타민 C를 섭취하면서 감기 여부를 기록하고, 다른 1,000명은 비타민 P, 즉 플라세보를 섭취하며 같은 기록을 한다면, 그 결과는 중요한 의미를 얻게 됩니다. 여기에 더해서 또 다른 1,000명이 아무것도 섭취하지 않으면서 같은 실험에 참가한다면 더욱 흥미로워질 겁니다. 무언가를 섭취한다는 사실 하나만으로도 자기 치유력이 활성화된다는 걸 알게 될 수도 있으니까요.

몇 가지 참고할 만한 소소한 사실이 더 있습니다. 대개 작은 글씨로 언급되는 연구 내용에 종종 이해 충돌이라는 중요한 개념이 등장합니다. 콘플레이크 제조 업체에서 아침 식사가 중요한지 여부를 조사하는 연구 용역을 의뢰한다면 정확히 그에 부합하는 결과가 나오더라도 조금도 이상하지 않습니다. 보르도 출신의 프랑스 연구자가 적포도주가 맥주보다 동맥경화에 더 좋다고 생각한다고 해서 의아해할 사람이 누가 있겠습니까? 많은 '바람직하지 않은' 연구 결과들이 이런 이유로 발표되지 못하고 사라집니다. 과학은 엄격한 요구에도 불구하고 인간적

# 비타민 C는 감기 예방에 도움이 될까?

## 에피소드/개별사례
지인: "4주 전부터 비타민 C를 먹고 있는데 그때 이후로 감기를 모르고 살아."

### 결과
비타민 C를 먹지 않았으면 어쩌면 더 건강이 좋지 않았을지 지인은 알 수 없으므로 타당하지 않음.

## 비체계적 관찰 — 소집단 대상
치료 사들이 사: "내 환자를 모두에게 비타민을 처방하고 있는데 다들 건강함."

### 결과
치료 사들의 환자의 기대가 결과에 영향을 끼쳤으므로 타당하지 않음. 듣고 싶은 것만을 봄. 대조군이 있고, 관찰 분석에 대한 명확한 기준도 없음.

## 좋은 연구
큰 규모의 집단, 치료군과 대조군의 랜덤 분포, '맹검', 명확한 기준.

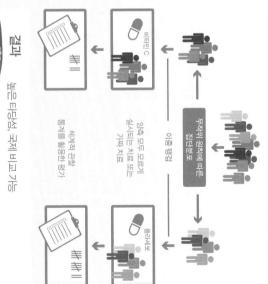

무작위 원칙에 따른 집단분포

이중 맹검법

비타민 C → 빠름

플라세보 → 빠빠름

### 결과
높은 타당성, 국제 비교도 가능

## 연구 결론: 비타민 C는 감기를 예방하지 않는다.
(1만 명 이상의 환자를 대상으로 테스트)

이고 경제적인 이해관계를 통해 계속해서 왜곡되고 있습니다.

대부분의 의약 연구는 제조업체들로부터 연구비를 지원받습니다. 그래서 의사들은, 중요한 의료 문제에 관한 연구들은 재정적으로 좀 더 독립적으로 이루어져야 한다고 주장합니다. 그리고 결정적인 연구는 다른 연구자들에 의해 반복적으로 실험될 필요가 있습니다. 왜냐하면 아주 긍정적인 결과들이 반복 불가능한 것으로 확인될 때가 많기 때문입니다. 실험 기록을 정확히 따라서 실험해도 결과가 첫 실험과 같지 않게 나오는 겁니다. 하지만 기꺼이 두 번째 연구자가 되고자 하는 사람은 없습니다. 보상과 발표의 영예는 언제나 첫 번째 연구자의 차지니까요. 첫 번째 연구자가 발견한 내용이 맞는지, 언제나 같은 결과가 나오는지 여부를 검토하기 위해서는 많은 시간과 돈을 들여야 하지만 주인공 대접을 받지는 못합니다. 하지만 상이한 장소에서 병렬적으로 이루어지는 연구는 단 한 곳의 실험실에서 이루어지는 연구에 비해 훨씬 더 많은 결과를 수집할 수 있기 때문에 오류의 발생을 막아줍니다.

독일 코크란센터의 게르트 안테스Gerd Antes는 다음과 같이 말합니다. "19세기 의학의 핵심이 청결한 물이었다면, 21세기 의학은 청결한 지식입니다." 코크란Cochrane은 과학자, 보건 의료 전문가, 환자, 환자 가족 등으로 이루어진 독립적인 글로벌 네트워크입니다. 이곳에서는 누구나 손쉽게 올바른 치료를 위한 정보를 얻을 수 있습니다.

안테스에 따르면 전체 연구의 절반가량이 빛을 보지 못하고 사라집니다. 이것은 박사 학위 논문을 쓰면서 제가 직접 경험한 일이기도 합니다. 특정 약품이 위험한 부작용을 일으킬 가능성에 관한 논문이었는데 희한하게도 아무도 제 논문 발표에 관심을 보이지 않았습니다. 그리고 제 지도 교수는 제약 회사로부터 연구비를 받았지만 저는 받지 못했습니다. 결국 저는 연구자가 아니라 코미디언이 되었으니 전화위복이라고나 할까요? 하지만 당시에는 참을 수 없이 화가 났었습니다. 학위를 따려고 거의 4년 동안이나 아주 심혈을 기울였는데 말입니다. 하지만 연구 분야에서는 이런 경우가 비일비재합니다.

그러니 누가 어떤 연구가 무언가를 증명했다고 말하면 "그 연구는 전향적이고, 무작위적이고, 맹검법과 플라세보 대조군을 사용합니까?" 하고 물어보세요. 그리고 그 사람의 얼굴 표정을 즐기시기 바랍니다.

## 진짜 수술 vs 가짜 수술

어느 저명한 외과 의사의 강연에서 학생 하나가
쭈뼛대며 질문을 던졌습니다. "혹시 어떤 대조군이 있나요?"
그러자 외과 의사는 주먹으로 책상을 내리치며 말했습니다.
"그럼 자네는 내가 환자를 절반만 수술해야 한다는 건가?
그건 남은 절반에게는 사형선고나 다름없는 일일세." 그랬더니
갑자기 누군가가 모기 소리로 이렇게 물었습니다.
"어느 쪽 절반이요?"

2002년 미국인 응급외과의 브루스 모슬리Bruce Mosley는 기발한 아이디어를 냈습니다. 의약 연구에서는 이미 오래전부터 플라세보 대조군을 이용해왔습니다. 모슬리는 무릎 수술의 성공 여부를 플라세보 수술과의 비교를 통해 테스트할 수 있지 않을까 생각했습니다. 이것이 어떻게 가능할까요? 모슬리는 수술 팀의 모든 인원에게 플라세보 수술을 알렸지만 당연히 환자들에게는 비밀로 했습니다. 환자들은 자기 무릎을 직접 보지 못하고 모니터를 통해서만 수술 과정을 지켜볼 수 있었습니다. 이때 환자의 절반은 진짜로 수술받지 않았습니다. 그냥 피부만 조금 절개하고는 바쁘게 움직이며 수술하는 시늉만 했습니다. 모니터에는 다른 사람의 무릎 수술 장면을 내보냈습니다. 솔직히 그 차이를 알아차릴 만큼 자기 무릎을 속속들이 잘 아는 사람이 어디 있겠습니까? 속임수는 성공했고, 두 집단 모두 자신이 무릎 수술을 받았다는 생

각을 품고 퇴원했습니다.

이 실험의 핵심 성과는 2년 뒤 이루어진 추후 조사에서 나타났습니다. 과연 누가 무릎을 더 잘 움직일 수 있었을까요? 누가 계단을 더 빨리 오를 수 있었을까요? 누가 통증을 더 느꼈을까요? 진짜로 수술을 받은 사람과 가짜로 받은 사람 사이에는 유의미한 차이가 전혀 없었습니다! 모슬리의 이 실험은 외과 의사들을 분노로 들끓게 만들었습니다. 하지만 일부는 깊은 생각에 잠기기도 했습니다. 가짜 수술이 실제로 도움이 된다는 사실은 필리핀에 있는 속임수 치유자들을 떠올리게 합니다. 환자의 기대는 무릎 통증에 대해 더도 덜도 아닌 딱 진짜 외과 의사만큼 효과가 있었던 겁니다. 현대의 뛰어난 외과의학은 혹시 그들 자신이 생각하는 것보다 샤머니즘과 더 많은 공통점을 지닌 것은 아닐까요?

수술은 알약보다 훨씬 더 크고 위험한 방식으로 우리 몸에 개입합니다. 요즘은 의약품에 대해 엄격한 규제가 이루어지고 있습니다. 약의 효능과 안전성이 증명되어야만 사용 승인을 받을 수 있습니다. 하지만 외과의학에는 이런 규정이 없습니다. 외과 의사는 수술을 집도한다는 사실을 통해서만 정의될 뿐입니다. 환자와 이야기를 나누고 돌보는 일은 외과 의사들이 스스로 머릿속에 그리고 있는 자화상의 핵심 요소가 아닙니다. 최고의 규칙은 이런 겁니다. "수술을 제대로 잘 할 수 있게 되기까지 십 년이 필요하고, 수술을 포기할 줄 알게 되기까지 다시 십 년이 필요하다."

풍자적인 의학 소설《신의 집House of God》에는 이런 멋진 문장이 나옵니다. "의학의 진짜 기술은 최대한 아무것도 하지 않는 데 있다."

비판적 외과 의사들이 가짜 수술도 본격적인 치료법으로 삼을 수 있을지 검사해보자고 하자 한바탕 분노의 물결이 일었습니다. 가짜 수술은 환자들을 아무 필요도 없는 마취의 위험에 노출시키므로 '비윤리적'이라고 했습니다. 그러나 이 논리는 개별적으로는 타당할 수 있지만, 그보다 훨씬 더 중요한 반대 논리를 간과하고 있습니다. 플라세보보다 더 나은지 알 수 없는 방법으로 수많은 환자를 수술하는 것이 절대로 더 윤리적일 수 없습니다.

증거에 기초한 외과의학은 전통적으로 명성에 의지해왔던 영역에 건설된 완전히 새로운 나라입니다. 호주의 정형외과 교수 이안 해리스Ian Harris가 말한 것처럼 현대의학의 가장 강력한 플라세보는 정말로 수술용 메스일지도 모릅니다. 수술은 의학의 극적인 개입을 바라는 우리의 소망에 아주 잘 부합하는 치료법이어서 조직적으로 그 성과를 과대평가하고 있는지도 모릅니다. 비록 환자의 70퍼센트가 그들이 실제로 받은 수술을 좋게 평가하고 있지만, 여러 훌륭한 연구를 통해 거듭 증명되고 있듯이 이것이 곧 플라세보 효과를 거부할 근거는 될 수 없습니다.

이미 많은 수술 기법이 소리 없이 사라졌습니다. 엉터리 기법이라는 사실이 어느 순간 분명해졌기 때문입니다. 예전에는 심장의 혈액순환을 촉진하기 위해 흉벽의 내흉동맥을 묶어서 더 많은 피가 심장을 통과하여 흐르기를 기대했습니다. 하지만 사람들은 피가 전혀 그렇게 흐르지 않는다는 것을 가짜 수술을 받은 환자가 정확히 똑같은 증상을 보였을 때에야 비로소 알게 되었습니다. 또 다른 오류로는 근치 수술\* 이 암 치료에 유리하다는 믿음을 꼽을 수 있습니다. 요즘은 유방을 전부 제거하지 않고 보존하면서 암을 치료하는 유방 보존적 절제술이 사용됩니다. 맹장염 같은 간단명료한 질환도 증상이 가벼운 경우 항생제로 치료하고 염증이 가라앉으면 굳이 수술할 필요가 없다고 불과 몇 년 전에 밝혀졌습니다.

이안 해리스의 평가에 따르면 현재 통상적으로 시행되는 모든 수술의 절반 이상이 아직 그 가치를 명확히 증명해줄 유의미한 연구가 없다고 합니다. 치료 방법에 대한 비판적 규명이 이루어진 경우에도 다시 그 절반은 가짜 수술보다 더 나은 효과를 내보이지 못하고 있습니다. 척추 수술은 비용과 시간이 많이 들기 때문에 돈벌이가 되고, 그래서 더욱 빈번하게 실시됩니다. 의사도 환자도 모두 오랜 고통을 빨리 끝낼 해법을 원합니다. 그런데 유감스럽게도 등허리 통증은 정확히 어디서 오는지 아직도 불분명합니다. 아무런 통증 없이 거리를 활보할 수 있는 50세 이상의 사람 100명의 척추를 엑스선으로 검사해보았더니 그중 절반에게서 '척추 변형'이 관찰되었습니다. 환자는 보지 못하고 엑스선사진만 본 정형외과 의사 중 많은 이들은 이것이 전형적인 통증 환자의 사진이 틀림없다고 생각했습니다. 또 엑스선사진에는 전혀 변형이 보이지 않는 사람도 고질적인 통증에 시달리는 경우가 있었습니다. 참 묘한 일입니다.

\* 질환을 완전히 고치는 것을 목적으로 시행하는 수술.

척추 부위에 광범위한 수술이 이루어지는 이유는 척추라는 너무나 복잡한 구성물의 정교한 구조적 치료가 불가능하기 때문입니다. 척추의 여러 마디를 경화시키는 치료법이 오랫동안 유행이었습니다. 하지만 이 치료법은 경화 부위의 위 마디와 아래 마디에 부담이 가중되는 결과로 이어집니다. 집중적인 훈련을 통해 움직임과 활력을 유지하더라도 실제로 이탈되어 눌린 신경이 제대로 치료되지 않는 한 증상은 장기적으로 지속됩니다.

그러면 무릎은 어떨까요? 정형외과 의사들은 관으로 들여다보는 걸 좋아합니다. 정확히 표현하면 관절경검사입니다. 독일에서는 매년 40만 번의 관절경검사가 시행됩니다.

관절경은 그리 간단한 검사가 아닙니다. 무릎은 금속으로 된 단단한 관을 아무렇지 않게 여기저기 찔러 넣어 들여다보기에 적합한 신체부위가 아닙니다. 매번 무릎이 손상되거나 감염될 위험을 감수해야 합니다. 관절경검사를 받은 무릎은 1,000번에 2명꼴로 염증을 일으키고, 환자는 1,000명에 6명꼴로 정맥혈전증이나 간색전증의 형태로 혈전이 생겨납니다. 얼핏 그다지 많지 않아 보이지만 40만 번의 관절경검사에서 800명의 감염 환자가 발생한다는 뜻입니다.

베르텔스만 재단은 관절경검사의 빈도를 낮추려는 노력을 지역별로 다르게 실시했습니다. 그 결과 독일 각 지역 간에 엄청난 차이가 발생했습니다. 어떤 곳은 다른 곳보다 세 배나 열 배가 아니라 무려 65배나 더 빈번히 무릎에 구멍을 뚫었습니다. 다다익선의 기치 아래 말입니다. 이런 식의 과도한 지역 차별은 제왕절개나 편도선 수술, 심도자술 등에서도 나타납니다. 모두 성급히 해치워서는 곤란한 수술들입니다.

　가짜 관절경검사를 실시하고 그 결과를 진짜 검사와 비교한 연구도 있었습니다. 진짜 검사에서는 '관절 세척'도 실시했습니다. 관절 내부에 있는 연골 찌꺼기와 부스러기들을 물로 씻어내는 일반적인 조치입니다. 그리고 2년 뒤에 다시 조사했을 때, 진짜 관절경검사를 받은 환자에게서는 아무런 장점도 발견되지 않았습니다. 같은 거리를 걸었을 때 둘 다 똑같은 통증을 느꼈습니다. 그리고 관절의 감염이나 출혈 같은 단점들은 가짜 검사를 받은 사람에게서는 당연히 나타나지 않았습니다. 그래서 현재 치료 지침은 무릎관절증 치료를 위한 관절경검사를 권하지 않습니다. 다만 환자의 무릎관절에 명백한 구조적 신경차단이 발생하여 무릎이 제대로 움직이지 않거나 관절 내부에 연골 부스러기들이 돌아다니는 것이 엑스선사진에 나타났을 때는 예외입니다.

　관절경검사가 수술을 예방할 수 있을까요? 유감스럽지만 그것도 사실이 아닙니다. 오히려 반대입니다. 관절경검사가 빈번히 실시된 지역에서는 무릎인공관절 수술도 더 많이 이루어졌습니다. 독일에서는 매년 15만 번의 무릎인공관절 수술이 실시되고 있습니다. 새 무릎관절을 얻는 일은 기이하게도 어느 부위가 아픈지가 아니라 환자가 어느 지역에 사는지에 의해 좌우되는 것처럼 보입니다. 무릎 수술은 갑자기 하늘에서 툭 떨어지는 게 아닙니다. 하지만 만약 그럴 수 있다면 다음과 같은 무릎인공관절-일기예보를 상상해볼 수 있습니다. "무릎인공관절은 남동부 지역과 북서부 지역에 집중적으로 떨어지겠습니다. 프랑크푸르트에는 가장 적은 무릎인공관절이 떨어져 주민 10만 명 중 73명에게만 돌아가겠습니다. 반면에 가장 많은 지역은 바이에른주의 노이슈타트 안 데어 아이슈 인근으로 모두 214개의 무릎인공관절이 떨어질 것으로 보입니다. 거의 세 배에 가까운 양입니다."

이런 이유가 뭘까요? 정확히 알 수는 없지만 한 가지 확실한 사실은 이것이 무릎 통증 환자의 실제 지역 분포와는 무관하다는 것입니다. 그렇다면 의사들이 직접 수요를 만들어내는 것은 아닐까요? 최신 의학 지식에 따르면 바이에른주에 거주하는 사람과 브란덴부르크주에 사는 사람의 무릎 수는 정확히 똑같다고 합니다.

# 치아 교정기가 사춘기를 발생시킨다고?

"뇌는 휴식 기능이 없다.

계속 연상하거나 죽거나 둘 중 하나다."

_스티브 아얀Steve Ayan

온라인 서점에서 책을 주문해보신 적이 있나요? 모든 성실한 지역 서점을 위해 아주 위급한 경우에만 그러시기를 바랍니다. 하지만 이미 그런 적이 있다면 예전 주문 내역을 토대로 다른 책을 추천하는 온라인 서점 서비스를 이용해보신 적이 있을 겁니다. 이 서비스는 잘 맞을 때도 있지만 이상할 때도 많습니다. 온라인 판매자는 우리를 전혀 모르지만 거대한 양의 데이터를 수집하여 어떤 상관관계를 만들어냅니다. 항상 조심해야 할 부분입니다.

"치아 교정 틀이 사춘기를 발생시키는가?" 이 질문을 통해 제 친구 빈스 에베르트Vince Ebert는 근본적으로 서로 무관한 두 가지 사물을 인과관계로 연결시킬 때 생기는 사고의 기본 오류를 보여줍니다. A가 먼저 발생했을 때 항상 B가 발생한다면 B는 A로 인해서 발생하는 걸까요? 사춘기가 빈번히 치아 교정 틀에 뒤따라 생겨난다면 얼핏 인과관계로 보이기도 합니다. 실제로 그럴 때도 있겠지만 안 그럴 때도 많습니다.

하지만 우리는 인과관계가 없는 곳에서도 기꺼이 그런 관계를 보고 싶어 합니다. 물론 여기에는 다른 이유가 있을 수 있습니다. 친환경 상점을 찾는 사람들이 별로 건강해 보이지 않는 건 왜일까요? 먹는 음식 때문일까요? 아니면 사람들이 건강에 문제가 있을 때 비로소 건강식품에 관심을 보이기 때문은 아닐까요?

"무엇이 어디에 좋다"고 누가 말할 때마다 반드시 이렇게 물어볼 필요가 있습니다. 그것은 테스트를 거친 사실인가요, 아니면 단지 하나의 상관관계일 뿐인가요? "비타민 D가 암을 예방한다"는 말은 바로 그런 식으로 대서특필되고 있습니다. 하지만 지난 20년 동안 이를 확인하기 위해 수많은 사람에게 비타민 D를 먹이고 대조군에게는 먹이지 않는 실험이 실시되거나, 암 발생 빈도가 측정된 적은 없었습니다. 연구자들은 대부분 참을성이 많지 않습니다. 그래서 그들은 한 시점에서 측정하고는 비타민 D 수치가 낮은 사람이 높은 사람에 비해 암에 잘 걸린다는 결론을 냅니다. 하지만 비타민 D가 원인인지 여부는 정확히 밝혀지지 않은 채로 남습니다. 낮은 수치는 어떤 질병이 시작될 때 나타나는 현상이기도 하기 때문입니다.

성급한 통계적 결론의 오류를 유쾌한 방식으로 피해보기 위해서 수학자 겸 과학저널리스트 크리스토프 드뢰서Christoph Drösser는 위트 있게 연구의 표현 방식을 바꾸어보았습니다. 왼쪽에서 오른쪽 방향으로 시간의 경과를 표시하는 x축은 항상 동일합니다. 하지만 아래에서 위로 진행하는 y축은 좀 더 자세히 들여다보시기 바랍니다! y축은 이런 상관관계에서 빈번히 서로 다른 단위로 구성됩니다. 예를 들면 '사망자

# 가짜 상관관계

## 돼지 같은 영화

돼지들의 죽음이 다큐멘터리 영화 탓일 수 있을까?
상관계수: 0.974

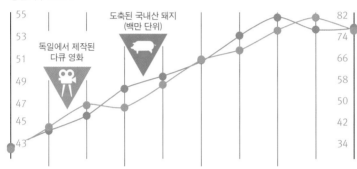

## 벼락 같은 성공

유로비전 송 콘테스트 우승자의 점수는 벼락을 맞고 죽은 희생자와 무슨 관계가 있을까?
상관계수: 0.571

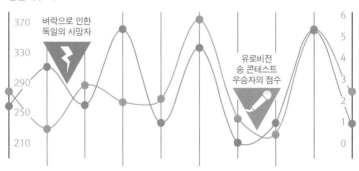

수'와 '경연대회의 점수'처럼 말입니다. 실제로 사과와 배, 벼락 희생자와 유로비전 송 콘테스트같은 아무 관련 없는 허무맹랑한 것들이 서로 비교됩니다. 이런 상관관계에서는 y값들이 어떤 식으로 나오든 상관없습니다. 우연히 동일한 추세를 보이는 두 개의 값을 찾아내기만 하면 됩니다. 정말 우연일까요? 네, 우연이 맞습니다! 직접 보시고 판단해보세요. 하지만 벼락은 조심하세요!

## 사랑하는 사람을 위해 응급조치를 익히세요!

### 1. 검사하기

반응이 없나요?
호흡을 또는 정상 호흡을 안 하나요?

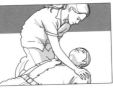

### 2. 부르기

119에 전화를 거세요.

### 3. 누르기

가슴 한가운데를 빠르고 힘차게 누르세요.
최소 분당 100회. 구조대가 도착할 때까지
중단하지 마세요.

더 자세한 내용은 www.e-gen.or.kr

## 진짜 상관관계

귀환 축하! 이 남성은 아내의 용감한 소생술이 아니었다면 죽었을 겁니다. 그녀는 얼마 전 텔레비전 퀴즈 프로그램에서 간단한 응급조치 요령을 본 것이 전부였습니다. 만약 모두가 응급조치를 익힌다면 매년 1만 명의 생명을 구할 수 있습니다. 진짜 상관관계란 이런 것이 아닐까요?

# 아스피린의 미스터리

자연적인 것은 언제부터
더 이상 자연이 아니게 될까요?

어릴 때 저는 늘 이런 질문을 했습니다. 두통약은 머리가 어디 있는 지 어떻게 알죠? 두통약을 먹으면 머리와는 완전히 반대 방향으로 갑니다. 물론 좌약은 다르지만 말입니다. 의대에서 두통약이 머리가 어디 있는지 몰라도 잘 작용할 수 있다는 걸 배운 뒤 저의 경외심은 더욱 커졌습니다.

의학에 기적의 약이 있다면 그것은 아스피린일 겁니다. 아스피린은 심근경색, 뇌졸중, 대장암 등을 예방하는 효과가 있습니다. 긍정적인 부작용으로는 두통과 열을 가라앉히는 효과도 있습니다. 물론 상황과 복용량에 따라 이런 부작용을 주된 작용으로 받아들일 수 있습니다. 이밖에도 많은 작용이 있지만 두통이 생기기 전에 차근차근 하나씩 이야기를 풀어가기로 하겠습니다.

아스피린은 상표명이고 원래 이름은 아세틸살리실산, 줄여서 ASA라고도 합니다. 아스피린이 어디서 만든 약이냐고 물으면 대개 '바이엘'

이라고들 대답합니다. 실제로 이 제약 회사가 최초의 공식 제조 업체입니다. 하지만 아이디어는 아주 오래되었습니다. 주성분은 버드나무 껍질, 라틴어로 '살릭스*salix*'에서 추출됩니다. 그래서 살리실산이라는 명칭이 붙습니다. 그 앞에 붙는 아세틸은 위에 통증을 일으키지 못하도록 실험실에서 조금 변형했다는 뜻입니다. 옛날에도 영리한 주부들은 버드나무즙을 끓여서 해열제로 사용했습니다. 하지만 먹고 나면 배가 아파서 애를 먹어야 했는데, 100여 년 전부터는 훨씬 편안하게 먹을 수 있게 된 겁니다. 약이 화학 성분으로 되어 있다고 싫어하는 사람들이 많습니다. 제약 회사만 배불린다는 이유도 있고요. 둘 다 맞는 말입니다. 하지만 저는 모든 약을 직접 식물을 끓여 얻어낼 필요 없는 시대에 살고 있어 너무나 기쁩니다.

살리실산의 천연 출처는 또 있습니다. 비버의 항문샘 분비물인 천연산 해리향*castoreum*이 그것입니다. 해리향은 19세기까지 경련, 히스테리 발작, 신경쇠약 등의 증상에 사용되었습니다. 고루한 소리 같지만 갓 짜낸 항문샘 분비물과 약국에서 받은 포장 제품 중에 선택한다면 저는 요즘 나오는 제품들도 그리 나쁘지 않다는 생각입니다. ASA는 많은 제약 회사에서 만들어집니다. 우리 몸은 약을 먹고 나면 포장에 어떤 회사가 적혀 있든 전혀 개의치 않습니다. 하지만 머리로 받아들이는 건 쉽지 않은 일입니다. 그래서 안전한 길로 가고 싶은 사람은 유명 브랜드를 선택합니다. 저는 셔벗 가루도 애용합니다. 그러면 먹기도 전에 벌써 두통이 싹 가십니다.

저는 ASA 광팬입니다. 저 혼자만 그런 게 아닙니다. 1977년부터 ASA

는 세계보건기구가 정한 필수 의약품 목록에도 올랐습니다. 이 목록은 그리 길지 않습니다. 세상에는 꼭 필요하지 않은 약들이 훨씬 더 많다는 뜻입니다.

자연에서 얻은 것이라고 반드시 좋은 약은 아닙니다. 인류가 알고 있는 가장 강력한 독극물은 곰팡이에서 생성되는 아플라톡신과 박테리아에서 분비되는 보톡스입니다. 한 숟갈만 먹으면 곧바로 '자연적' 죽음을 맞게 되죠. 또 사과 한 개만 먹어도 몸에 좋은 각종 성분을 섭취할 수 있습니다. 하지만 씨앗은 빼고 먹어야 합니다. 사과씨는 쓴 맛이 날 뿐만 아니라 청산靑酸이 들어 있기 때문입니다. 씨앗의 진화론적 목적은 인간에게 먹히는 것이 아닙니다. 씨앗에게는 인간의 뱃속에서 소화되어 없어지지 않는 것이 더 중요했습니다. 그러므로 식물을 먹을 때는 전체를 한꺼번에 다 섭취하지 않는 게 좋습니다. 그보다는 식물의 어떤 분자가 우리가 원하는 효과를 발생시키는지 보고, 그것을 의도적으로 추출하거나 일정한 양과 질로 조합하여 섭취하는 편이 현명합니다.

그러면 자연적인 것은 언제부터 더 이상 자연이 아니게 될까요?

음식을 끓이거나 익혀서 먹는 것을 거의 죄악시하는 사람들이 있습니다. 그렇게 함으로써 자연이 변화된다는 겁니다. 하지만 음식에 열을 가해서 소화가 잘되게 만든 것은 초기 인류가 생각해낸 최고의 아이디어입니다. 고기와 콩을 익혀 먹기 시작하면서 사람들의 뇌가 커지고 위에 가스도 덜 차게 되었습니다. 토마토는 불에 익혀 먹어야 비로소 몸에 좋은 여러 가지 영양소를 섭취할 수 있습니다. 유전자 조작을 거치지 않은 토마토는 유전자가 들어 있지 않다고 생각하는 사람들도 많습니다. 하지만 만일 그렇다면 토마토는 자신의 세포들을 어떻게 분열하고 자기가 오이나 호박이 아니라 토마토라는 것을 대체 어디서 알 수 있겠습니까? 모든 세포는 유전 정보를 담고 있습니다. 자연적인 것에 대한 토론을 할 때도 약산의 성보 지식은 유용합니다.

많은 사람들이 변비로 고생합니다. 변비를 일으키는 가장 중요한 원인 두 가지는 운동 부족과 잘못된 식사입니다. 물, 섬유질, 스포츠 같은 변비 치료제는 약국이 아니라 생활 속에서 얻을 수 있는 것입니다. 약국에서 줄 수 있는 것은 설사약밖에 없는데, 이때도 많은 사람들은 화학 약품이 아니라 '식물성' 약을 원합니다. 예로부터 널리 사용된 것은 인도의 센나Senna라는 식물에서 만들어진 약입니다. 일부 환자들은 이 약이 식물성이라 해롭지 않다고 여기는 바람에 너무 많이 먹어서 장 활동이 마비되고 혈중 염분 수치가 뒤죽박죽되기도 합니다.

소화기 전문의인 지인의 말에 따르면 모든 환자가 다 식물성만 좋아하는 건 아니라고 합니다. "어떤 환자들은 식물성 약을 처방해주면 굉장히 불쾌한 표정이 됩니다. 자신의 병을 진지하게 받아들이지 않는다고 느끼기 때문입니다. 그런 환자들은 의사 처방이 반드시 필요한 '제대로 된' 약을 원합니다. 식물성 약은 거의 대부분 아무나 팔 수 있는 건데, 그런 약에 누가 돈을 쓰고 싶어 하겠어요?"

제 생각은 이렇습니다. 약을 처방할 때 성분의 출처는 문제가 되지 않습니다. 중요한 것은 효과가 있는지 여부입니다. 성분이 '식물성'이든 '천연'이든 '화학'이든 '생물'이든 이런 것은 약이 얼마나 유용한지 또는 위험한지에 대해 아무것도 말해주지 않습니다.

아스피린은 주된 작용과 부작용의 구분도 의미가 없음을 보여주는 좋은 예입니다. ASA는 소량 복용하면 혈소판 응집을 억제합니다. 이는 2차 심근경색이나 뇌졸중을 예방하는 데 도움이 됩니다. 2차 예방이라고 불리는 이런 효과는 첫 발병 후 증상이 다시 재발하는 것을 막아줍니다. ASA는 1차 심근경색/뇌졸중을 예방하기 위해 먹을 수도 있지만, 이 경우에는 먼저 주치의와 상담하는 것이 좋습니다. 위가 예민한 사람은 출혈이 발생할 가능성이 커지므로 이해득실을 따져보고 결정할 필요가 있습니다.

복용량을 늘리면 ASA는 염증을 일으키는 신호 전달 물질의 형성을 억제합니다. 그래서 이 신호와 결합된 고열과 통증을 가라앉혀줍니다. 그렇다면 ASA와 대장암은 어떤 관계가 있을까요? 이 효능은 어떤 연구를 진행하다가 발견된, 순전히 우연의 산물입니다. ASA를 규칙적으로 복용하면 용종도 덜 생기고 대장암도 덜 발생하는데, 이것은 처음 염증 반응에 ASA가 작용하기 때문입니다. 하지만 ASA의 다량 복용 또한 장내에 위험한 출혈을 일으킬 수 있어서 누구에게나 권할 만한 방법은 아닙니다. 원하는 효과에는 반드시 원하지 않은 효과가 따르기 마련입니다.

ASA가 이 모든 효과를 내는 이유는 70년이 지나도록 아직 밝혀지지 않았습니다. 다만 효과가 있다는 것은 확실합니다. 그 사이 메커니즘은 좀 더 명확해졌습니다. 이제 신체 내부에서 만들어지는 신호 전달 물질의 목록에 포함되었으니 앞으로는 적용 범위가 더욱 넓어지게 될 겁니다.

마취에 사용되는 물질 중에도 그것이 어떻게 작용하는지 모르는 것들이 많습니다. 그래서 걱정하는 사람들도 있지만, 불가피하게 수술을 받아야 한다면 그들 역시 말짱한 정신으로 그 모든 과정을 겪지 않아도 되는 것에 기뻐해야 할 겁니다. 사실 우리는 아직 정신이 무엇인지도 모르고, 어떻게 약간의 약으로 금세 정신의 스위치가 꺼지는지도 모릅니다. 하지만 식물성도 있다는 건 압니다. 홉과 맥아를 적절히 활용하면 통증에서 벗어나는 단계에 쉽게 도달할 수 있습니다. 물론 부작용도 있습니다.

하나 더. 긴장성 두통에는 실제로 효과적인 천연 치료제가 있습니다. 바로 페퍼민트 오일입니다. '중국 기름'이나 '일본 기름'은 모두 비슷한 냄새가 나지만 다른 종류의 민트를 사용합니다. 이 두 가지 천연 제품은 효과에 따라 구별해 쓰는 것이 좋습니다.

우리가 우리 몸과 자연에 대해 더 많이 알게 된다고 기적이 줄어드는 건 아닐 겁니다, 안 그래요?

## 식물의 흥미로운 성분들

담배가 뭐가 나쁜가요?

순전히 식물성인데.

한 가지 고백하겠습니다. 학생 때 인체 실험을 허락한 적이 있습니다. 제 몸을 연구에 팔았죠. 그래도 못된 제약 회사에 판 것은 아니었고 자연요법에 쓰일 약제를 위한 실험이었습니다. 온몸도 아니고 왼쪽 팔뚝만 제공했습니다. 당시에 저는 젊었고 돈이 필요했습니다.

부식제를 가지고 제 팔뚝에 마치 화상이라도 입은 것처럼 동전만 한 커다란 물집이 생기게 만들더군요. 물집 속 림프액에는 면역 세포가 다량으로 들어 있어서 저는 살아 있는 시험관 세 개를 몸에 달고 있는 셈이었습니다. 각각의 물집에는 상이한 양의 에키나신액을 주사했습니다. 며칠 뒤 물집 속의 액체는 뽑아냈고 둥그런 흉터만 한 달가량 남아 있었습니다. 과학적 성과는 실망스러웠습니다. 면역 계통 강화제로 각광받는 에키나세아(수레국화) 추출물이 저를 비롯한 여러 실험 대상자의 면역 세포에 별다른 효과를 보이지 않았기 때문입니다.

2015년에 실시된 포괄적인 연구는 감기 치료의 효과도 입증하지 못했습니다. 에키나신액을 투여하든 안 하든 감기는 같은 기간 동안 지속되었습니다. 예방 효과에서는 아주 조금 가능성을 보였습니다. 식물은 흔히 조제 방식에 따라, 그리고 어떤 부위를 사용하느냐에 따라 약효가 달라지기도 합니다. 식물학적 종도 다양할 뿐만 아니라 추출된 성분의 농도도 매우 차이가 나기 때문입니다.

식물을 의학적 용도로 사용하기 위한 연구는 아주 오래전부터 있어 왔습니다. 지난 수천 년 동안 사람들에게는 자연에서 나는 것 말고는 치료에 도움이 되는 성분을 얻어낼 방법이 따로 없었으니까요. 잎사귀, 줄기, 껍질 등이 우리 몸에 미치는 효능에 대한 지식은 심지어 인간만의 전유물이 아니었습니다. 원숭이 연구자들은 동물들도 자연의 약방을 이용할 줄 안다는 사실을 발견했습니다. 수의학자 자브리나 크리프 Sabrina Krief는 우간다 우림에서 50마리의 원숭이 무리를 관찰했습니다. 그녀는 병이 난 원숭이들을 찾아내어 이들이 무엇을 먹는지 자세히 기록하고, 새벽에 소변과 대변 시료를 채취했습니다. 예를 들어 침팬지 요기는 장기생충병에 걸렸을 때 붉은자귀나무 껍질을 씹어 먹곤 해서 그 치료 효과를 연구자들에게 알려주었습니다. 실험 결과 실제로 이 나무껍질의 성분은 기생충을 죽이는 것으로 증명되었습니다. 침팬지 마코쿠도 비슷했습니다. 이 원숭이는 열병에 걸렸는데 하루 종일 멀구슬나무 잎사귀로 배를 채웠습니다. 며칠 뒤 마코쿠의 상태는 현저히 좋아졌습니다. 멀구슬나무 잎을 자세히 검사한 결과 연구자들은 말라리아를 치료하는 두 가지 새로운 성분을 발견할 수 있었습니다. '동물 자가 실험'을 통해서 얻은 이런 성과는 앞으로 인간에게도 도움이 되리라고 생각됩니다.

그렇다면 식물은 사람의 치료에 어떤 식으로 도움을 줄까요?

많은 식물들은 치료 효과가 있는 성분을 지니고 있습니다. 이런 사실은 실제로 증명되었고 연구도 많이 이루어졌습니다. 가령 카밀레는 염증에 좋고, 페퍼민트는 소화불량과 긴장성 두통에 좋습니다. 악마의 발톱이라고 불리는 천수근은 무시무시한 별명과는 반대로 훌륭한 진통제로 증명된 식물입니다. 벌꿀은 입술 헤르페스에 좋은데 심지어 약국에서 파는 어떤 연고제보다도 치료 효과가 뛰어납니다. 약학자들은 실제로 디기탈리스나 버드나무 껍질 같은 식물의 약효를 본떠 약제를 고안해냅니다.

후추나무의 일종인 카바카바는 서태평양 지역에서 종교나 문화 의식을 거행할 때 마시는 전통 음료의 재료인데, 독일에서는 천연 신경안정제로 시중에서 판매된 적이 있었습니다. 하지만 이를 복용한 다수의 환자들에게서 간 손상이 나타나자 인허가 당국은 손상의 원인을 정확히 밝힐 수 없어 제품 판매를 전면 금지했습니다. 하지만 다른 나라들은 계속 판매를 허용하고 있습니다. 성 요한의 풀은 우울증에 좋은 약초로 알려져 있습니다만, 물론 중증 우울증에 사용하기에는 충분치 못합니다. 약초를 먹을 때마다 반드시 의사에게 사실을 설명할 필요는 없습니다. 몸은 어떤 성분이 반드시 의사 처방을 필요로 하든 말든 전혀 개의치 않으니까요. 간도 천연 성분과 인위적으로 만들어진 성분의 차이를 구별하지 못합니다. 분해할 때 두 성분이 서로 작용할 가능성은 있지만 말입니다. 간이 성 요한 풀을 분해하기 위해 별도의 효소를 형성하느라 여념이 없으면 다른 약들의 약효에도 그 영향이 미칠 수 있습니다. 이런 경우 피임약이 제대로 듣지 않는다고 잘 알려져 있습니다. 그 결과 원치 않은 임신을 하게 되면 이것이 성 요한 풀의 항우울 효과를 나시 방해하게 되겠죠.

식물은 항상 우리에게 나쁠 게 없다는 생각은 널리 퍼져 있는, 하지만 너무 단순한 가정입니다. 식물들은 인간이 생겨나기 아주 오래 전부터 이미 지구상에 존재했으며, 티백이나 약제로 만들어져 사람의 고통을 덜어주는 도우미 역할과는 전혀 다른 목적으로 진화했습니다. 식물의 가장 큰 관심사는 생존입니다. 하지만 식물은 스스로 움직일 수 없다는 분명한 단점이 있습니다. 풍뎅이나 기생충, 배고픈 짐승 따위로부터 자신을 지킬 수 있는 가능성은 단 한 가지뿐입니다. 자신을 뜯어먹는 모든 것들에게 복통을 일으킬 성분을 직접 만들어내는 것입니다. 식후에 심한 복통을 겪고 나면 종종 평생토록 그 음식을 싫어하게 됩니다. 음식에 대한 나쁜 경험이 깊은 혐오감으로 각인되는 것은 흔히들 겪는 일입니다. 이것은 다른 동물도 마찬가지입니다. 양고기에 쓴 약을 섞어 고약한 맛을 내게 만들어 먹이면, 이것을 먹은 늑대들은 다음부터 양을 피하게 됩니다. 식물들도 같은 전략을 사용합니다. 동물들에게 먹히지 않으려고 입에 쓴 성분을 만들어냅니다. 이런 성분에 담긴 독성은 대개 곤충을 죽일 정도로 강하지는 않지만 접근하지 못하게 만들 수는 있습니다. 이렇게 보면 서바이벌 트레이닝에 참가해 소처럼 풀만 뜯어먹다가 복통, 구토, 두통 따위로 고생하는 사람들이 적지 않은 것도 이해가 됩니다.

그런데 묘하게 소량만 먹으면 좋은 효과를 얻을 수 있는 것도 바로 이런 쓴 성분입니다. 파라켈수스의 지혜로운 말처럼, 먹는 양이 독을 만듭니다. 그리고 학생 때 체육 시간에 지긋지긋하게 듣던 "죽이지 못하는 것은 우리를 더욱 강하게 단련시킨다"는 말도 맞는 말입니다.

원리는 '호르메시스Hormesis'라고 불리는 현상입니다. 호르메시스는 자극을 뜻하는 그리스어입니다. 이 원리는 많은 영역에서 찾아볼 수 있습니다. 근육은 짧은 간격으로 고강도 훈련을 할 때 특히 효과적으로 운동이 됩니다. 단기적 스트레스는 오히려 스트레스 대처 능력을 길러 줍니다. 방사능은 피폭 양에 따라 세포뿐만 아니라 사람도 죽일 수 있는 공포의 대상입니다. 하지만 류머티즘 환자들은 이미 오래 전부터 통증을 가라앉힐 목적으로 라듐 갱도에 들어가 약한 방사선에 자신을 노출시키곤 했습니다. 왜 그럴까요? 그러면 눈에 띄게 몸 상태가 좋아지기 때문입니다. 적은 양의 방사선을 통해 유전물질에 가해진 작은 손상이 몸의 치유 과정을 자극하는 것으로 사람들은 추측합니다.

이러한 아이디어를 처음 제시한 사람은 독일 그라이프스발트 출신의 약학자 후고 슐츠Hugo Schulz입니다. 그는 1888년에 이미 효모에 희석한 살균제를 뿌리면 잘 자란다는 사실을 발견했습니다. 슐츠의 발견은 다른 독극물 실험을 통해서도 입증되었습니다. 한계용량 이하에서는 효과가 역전되어 유해 성분이 유익하게 바뀝니다. 예를 들어 카페인은 많은 양을 한꺼번에 섭취하면 죽을 수도 있지만 적당량은 활력을 줍니다. 영화 〈비소와 오래된 레이스Arsenic and Old Lace〉를 통해 유명해진 독약인 비소도 소량만 섭취하면 오히려 생명을 연장할 수 있습니다. 적어도 기생충을 죽이는 데는 효과적입니다. 에탄올은 세포독소로서 사람을 단기적 혹은 장기적으로 '보내'버릴 수 있습니다. 하지만 적당량을 섭취하면 심근경색, 당뇨, 치매 등의 위험을 낮추는 효과가 있습니다. 디기탈리스의 독성은 치명적일 수 있지만 적은 양으로 다년간 사용하면 효과적인 심장약이 되기도 합니다.

세포는 모든 종류의 스트레스에 반응하여 저장 에너지를 방출합니다. 활성산소는 오랫동안 유해 물질로 간주되었지만 요즘은 세포의 복구 체계에 중요한 역할을 하는 것으로 알려져 있습니다. 치매 연구자들은 다량의 비타민 투입으로 병의 진행을 멈추려는 시도를 오랫동안 해왔지만 별다른 성과를 거두지 못했습니다. 카레 가루에는 쿠르쿠민이라는 흥미로운 성분이 들어 있습니다. 연구에 따르면 쿠르쿠민은 뇌졸중 증상에 도움될 뿐만 아니라 우울증 치료에도 효과가 있다고 합니다. 하지만 여기도 마찬가지로 과다 복용은 독이 됩니다. 마늘과 후추는 신경세포에게 특별한 효과를 발휘합니다. 은행나무 제재가 치매에 좋다는 말은 연구 결과 사실로 증명되지 못했습니다. 은행나무는 치매 예방에 도움이 되지 않습니다.

최대한 골고루 음식을 섭취하시기 바랍니다. 동물성보다 식물성을 많이 드시고 소금보다 허브로 간을 하세요. 사과는 껍질째 드시고 호두와 블루베리를 많이 드세요. "매일 사과 한 알이면 의사가 필요 없다"는 "하루 한 알 멀티비타민"보다 확실히 더 맞는 말입니다. 아니면 히포크라테스의 말을 인용해볼까요? "네가 먹는 음식이 약이 되게 하라."

# 홍역이 급격히 감소한 까닭

누구나 저만의 의견을 가질 권리가 있습니다.

하지만 저만의 사실은 곤란합니다.

어떤 이유에서든 당신이 이 글을 끝까지 읽지 못할 경우를 위해 전체 내용을 한마디로 요약해드리겠습니다. 예방접종은 '안전하고 유의미하고 연대적인' 행위입니다.

아이에게 예방주사를 맞힐 여부에 관해서는 많은 질문과 불안이 따라옵니다. 어떤 접종이 의미 있을까? 접종 시기는 언제가 좋을까? 아이에게 이 과정을 생략해도 될까? 우리의 면역 체계는 이런 종류의 감염이 필요 없지 않을까? 백신 피해를 입으면? 자폐증에 걸릴 수도 있다던데……. 인터넷을 뒤지고 의사, 이웃, 다른 부모들에게 물어보지만 점점 더 혼란스럽기만 합니다.

독일 에어푸르트 대학의 커뮤니케이션 심리학자 코르넬리아 베츄 Cornelia Betsch는 걱정에 빠진 부모들이 인터넷에서 예방접종에 대해 검색할 때 어떤 일이 발생하는지 조사해보았습니다. 검색을 시작하자마자 예방접종에 비판적인 정보들이 수도 없이 쏟아져 나옵니다. 인터넷에서는 누구나 아무 말이든 떠들어댈 수 있으며, 세심하게 과학적으로 반박하기보다 더 황당한 주장을 펼칩니다. 연방 보건계몽센터BZGA나 로베르트 코흐 연구소 같은 공식적인 인터넷 사이트를 들여다보는 사람은 많지 않습니다. 코르넬리아 베츄는 사람들이 사전에 어떤 의견을 가지고 있었냐에 따라 정보가 얼마나 차별적으로 받아들여지는지도 조사했습니다. 예방접종에 대한 두려움과 선입견이 많은 사람일수록 이런 '계몽'에 더욱 거부적인 태도를 보였습니다. 이게 어떻게 된 일일까요?

의도적인 정보 왜곡과 관련해서 제가 아는 가장 나쁜 사례는 앤드류 웨이크필드Andrew Wakefield의 경우입니다. 1998년에 발표한 '연구'에서 그는 홍역 예방접종과 자폐증 사이에 상관성이 있다는 주장을 폈습니다. 증거로 12명의 아이들을 들이밀었습니다. 하지만 이 문제를 공표하는 대가로 5만 5,000파운드를 받은 사실은 함구했습니다. 돈을 준 사람은 이런 방법으로 보험금을 타내고자 했던 부모들이었습니다. 제약 회사들만 연구를 속이는 게 아닙니다. 오히려 그 반대 경우도 많습니다.

2010년 웨이크필드의 연구가 거짓으로 밝혀졌지만 사람들은 이 사실도, 웨이크필드가 자격 박탈 처분을 받았다는 사실도 잘 알지 못합니다. 거리에서 사람들을 붙잡고 물어보면 아직도 이 가짜 자폐증 연구가 많은 이들의 머릿속에 떠돌고 있다는 걸 알 수 있습니다.

그렇다면 예방접종과 자폐증이 아무 관계도 없다는 건 어떻게 확신할 수 있을까요? 첫째로 50만 명 이상의 아이들을 대상으로 이루어진 크고 작은 수고스러운 작업들이 그것을 증명하고 있고, 둘째로 예방접종을 받은 아이들과 받지 않은 아이들의 자폐증 발병률이 똑같기 때문입니다. 세 번째 이유는 자폐증의 기질이 모태 안에서 이미 형성되기 때문입니다.

드레스덴 대학 병원의 자폐증 병동에서 의사로 일하는 얀 아우데-아오스트Jan Oude-Aost 박사는 예방접종이 아이에게 자폐증을 일으키지 않을까 걱정하는 부모들이 찾아오면, 첫돌 때까지 아이를 촬영한 동영상을 보여달라고 말합니다. 자폐증의 징후는 대부분 첫 번째 홍역 예방접종을 하기 전인 첫돌 전부터 이미 나타나기 때문입니다. 자폐증 징후가 있는 아이들은 자발적으로 시선을 맞추는 일이 거의 없고 '아기들 말'을 하지 않으며 주변 환경이 바뀌는 걸 두려워합니다. 건강한 아이는 보통 몸짓을 따라 하고, 웃음에 웃음으로 반응하고, 부모가 웃는 반응을 보일 때 기뻐합니다. 그리고 음식을 먹일 때, 부모가 입을 벌리면 따라서 입을 벌립니다. 부모가 일부러 주의를 기울이지 않으면 아이의 자폐증 징후를 간과하거나 단순히 아이가 조금 발육이 늦은 모양이라고 생각하기 쉽습니다.

약화시킨 병원체나 죽은 병원체의 일부를 주입하여 나쁜 병균의 침투에 대해 면역 체계를 준비시키는 예방접종의 아이디어는 꽤 오래된 것입니다. 원본을 제공한 것은 자연입니다! 영국인 의사 에드워드 제너Edward Jenner는 천연두가 창궐할 때 우두를 앓은 소와 접촉한 적 있는 우유 짜는 사람들 대부분이 전염병의 화를 모면했다는 사실을 관찰했습니다. 무언가가 우두로부터 사람에게로 옮겨가서 천연두 감염을 막아주는 게 분명했습니다. 제너는 이것이 어린아이들에게도 가능한지 실험을 통해 테스트해보았습니다. 실제로 우두와 접촉한 아이는 천연두에 대한 면역력이 생겼습니다. 1770년의 이 발견으로, 제너는 200년 뒤 천연두가 최초이자 지금까지 유일하게 소멸된 전염병으로 공표되는 데 초석을 놓았습니다. 의학이 거둔 전무후무한 성공 사례입니다.

그렇다면 예방접종의 주요 부작용은 무엇일까요?

조금 따끔해서 아이들이 잠깐 울 수 있다는 것입니다. 나중에 주사 맞은 자리가 빨간색으로 변하고 림프절이 부어오르기도 합니다. 열도 날 수 있습니다. 하지만 이 정도 부작용은 문제될 게 없으며 예방접종은 성공입니다! 면역 체계는 이미 반응을 학습하였습니다. 바로 의도한 대로입니다. 아이들은 대부분 5분만 지나면 다시 웃습니다. 하지만 이 과정을 통해 수십 년 혹은 평생을 보호받게 됩니다. 최고의 가성비입니다.

예방접종이 얼마나 확실하게 의도한 면역 효과를 내는지는 1960년대에 전 세계적으로 홍역 사망자 수가 극적으로 줄어든 사실이 잘 보여줍니다.

컴퓨터에 최신 바이러스 백신이 업데이트되지 않았다는 온라인 경고가 뜨면 우리는 금방 초조해져 가장 좋은 백신을 검색하고 곧바로 활성화시킵니다. 하지만 오프라인 예방접종에는 점점 더 큰 구멍이 뚫리고 있습니다. 아이들은 얼마 전 베를린에서처럼 특별한 이유 없이 다시 홍역에 걸립니다. 베를린에서는 후유증으로 장애아가 생기고 사망자도 나왔습니다. 모두 다 피할 수 있는 사고였습니다. 저는 예전에 아동신경학 분야에서 일했기 때문에 신경계 바이러스 감염증의 근원적

## 예방접종은 유의미하다

예방접종은 간과할 수 없는 성공을 거두고 있습니다. 유럽에서 아래의 네 가지 전염병으로 인한 사망은 극적으로 줄었습니다.

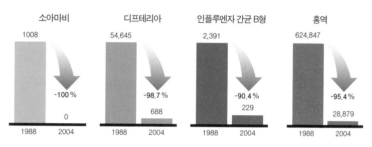

| 소아마비 | 디프테리아 | 인플루엔자 간균 B형 | 홍역 |
|---|---|---|---|
| 1008 | 54,645 | 2,391 | 624,847 |
| -100% | -98.7% | -90.4% | -95.4% |
| 0 | 688 | 229 | 28,879 |
| 1988 | 1988 | 1988 | 1988 |
| 2004 | 2004 | 2004 | 2004 |

## 예방접종은 연대적 행위이다

공동체의 95퍼센트가 예방접종으로 보호받고 있다면 젖먹이 아기나 장기이식 등으로 면역력이 약해진 이들처럼 스스로 보호할 수 없는 나머지 5퍼센트도 안전하게 보호받을 수 있습니다. 이런 '집단면역'은 예방접종이 필요한 가장 중요한 이유이기도 합니다.

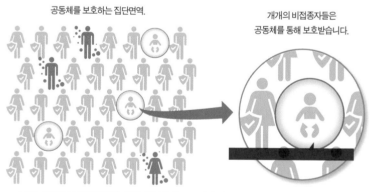

공동체를 보호하는 집단면역.

개개의 비접종자들은
공동체를 통해 보호받습니다.

많은 사람들이 예방접종을 하면 병원체의
확산은 제한적일 수밖에 없습니다.

예방접종은 이중으로 보호합니다. 접종자는 자신이 병에 걸리지 않으므로 타인에게도 전염시키지 않습니다.

치료가 불가능할 때 얼마나 절망적인지 잘 알고 있습니다. 반대로 소아마비, 천연두, 홍역, 볼거리, 풍진을 더 이상 두려워할 필요 없는 것이 얼마나 큰 축복인지도 잘 압니다.

이런 질병들은 과연 얼마나 위험할까요?

예전에 소아마비에 걸린 아이를 경험해본 적이 있는 나이 든 소아과의사에게 한 번 물어보시기 바랍니다. 어른들 중에는 아직도 후유증으로 고생하는 사람이 많습니다. 하지만 예방접종의 성공적인 도입으로 많은 질병들이 급격히 줄어든 탓에 박테리아와 바이러스가 예방접종의 보호를 받지 못한 사람에게 얼마나 못된 짓을 할 수 있는지에 대해서는 경험과 관심이 모두 부족한 형편입니다. 다가백신* 접종은 무슨 산탄총이라도 발사하는 것처럼 들립니다. 하지만 실은 단가백신** 접종보다 훨씬 적은 성분으로 반응을 이끌어낼 수 있는 효과적인 방식입니다. 알루미늄도 예방접종에서 자취를 감춘 지 이미 오래지만 여전히 경고의 목소리가 나오고 있습니다.

우리가 우리 자신만을 위해 예방접종을 한다고 생각한다면 착각입니다. 예방접종은 우리가 살고 있는 공동체를 위한 신앙고백이자 연대의 선언입니다. 우리는 타인을 보호하고 타인에 의해 보호됩니다. 먼저 예방접종을 할 수 없는 약자들을 보호할 수 있습니다. 자궁 안에 있는 태아, 조산아, 젖먹이 아기 그리고 병자들이 그들입니다. 또한 자신에게

---

\* 하나의 병원균을 치료하기 위해 만든 백신.

\*\* 두세 종류의 병원균이 동시에 감염될 수 있으므로, 혼합해서 만든 백신.

혹은 자녀에게 예방접종을 허락하지 않는 사람들도 보호합니다. 심지어 남들의 면역력에 기생하는 예방접종 반대자도 보호합니다. 다행히도 이런 사람들은 그리 많지 않습니다. 전체 주민의 95퍼센트가 예방접종을 받으면 이른바 집단면역 상태가 됩니다. 그래서 민주주의 국가에서는 강제성 없이 비접종자들을 포용할 수 있습니다.

하지만 감염된 눈깔사탕을 돌리거나 홍역 파티를 벌여 최대한 많은 이웃집 아이에게 적극적으로 '자연적' 감염을 발생시킨 사람은 적극적으로 신체 상해를 저지른 것입니다. 면역 체계는 물론 질병을 통해서도 학습이 가능합니다. 하지만 아이들의 면역력을 훈련시킬 수 있는 해가 없는 바이러스도 충분히 많습니다. 우리는 더 이상 강자만이 살아남는 다윈주의적 자연선택 아래에서 살아가고 있지 않습니다. '자연'은 약자에 대한 연민을 모르지만 인간은 다릅니다.

예방접종을 원하는 사람은 최대한 쉽게 받을 수 있어야 합니다. 많은 부모들이 홀로 아이를 기릅니다. 직장에도 나가야 하죠. 아이들은 항상 기침을 달고 사는데 예방접종은 다음 달까지 기다려야 할 수도 있습니다. 개인 병원 소아과 의사에게 예방을 일임하고 아이들이 많이 모이는 학교와 유치원에 파견하는 의사를 예전보다 크게 줄인 공중 보건 서비스 축소 조치는 역사적인 실수였습니다.

연방 보건계몽센터의 신임 소장이자 소아과 의사인 하이드룬 타이스Heidrun Thaiss 박사는 이렇게 말합니다. "병원에 갈 때마다 의사와 예방접종에 대해 상담하는 것이 좋습니다. 아이들뿐만이 아닙니다. 노인들에게는 독감 예방도 중요하고 간염과 대상포진 예방접종도 필요합니다. 요즘은 집단면역이 제 기능을 잘하고 있습니다. 손자 세대가 인플루엔자 간균 예방접종을 받기 시작한 이후로 간염으로 사망하는 노인들이 크게 줄었습니다. 이것은 우리 모두에게 충분히 가치 있는 일입니다!"

제가 좋아하는 만화가 있습니다. 만화에서는 선사시대 원시인 두 명이 동굴 속에 모닥불을 피워놓고 마주 앉아 심각한 표정으로 대화를 나눕니다. "제기랄, 우리는 정말로 자연과 일치하는 삶을 살고 있잖아. 깨끗한 공기를 마시고, 유기농 먹거리와 자연 방목으로 키운 동물들의 고기만 먹고 말이야……. 그런데 아무도 서른 살을 넘기지 못하잖아."

# 행복한 결말의 예방접종 동화

브란덴부르크 지방에 있는 슈티코브라는 마을에는 100명의 주민이 살고 있습니다. 언제나 그랬듯이 주민들은 모두 예방접종을 받았고, 다들 잘 지냈습니다.

하지만 완벽한 것은 없습니다. 아무리 효과가 좋은 예방접종도 모든 사람에게 똑같은 결과를 주지는 못합니다. 전체의 5퍼센트가 예방접종의 효과를 보지 못한다고 하면 100명의 접종자 중 5명은 여전히 병에 걸릴 수 있습니다. 물론 슈티코브에서 그런 일은 벌어지지 않습니다. 예방접종 효과를 본 95퍼센트가 병에 걸리지 않고 병을 옮기지도 않기 때문입니다.

이웃 마을 뭄피츠 주민 5명이 슈티코브로 커피를 마시러 옵니다. 뭄피츠에 사는 사람들은 모두 건강에 대한 자신감이 대단해서 다들 예방접종이 필요 없다고 여깁니다. 지금 아무도 병에 걸린 사람이 없는 걸 보면 틀린 생각은 아닌 듯합니다.

그러나 이 건강한 마을에 외부 전염병이 침입하면 어떻게 될까요? 유감스럽게도 친절한 우편배달부 페터 치게가 우편배달을 하다 어디선가 볼거리에 감염되었습니다. 그는 오늘 슈티코브의 우편함에 신선한 병균도 함께 배달했습니다. 슈티코브 사람들은 모두 예방접종을 했지만 5명이 병에 걸렸고, 예방접종을 하지 않은 뭄피츠의 방문객 5명도 마찬가지로 병에 걸렸습니다.

그러면 병에 걸린 10명 중 접종자가 5명이나 되니 예방접종이 무의미하다고 말해야 할까요? 아닙니다! 당연히 그렇지 않습니다.

5대 5라는 절대 수치는 모집단과의 비율로 살펴보아야 합니다. 그러면 이야기는 완전히 달라집니다. 100명의 예방접종자는 5퍼센트가 병에 걸렸지만 비접종자 5명은 모두가 걸렸으니 100퍼센트입니다. 100명 중 95명은 예방접종을 통해 보호받았습니다.

하지만 뭄피츠 사람 5명이 불행한 방문을 마치고 집으로 돌아가면 어떤 일이 벌어질까요?

그들은 마을에 있던 나머지 95명의 주민들에게도 전염병을 옮기게 됩니다. 이제 두 마을 사이에는 그리고 두 신념 사이에는 100대 5의 차이가 발생합니다. 뭄피츠에는 100명의 환자가 발생하지만 슈티코브는 5명에 그칩니다.

전염병에 걸린 사람들이 다행히 죽지 않고 살아남는다면 뭄피츠 주민 모두 이제 예방접종을 받으라는 권고를 기쁘게 받아들일 겁니다.

전염병이 발생하면 항상 병에 걸린 사람들 중 일부는 예방접종을 받은 사람입니다. 이것은 지극히 정상이며 예방접종에 반대할 이유가 아니라 오히려 찬성할 이유가 됩니다. 어떤 예방접종도 100퍼센트 효과를 내지는 못합니다. 하지만 홍역, 볼거리, 풍진 같은 고전적인 예방접종은 언제나 95퍼센트 이상의 효과를 보입니다.

## 해피엔드!

어떻게 하면 더욱 행복한 결말을 맞을 수 있을까요? 뭄피츠 주민들만이 아니라 우편배달부 페터 치게가 동료들도 설득하여 예방접종을 받게 하는 겁니다. 타인과 특히 접촉이 많은 사람들이니까요. 만약 다른 사람에게 무언가를 전염시켜야 한다면 오직 좋은 기분만 전염시키면 정말 좋겠습니다.

## 숫자는 우리를 안심시킨다

풀밭 위에 암소 세 마리,

첫째 암소가 말합니다: "음메."

둘째 암소: "음메음메음메음메음메."

셋째 암소가 둘째 암소를 총으로 쏴 죽입니다.

첫째 암소가 묻습니다: "왜 그랬어?"

셋째 암소가 간결하게 답합니다: "너무 많은 걸 알아!"

사람들은 날씨에 정말 큰 관심을 보입니다. 요즘은 농사짓는 사람도 별로 없어서 비 때문에 수확이나 다른 농사 일정에 차질이 생기는 것도 아닐 텐데 말이죠. 그런데도 우리는 세세한 수치까지 아주 정확하게 알고 싶어 합니다. "내일 비가 올 확률은 30퍼센트입니다." 하지만 이게 무슨 뜻일까요? 내일 하루 중 30퍼센트 동안 비가 온다는 걸까요? 아니면 지역의 30퍼센트에? 아니면 기상학자 10명 중 3명이 내일 비가 온다고 믿는 걸까요?

저도 잘 모르겠어서 찾아보았습니다. 그랬더니 기상 데이터가 비슷한 날들 중 30퍼센트가 다음날에 실제로 비가 내렸다는 뜻이더군요. 좋은 정보입니다. 내일은 비옷을 입고 자전거를 타야겠습니다.

냉정하게 효용과 위험을 따져보는 것은 좋은 결정을 내리기 위한 중요한 발걸음입니다. 의료와 관련해서는 특히 그렇습니다. 아주 많은 것이 달린 문제이니까요. 하지만 유감스럽게도 위험 이해 능력은 학교 수학 과목의 일부도 아니고 의대 교육의 일부도 아닙니다. 이것은 바뀌어야 합니다. 우선 몇 가지 기본적인 트릭을 알려드리겠습니다. 위험이란 구체적으로 어떻게 이해될 수 있을까요?

당신이 의사인데 제약 회사에서 찾아와 다음과 같은 말로 최신 약품을 팔려고 하는 상황을 상상해보시기 바랍니다. "이 놀라운 약은 환자들의 심근경색 위험을 50퍼센트나 줄일 수 있습니다." 귀가 솔깃해지는 말이긴 합니다만 함정이 있습니다. 어디일까요? 퍼센트라는 단어가 나오면 항상 던져야 할 중요한 질문이 있습니다. 그 비율은 전체 몇 명의 환자를 대상으로 얻은 것인가? 절대 수치로 보면 같은 이야기도 전혀 다르게 들릴 수 있기 때문입니다. 약을 먹지 않은 1,000명의 환자 중 2명이 이듬해에 심근경색에 걸리고, 약을 먹은 1,000명의 환자 중에서는 한 명만 심근경색에 걸린다면, 약 덕분에 살게 된 한 명에게는 정말 다행스러운 일입니다. 그리고 발병 위험도 50퍼센트 낮아진 게 맞습니다. 하지만 나머지 999명이 헛되이 약을 먹은 것도 사실입니다. 아니, 완전히 헛되이는 아닙니다. 비용이 들었고 부작용의 위험도 있으니까요. 효용과 위험을 절대 수치로 따져보면 결론은 하나입니다. "이 놀라운 약은 내게 필요 없다!"

다음 예는 유방암 조기 발견을 위한 검사인 스크리닝 유방 촬영술입니다. 여자 친구가 당신에게 전화를 걸어 당황한 목소리로 이렇게 말합니다. "검사에서 이상 소견이 나왔어. 걱정이 돼 죽겠어." 이럴 때 엑스선사진의 품질이 안 좋아 열에 아홉은 잘못된 경보로 판명난다는 사실을 말해주면 당신의 여자 친구는 조금 안심할 수 있습니다. 절대 수치를 살펴보아도 스크리닝 유방 촬영술은 처음 도입할 때 기대했던 것 만큼 그렇게 효과가 뛰어나지 않습니다. 스크리닝검사를 받은 여자들 은 1,000명 중 4명이 유방암으로 사망하고, 검사를 받지 않은 여자들은 1,000명 중 5명이 사망합니다. 위험을 비율로 표현하면 훨씬 더 인상적 입니다. 유방 촬영술은 사망 위험을 20퍼센트나 줄인다고 말할 수 있으 니까요. 하지만 구체적인 수치는 전혀 다른 관계를 보여줍니다. 스크리 닝을 통해 이득을 본 여성은 1,000명 중 한 명에 불과합니다. 하지만 그 때문에 암에 걸리지 않은 여성은 불필요하게 겁을 먹거나 관련 부위의 조직을 생으로 뜯어내는 검사를 받아야 합니다.

하지만 당신이 높은 위험군에 해당한다면 위험 대비 효용은 전혀 다 른 모습을 띠게 됩니다. 가령 어머니와 이모가 모두 젊어서 유방암에 걸렸거나 특정한 유전자 변이가 확인된 여성이라면 발병 위험이 훨씬 더 높지만, 그렇기 때문에 검사 효용도 보통 위험군의 여성보다 더 높 습니다.

그러면 남자들은 어떨까요? 대표적인 예는 'PSA', 전립선 특이항원 Prostate Specific Antigen입니다. 저는 40대 말의 남성이고, 비뇨기과 전문의 로부터 검사를 권고받았습니다. "혹시 모르니까요. 하지만 보험 적용은 안 됩니다." PSA는 전립선암이 있으면 수치가 높아질 수 있습니다. 하 지만 단지 염증이 있거나 성관계 시에도, 혹은 자전거를 타면서 전립 선 부위가 눌릴 때도 같은 반응이 나올 수 있습니다. 그래도 건강을 위 해서는 30유로 정도는 기꺼이 지불할 수 있지 않을까요? 저는 전립선에 통증도 없고 가족력도 없기 때문에 일단 IGeL-Monitor.de* 사이트에 들어가서 PSA검사가 건강보험 적용이 안 되는 이유를 읽어보았습니다. 검사를 받으면 안 받을 때보다 전립선암을 더 많이 발견할 수 있는 것은 사실이니까요.

하지만 그보다 훨씬 흥미로운 질문은 따로 있습니다. 더 잘 발견한다고 더 오래 살 수 있을까요? 전립선 장애가 없는 남성 수십만 명을 대상으로 검사를 받을 때와 안 받을 때 각각 어떤 일이 벌어지는지 조사해보았습니다.

뒤 자료는 연구 결과를 보여줍니다. 왼쪽은 PSA검사를 받은 남자들이고 오른쪽은 받지 않은 남자들입니다. 11년 뒤 과연 PSA검사를 받은 남자들이 전립선암으로 덜 사망했을까요? 아닙니다. 양쪽 다 7명으로 똑같습니다. 아무 효과도 없었습니다. 많은 남자들이 죽었지만 전립선암이 원인은 아닙니다. 혈액검사가 해가 될 수 있을까요? 네, 그렇습니다. 그냥 둬도 아무 문제도 없었을 많은 것들을 혈액검사를 통해 공연히 치료하게 될 테니까요. 쓸데없이 수술을 하고 방사선치료를 하는 바람에 구체적으로 1,000명의 PSA 팬 중 20명이 발기불능과 요실금에 노출되고 말았습니다. 생명을 구한 것도 아닌데 너무 비싼 대가를 치른 겁니다. 손해가 막심합니다. 곧 더 나은 방법이 나오기를 바랍니다. 아니면 PSA검사가 어떤 하위 집단에게 값어치 있는 정보를 제공할 수 있을지에 대해서라도 좀 더 잘 알 수 있게 되기를 바랍니다. 그때까지 '최

---

\* 시술 또는 치료에 관한 종합적인 평가를 제공하기 위해 독일 의사협회가 운영하는 사이트.

## 11년 동안 남성 사망자 수는 얼마나 되고, 그중 전립선암으로 사망하는 수는 또 얼마나 될까요?

PSA검사를 받은 남자들:

1,000명 중 210명이 사망. 210명 중 7명이 전립선암으로 사망.

이들 중 160명은 혈액검사 결과가 엉뚱하게 나오는 바람에 조직검사를 받아야 했고, 20명은 오진으로 전립선암 판정을 받아 수술을 받거나 또는 요실금이나 발기불능으로 이어질 수 있는 방사선치료를 받았습니다.

## 11년 동안 남성 사망자 수는 얼마나 되고, 그중 전립선암으로 사망하는 수는 또 얼마나 될까요?

PSA검사를 받지 않은 남자들:

1,000명 중 210명이 사망. 210명 중 7명이 전립선암으로 사망.

홍보 영향

**손해 없음:**

불필요한 수술을 받지 않음.

**최종 결론:**

효과도 없이 손해만 볼 수 있음!

대한 아무것도 하지 않는 기술'을 재발견할 필요가 있습니다. 아무 소득이 없더라도 말입니다. 환자들은 아무것도 알고 싶어 하지 않을 용기를 가져야 합니다. 통계는 그들 편이니까요! 다만 통계는 팩트 박스의 형태로 정리되어 문외한도 누구나 이해하기 쉽게 제공되어야 합니다.

모든 검사는 환자 개개인의 위험 대비 효용을 띱니다. 특히 가족력 같은 걱정거리가 있다면 더욱 그렇습니다. 대장암검사는 충분히 의미가 있습니다. 제 지인 한 분이 30대 초반에 위장병학 전문의를 찾아가 대장 내시경을 받으려다 거절당한 이야기를 들려주었습니다. 의사는 검사 대신 이런 말로 제 지인을 돌려보냈습니다. "당신은 아직 검사 받지 않아도 돼요. 건강보험공단에서는 55세부터 검사를 권하고 있습니다." 유감스럽게도 이 의사는 "가족 중에 대장암에 걸린 사람이 있나요?"라는 결정적인 질문을 생략했습니다. 제 지인에게는 가족력이 있었고, 이미 여러 사람이 대장암으로 사망한 상태였어요. 그리고 안타깝게도 제 지인 역시 30대 중반에 커다란 종양이 발견되었습니다. 몇 년 전에만 발견했어도 쉽게 제거할 수 있었을 거에요.

왜 우리는 심근경색이나 뇌졸중보다 암을 더 무서워하는 걸까요? 절대 수치로 보면 심순환계 질환으로 죽는 사람이 전체 암으로 죽는 사람보다 훨씬 많은데 말입니다. 그런데도 암에 걸린 사람들 이야기가 훨씬 더 많이 눈에 띄는 이유는 무엇일까요? 사람들에게 암에 대한 경험이 더 많기 때문입니다. 치료 가능성이 높아지면서 암에 걸린 사람들의 수명도 더 늘어났습니다. 몇 년, 몇 십 년을 더 사는 사람이 많아졌죠. 그래서 한번쯤 암에 걸려본 사람이 크게 늘었습니다. 나이가 많아질수록 기회는 더욱 많아집니다. 문제를 너무 가볍게 보려는 건 아닙니다. 의사와 환자 그리고 환자의 주변 사람들 모두가 어찌해볼 도리 없이 무섭게 진행되는 암들도 많습니다. 하지만 모든 형태의 암 질환에 관한 기쁜 소식이 확산되고 있는 건 사실입니다. 첫 충격이 지나간 뒤 우리가 할 수 있는 일은 많습니다. 치료하고 진행을 늦추고 곁에서 함께 하며 모든 '싸움'에서 암이 삶의 동반자가 되도록 만들 수 있습니다. 이제 암에 대한 공포는 현저히 줄어들었으며 앞으로는 더욱 힘을 잃을 겁니다.

숫자는 우리를 안심시켜줍니다. 심순환계 질환으로 인한 사망도 줄어드는 추세입니다. 이런 현상의 가장 큰 요인은 이미 잘 알려져 있습니다. 그리고 일부는 우리 자신에게 달린 문제이기도 합니다. 건강한 생활 습관을 유지하고, 혈압을 관리하고, 콜레스테롤 수치를 낮추는 것만으로도 큰 효과를 낼 수 있습니다. 심장에 좋은 것은 뇌에도 좋습니다.

치매도 계속 좋아지고 있습니다. 요즘 70대 치매 환자는 전보다 줄었습니다. 무엇보다도 교육 수준이 높아지고 많은 활동적 뇌 물질이 뇌 손상을 막아주고 있기 때문입니다. 다만 평균수명이 늘어나면서 치매 환자는 예전보다 더 많아졌습니다. 숫자를 어떻게 읽어야 하는지 알고 나면 수많은 공포의 메시지 뒤에 숨어 있는 기쁜 소식을 발견할 수 있습니다. 세상은 점점 더 위험해지고 있을까요? 아닙니다. 지난 20년 사이에 우리는 건강한 수명을 더 선물받았습니다. 기분 좋은 소식이지만 1면을 장식할 스토리는 아닙니다. 그곳에는 개개인의 운명에 관한 이야기가 실립니다.

위험에 대한 올바른 인식을 가능하게 할 확고한 원칙이 절실히 요구됩니다. 기준 값이 없는 미심쩍은 비율 대신 1,000명 중 5명처럼 절대수치로 표현될 필요가 있습니다. 이제 당신은 트릭이 어떻게 작용하는지 압니다. 한 사람이 무언가를 얻기 위해 모두 몇 명의 사람이 필요한지 반드시 물어야 합니다. 그리고 그 한 사람이 될 기회가 당신에게 얼마나 큰 가치를 갖는지 심사숙고하시기 바랍니다. 위험 이해 능력이 필요합니다. 중요한 결정을 외면하지 말고 눈을 크게 뜨고 증거에 기초한 유용한 의학 정보들을 확인하세요.

1. 진단은 다다익선일까요? 아닙니다.

2. 비싼 약이 언제나 더 좋을까요? 아닙니다.

3. 치료를 받는 것이 안 받는 것보다 항상 더 나을까요? 아닙니다.

3. 아는 것이 모르는 것보다 항상 더 나을까요? 아닙니다.

4. 전에 옳았던 것이 지금은 틀린 것일 수 있을까요? 네!

## 그냥 운이 나빴을 뿐입니다

제 내면의 소리는 목이 쉬었어요.

인간의 육체가 얼마나 놀라운 작품인지 혹시 잊으셨다면 페이퍼 클립을 이용해 다시 떠올려보시기 바랍니다. 클립의 철사를 벌려서 피부에 작은 흠집을 내보세요. 피가 나도록 너무 깊이 찌르지 말고 부드럽게 흔적만 보이면 됩니다. 그리고 사흘만 있다가 다시 보면 벌써 다 아물어서 어디였는지 보이지도 않을 겁니다.

어떤 실험이든 대조군이 있으면 더 좋습니다. 그러니 이제 클립을 가지고 이웃집 자동차에 똑같은 흠집을 내보세요. 그리고 그것이 잘 아무는지 매일 살펴보세요. 아무 변화가 없을 겁니다.

상처가 낫는 것은 모두 기적의 치유입니다. 의대 첫 학기 때 상처의 출혈을 멈추고 피를 응고시키는 물질들의 연쇄반응에 대해 배운 적이 있습니다. 단순히 피가 말라붙는 게 아닙니다. 상처는 수없이 많은 반응들이 꼬리를 물고 일어나 혈전을 만들어내면서 치료되기 시작합니다. 상처의 분비물이 병균을 씻어내고 단백질 섬유로 된 구조물이 세

워지면 세포들이 여기에 달라붙어 새로운 조직을 만들어냅니다. 지혈, 세척, 응고가 이루어지고 나면 보호막 아래서 정리 작업이 시작됩니다. 먼저 염증 세포가 들어와 불필요한 조직을 먹어치웁니다. 바늘에 찔린 정도의 작은 상처는 단 몇 분 만에 재건 작업이 시작되지만 큰 상처는 며칠씩 걸리기도 합니다. 새 혈관이 생겨나고, 손상된 조직은 복구됩니다. 이런 작업의 각 단계마다 세포들은 상호 간에 정확히 협의하고, 전령을 통해 도움을 구하고, 성장인자를 방출하고, 모든 일이 끝날 때까지 서로 협력합니다. 완벽한 과정입니다! 우리의 손길은 조금도 필요 없습니다. '운영진' 따위를 형성할 필요도 없습니다. 이 지능적인 체세포들이 공항도 건설할 수 있다면 얼마나 좋을까 하는 생각을 해봅니다.

어떤 조치가 '자기 치유력을 활성화'한다거나 '면역 체계를 자극'한다는 말을 들을 때마다 저는 우리가 이런 힘들의 활동 의욕을 너무 과소평가하고 있는 건 아닌지 의문이 듭니다. 우리가 끊임없이 활성화하고 자극하지 않으면 이런 힘들이 최소한의 주어진 기능만 수행할까요? 당연히 그렇지 않습니다. 그러므로 저는 오히려 반대로 행동하기를 권합니다. 우리 몸의 치유력을 그냥 가만히 내버려두세요. 무슨 일을 어떻게 해야 할지 우리보다 더 잘 아니까요.

많은 질병은 면역 체계를 지나치게 자극하여 생겨납니다. 만성 염증으로 면역 세포들이 자기 몸을 공격하게 되는 소위 자가면역질환이 대표적입니다. 알레르기, 류머티즘, 장염, 피부 발진 등은 면역 체계가 너무 일을 많이 해서 탈인 경우입니다. 개별적인 발병 원인은 아직 명확히 밝혀지지 않았지만 최대한 상황을 진정시키는 것이 증상에 도움이 됩니다.

암 연구에서 빠르게 발전하는 분야가 있습니다. 이 분야에서는 수술, 화학요법, 방사선요법 외에 암 치료의 네 번째 선택지를 제공합니다. 바로 면역 체계에 개입하는 방법입니다. 예를 들어 흑색종 피부암이나 특정 신장암에서 거둔 최초의 성공은 대단히 고무적입니다. 분자 차원의 트릭으로 면역 체계에게 암세포를 먹어치우는 능력을 부여하고 암을 무력화시키는 데 성공한 것입니다. 대단한 일이죠. 이 연구를 통해 더욱 분명해진 것은, 순전히 정신의 힘으로 혹은 가벼운 자극을 줌으로써 면역 체계의 치유력을 끌어올리는 치료 방법이 과대평가되고 있다는 사실입니다. 되도록 자기 몸에 이런 스트레스를 주지 말아야 합니다. 우리는 무언가를 놓치고 있는 것이 아니며, 자기 치유를 위해 끊임없이 무언가를 해야 하는 것도 아닙니다.

유방암은 생활 습관에 의해 발병하는 경우가 5퍼센트 미만입니다. 반면 폐암은 80퍼센트가 넘습니다. 전체적으로 보면 암으로 인한 사망의 절반 정도는 아주 간단한 네 가지 조치만으로도 막을 수 있습니다. 당신이 과체중이 아니고, 비흡연자이고, 일주일에 150분 정도 가벼운 운동 또는 75분 정도 격렬한 운동을 하고, 하루에 한두 잔 이상 술을 마시지 않는다면 암에 걸릴 확률이 이미 아주 낮기 때문에 특별히 건강을 챙기려 애쓰지 않아도 됩니다. 이건 하나도 새로울 게 없지만 실은 무척 흥미로운 사실입니다. 이 네 가지 단순한 규칙만 지키면 다른 건강 관련 유행을 하나도 따를 필요가 없다는 겁니다. 이것은 심근경색에도 해당됩니다. 하지만 유전자나 나이처럼 우리가 조금도 어찌해볼 수 없는 위험 인자들은 여전히 차고 넘칩니다. 그러니 너무 흥분하거나 낙

관할 이유도 없습니다.

자기 책임은 중요합니다. 하지만 아무도 고행에 나설 필요는 없습니다. 누구나 스스로 원하면 건강하지 않게 살아갈 권리가 있습니다. 누가 새벽 세 시에 안전띠도 매지 않고 음주 운전을 하면서 앞도 안 보일 정도로 줄담배를 피우다가 충동적으로 유기농 매장과 충돌해서 야채 주스가 진열된 판매대 모서리에 머리를 심하게 다쳤더라도, 우리의 사회연대적 건강보험은 기꺼이 그를 보살펴줍니다. 어쩌면 그는 이런 행동이 결코 좋은 생각이 아니었다는 걸 스스로 어렴풋이 깨닫게 될지도 모릅니다. 그에게 애써 깨우쳐주는 사람은 아무도 없을 테니까요.

저는 빨리 달리는 것보다 오래 앉아있는 걸 더 잘 합니다. 왜 그러냐고요? 하나를 다른 하나보다 훨씬 자주 하기 때문입니다. 다 연습 덕분입니다. 하지만 제가 다른 걸 더 우선시한다고 나쁜 사람이 되는 건 아닙니다. 건강과 도덕은 서로 다른 영역입니다. 중세 이후로 가장 많이 진보한 것 중 하나는 병에 걸려도 더 이상 천벌을 받았다고 주변의 손가락질을 당하지 않아도 된다는 겁니다. 자기 치유와 생활 습관의 중요성을 끊임없이 강조하다보면, 반대로 질병의 '책임'을 본인에게로 돌리는 결과를 초래할 수 있습니다. 1980년대 연구자들은 감정을 조절하지 못하면 병이 생긴다는 가설을 증명하고자 여러 번 시도했습니다. '암 성격'과 '심근경색 성격'은 차이가 있다고도 했습니다. 여러 해에 걸친 검증과 평가의 결과는 분명합니다. 질병과 성격의 상관성은 전혀 존재하지 않습니다! 암에 잘 걸리는 성격도 없고, 심근경색에 잘 걸리는 성격도 없습니다. 우리들의 마음을 한결 가볍게 해주는 이런 사실은 널리 알려져야 합니다. 세상에는 늘 스트레스에 찌들어 있고 자기감정을 전혀 드러내지 않지만, 평생 큰 병치레 한 번 없이 오래오래 잘 사는 사람도 아주 많습니다! 스트레스 하나만으로 우리 몸이 금방 상하는 것도 아니고, 생각만 바꾼다고 암이 금세 나을 수도 없습니다.

질병을 길잡이로 삼자는 주장Krankheit als Weg은 심리학적 지혜의 물결을 불러일으켰습니다. 덕분에 요즘에는 콧물만 조금 흘러도 자신이 무슨 지나친 행동을 했는지, 어떤 자기 치유력을 억압하고 있는지 자문해야 할 지경입니다. 제가 콧물을 흘리는 건 집안에 조신하게 머물러 있어야 할 사람을 지하철에서 접촉했기 때문이라는 게 합리적인 설명입니다. 안경이 필요해지는 건 무언가를 보고 싶지 않기 때문일까요? 천만에요. 저도 이제 글을 읽으려면 안경이 필요합니다. 무언가를 보고 싶지 않아서가 아니라 다시 또렷하게 보기 위해서란 말입니다!

의사와 환자가 마음도 함께 고려하는 것은 아주 환영할 일입니다. 가장 많이들 고생하는 질환인 불특정 허리 통증은 일반적으로 심리 상태가 큰 역할을 합니다. 실제로 값비싼 치료를 받을 필요 없이 단순한 조언과 시간이 도움될 때가 많습니다. 하지만 해석이 너무 분분합니다. 어떤 여자분은 자기 아들에게 편두통이 생긴 이유를 "얼마 전에 몇 가지 일을 제대로 처리하지 못해서 그렇다"고 설명하더군요. 저는 그녀에게 원인에 대해 더 고민하지 말고 먼저 여러 형태의 두통에 관해 전문 지식이 있는 괜찮은 신경과 의사를 찾아가보라고 권했습니다. 모든 게 다 '심리'는 아닙니다. 심신의학조차도 그렇습니다.

끊임없이 우리 자신에게 몰두하는 것이 과연 옳을까요? 언제부터

'정신적인 것'이 경쟁 부문으로 바뀐 걸까요? 병이 위중할수록 우리는 우리 자신을 더욱 깊숙이 난도질합니다. 당사자는 원인 제공자가 되어 모든 게 자기 잘못이라고 말합니다. 암 환자들은 모두 몸이 비명을 내지를 수밖에 없게 어떤 심적 갈등을 억압했던 걸까요? 아닙니다. 그들 대부분은 그냥 운이 나쁠 뿐입니다. 생명은 부당하고 불가해할 때가 많습니다. 그러니 당신의 병에 대한 잘못이 당신에게 있다고 설득하는 그어떤 말에도, 심지어 그것이 당신 자신의 입에서 나오는 말이더라도 귀를 기울이지 마시기 바랍니다.

누가 심각한 병에 걸리면 우리는 의미를 찾기 시작합니다. 그것도 의미는 있습니다. 하지만 우리는 병 자체가 아니라 상황에 의미를 부여합니다. 암에 걸린 사람은 자주 요청하지도 않은 해석을 듣게 됩니다. 밀교 신봉자는 선의로 이렇게 말합니다. "잘 생각해보세요. 당신이 어떤 식으로든 이 병을 원한 게 아닌지. 당신의 잠재의식이 이 병을 끌어당긴 것은 아닐까요?"

아니면 프란츠 카프카 방식으로 조금 순화시켜서 이렇게 말해볼 수도 있습니다. "장애물을 찾느라 시간을 낭비하지 마세요. 어쩌면 그런 건 전혀 존재하지 않아요!"

인도의 고아 해변에서 한 기적의 치유자가 서비스를 제공합니다. "도움이 필요한 사람은 누구든 오세요. 돈은 받지 않아요. 내 손은 치유하는 손입니다!" 영국인이 찾아와 피부 염증을 고쳐달라고 부탁합니다. 치유자가 잠시 손을 얹자 피부가 금방 말끔해집니다. 프랑스인은 복통을 없애달라고 도움을 청합니다. 치유자가 잠시 그 사람에게 손을 얹자

출구는 많습니다. 한 가지 길만 있는 건 아닙니다.

고통이 금세 사라집니다. 독일인은 영국인과 프랑스인에게 일어난 일을 보더니 치유자에게 소리쳤습니다. "그 손 치워요. 난 지금 6주 동안 병가를 냈단 말이에요!"

이 유머에는 진지한 물음이 담겨 있습니다. 우리는 끊임없이 건강에 몰두하지만 한번 솔직하게 말해봅시다. 정말 모두가 건강을 원할까요?

조금 씁쓸한 얘기지만 저는 기꺼이 병들고 싶어 하는 사람을 많이 알고 있습니다. 그들은 약을 먹지 않으면 뭔가가 부족한 듯 허전해 합니다. 하지만 그들에게 정말로 부족한 것은 통증을 동반하지 않는 열정이고, 자기 자신에 대한 관심 말고 다른 관심거리이며, 그들이 채우고 키워나갈 수 있는 삶의 의미입니다. 지금까지도 풀리지 않는 수수께끼

는 이런 겁니다. 우리 모두가 긍정적 사고의 활성화를 통해 정말로 엄청난 자기 치유력을 얻을 수 있다면 왜 아주 많은 사람들이 정신과 육체의 이런 결합을 오히려 자신에게 해로운 방식으로 이용하는 걸까요? 그 반대가 아니라?

우울증 환자는 자기가 잘 지내면 오히려 잘 지내지 못하는 사람입니다. 이런 모순은 많은 심신 질환 환자에게서 나타납니다. 마음의 고통에서 생겨난 육체의 장애는 종종 자립하여 삶의 중요한 일부가 되기도 합니다.

요즘 번아웃되는 사람들이 왜 이렇게 많을까요? 우리 세대는 윗세대보다 훨씬 일을 덜 하는데 말입니다. 그것은 아마도 우리가 많은 시간을 무엇이 되기 위해서, 무엇을 보여주기 위해서, 남들의 인정을 받기 위해서 일하기 때문일 겁니다. 스트레스가 막심할 수밖에 없습니다. 관심과 애정을 받지 못하면 우리는 병이 납니다. 그래야 사람들이 우리를 걱정하고 돌봐준다는 것을 어릴 때 이미 배웠으니까요.

몸이 우리에게 자신을 돌보라고 강요하지 않는다면 우리는 건강한 겁니다. 철학자 칸트는 무언가를 하지 않아도 되는 자유가 우리를 인간으로 만든다고 말했습니다. 몸이 허락하는 한 이 자유를 만끽하세요.

자기 몸을 적으로 간주하고 끊임없이 그에 맞서 싸우는 일을 그만둘 수 있다면 그것이야말로 진짜 기적일 겁니다. 우리는 주름에, 흰머리에, 체중에 맞서 싸웁니다. 자기 파괴를 그치는 순간 자기 치유는 시작됩니다.

# 우리의 지각은 사실과 다릅니다

**실험:** 20초 동안 위의 창살 그림을 들여다보시기 바랍니다. 시선은 중앙에 고정하세요. 뭔가 이상한 일이 벌어질 겁니다. 구불구불하던 가장자리의 선들이 직선으로 변하며 창살이 '치유'되는 게 보일 겁니다.

**설명:** 뇌는 이것이 단순한 바둑판무늬라고 학습하면 가장자리의 무늬가 다를 이유가 없다고 여겨 '교정'합니다. 이것은 우리의 지각이 사실과 일치하지 않으며, 우리가 보고 싶어 하는 대로, 우리가 이미 알고 있는 무늬대로 만들어진 것임을 알려줍니다. 이런 교정은 완전히 자동으로 일어나는 '자동 교정'입니다.

**결론:** 그러므로 모두 다 질서정연한 것처럼 보이더라도 항상 정신을 바짝 차려야 합니다. 보는 게 우리 자신에게 달려 있으니까요. 그리고 가운데만 보고 있으면 가장자리의 흥미로운 현상을 놓치게 됩니다.

4부

# 우리를 오해의 덫에 빠뜨린
# 열 가지 통념

**Out** ↓

- 바흐꽃 에센스
- 비타민 C
- 음식 궁합
- 에어로빅
- 장내 효모
- 마늘
- 아마씨
- 간유
- 자가 소변 요법
- 초월 명상법
- 꿀
- 에코 테스트
- 크나이프 요법
- 녹차
- 라바 램프
- 핫 팩
- 숲길 걷기 체험 학습
- 제인 폰다 체조

**In** ↑

- 쉬슬러 소금
- 비타민 D
- 산/ 염기
- 요가
- 유당분해효소결핍증
- 생강
- 치아씨
- 그린스무디
- 자가 혈액 요법
- 마음챙김 훈련
- 스테비아
- 전원생활
- 웰니스 위켄드
- 뜨거운 물
- 광선 샤워
- 버찌씨 베개
- 나무 이해하기
- 아틸라 힐트만 건강식

## 다이어트 특효약은 없다

식사 방법을 바꿨습니다.
비스킷은 이제부터 컴퓨터 오른쪽입니다.

살 빼는 약이 단 하나라도 있다면 저는 당장 그것을 구매했을 겁니다. 적어도 10킬로 정도는 빼고 싶으니까요. 한때 몸무게가 3킬로인 적도 있었는데 그때 이후로 줄곧 살이 찌기만 했습니다. 지극히 정상이긴 합니다. 하지만 이제 뱃살을 조금 빼는 것이 심장에 더 좋으리라는 걸 제 머리는 알고 있습니다. 물론 무릎도 반대할 이유는 없습니다. 다만 행동이 뒤따르지 않는다면 아무리 모든 걸 알아봤자 소용이 없습니다. 유감스러운 점은 비만을 막는 데 효과적인 약은 없으며, 제 생각엔 앞으로도 절대 나오지 않으리라는 사실입니다. 그러기에는 우리 몸이 너무도 복잡하기 때문입니다.

더 황당한 건 요즘 유행하는 임신 호르몬 다이어트입니다! 그것도 동종 요법 정도로 희석한 용량을 투입합니다. 한 마디로 아무것도 안 하고 살을 빼겠다는 겁니다. 처음 이 이야기를 들었을 때는 웃음밖에 안 나오더군요. 왜 내겐 그런 사업 아이디어가 없을까 하는 생각도 들

었습니다. 왜 그런지는 저도 압니다. 다른 것도 아니고 건강한 여성에게 아름다운 둥근 배를 만들어주는 호르몬이 비정상적으로 튀어나온 배를 줄여줄 수 있을 거라는 주장을 진지한 표정으로 늘어놓을 자신이 제게는 없기 때문입니다. 21일분 가격이 무려 159.95유로! 물론 안내서, 유청 분말, 계량스푼, 바나나 딸기 초코 바닐라 맛 무칼로리 아로마 주스 등도 포함되어 있기는 합니다.

일명 HCG 다이어트입니다. HCG는 융모성 성선자극호르몬human chorionic gonadotropin의 약자로 임신 기간 중 태반에서 생산되는 호르몬을 가리키는 말입니다. HCG 다이어트는 요즘 각광 받는 다이어트법으로 할리우드 스타들과 부자들이 무척 선호한다고 하지만, 사실 전혀 새로울 게 없습니다. 이 방법은 60년 전 한 영국인이 처음 개발한 이후 자주 주목을 받았지만 특별한 효과가 없어 나타났다 곧 다시 사라지기를 반복했습니다. 흔히 간과하는 사실이 있는데, 다이어트 유행에도 요요 현상이 있습니다. 모두 다 다시 돌아옵니다. 더 나빠져서 말입니다.

HCG 다이어트 효과의 근거는 무엇일까요? 놀라지 마세요. 하루에 500kcal밖에 안 먹기 때문에 당연히 몸무게가 줄어드는 겁니다. 놀라운 과학적 성과라는 게 그냥 굶는 것일 뿐이에요! 하루에 500kcal만 먹으면 누구나 살이 빠집니다. 호르몬 글로불리를 복용하든 고급 주사액으로 만들어 투약하든 아무것도 안 하든 상관없어요. 결과는 다 똑같아요. 놀라울 게 없습니다.

다이어트 시장은 너무나 황당한 일들이 많아서 도무지 다 파악할 수가 없습니다. 그래서 아주 간단히 요약하겠습니다. 장기적으로 효과가 있는 다이어트는 없습니다. 다이어트를 하면 날씬해지는 게 아니라 뚱뚱해집니다. 끝.

살을 빼고 싶은 사람에게 다이어트는 제대로 된 도움을 줄 수 없다는 게 팩트입니다. 저도 유감스럽지만 어쩔 수 없습니다. 한 가지 위안이라면 날씬해진다고 해서 그만큼 더 건강해진다는 증거는 없다는 겁니다. 요즘은 오히려 조금 쿠션이 있어야 더 오래 산다는 주장도 많습니다. 기대 수명이 가장 높은 쪽은 비현실적인 '이상적 체중'을 좇지 않고 BMI 25에서 30 사이의 자기 체중을 꾸준히 유지하는 사람입니다. 30 이상은 지방과다증 또는 비만증이라고 합니다. BMI, 즉 신체 질량지수Body Mess Index는 몸의 크기를 통해서 계산됩니다. 그래서 저는 아직 살이 10킬로 정도 더 쪄야 비로소 BMI가 30 이상이 됩니다. 물론 그럴 생각은 전혀 없습니다. 키가 10센티미터 더 커져야 '정상 체중'이 될 수 있다면 통굽 신발을 신어보는 건 어떨까요?

어떻게 하면 품위를 지키며 합리적으로 체중 관리를 할 수 있을까요? 첫 번째 팁은 당신도 이미 알고 있습니다. 이상적 체중이라는 고정관념에서 벗어나세요. 사람은 다 다릅니다. 남들과 같아지려고 하지 마세요. 몸의 길이를 바꾸려는 건 불가능합니다. 기왕에 줄자를 들었다면 배 둘레를 재세요. 내부 장기와 혈관 주위에 있는 소위 내장지방은 더 심각하고 해로운 지방입니다. 허벅지나 팔뚝의 피하지방은 아무도 못 죽입니다. 거울이나 집게나 저울이 우리에게 무슨 문제가 있는지 말해주지 않습니다. 이건 퍼즐 맞추기입니다. 배 둘레 치수는 퍼즐 조각 한 개에 불과합니다. 줄자의 센티미터가 일정치를 넘으면 관상동맥 심장

질환, 뇌졸중, 제2형 당뇨병 등의 위험이 커집니다. 여성은 80센티미터 이상 남성은 94센티미터 이상이면 위험군, 여성은 88센티미터 이상 남성은 102센티미터 이상이면 고도 위험군에 속합니다. 이런 모든 지표와 상관계수에 담겨 있지 않은 내용이 바로 운동량입니다. 규칙적으로 운동하는 것은 좋은 일입니다. 하지만 빠른 걸음으로 주유소에 가서 담배를 사오는 것이 운동이 되어서는 곤란합니다.

다른 과소평가된 요인은 마음입니다. 잘 알려져 있지 않은 영역이죠. 억지로 살을 뺀 사람은 살을 빼는 동안 자주 기분이 우울해지고 또 결과에도 좀처럼 만족하지 못합니다. 의사들은 위 축소 수술의 등장으로 드디어 고도비만 환자들의 체중을 크게 줄일 수 있게 되어 무척 기뻐했습니다. 이 수술의 부작용이 뚜렷해진 것은 최근의 일입니다. 살은 빠지지만 우울증에 걸리거나 심지어 자살을 시도하는 환자들이 생겨났습니다. 위 축소 수술을 받은 환자 8,800명 중 3년 안에 111명이 자해를 저질러 응급실로 실려왔습니다. 마음의 병이 수술 전부터 이미 있었는데 몰랐던 것인지, 아니면 위에서 분비되는 호르몬의 양이 축소 수술로 줄어드는 등의 다른 요인이 작용한 것인지는 분명하지 않습니다. 체중보다는 자신을 돌보는 일이 더 중요합니다.

최근 20년간 우리가 살을 빼기 위해 읽고 듣고 구매한 것만도 이루 헤아릴 수 없이 많습니다. 하지만 그 결과 조금이라도 더 날씬해졌나요? 아닙니다. 현대인들은 어느 때보다 뚱뚱합니다. 원인은 아마 체중이 늘고 빠지기를 반복하는 요요 효과에 있을 겁니다. 물론 늘어난 탓이 조금 더 크겠지만 말입니다. 살을 빼기는 그리 어렵지 않습니다. 그보다는 모든 체세포들이 충분히 굶었으니 밥을 달라고 울어대는 와중에 체중을 유지하는 일이 훨씬 더 힘듭니다.

저지방 광기는 역사에 길이 남을 착각입니다. 버터를 합성 첨가물에 물을 섞은 마가린으로 교체한다고 건강에 좋아지는 것도 아닙니다. 마가린, 빵과 과자, 인스턴트식품 등에 들어 있는 경화 지방은 혈관을 굳게 만들기 때문에 우리 몸에 해롭습니다. 완전 실패작이죠. 라이트 제품이나 인공감미료 모두 체중 감량에는 어떤 기여도 하지 못합니다.

저탄수화물이 요즘 유행이지만 이것도 일부 사람들에게 우울증을 일으킵니다. 어떤 이들은 선사시대에 우리가 식물만 먹었다고 말하고, 또 어떤 이들은 고기를 많이 먹고 빵은 안 먹는 게 요즘 시대에 맞는 식사법이라고 생각합니다. 하지만 자기 이론을 입증할 만한 훌륭한 과학적 증거를 제시하는 사람은 거의 없습니다. 틀린 말들만 열거해도 금방 책 한 권이 만들어질 겁니다. 사람마다 다 다릅니다. 뇌도 다르고 물질대사도 다릅니다. 우리가 먹은 음식물을 분해하는 장박테리아도 사람마다 크게 차이가 납니다. 두 사람이 정확히 똑같이 먹었는데도 체내에 도달하는 양분은 서로 다릅니다. 문외한의 눈에는 별 차이 없겠지만 마지막에 배출되는 것도 서로 다릅니다. 그러니 이제 똑같은 짓들과는 작별해야 합니다. 인간이든 미생물이든 다양성을 존중합시다.

이 분야에서 과학은 이제 막 발걸음을 뗀 거나 다름없습니다. 흥미진진합니다. 여러 종류의 살아 있는 박테리아가 들어 있는 천연 요구르트 섭취는 항생제 남용으로 내부 동거자들이 혼란에 빠져 있을 때 확실히 의미 있는 일입니다. 우리 내부의 미생물 정착지는 유아기를 거치며 놀

라울 정도로 안정적인 상태가 되어 긍정적으로로든 부정적으로든 쉽게 변하지 않습니다. 수조 마리의 박테리아에 대해 얼마만큼의 양과 어느 정도의 혼합이 긍정적으로 또는 부정적으로 작용하는지는 아직 알 수 없습니다.

제가 보기에 유용하고 타당하게 여겨지는 유일한 아이디어는 '간헐적 단식', '5+2 다이어트', '16 대 8 다이어트' 등 여러 가지 이름으로 불리고 있습니다. 이 방법은 우리 인류가 1만 년 이상을 유지했던 생활 방식과 비슷하게 공복 시간을 좀 더 길게 갖자는 생각에서 출발합니다. 선사시대에는 항상 12시 30분에 맞춰 식사를 할 수 없었습니다. 반나절 이상을 쫄쫄 굶으며 사냥감을 뒤쫓았고, 그나마 사냥에 성공해야 뭔가 먹을 것을 입에 넣을 수 있었습니다. 음식을 구하는 일이 더 이상 많이 움직일 필요 없이 온라인으로, 전화로, 냉장고까지 단 세 걸음으로 해결되기 시작한 이후로, 우리 머리는 물류창고 프로그램으로 전환되었습니다. 중간에 비스킷이나 단것 등의 간식을 먹지 않고 오랜 시간 공복을 유지하면 췌장은 인슐린을 분비할 필요 없이 한숨 돌릴 여유가 생기고, 세포들도 휴식을 취할 수 있습니다. 단식은 영혼의 건강에도 좋습니다. 예전에는 음식을 조금씩 자주 먹을 것을 권했지만 지금은 달라졌습니다. 하루 세 끼 식사가 14번 거의 안 먹듯이 먹는 것보다 훨씬 조절하기 쉽습니다. 부분 단식은 꽤 괜찮은 방법입니다. 우리 몸은 식사를 거르는 것을 놀라울 정도로 잘 참아냅니다. 금방 익숙해집니다. 어떤 사람은 아침을 포기하는 게 더 쉽고 어떤 사람은 저녁을 거르는 게 더 편합니다. 저녁을 거르는 방법은 '디너 캔슬링' 다이어트로도 알

# 힘들이지 않고도
# 체중이 감소한다!

von HIRSCHHAUSEN

LACTOSEFREI
GLUTENFREI
SINNFREI

## 플라세보 라이트

### 식사 대신 물 3리터와 함께 복용

배와 다리와 항문을 위한 서방형 정제.
확실한 체중 감량 효과.

90

1개월분
**90** 정

히르슈하우젠의
신제품

폰
히르슈하우젠

성분: 믿음, 사랑, 희망. 많은 애정과 긍정적 기대를 가지고 복용할 것.

내용물은 없지만 '진짜'처럼 보이는 약을 시중에 유통시키는 사람은 그 약이 '진짜' 약처럼 효과가 좋아도 놀라서는 안
됩니다. 어린아이와 동물에게는 약효가 강할 수 있으니 주의하세요. 위험과 부작용에 대해서는 의사에게 문의하거나
사용 설명서 대신 책 내용을 자세히 읽으세요.

려져 있습니다. 아침, 점심, 저녁 어떤 식사를 거르든 상관없습니다. 관건은 총량을 줄이는 것입니다. 에너지 효율은 낮에만 높아지는 것도 아니고 밤에만 그런 것도 아닙니다. 살은 잠 잘 때만 빠지는 게 아닙니다.

이것은 간헐적 단식의 또 다른 장점이기도 합니다. 자신을 쉴 새 없이 괴롭히다가 어느 순간 다시 처음으로 돌아가는 악순환을 되풀이하는 대신, 공복을 유지하는 몇 시간에만 자신의 의지력을 집중하면 됩니다. 일주일에 하루나 이틀만 단식하면 나머지 날에는 다이어트 프리패스 티켓을 얻어 아무거나 먹고 싶은 대로 먹을 수 있습니다.

생활 단식에 대해서는 많은 연구가 진행되고 있지만 실험은 누구나 할 수 있습니다. 저도 해보았습니다. 저녁 식사를 거른 다음날 아침에 제 몸은 놀라울 정도로 침착했습니다. 미친 듯이 배가 고프다고 난리를 칠 줄 알았는데, 오히려 다소 과한 요구를 문제없이 처리했다고 자랑스러워하더군요.

20분 걷고 나서 이제 햄과 치즈에 계란프라이까지 얹은 햄버거를 마음 편히 먹을 수 있다고 여기는 사람은 스포츠의 역할을 과대평가한 겁니다. 운동만으로 살을 빼려는 시도는 성공하기 어렵습니다. 기초대사량은 근육량이 늘면서 조금 높아질 수 있지만 영양이 부족한 식단을 통해 다시 곤두박질치기 때문입니다. 그러므로 조금 더 운동하고 조금 덜 먹는 것이 장기적으로 도움이 됩니다. 그리고 이것을 유행 따르듯 하지 말고 생활 습관으로 자리 잡게 해서 우리 몸이 당황해 거부반응을 일으키지 않고 안정감을 가질 수 있도록 해야 합니다.

제게 유의미하게 여겨지는 일곱 가지 단순한 규칙을 소개합니다.

1. 누구나 자기가 원하는 대로 될 수 있습니다.

2. 살을 빼고 싶으면 설탕을 줄이세요.

3. 좋은 지방은 비만이 아니라 포만감을 줍니다.

4. 빵만이 아니라 단백질도 포만감을 줍니다.

5. 공복 시간을 길게 가지세요. 자신의 리듬을 찾으세요. 배가 고파지면 그때 다시 드세요.

6. 완전히 배가 불러지기 전에 식사를 끝내세요. 80퍼센트 정도면 충분 합니다.

7. 식사는 기쁨을 주어야 합니다. 편안하게 식사를 즐기세요.

## 비타민이 이렇게 쓸모없을 줄이야

내가 먹는 것이 나를 만든다.

혹시 가족 중에 최근 100년 동안 괴혈병으로 사망한 사람이 있나요? 없어요? 그거 참 놀라운 일이군요! 독일에서 비타민 C 부족으로 병이 난 사람은 거의 한 명도 없습니다. 하지만 네 사람 중 한 명은 비타민 C 가 반드시 들어가는 영양 보충제를 사 먹습니다. 그 밖에도 제품에 따라 비타민 E, 비타민 A, 셀레늄, 칼슘 등 최대 30가지의 성분이 더 포함됩니다. 미국에서는 심지어 두 사람 중 한 명이 보충제를 먹습니다. 전세계가 비타민을 사랑합니다. 캡슐로 된 "순수한" 형태부터 사탕, 주스, 젤리, 두통약, 어린이 요구르트, 심지어는—놀라지 마시라—비타민 화장지까지 온갖 게 다 있습니다. 우물쭈물하다가는 비타민 보충을 피할 길이 없습니다. 비타민이 정말 건강에 좋아서 그런 걸까요? 아닙니다! 싸게 만들어 비싸게 팔 수 있기 때문입니다.

비타민은 우리 몸이 스스로 만들어낼 수 없는 성분입니다. 그래서 외부로부터의 공급에 의존합니다. 비타민은 세포의 다양한 활동에 중요한 역할을 합니다. 비타민의 역할에 대해 아직 잘 모르던 시절에는 비타민 결핍으로 인한 심각한 질환이 많았는데, 그 대표적인 예가 괴혈병입니다. 비타민 C는 결합조직과 잇몸에 중요하기 때문에 예전에는 바다 위에서 몇 달 동안이나 신선한 과일과 채소 구경을 할 수 없었던 선원이 특히 이빨이 많이 빠졌습니다. 영국 해군의 주치의였던 제임스 린드James Lind는 1747년에 최초로 관련 실험을 실시했습니다. 그는 괴혈병에 걸린 선원 12명을 6개의 치료군으로 나누어 치료를 시도했습니다. 첫째 군은 해수로 치료하고, 둘째 군은 사과 와인, 셋째 군은 식초, 넷째와 다섯째 군은 각각 설사약과 황산염을 혼합한 약으로 치료했습니다. 하지만 건강 상태가 실제로 호전된 것은 여섯째 치료군뿐이었습니다. 이들에게 제공된 것은 감귤류였습니다! 린드는 이 발견으로 전 세계 수백만 명의 선원들에게 도움을 주었을 뿐만 아니라 임상 시험의 모범적 사례를 제시했습니다. 치료군을 명확히 나누어 대조하는 방법이었습니다.

현대의 비타민 열풍은 또 다른 인물과 관련이 있습니다. 미국의 과학자 라이너스 폴링Linus Pauling입니다. 1901년생인 폴링은 젊은 시절부터 천재로 통했고 노벨화학상을 수상했습니다. 1940년대에 폴링은 전쟁에 반대하는 목소리를 높이며 원자탄 프로젝트에 협력하기를 거부한, 당대 가장 유명한 평화 활동가였습니다. 이런 활동으로 그는 1962년에 노벨과학상 수상자로는 최초로 노벨평화상도 받았습니다.

다른 사람들 같으면 은퇴할 나이에 폴링은 비타민 C 실험을 시작했습니다. 그는 생명의 영약을 찾고자 했습니다. 그리고 비타민 C를 오늘

날 권장되는 복용량의 300배를 섭취했습니다. 몸에 좋은 거라면 많을
수록 더 좋지 않겠냐는 생각이었습니다. 매우 비과학적이지만 시도해
볼 만한 가치는 있었습니다. 그는 매일 18그램의 비타민 C를 섭취했고,
모두가 그렇게 하면 감기가 세상에서 사라질 거라고 했습니다. 노벨상
을 두 번이나 수상한 천재의 권고는 당연히 커다란 호응을 얻었습니
다! 폴링은 자신의 '새로운 발견'에 점점 더 빠져들었습니다. 나중에는
심지어 비타민 C가 암을 예방하고 평균수명을 110세까지 연장해줄 거
라고도 했습니다. 폴링이 93세에 전립선암으로 세상을 떠난 것은 운명
의 아이러니라 하겠습니다. 그럼에도 불구하고 폴링과 함께 일했던 마
티아스 라트Matthias Rath는 비타민으로 암을 치료할 수 있다는 생각을 독
일로 가져왔고, 결국 끔찍한 결과를 초래합니다. 그의 비타민 치료법으
로 완쾌되었다고 언론을 통해 떠들썩하게 알려졌던 소년이 2004년에
사망한 것입니다. 암이 라트의 난삽한 이론에 순순히 따라주지 않은 탓
이었습니다.

지금도 아주 많은 사람들이 비타민 C가 감기에 효과가 있다고 믿고
있습니다. 코크란 라이브러리Cochrane Library의 자료에는 1만 명 이상의 참
가자를 대상으로 실시된 실험 결과들이 다음과 같이 요약되어 있습니
다. 첫째, 비타민 C를 섭취한 사람도 정확히 동일한 빈도로 감기에 걸
린다. 둘째, 감기가 시작될 때 비타민 C를 먹어도 아무 효과가 없다. 셋
째, 비타민 C가 감기의 지속시간을 0.5일 정도 줄일 수 있다. 기적의 치
료제와는 전혀 거리가 먼 결과입니다!

하지만 이 모든 것도 비타민의 신화를 꺾지 못했습니다. 비타민 시

장은 미국에서만 지난 20년간 80억 달러에서 320억 달러로 성장했습니다. 비타민 제조 업체들은 어마어마한 수익을 올리는 대기업으로 올라섰고 매우 강력한 압력단체가 되어 무엇을 먹을 것인가에 대해 마음대로 주장하고 판매할 수 있게 되었습니다. 이런 물결은 인터넷 주문을 통해 독일도 완전히 휩쓸었습니다. 제품 검사에서는 통신판매 제품의 3분의 1이 표시된 함량에 미달하는 것으로 밝혀졌습니다! 하지만 이것이 어쩌면 사용자에게 일어날 수 있는 가장 좋은 결과가 아닐까 싶습니다.

광고나 포장지를 보면 마치 비타민을 얻기 위해 과수원을 찾아다니며 가장 좋은 천연 물질들을 자연에서 직접 손으로 수확한 것처럼 보입니다. 하지만 현실은 전혀 다릅니다. 중국에 가면 다국적 제약 회사들이 도시 전체를 비타민 생산 지옥으로 바꿔놓은 모습을 볼 수 있습니다. 우리는 가장 지저분한 도시에서 만들어진 흰 알약으로 깨끗한 마음의 평화를 사고 있는 겁니다. 비타민 제품은 천연 성분과 무관하며 광고에서 주장하는 것처럼 면역 체계에 좋거나 면역력을 강화시키지도 않습니다.

소비자 권익 보호 단체 푸드워치Foodwatch에서 200개 이상의 제품을 확인해본 결과, 비타민 광고는 제품에 당분, 염분, 지방 등의 성분이 너무 많이 들어있다는 사실을 의도적으로 은폐하고 있었습니다. 이런 '건강한' 사탕보다는 파프리카 한 개에 비타민 C가 더 많이 들어 있습니다.

비타민을 만드는 것은 특별히 비싸지 않습니다. 어떤 것들은 심지어

폐기물 재활용품입니다. 당연히 마진도 높고 광고 비용도 높을 수밖에 없습니다.

그래봤자 특별히 몸에 해로울 건 없지 않냐고요? 그러면 얼마나 좋겠습니까. 영양 보충제는 법적으로 의약품이 아니라 식품으로 분류됩니다. 그래서 가능한 부작용에 대한 검사도 받을 필요가 없습니다. 논리는 간단명료합니다. 과일은 건강하다. 과일에는 비타민이 들어 있다. 고로 비타민은 과일에 들어 있는 것이 아니더라도 여전히 건강할 것이다. 하지만 이것은 사실이 아닙니다. '활성산소 청소기'니 '항산화 물질'이니 '분자교정의학'이니 하는 말들도 다 마찬가지입니다. 대체 이런 것들이 다 뭘까요?

체세포가 물질을 처리할 때마다 소위 활성산소라는 것이 생겨납니다. 20년 전부터 이 공격적인 분자들은 유전자를 손상시키고 세포를 죽이는 등 가능한 모든 악의 근원으로 여겨졌습니다. 이것들은 심지어 피부도 쪼글쪼글하게 만드는 것으로 알려졌습니다. 사람들은 이런 활성산소를 없애고 '산화 스트레스'를 방지하는 것이면 뭐든지 좋은 성분으로 여겼습니다. 과일 주스에도 항산화 물질이란 글자가 빠지지 않았습니다. 하지만 그사이 과학은 좀 더 똑똑해져서 몸에 활성산소가 필요하다는 걸 알게 되었습니다. 활성산소는 우리 몸이 박테리아나 암세포와 싸울 때 중요한 무기가 됩니다. 그러므로 과도한 양의 항산화 물질로 이런 영리한 시스템을 마비시키는 것은 결코 좋지 않습니다. 오히려 몸을 병들게 하고 암의 위험도 높이니까요. 이것은 모두 비타민에 대한 체계적인 연구로부터 얻은 성과입니다.

폐암을 예로 들어보겠습니다. 연구자들(과 흡연자들)은 비타민 A의 전 단계 물질인 카로틴이 폐암 예방에 도움이 되기를 희망했습니다. 하지만 CARET 실험(카로틴과 레티놀 효능 실험)에서 베타카로틴 정제를 복용한 흡연자들은 기대와 달리 오히려 폐암 발병률이 더 높아졌습니다. 참가자들의 위험을 막기 위해 실험은 중단되었습니다. 흡연자들에게 이 '흡연자 비타민'을 권하는 것은 물에 빠져 발버둥치는 사람에게 마실 물을 건네는 것이나 다름없습니다. 암에 걸리지 않기 위한 가장 효과적인 조치는 언제나 그렇듯 담배를 피우지 않는 것입니다!

기적의 원소 셀레늄과 비타민 E는 또 어떤 효과가 있을까요? 여기서도 사람들은 암 예방 효과를 기대합니다. 3만 5,000명 이상의 남성을 대상으로 실시된 SELECT 실험(셀레늄과 비타민 E의 암 예방 실험)에서는 비타민 E도, 셀레늄도, 두 성분의 조합도 모두 전립선암의 위험을 낮추지 못했습니다. 장기간의 평가 결과, 비타민 E를 섭취한 남자들이 대조군에 비해 오히려 전립선암에 더 많이 걸렸습니다. 셀레늄도 마찬가지로 전립선암의 위험을 높였습니다. 몹시 실망스러운 결과였습니다. 장기간에 걸쳐 철저하게 조사한다면 '기적의 영약'은 더욱 충격적인 모습을 드러낼 겁니다. 하지만 누가 그런 것에 관심을 두겠습니까? 다양한 조합과 복용량에 대한 실험이 가능하겠지만 아무도 그런 값비싼 연구에 돈을 지불하려들지 않습니다. 식료품으로 지정된 덕분에 제조 업체는 의약품일 때 지불되어야 할 비용을 무산시킬 수 있었습니다. 신화적인 비타민 시장을 체계적인 지식을 통해 망가뜨릴 생각도 그들에게는 당연히 없습니다.

고용량의 비타민 섭취가 암을 예방하기는커녕 오히려 유발한다면 신순환계에 대한 영양 보충세의 효과는 과연 어떨까요? 오랫동안 칼슘은 뼈를 튼튼하게 하는 성분으로 권장되었습니다. 그러나 효과를 체계적으로 철저히 조사해보니 칼슘 제제가 골밀도를 높이는 건 사실이지만 반대급부로 심근경색의 위험도 뚜렷하게—성별, 나이, 제제의 종류에 관계없이 30퍼센트 정도—높이는 것으로 나타났습니다. 우리가 추가로 섭취하는 석회질이 바라는 대로 배분되지 않고 동맥도 경화시키리라는 것은 충분히 예상할 수 있는 일이었습니다.

대부분의 비타민이 발포정으로 만들어져 물에 녹여서 먹을 수 있는 것은 그나마 다행입니다. 그러면 곧 다시 소변으로 배출되기 때문입니다. 소변에서 멀티비타민 성분이 검출되는 것은 법적으로도 문제 될 게 없습니다. 하지만 비타민 A, D, E, K 등이 속하는 지용성 비타민의 경우는 그리 간단하지 않습니다. 이 성분들은 체내에 쌓이기 때문에 더 빨리 해를 끼칠 수 있습니다.

서광을 비추는 것은 비타민 D입니다! 비타민계의 새로운 별이라 할 비타민 D는 본래 비타민이 아닙니다. 그것은 호르몬처럼 작용하여 우리 몸에서 스스로 만들어집니다. 그중 90퍼센트는 햇빛의 자외선을 통해 피부에서 형성됩니다. 그래서 태양 호르몬이라고 불리기도 합니다. 비타민 D 결핍으로 뼈가 물러지는 구루병은 '영국병'으로 알려져 있습니다. 땅 밑에 들어가서 일해야 했던 영국의 아이들이 말 그대로 햇빛을 보지 못해서 뼈가 약해지고 다리가 굽어졌던 데서 생겨난 말입니다. 이런 상관관계가 알려지고 또 갓난아기들이 비타민 D 형성에 곤란을 겪는다는 사실을 알게 된 이후로 유아기 예방이 실시되고 있습니다. 최근에는 비타민 D가 킬러세포를 활성화시킴으로써 면역 체계에서도 핵심적인 역할을 한다는 사실이 추가로 발견되었습니다.

오랫동안 사람들은 피부암 위험을 높인다는 이유로 햇빛을 직접 쬐는 것을 피해왔습니다. 하지만 최근에 많은 장기적 데이터들을 분석한 결과, 놀랍게도 햇빛을 너무 적게 쬐는 것도 건강에 해롭다는 사실이 밝혀졌습니다. 정기적으로 야외 활동을 하거나 실외 노동을 하는 사람이 무조건 흑색 피부암에 더 잘 걸리는 게 아니었습니다. 살아오면서 햇빛을 더 많이 본 환자에게 심장질환이나 골다공증이 훨씬 덜 나타난다는 사실도 놀라웠습니다. 햇빛이 많은 나라에서는 고혈압은 조금 많지만 다발성경화증이나 제1형 당뇨병 같은 자가면역질환은 드물게 나타납니다. 15분 정도씩 일주일에 두 번이면 충분합니다. 비타민 D를 저축하기 위해 태양 은행이 따로 필요한 건 아닙니다.

요란한 비타민 광고를 보면서 더욱 화가 나는 것은 세상에는 실제로 비타민이 절실하게 필요한 사람이 많지만 대부분 유럽에 살지 않는다는 사실 때문입니다. 임신을 하거나 갓난아기이거나 와병 중인 경우는 또 다른 문제입니다. 하지만 제가 지금 말하려는 것은 영양 결핍을 앓고 있으면서도 그 사실을 제대로 알지 못하는 사람들입니다. 예를 들어 계속해서 옥수수나 쌀 한 가지만 먹는 사람들은 비타민 결핍이 생길 수밖에 없습니다. 전문가들은 이런 현상을 'hidden hunger', 즉 숨은 기아라고 부릅니다. 전 세계적으로 20억 명이 이런 상황에 놓여 있습니다. 매년 50만 명 정도의 아이들이 비타민 결핍으로 인한 감염과 각막

연화로 시력을 잃고 있습니다. 실명은 돌이킬 수 없으며, 아무도 돌봐 주지 않아 실명한 많은 아이들은 2년 이내에 사망합니다. 캅 아나무르 (Cap Anamur, 독일 응급 의사회)의 의사들에 따르면 비타민 A 보충을 통해 아이가 시력을 보호하는 비용은 한 명당 1년에 대략 1유로면 충분하다고 합니다. 다시 말해서 매년 50만 유로만 있으면 전 세계에 비타민 결핍으로 시력을 잃는 아이들이 생겨나지 않도록 하기에 충분하다는 겁니다. 정말 화가 나는 사실입니다. 독일에서 사람들이 영양 보충제 잡동사니에 지불하는 돈만 해도 그보다 2,000배나 더 많은 10억 유로입니다. 2014년 한 해에만 그렇습니다. 여기서는 많아서 탈이고 다른 데서는 부족해서 문제입니다.

이제부터라도 아이들의 눈을 구하기 위해 나설 생각입니다. 책 인세의 일부를 세계기아원조WHH에 지원하겠습니다. 전문가들의 의견에 따르면 비타민 제제로는 결핍을 해결하기 어렵습니다. 장기적으로 문제 해결에 도움이 되는 방식은 채소를 재배하고 건강한 식생활을 도입하는 것입니다. 독일 세계기아원조 대표인 틸 반베크Till Wahnbaeck는 이렇게 말합니다. "오렌지 고구마는 정말 마술적인 채소입니다. 재배하기도 비교적 수월한데 비타민 A와 칼로리의 보고입니다." 짐바브웨의 곡웨 지방에서는 곧 엄청난 양의 고구마가 재배될 겁니다. 이 책을 왜 읽느냐고 누가 물으면 간단히 이렇게 답하셔도 좋을 듯합니다. 비타민 A에 눈을 뜨게 해준 첫 번째 책이라고 말입니다.

최고의 멀티비타민은 알약이 아니라 땅에서 나옵니다.

# 당신이 누구든 '혼자'보다 '여럿'일 때 더 행복하다

외로움은 사람을 병들게 만듭니다.

위르겐 도미안Jürgen Domian은 독일에서 가장 특이한 야간근로자입니다. 그는 2만 명의 사람들과 대화를 나누었고, 수백만 명이 라디오에서 나오는 그의 말에 귀를 기울였습니다. 연방 공로 훈장은 이미 받았지만 제 생각에는 명예 박사 학위도 받아야 합니다. 아니면 명예 심리 치료사 자격이라도. 하지만 그런 건 없을 것 같군요. 그의 방송을 들을 때마다 저는 닫힌 문과 닫힌 사람들 뒤에 얼마나 많은 말해지지 않은 고통과 외로움이 있을까 하는 생각에 울컥 감정이 북받쳐 오르곤 합니다. 대부분의 사람들은 단순히 그들의 문제에 대해서, 고통과 갈망에 대해서 말하는 것만으로도 얼마나 기분이 좋아지는지 모릅니다.

얼마 전에 뇌종양에 걸린 젊은 남자가 전화했을 때 위르겐 도미안은 그 청년의 운명에 눈에 띄게 감정이 격해지더군요. 저는 그 모든 시간들과 그에게 전달된 모든 고민들과 문제들 속에서도 무뎌지지 않고 예민한 감수성을 유지한 위르겐 도미안에게 경의를 표했습니다. 그는 말로만 도움을 준 게 아닙니다. 여기 당신의 말에 귀를 기울이는 사람이 있다는 그의 태도 역시 사람들에게는 큰 위안이 되었습니다. 그밖에도 전문적인 심리 치료사들로 이루어진 팀이 배후에서 그를 지원해주고 있습니다.

위르겐 도미안이 방송을 그만두면 외로운 영혼들은 이제 누구를 찾아가야 할까요? 물론 상담 전화나 다른 대단히 훌륭하고 중요한 서비스들이 있습니다. 하지만 누군가와 말을 하고 싶은 사람이 한밤중에 전화에만 의존하지 않고, 낮에 현실 세계에서도 그렇게 할 수 있으려면 어떻게 해야 할까요?

남자와 여자 둘 중에 누가 더 외로움을 많이 탈까요? 심신의 고통으로 의사를 찾는 사람은 여성이 남성보다 두 배 정도 더 많습니다. 하지만 그렇다고 해서 남자들이 덜 고통받는 건 아닙니다. 그보다는, 여자들이 좀 더 쉽게 도움을 요청하고 고민을 이야기하는 반면 남자들은 침묵을 택하는 사람이 많기 때문입니다. 아니면 알코올에 의존하거나 스스로 목숨을 끊는 경우도 있습니다. 남자들은 모든 걸 혼자 알아서 해야 한다고 여길 때가 많습니다.

외로움은 사람을 병들게 만듭니다. 게다가 성격도 비뚤어지기 십상입니다. 여성 10만 명을 상대로 실시한 장기간의 실험에서 다른 사람에게 신랄하거나 적대적인 여자들은 심순환계 질환에 걸릴 위험이 뚜렷이 높게 나타났습니다.

사람에게 다가가는 첫걸음을 내딛기가 무척 어려운 사람들이 많습니다. 당신에게 누군가가 말을 걸어왔던 가장 뜻밖의 장소는 어디였습

니까? 케이블카? 사우나? 소파? 지금 이 책은 어디서 읽고 계신가요? 이동 중에? 아니면 집에서? 누군가 잘 모르는 사람이 당신 곁에 앉아 있다고 가정해봅시다(집보다는 이동 중일 가능성이 더 크겠군요). 책 읽기를 잠시 중단하고 가볍게 대화를 나누어보는 것은 어떨까요? 가장 최근의 과학적 지식에 근거해서 무조건 그렇게 할 것을 권합니다.

그냥 계속 책을 읽으시겠다고요? 쓸데없이 잡담이나 나누기보다는 책을 읽는 편이 훨씬 낫다고 여기시는군요. 많은 사람들이 그렇게 생각합니다. 그렇지 않다면 우리가 공공장소에서 타인과 접촉하는 것을 조직적으로 가로막는 이유가 달리 무엇이겠습니까? 우리는 책이나 잡지, 스마트폰 뒤에 숨어 자신을 방어합니다. 이런 게 정말 스마트한 행동일까요? 사람이 사회적 존재라는 사실을 아리스토텔레스는 이미 알고 있었습니다. 하지만 오늘날 우리 인간들이 이동하는 동안 대부분 말없이 나란히 앉아 있게 되리라고는 아리스토텔레스도 미처 예상하지 못했을 겁니다. 그리고 우리는 현실에서 하기 힘든 행동을, 대화의 시도를 가상공간에서 합니다.

사람들이 함께 있을 때 가장 행복한 게 사실이라면 왜 우리는 기차나 비행기나 버스 안에서 다른 사람들과 말하기를 그토록 꺼리는 걸까요? 책을 읽거나 인터넷을 돌아다니는 게 낯선 사람과 이야기를 나누는 것보다 정말로 그렇게 더 만족스러운가요? 아니면 그냥 그렇다고 생각하는 건가요?

심리학자들은 한 실험에서 막 기차나 버스 등에 올라탄 사람들 수백 명에게 차를 타고 가는 도중에 옆 사람에게 말을 걸어보도록 요구했습니다. 반대로 대조군에게는 옆 사람과 거리를 두거나 그냥 '늘 하던 대로' 행동하도록 했습니다. 차에서 내린 실험 참가자들의 설문지를 통해 심리 상태를 측정해보았습니다. 놀랍게도 우리를 행복하게 만드는 것에 대한 예상은 완전히 빗나갔습니다. 실험 참가자들에게 조용히 책을 읽는 것과 잡담을 나누는 것 중 무엇이 더 마음에 들겠는지 미리 물었을 때 대부분은 조용히 책을 읽는 편을 택했습니다. 그러나 실제로 차에 탔을 때는 말을 '해야 했던' 사람들이 차 타는 시간을 가장 편안해했습니다. 이것은 내향적인 성향과 외향적인 성향의 사람 모두 같았습니다. 많은 이들이 낯선 사람과의 대화가 자신에게 큰 즐거움을 줄지 미처 몰랐다며 놀라워했습니다!

그렇다면 우리는 왜 좀처럼 이런 행동을 하지 않게 되는 걸까요? 연구자들도 같은 의문을 가지고 탐구했습니다. 많은 참가자들은 지레 겁을 먹고 있었으며, 모르는 사람이 말을 걸어오면 귀찮고 성가실 거라고 여겼습니다. 하지만 실험 결과는 분명했습니다. 사회적 교류가 많아질수록 우리는 그만큼 더 행복해집니다!

물론 이것이 뻔뻔하게 치근덕대는 짓거리의 변명이 될 수는 없습니다. 하지만 우리를 인간답게 만들어주는 사회적 문화는 커다란 헤드폰 아래서든, 검은 선글라스 뒤에서든, 흐릿한 모니터 불빛 앞에서든 변함없이 유지되고 있는 것만은 분명합니다. 처음 대화를 트기에 좋은 말을 한 가지 가르쳐드리죠. "혹시 이런 이야기 들어보셨나요? 낯선 사람에게 말을 걸어보면 마음이 행복해진다는군요. 저는 안 그럴 것 같은데, 어떻게 생각하시나요?" 자, 이제 밖으로 나가 누군가에게 이렇게 말을

걸어보세요!

신경 과학에서는 말의 효과를 입증하는 연구 결과들을 계속해서 내놓고 있습니다. 말은 인간의 유기 조직 전체에 긍정적으로 작용합니다. 그렇기 때문에 의사들이 하는 말은 더욱 중요해집니다. 소크라테스도 '치유하는 말'이 치료의 중요한 몫을 담당한다고 말한 바 있습니다. '말하는 의술'은 이제 보건 의료 정책의 중요한 모토가 되었으며 의료 현장에서도 그 중요성은 더 이상 논란의 여지가 없는 것으로 받아들여지고 있습니다. 통계 자료를 보면 의사와 환자 사이에 오가는 좋은 대화는 치료 과정을 뚜렷하게 가속시킨다고 나옵니다. 그런데도 왜 저는 제 의사와 오랜 시간 대화를 나누어본 적이 별로 없는 걸까요?

건강보험 의사들은 환자 한 명을 진료하는 데 평균 6분의 시간을 사용합니다. 제가 그런 의사처럼 글을 쓴다면 이 책은 세 쪽 만에 끝날 겁니다. 그러면 당신은 실망스러울 테지만 그건 저도 마찬가지입니다! 가장 중요한 진단은 질문하고 경청하고 손으로 만지면서 캐물어야 비로소 가능합니다. 그런데도 의사 입장에서는 전문 지식과 공감 능력을 동원하여 말로 문제점을 '투시'하는 것보다 엑스선으로 몸을 투시하는 것이 더 유리합니다. 왜 그럴까요?

독일에 거주하는 사람들은 대부분 공영 건강보험에 가입되어 있습니다. 공영 건강보험 환자의 경우 의사는 통일된 평가 기준에 따라 진료비를 지급받습니다. 환자가 얼마나 자주 찾아오든 상관없이 건강보험은 4분의 1분기마다 총액을 계산하여 지불합니다. "질병의 종류와 위중함에 근거하여 요구되는 문제 해결을 위한 상담"에는 10분을 기준으로 9.39유로가 의사에게 지불되는데, 이것은 웰빙 호텔에서 마사지를 하는 비전문 보조 인력이 받는 비용에도 못 미칩니다.

그러므로 말로만 하는 치료는 금전적으로 별로 가치가 없습니다. '정신육체의학' 전문가인 비텐/헤르데케 대학의 토비아스 에슈Tobias Esch 교수는 이와 관련하여 육체와 정신의 분리를 거부합니다. "대화의 가치가 제대로 규정되지 못한 탓에 전체 시스템이 병들고 있습니다. 엑스선 기기를 구입하는 가격은 정확히 매겨집니다. 그래서 병원에서 의사가 얼마나 자주 사용해야 제값을 뽑을 수 있을지 계산할 수 있습니다. 하지만 대화는 무슨 이득이 있죠? 대화는 엑스선촬영처럼 간호사에게 대리로 맡길 수도 없습니다. 또 대화 상대자로서의 역할을 나눌 수도 없습니다. 고스란히 시간을 들여야 합니다."

많은 사람들이 동종 요법을 찾는 이유는 의사를 만난 '이후'의 치료보다는 의사를 만나는 '동안'의 치료와 더 관계가 있습니다. 동종 요법은 치료 시술사와 의사에 의해 제공됩니다.

베르텔스만 재단의 2014년 '보건 모니터Gesundheitsmonitor'에 따르면 동종 요법 의약품은 부차적인 역할에 그치는 것으로 나타납니다. 긍정적으로 평가되는 것은 의사와 환자가 나누는 대화의 차이입니다. 동종 요법 치료에서 의사는 더 잘 경청하고, 환자의 걱정과 불안에 더 자주 주의를 기울여주고, 환자가 궁금해하는 것을 설명해주고 치료에 대해서도 환자와 좀 더 집중적으로 대화를 나눕니다.

건강보험 의사들의 6분 상담과 진통제 처방은 동종 요법의 60분에서 90분에 이르는 상담과 글로불리 처방과는 비교가 되지 않습니다. 그

러니 동종 요법이 더 나은 성과를 내는 것은 놀랍지 않습니다. 상담이 의술의 근원적 형식이며 여기에는 다른 대안이 있을 수 없다는 사실에 주류 의학이 다시 주목하게 된다면, 과연 그때도 대체의학에 열광하는 사람이 지금처럼 많을까 의문입니다. 수술, 요양소, 입원 치료 등이 필요한지 여부와 같은 중요한 결정을 내릴 때는 상호 신뢰가 필요하고, 또 무엇보다도 시간이 필요합니다. 6분은 가벼운 대화에서 호감을 얻기에는 충분한 시간이겠지만 생사의 중요한 결정을 내리기에는 턱없이 부족합니다. 그리고 저는 어쩔 수 없이 동종 요법 치료사를 찾아가는 선택을 하고 싶지는 않습니다.

물론 말과 마음을 담당하는 의학 전문가도 있습니다. 심리 치료사, 정신과 의사, 심신 의학자 등이 그들입니다. 심리 치료사의 상담 리듬은 1시간이 아니라 50분에 맞추어져 있습니다. 중간의 10분 동안 심리 치료사는 생각에 잠기고 처방전을 쓰고 담배를 피웁니다. 아니면 화를 가라앉히며 다음 고객의 문제에 다시 집중하기 위해 안간힘을 씁니다. 그 대가로 그는 건강보험에서 1회당 80에서 90유로, 민간 의료보험에서는 150유로까지 지급받습니다. 상담 치료를 받기 위한 대기시간은 몇 주에서 몇 달이 걸릴 정도로 깁니다. 정말로 아픈 사람은 그렇게 오래 기다릴 수 없습니다.

많은 사람들은 대화를 나누기 위한 전문가를 특별히 원하지 않습니다. 그들의 바람은 소박합니다. 주치의나 전문의가 그들의 몸과 마음을 좀 더 잘 이해해주며 치료하기를 원할 뿐입니다. 여기에는 물론 신체를 점검하며 환자의 상태를 '파악'하는 것도 포함됩니다. 신체검사는 병력

말은 유익할 뿐만 아니라 불필요한 지출을 줄여 국민 보건 제도에도 도움이 됩니다.

과 더불어 의학의 가장 중요한 부문이지만 부와 명성과는 정말 동떨어진 영역입니다. 전체적인 신체검사 비용은 기록 서류 작성을 포함하여 환자당 15.15유로에 불과합니다. 심지어 비슷한 수준의 신체검사를 진행하되 판정과 서류 작성은 하지 않는, 하지만 훨씬 더 돈벌이가 되는 또 다른 영업 방식도 존재합니다.

이렇게 보면 일부 병원에서 의사 진료가 시작되기도 전에 벌써 환자들을 반쯤 벌거벗은 상태로 만들어버리는 이유도 충분히 이해가 갑니다. 옷을 입고 벗는 데 소중한 시간을 허비하지 않겠다는 거 아니겠습니까? 저보고 고루하다고 하겠지만 양측이 시작부터 확연히 차이가 나

게 벗은 상태라면 대화가 잘 진행될 리 없습니다. 그리고 한번 어그러진 눈높이는 다시 맞추기 어렵습니다. 그럼 이제 안과에도 가봐야 한단 말인가요?

## 문제는 과다 복용이야!

약을 처방대로 다 먹으면

너무 배가 불러요!

당신은 주치의가 있나요? 당신을 '총체적으로' 살펴주는 의사 말입니다. 주치의가 당신 집에도 온 적이 있습니까? 만약 그렇다면 당신은 운이 좋은 편입니다. 요즘 주치의는 점점 희귀해지고 있으니까요. 독일은 세계에서 유일하게 응급실 의사의 거의 90퍼센트가 특정 분야 전문의로 이루어진 의료 시스템을 갖추고 있습니다. 모두 자기 분야의 전문가들입니다. 하지만 바로 그래서 문제이기도 합니다. 전체를 개괄하는 전문가인 일반의, 내과의, 전통적 주치의 등은 소수에 불과하기 때문입니다. 하지만 환자의 상태에 대한 여러 소견들 중 어떤 것이 전체적으로 가장 중요하며 어떤 결정이 내려져야 할지를 상담해줄 수 있는 의사가 누구일까요?

예전에만 해도 업계의 자랑은 일반의였습니다. 의학의 10종 경기 선수였습니다. 일반의는 여러 전공 분야를 두루 이해했고 환자의 배경사와 가족 전체에 대해서도 어느 정도 알고 있었습니다. 하지만 요즘은

일반의가 되면 의료업계 내부에서는—극단적으로 말하면—바보 취급을 받습니다. 왜냐하면 전문의가 되면 훨씬 더 많이 벌고 인정받기 때문입니다. 심지어 환자들은 먼저 일반의를 거치지 않고 곧바로 소화기내과, 정형외과, 비뇨기과, 산부인과 등의 전문의에게 진료를 받을 수 있게 되면 대단한 성취를 이룬 양 의기양양해집니다. 하지만 그 결과 환자는 불행히도 어느 한 분야에 국한되지 않는 장애나 통증으로 오랜 시간 이리저리 떠돌다, 결국 아무도 제대로 설명해주지 못하는 개별 소견서를 받아든 채 병원을 나서기도 합니다. 의사들은 모두 자기 전공 분야에서 자주 접하는 질병만 생각하는 데다 광범위한 검사가 필요한 희귀 질환은 한사코 배제하고 싶어 하는 경향이 있어서 환자는 필요 이상으로 많은 진단을 받게 됩니다. 또한 의사의 공급은 부분적으로 그들의 능력에 대한 수요 자체를 만들어냅니다. 하지만 의사가 많다고 자동적으로 건강이 증진되는 것은 아니며 오히려 터무니없는 진단만 많아질 수 있습니다.

약 처방의 카오스 상황을 예로 들어보겠습니다. 환자들이 느끼는 동종 요법의 매력은 그들의 문제를 정확히 묻고, 몸 전체의 모든 증상을 전체적으로 점검하여, 마지막에 한 가지 처방을 제시한다는 점입니다. 주류의학에서는 정확히 반대입니다. 신체 각 부분과 증상에 대해 각기 다른 의사가 모두 '자신의' 약을 처방하는데, 환자는 다른 병과에서 이미 처방된 내용을 정확히 알지 못합니다. 어쩌면 정형외과와 산부인과에서 이름만 다른 똑같은 진통제를 처방했을지도 모릅니다.

프랑크푸르트 일반의학 연구소의 연구자들은 아주 단순하지만 영리한 실험을 통해 두 가지 사실, 즉 진료 기록에 따르면 의사는 환자에게 어떻게 약을 처방했으며 환자는 실제로 집에서 어떻게 약을 먹었는지 비교해보았습니다. 결과는 머리카락이 쭈뼛 설 정도로 놀라웠습니다. 169명의 나이 든 환자 중에 처방을 제대로 지킨 환자는 6명에 불과했습니다. 96퍼센트의 환자가 최소한 한 번 이상 처방을 어겼고 어떤 환자는 심지어 25번이나 어겼습니다! 한 여성 환자는 상황을 간단히 이렇게 정리했습니다. "약을 처방대로 다 먹으면 너무 배불러요!"

환자의 40퍼센트는 복용량을 자기 마음대로 낮추었고, '다다익선'으로 여겨 스스로 복용량을 높인 환자도 비슷하게 많았습니다. 또 복용 시간도 제멋대로 바꾸었습니다. 실험 대상자의 거의 절반이 주치의 모르게 다른 약을 먹었습니다. 예를 들면 주치의가 처방한 심장약 대신 직접 구매한 마늘약을 먹거나, 약이 떨어지자 아내에게 처방된 약을 먹기도 했고, 심지어 약이 잘 듣는 것 같다고 이웃의 약을 얻어먹기도 했습니다.

너무 참담하지만 않았다면 몹시 코믹한 상황이었을 겁니다. 좋은 약을 얻기 위해 과학자들은 엄격한 검사 조건 하에서 성분을 분리하여 약효를 최대한 정확히 파악하고 기술하기 위해 노력합니다. 그런 다음 임상 실험이 진행되고, 실험 결과가 발표되고, 마련된 기준에 따라 약이 만들어지고, 의사에 의해 처방되고, 건강보험 공단에 (자기 부담금을 제외한) 약값이 지불되면 환자는 약을 집으로 가져가게 됩니다. 하지만 이때부터는 약이 어디서 어떻게 쓰이든 거의 아무도 관심을 갖지 않습니다. 집에서 환자에게 어떤 일이 벌어지는지 의사가 알려면 환자의 집

을 방문해야 할 텐데, 이런 옛 의술은 이제 멸종 위기에 놓여 있습니다. 응급 간호 서비스마저 없다면 의사들의 그 많은 소견과 처방을 제대로 감당하지 못해 전전긍긍할 환자들이 수두룩할 겁니다.

몸은 체내에 들어온 어떤 성분이 어디서 왔든, 그것이 슈퍼마켓이든 건강식품점이든 약국이든 전혀 구별하지 않습니다. 예를 들어 콜레스테롤 수치가 높아서 고지혈증 치료제를 먹는 사람은 더 이상 자몽을 먹지 말아야 합니다. 친환경 식품점에서 산 것도 안 됩니다. 고지혈증 약은 간에서 자몽을 분해하는 효소와 똑같은 효소에 의해 분해됩니다. 둘 사이에 누가 먼저 효소를 획득하냐를 놓고 다툼이 벌어지면 약 성분이 혈액에 필요 이상으로 많이 남게 되어 부작용을 일으킬 수 있습니다. 즉 완전히 천연 성분도 해로울 수 있는 겁니다. 혈액 희석을 위해 ASA(아스피린)를 먹는 사람이 두통약(이부프로펜)을 함께 먹으면 약효가 상쇄됩니다.

이것은 이미 알려진 수천 가지 약물상호작용의 몇 가지 예에 불과합니다. 네 가지 이상의 성분이 혼합된 '칵테일'부터는 어떤 의사나 환자도 그것이 어떤 '타격'을 가할지 전혀 예측할 수 없습니다. 컴퓨터 프로그램 덕분에 최소한 이미 알려진 약물상호작용에 대해서는 주의를 기울일 수 있습니다. 이를 위해서 환자들은 임의로 구매하여 먹고 있는 모든 약품을 의사에게 밝히고 종합적인 상담을 받아야만 합니다. 2016년 가을부터 연방 차원의 단일한 약제 사용 방안이 문서로 제시되어 이러한 무분별한 확산을 바로잡는 데 도움을 줄 것으로 기대됩니다. 새로운 규정이 일선 병원에 안착하기까지는 다소 시간이 걸리겠지만 더 이상 늦출 수 없는 일입니다. 입원 환자의 5퍼센트에서 10퍼센트는 약품의 부작용과 상호작용이 원인이며, 그중 2퍼센트는 사망에까지 이릅니다. 이 같은 사망의 절반가량은 충분히 피할 수 있었던 것입니다. 여기서 한 가지 해법을 알려드리겠습니다. 당신이 먹고 있는 모든 약품의 이름과 복용 기간과 복용량과 성분을 모두 적은 다음 병원에 갈 때마다 의사에게 제시하세요.

환자의 나이가 많을수록 과다 복용 문제는 더욱 빈번히 발생합니다. 약 성분을 간이 느리게 분해하거나 신장이 충분히 빨리 배출하지 못하기 때문입니다. 발륨 계열의 후신으로 나온 벤조다이아제핀 계열 신경안정제는 진정 효과와 수면 촉진 효과가 뛰어나기 때문에 수없이 많이 처방되고 있습니다. 그러나 이 약으로 수면이 강제될 수는 있지만 회복에는 도움이 되지 않습니다. 더 나쁜 것은 신체의 협응성에 문제가 생긴다는 겁니다. 그러면 갑자기 카펫 모서리가 치명적인 위험 요소가 될 수 있습니다. 심장병 전문의는 이뇨제 처방을 잘 하기 때문에 노인들이 밤에 화장실에 가야 하는 경우가 많아집니다. 그러다 넘어져서 엉덩방아를 찧으면 혼자 사는 생활은 물 건너갑니다. 그 이후는 대퇴골경 골절, 병원, 병원 감염, 요양소 등의 순서로 진행됩니다.

그렇다면 모든 약이 과잉일까요? 아닙니다. 제대로만 사용한다면 약효가 뛰어난 좋은 약은 많습니다. 항생제는 증상을 크게 개선시켜주기 때문에 의사들은 가장 최근에 나온, 가장 효과가 '광범위한' 항생제를 원합니다. 소위 광역 항생물질은 모든 것을 닦아내기 때문에 의사들의 일을 손쉽게 만들어줍니다. 하지만 그것은 또한 병원균의 내성도 길러줍니다. 항생제가 더 이상 듣지 않게 되는 날이 오면 우리는 치아 염증이나 방광염으로도 사람이 죽는 중세 시절로 다시 돌아가게 될 겁니다. 매년 독일에서는 아무런 약도 더 이상 듣지 않는 감염병으로 1만 5,000명이 생명을 잃고 있습니다. 악순환의 시작은 어디일까요? 우리 모두가 평소에 너무 많은 약을 남용하고 있다는 것이 출발점입니다. 항생제가 싸우는 대상은 박테리아뿐입니다. 하지만 기침, 콧물, 목 쉰소리 등은 대부분 바이러스가 원인입니다. 이럴 때는 차를 마시고 닭고기 수프를 먹으며 증상이 사라지기를 기다리는 수밖에 없습니다. 물론 다른 사람들에게 옮기지 않도록 집에 머물면서 말이죠. 항생제는 박테리아 감염이 심해서 우리의 면역 체계만으로는 병균을 상대할 수 없을 때만 쓸모가 있습니다. 그런데도 항생제는 매년 4천만 번 이상 처방되어 500톤이 그냥 사탕 먹듯이 소비됩니다! 대포로 계속해서 참새를 쏘아대면 화약은 금세 고갈됩니다.

그렇다면 너무 조금 사용되는 약도 있을까요? 네, 있습니다. 의사들은 특히 통증, 고혈압, 우울증 등을 치료할 때 약을 부족하게 처방하는 것으로 나타납니다. 환자에게 약을 너무 조금 처방하는 것은 약과 무관한, 하지만 생활 방식을 바꾸는 데는 도움이 되는 모든 문제들에 대해 적어도 과잉 처방 못지않게 나쁘게 작용합니다. 생활 습관을 바꾸는 것은 장기적으로 건강에 결정적인 요인입니다. 하지만 환자를 오랜 기간 알고 지내며 관찰해온 의사가 더 이상 없는데 어떻게 환자의 생활 습관에 관여할 수 있겠습니까?

보건전문위원회 위원장이자 의사인 페르디난트 게를라흐Ferdinand Gerlach

교수는 상황을 이렇게 요약했습니다. "환자에게 가장 중요한 것은 환자에 대한 모든 정보가 모이는, 전체를 개괄할 수 있는 의사의 존재입니다. 지금까지는 이것이 체계적으로 이루어지지 않고 있기 때문에 현대의 보건 시스템은 값비싼 형태의 조직적인 무책임 아래에서 고통받고 있습니다."

## 스티브 잡스가 손 한번 못 쓰고 죽은 까닭

한 사내가 산비탈에서 굴러떨어졌습니다.
하지만 다행히도 나뭇가지를 붙잡고 매달릴 수 있었습니다.
위로는 하늘만 조금 보였습니다.
사내는 소리쳤습니다. "위에 누구 없어요?"
그러자 구름이 갈라지며 음성이 들려왔습니다.
"나다, 주님. 가지를 잡은 손을 놓거라. 그러면 내가 구해줄게."
사내는 잠시 생각하다 소리쳤습니다. "위에 다른 누구 없어요?"

애플의 창시자 스티브 잡스는 희귀한 종류의 췌장암에 걸려 사망했습니다. 그가 암 진단을 받았을 때 의사들은 아직 종양 크기가 작으니 당장 수술받으라고 권했습니다. 그러나 잡스는 대체의학을 원했기 때문에 의사들의 권고를 거절했습니다. 그는 식단을 바꾸고 스무디를 마시며 건강한 생활을 했습니다. 하지만 암은 그런 변화에 별로 영향받지 않고 계속 성장하며 퍼져나갔습니다. 여덟 달 뒤 잡스가 마침내 수술에 동의했을 때 세상의 모든 돈도, 최고의 의사도, 장기이식도 이 시대의 가장 천재적인 발명가를 구할 수는 없었습니다. 잡스는 그와 같은 결정을 자신이 얼마나 쓰라리게 후회했는지 자서전에 적었습니다.

기적의 치유자든, 치료 시술사든, 면허 받은 의사든 상관없습니다. 누가 치료하든 똑같은 문제가 발생할 수 있는데, 그 이유는 무언가를 하기 때문이 아니라 무언가를 하지 않기 때문이기도 합니다. 행동하는 것만이 아니라 행동하지 않는 것도 위험할 수 있습니다. 스무디, 살구씨, 오존, 에너지 워터 등이 누구에게 직접적인 해를 입히는 것은 아닙니다. 이념적인 양자택일을 통해 효과가 거의 없는 방법이 유일한 해법으로 간주되고 훨씬 더 나은 방법이 외면당할 때, 그리고 이런저런 것들을 시험해보느라 귀중한 시간이 허비될 때 가장 위험합니다. 스티브 잡스가 일단 수술받고 추가로 몸과 마음에 도움이 되는 조치들을 보완적으로 실시했다면 틀림없이 좀 더 오래 살았을 거라고 전문가들은 말합니다. 암은 살구씨만으로 사라지지 않습니다. 그렇게 간단히 없앨 수 있었다면 이미 오래전에 그 방법이 도입되었을 겁니다. 그런 주장을 하는 사람은 증거를 제시할 게 아니라면 침묵해야 합니다. 왜냐하면 사람의 목숨을 위험하게 만드는 짓이니까요. 이것은 좋게 끝나는 경우가 드문 희망과 불안의 게임입니다. 환자들은 고통과 번민 속에서 자주 잘못된 방법에 빠져듭니다. 그들은 구원을 찾아 헤매다가, 비록 면허는 있지만 과학적 의술 영역을 벗어나 의심스러운 방법을 개발한 의사들과 만나게 되는 경우도 많습니다. 이들은 비록 예전에 의학을 공부했고 대학 병원에서 전공의 과정도 끝마친 면허 받은 의사이긴 하지만 현재의 의학 수준을 대표한다고 볼 수는 없는 사람들입니다. 사실 이런 사람들이 가장 위험합니다. 원래는 더 잘 알아야 하는 사람들이고, 그래서 치료 시술사나 기적의 치유자보다 더 많은 신뢰를 받기 때문입니다.

　심각한 질환일수록 치료를 위해 어떤 결정을 내릴 때 그 근거가 되는 정보의 출처가 어디인지 아는 것이 중요합니다. 자신에 대한 과대평가는 위험하기 짝이 없는 일이지만 유감스럽게도 도처에서 벌어지고

있습니다.

스티브 잡스는 특수한 경우가 아닙니다. 암 환자 둘 중 한 명은 대체 의학을 찾는다고 합니다. 과학에 기초한 치료의 길에서 벗어난 사람은 금세 무시무시한 회색 지대에 떨어지고 맙니다.

의사 겸 기자로 활동하는 베른하르트 알브레히트Bernhard Albrecht는 독일에서 암 환자들이 '생물학적' 또는 '대안적' 암 전문가로 자처하는 의사나 치료 시술사를 찾아가면 구체적으로 어떤 권유를 받는지 알아보았습니다. 그는 여배우 카차 다노브스키Katja Danowski와 함께 부부로 가장하고 찾아갔습니다. 카차 다노브스키는 유방암 환자를 연기하면서 실제 환자의 진단서를 보여주었습니다. 진단서에는 가슴에 작지만 대단히 공격적인 종양이 발견되었다고 적혀 있었습니다. 이 경우 과학적 의학의 답은 명확합니다. 이 여성 환자는 당장 수술을 받아야 하며, 그렇지 않으면 곧 사망할 위험이 있습니다. 그리고 치료가 순조롭게 이루어지면 10년 후에도 암의 위험 없이, 화학 치료나 방사선 치료도 받을 필요 없이 살아갈 확률이 95퍼센트 이상입니다.

두 사람이 자칭 '전문가'로부터 들은 말은 머리카락이 곤두서는 내용이었습니다. 아유르베다 요양 치료를 권하는 이도 있었고, 약초 스무디나 동종 요법을 권하는 이도 있었고, 치료센터에서 곧바로 구입할 수 있다는 미국산 영양 보충제를 권하는 이도 있었습니다. 알브레히트와 다노브스키는 실제로 병이 나은 환자의 연락처를 물었지만 모두 거절했습니다.

그렇게 스무 군데의 의사와 치료 시술사를 찾아다닌 결과는 심각했습니다. 스무 곳 중 열두 곳에서는 뻔히 환자의 생명을 구할 수 있는 수술을 받지 않도록 권했습니다. 이것만으로도 진단서의 실제 주인공을 죽음으로 내몰 수 있습니다. 치료 시술사뿐만 아니라 의사도 그런 권고를 했습니다. 알브레히트는 상황을 이렇게 요약했습니다. "이런 암 질환의 경우 수술이 시급하다는 점에 대해서는 환자를 치료할 자격이 주어진 사람들의 의견이 모두 일치해야 합니다. 심지어 의사들조차도 수술을 받을 필요가 없다고 말하는 데에는 할 말을 잃게 되더군요."

과학저널리스트 클라우디아 루비Claudia Ruby는 다큐멘터리영화 〈공포 비즈니스Das Geschäft mit der Angst〉에서 도저히 이해할 수 없는 행태를 몇 가지 보여줍니다. 그녀가 환자로 내세운 인물은 배우가 아니라 기자였습니다. 그 역시 진짜 환자의 진단서를 가지고 그쪽에서 전문가로 알려진 사람을 찾아갔습니다. 진단서에 기록된 병은 림프절에 생기는 종양인 호지킨 림프종이었습니다. 환자는 1년 전에 화학 치료를 받고 암세포가 사라졌는데 다시 재발한 것으로 나와 있었습니다. 진단서에는 종양이 지라에도 전이되었음을 보여주는 CT 사진도 첨부되어 있었습니다. 이 환자도 과학에 기초한 의학은 치료 가능성이 높은 효과적인 방법을 제시하고 있습니다. 그렇다면 '대체의학'은 어떤 치료를 권했을까요?

역시나 환자에게는 혼란스럽고 터무니없다 못해 치명적이기까지 한 조언들이 쏟아졌습니다. 한 사람은 자신의 클리닉에서 시행하는 '생물학적 암 치료'와 '단계적 진단'을 권했습니다. 치료는 5일 이상 받는 것이 좋고, 그 전에 비용이 약 1만 유로인 사전 프로그램을 시행해야 하는데 여기서는 '개별 기관의 에너지 사용'을 알아보기 위한 '전자기 측

정'이 이루어진다고 했습니다. 그러고 나야 비타민 B17 주사가 환자에게 적합한지 결정할 수 있다고 했습니다. 소위 비타민 B17은 사실 비타민이 아니라 청산가리와 유사한 독성 물질입니다. '레트릴Laetrile'이나 '아미그달린amygdalin'이라고도 불리는 이 물질은 요즘 대체의학 시장에서 큰 인기를 끌고 있지만 암에 대한 효능이 증명된 바 없으며 심각한 부작용이 발생할 수도 있습니다.

또 다른 사람은 수많은 자기 환자들이 단시일 안에 놀라운 깨달음을 얻었으며 '다음 생에서는' 완전히 다른 삶을 살아갈 수 있을 거라고 열변을 토했습니다. "우리는 삶을 너무 짧게 보지 말아야 해요." 그는 '에너지 중추'에서는 암이 '억눌린 분노와 화'로 설명된다면서 죄와 속죄의 오래된 레퍼토리를 늘어놓았습니다. 그리고는 '고주파 치료'에 대한 권유가 이어졌습니다. 놀라운 기기를 이용해 세포들에 전기에너지를 흘려 넣는 방법인데 5주 치료에 1만 3,670유로의 비용이 든다고 했습니다. 종양 퇴치에 좋다는 치즈와 견과류로 구성된 '오일-단백질 식품'이 포함된 가격이었습니다.

이것은 결코 드문 경우가 아니며 진짜 암 환자가 제게 확인해준 것처럼 매일같이 벌어지고 있는 일입니다. "저는 7년 전에 유방암에 걸렸지만 의학 덕분에 잘 살아 있어요. 하지만 차와 살구씨 같은 것으로 치료하려 했던 제 친구는 그렇지 못했어요. 마흔 살에 어린 자녀도 둘 있는 엄마인데 죽고 말았죠. 충분히 살 수 있었는데요. 암은 그런 방법으로 고칠 수 없어요. 피부 발진이나 설사 같은 대수롭지 않은 증상에는 도움이 될지 모르겠지만 암은 완전히 다른 문제잖아요."

독일 암협회 '종양학에서의 예방과 통합 의료' 연구팀 팀장 유타 휘 브너Jutta Hübner는 환자들의 바람을 잘 이해합니다. 그들은 충분한 시간 을 두고 부드러운 치료가 이루어지기를 원합니다. 다른 나라에서는 이 를 전담하는 의사 보조사를 두기도 합니다. 이들은 암 환자와 환자 가 족에게 필요한 조언을 해주고 곁에 함께 머물며 도움을 줍니다. 또 한 편으로 암 환자들은 스스로 활동하고자 하는 욕구가 큽니다. 모든 것을 수동적으로 받아들이기보다는 능동적으로 치료에 기여하기를 원합니 다. 의학은 이런 당연한 인간적 욕구를 오랫동안 무시해왔습니다. 충분 한 시간을 갖고 세심하게 조언해주며 환자와 긴밀한 관계를 쌓아갈 수 있는 전문적 능력을 갖춘 상담 파트너가 제공되지 않는 한 환자들은 카리스마 넘치는 치유자를 찾아가게 됩니다. 예약은 계속해서 한두 달 전에 이미 마감될 테고요.

베른하르트 알브레히트는 대체의학의 병행 세계에서 겪은 경험을 이렇게 요약했습니다. "카차와 저는 방문을 마치고 나면 항상 열띤 토 론을 했습니다. 저는 사실에 집중했지만 카차는 그녀와 마주 앉았던 사 람에게 먼저 반응했습니다. 대부분의 치료사는 우리 두 사람에게 호감 을 주었습니다. 제가 보기에 그들은 사기꾼이 아니라 눈먼 확신범이었 습니다. 그리고 바로 이 점이 그들을 아주 위험하게 만든다고 생각합니 다. 스스로 하는 말을 굳게 믿는 사람은 상대방에게도 자기 말이 옳다 고 설득할 수 있기 때문입니다."

# 치료법에 관한 위대한 신탁

네가 누구를 찾아갈지 말하면 무슨 말을 듣게 될지 알려주마!

혹시 피곤한 느낌이 들고 머리가 아프고 잠을 잘 못 잔다면, 그러면……

**안내** → 어떤 대답이 누구에게서 나온 걸까요? 추천 내용을 제시자와 연결하세요. 그러면 그다지 깊은 의미를 갖지 않는 어떤 직관적인 패턴이 생겨납니다.

**A** "치아에 충전한 아말감을 모두 제거하세요. 당신은 완전히 중독된 상태입니다. 우리는 전부 크라운을 씌웁니다. 비용은 조금 더 들지만 더 오래 가기도 하고, 안 그러면 늘 불안하죠."

**B** "당신을 그렇게 피곤하게 만드는 것이 무엇인가요? 문제를 바라보고 대면해야 합니다. 자기 자신에게 애정을 가지고 받아들이는 법을 배울 필요가 있어요. 당신은 지금 당신 자신이 아니에요!"

**C** "당신 안에서는 여성과 남성이 아직 하나가 되지 못하고 있어요. 좀 더 자주 온전히 남자가 되고 그런 다음 다시 온전히 여자가 되세요. 샤크티와 시바를 위한 작은 제단을 쌓으세요."

**D** "장내 효모가 답이에요. 이제 앞으로 여섯 달 동안 설탕을 먹으면 안 됩니다. 제일 좋은 것은 당장 장내를 세척하고 양쪽 문제에 총체적으로 접근하는 거예요."

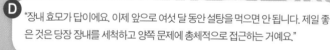

1. 내과 의사

3. 치료 시술사

5. 수맥 찾는 사람

2. 치과 의사

4. 영양사

**E** "고기도 안 되고, 밀가루도 안 되고, 유제품도 안 되고, 계란도 안 되고, 익힌 것은 전부 안 되고, 설탕도 안 되고, 소금도 안 되고, 후추도 안 되고, 지방도 안 되고, 커피도 안 되고, 술도 안 되고, 담배도 안 되고, 통밀은 많이…… 아니, 이것도 글루텐 때문에 안 먹는 게 더 나아요. 그냥 물과 치아씨만 드세요. 하루에 5리터."

**F** "지금부터 혈액검사, 엑스선검사, CT검사, MRI검사, 소변검사, 대변검사, 알레르기검사, 심전도검사, 내시경검사를 할 거예요. 아, 그리고 특별 알레르기검사는 건강보험 적용이 안돼요. 혹시 실비 보험을 드셨나요?"

**G** "나는 당신이 실제로는 전혀 다른 사람이라는 피안의 메시지를 받습니다. 당신은 더 높은 소명을 받았어요. 그것을 거부하면 우주가 당신에게 시련을 선사할 거예요. 특별히 드리는 말씀인데, 드디어 당신의 모든 잠재력을 펼칠 수 있는 트레이닝 모임이 다음 달에 시작되니까 알아두세요."

**H** "집안에 어떤 '골칫거리'가 있나요? 사생아를 낳았다든가 손자가 범죄를 저질렀다든가 조카가 상속권을 박탈당했다든가, 누가 대학 공부를 때려치웠다든가 하는? 모든 걸 바로 세우세요. 조상도 마찬가지예요! 안 그러면 당신을 옭아매고 있는 죄의 얽힘에서 벗어날 수 없어요!"

**I** "맙소사, 수맥, 지각 방사선, 교란파, 전자 스모그! 침대 위치를 바꾸고, 침대 밑에 절연 매트와 나선형 구리선을 깔고, 당장 집안 상수도 시스템에 에너자이징 장치를 설치하세요! 다행히도 마침 특가로 판매 중인 것이 있습니다."

**J** "집안 돌봐줄 사람을 구하고 웰니스 호텔에 가서 오랫동안 푹 쉬다 오세요."

6. 심리 치료사

8. 베프

10. 가족 바로세우기 치료사

7. 영매

9. 탄트라 요가 강사

해답:
A2, B6, C9, D3, E4, F1, G7, H10, I5, J8

## 독소를 빼야 해! 이상한 디톡스 열풍

어떤 사람들은 병이 날 만큼
건강에 많은 신경을 씁니다.


이어 캔들링ear candling은 호피 인디언이 사용하던 방법으로 몸속에 있는 독소를 제거해준다고 합니다. 호피족 후손들은 자신들의 이름이 미국에서 이런 미심쩍은 요법과 관련해 사용되는 것에 반대하고 있습니다. 하지만 더 이상 이들의 이야기로 해독 문제의 출발을 혼란스럽게 만들 생각은 없습니다. 촛불은 긴장을 풀어주는 것이어야 하니까요. 요즘에는 아즈텍 이어 캔들링이라고 부르기도 하는데 아즈텍인들은 더 이상 반대할 수조차 없습니다. 아무튼 제조업자에 따르면 5천만 개의 제품이 독일에서 전 세계로 수출되어 고통받는 이들의 빛을 밝혀준다고 하는군요.

옆으로 누워 귀에 초를 꽂을 생각을 누가 처음 했는지 궁금하긴 합니다. 어떤 심오한 이유가 있었을까요? 아니면 경박한 젊은이들이 밤새 술을 마시다 생각해냈을지도 모릅니다. 누군가 식탁 위로 고개를 떨구자 마침 촛대가 없었는데 잘 되었다며 말이죠. 그랬다면 최초 피실험자가 벌러덩 드러눕지 않은 게 다행입니다.

하지만 저로서는 이런 디톡스 이야기를 진지하게 받아들이기가 참 어렵습니다. 귓구멍으로 흘러들어간 공기가 독소와 노폐물을 제거한다는 이유로 양초가 팔린다니 말입니다. 말하자면 밀교 신봉자를 위한 면봉인 셈입니다. 이미 많은 경험을 해보았지만 뜨거운 촛농이 아주 예민한 부분에 떨어질지도 모르는 무시무시한 상황에서는 도무지 긴장을 풀 수가 없더군요. 그보다는 새끼손가락으로 귀지를 파내는 게 훨씬 편했습니다. 그 부위에 촛불을 갖다 대는 이유가 우스꽝스럽게 튀어나온 머리카락을 태워 없애려는 거라면 혹시 모를까. 게다가 독소는 귀를 통해서 몸 밖으로 배출되기보다 오히려 몸속으로 들어갑니다.

해독 작용의 원리는 굴뚝 효과라고 합니다. 촛불의 열 때문에 귓속에 압력이 발생한다는 겁니다. 이런 해독 원리를 진지하게 받아들였다간 머릿속의 통풍 장치를 가동해 반대쪽 귀도 동시에 청소할 수 있을지 모릅니다. 효과의 증거로 초에 남는 검은 찌꺼기를 예로 드는데, 자세히 들여다보면 그것은 몸에서 배출된 게 아니라 그냥 초에서 나온 것에 불과하다는 걸 알 수 있습니다. 이비인후과 의사들은 뜨거운 촛농이 이미 여러 차례 화상을 입혔으며 고막을 손상시킨 경우도 있다고 경고합니다. 하지만 누가 알겠습니까, 어쩌면 고막에 뚫린 구멍을 통해 더 깊은 중이에 자리 잡은 독소가 정말 밖으로 배출될지도 모르죠. 석기시대에도 이미 사람들은 두개골에 구멍을 뚫어 악령을 몸 밖으로 빼내려 했으니까요. 그에 비하면 고막에 뚫린 구멍쯤은 아무것도 아닙니다.

생각할 수 있는 모든 신체 구멍에서 이루어지는 독소 사냥은 점점

더 위험한 지경에 이르고 있습니다. 하지만 어처구니없게도 그런 독소는 객관적으로 존재하지 않습니다. 건강한 사람이 건강에 집착하게 되면 조그만 장애에도 더 깊은 의미가 있지 않을까 걱정하느라 점점 병들어갑니다. 과학 저널리스트 제바스티안 헤르만Sebastian Herrmann은 이런 현상을 완두콩 공주에 비유합니다. 공주에게는 시간은 많고 진짜 문제는 하나도 없습니다. 그래서 공주는 매트리스 아래에 있는 콩알 하나를 잠들 수 없을 지경으로 예민하게 느낍니다. 이 동화를 현대 버전으로 바꾼다면 공주는 아마도 완두콩이 유기농 제품이 아니어서 독소가 들어 있다는 것까지도 알아차릴 겁니다.

요즘 사람들은 독소를 배출하겠다며 차를 마시고, 약을 먹고, 별별 짓을 다 합니다. 압권은 커피 관장입니다. 항상 소화의 마지막 산물과 상대해야 하는 장내 융모들의 힘겨운 일을 덜어주기 위해 미지근한 커피로 그것들을 씻어주겠다는 겁니다. 융모들이 더 이상 막장이라는 느낌을 받지 않도록 말입니다. 그러고 나면 융모들이 밤새 깨어 있는지는 확인되지 않습니다. 가끔씩 장벽에 구멍이 뚫리는 일도 있는데, 그건 정말 큰일입니다. 이제 우리는 장의 매력적인 역할과 장내 세균총의 가치에 대해 아주 많은 것을 알게 되었지만 관장에 대한 과학적 근거는 어디서도 찾아볼 수 없습니다. 그래도 디톡스 유행은 꺾일 줄 모릅니다. 비록 이름도 모르고 증명도 되지 않았지만 독소는 도처에 숨어서 우리를 노리고 있으니까요. 이름도 모르고 증명할 수도 없기에 더욱 위험합니다!

예전 온도계에는 수은이 들어 있었습니다. 그것이 욕실에 떨어져 깨겼을 때의 소동은 아직도 생생히 기억합니다. 아버지는 은색의 작은 알갱이들을 빗자루로 쓸어 담아서 내다 버리려고 했지만 이 액체 금속은 번번이 아버지의 손아귀에서 빠져나가곤 했죠. 수은은 독성이 아주 강합니다. 함부르크의 한 여성 환자는 아유르베다 요법으로 해독을 시도하는 과정에서 수은의 위험을 뼈저리게 겪어야 했습니다. 인도의 오랜 건강 이론인 아유르베다에 따르면 사람들은 다양한 에너지 유형을 갖고 있으며, 식사, 마사지, 이마에 기름 붓기, 관장, 약초 등을 통해 독소를 제거해야 그 에너지를 다시 정상으로 되돌릴 수 있다고 합니다. 이런 "총체적인" 치료를 받고 인도에서 돌아온 뒤 그 여성 환자는 거의 죽을 뻔했습니다. 그녀는 체중이 15킬로그램 이상 줄고 완전히 혼란한 상태였으며 눈과 발에 통제되지 않는 경련—심각한 중독 증상—이 있었습니다. 그녀에게 처방된 알약에서 다량의 수은이 검출되었는데, 그 양이 얼마나 많았던지 처음에는 실험실의 분석기가 제대로 작동하지 않을 정도였습니다. 환자가 먹은 426개의 알약이 체내에 남긴 수은이 무려 213그램으로 사람을 충분히 죽이고도 남을 분량이었습니다.

독일에서는 아유르베다 알약이 영양 보충제로 간주되기 때문에 통제가 어렵습니다. 한 조사에 따르면 인터넷에서 판매되는 식물성 제제의 5분의 1이 허용치를 훨씬 넘는 양의 비소, 납, 수은 등을 함유하고 있었습니다. 그렇다면 누가 이런 독소를 그 안에 집어넣은 걸까요? 바로 자연입니다.

수은 중독의 공포 때문에 많은 사람들이 치아에 충전된 아말감을 다시 제거합니다. 아말감은 절반이 수은이지만 금속이 아니라 화합물의

형태로 들어 있습니다. 오히려 아말감을 제거하려고 하면 표면이 산화되어 신체에 부담을 줄 수 있습니다. 그냥 입안에 놔두면 아무 일도 발생하지 않습니다. 한 연구에서는 아말감 제거 시술을 받은 환자들과 실제로 제거하는 대신 심리 치료를 받은 환자들을 비교해보았습니다. 두 집단의 치료 효과는 똑같이 좋게 나타났습니다. 2014년 독립적인 전문위원회가 치아 충전재의 수은 성분이 건강에 문제를 일으킬 거라는 우려에 대해서 포괄적인 메타 연구를 실시했지만 별다른 증거를 발견하지 못했습니다. 특히 알츠하이머, 다발성경화증, 자폐증과의 상관성에 대한 유의미한 증거는 없었습니다. 이렇게 보면 아말감은 플라세보의 반대인 노세보 효과를 일으킵니다. 끊임없이 자기 입안에 든 무언가가 중독을 일으킬 거라는 두려움이 병을 만드는 겁니다.

정말 중금속에 중독된 경우 금속과 결합하여 몸 밖으로 배출되는 물질을 주입하기도 합니다. 킬레이트라고 불리는 물질입니다. 치료 시술사와 자연요법 의사들은 응급상황에서는 적절한 것으로 간주되는 이 치료법을 응용해서 소위 '배수drainage'라는 것을 실시합니다. 응급상황이 아닌데도 킬레이트를 주입하여 환자의 몸에서 칼슘 이온을 제거한다는 겁니다. 자폐아들도 비슷한 방식의 학대를 당합니다. 체내의 칼슘, 수은, 알루미늄 등이 자폐증의 원인이라고 여기기 때문입니다. 킬레이트는 실제로 금속과 결합하기 때문에 당연히 체내에 그 흔적이 남게되고 이것은 다시 소변을 통해 검출됩니다. 그들은 이것을 치료 효과의 증거라고 주장합니다. 하지만 아이들의 자폐증은 조금도 개선되지 않았으며, 전문가들은 킬레이트 치료 중 생긴 전해질 불균형으로 사망 사고가 발생한 예를 들어 이 방법의 긴급한 금지조치를 요구했습니다.

사이비 의학에게 훨씬 더 많은 돈벌이를 제공하는 집단은 심순환계 질환자들입니다. 킬레이트 제제가 제독 작용을 할 뿐만 아니라 혈관 벽에 쌓인 석회질도 다시 용해한다는 주장이 오랫동안 사람들의 입에 오르내렸습니다. 일종의 변기 세정제 기능도 한다는 겁니다. 하지만 이같은 소망도 실험을 통해 증명되지 못했습니다. 혈관 벽에 달라붙은 플라크는 킬레이트 옹호자들보다 더 끈질겼습니다. 하지만 사람들도 그리 쉽사리 이 사이비 요법을 포기하지 않았고, 오히려 이론을 현상에 맞춰버렸습니다. 그래서 요즘은 석회질이 용해되는 것이 아니라 항산화 물질을 통해 노화를 지연시킨다고 주장하고 있습니다. 아무튼 무언가 효과는 있다는 겁니다.

우리 몸은 본래 외부의 도움 없이도 독소를 아주 잘 처리할 수 있습니다. 자신만의 여러 가지 독창적인 기술을 알고 있죠. 독성 물질을 유발하는 가장 큰 원천은 식사입니다. 박테리아들이 불량한 단백질을 만들어내는데, 이 중에는 심지어 끓여도 파괴되지 않는 것도 있습니다. 박테리아가 만들어내는 가장 유명한 신경 독소가 바로 보톡스입니다. 원래 보툴리눔 중독은 사람들을 공포에 떨게 만드는 사망 요인이었습니다. 통조림 등의 저장 용기에 쌓인 독소가 온몸을 돌며 근육과 신경 사이의 의사소통을 마비시키는데, 다량을 섭취한 경우 횡경막을 마비시켜 호흡 정지에 이르게 합니다. 하지만 소량을 이마 근육에 주입하면 돌출된 이마로 고민하는 사람들에게 도움을 주기도 합니다. 무엇이든 너무 많으면 독이 됩니다. 생각이나 제스처도 마찬가지입니다.

일단 한 번이라도 무언가에 중독되거나 위에 손상만 입어도 우리 몸은 그것을 기억에 담아둡니다. 그래서 나중에 똑같은 음식을 그냥 쳐다보기만 해도 구토를 발생시킵니다. 구토는 우리 몸이 할 수 있는 가장 강한 거부 반응입니다. 물론 음식물 섭취와 반응 사이의 시간 간격이 짧아 둘 사이의 인과관계가 생겨날 수 있을 때에만 가능합니다.

장을 통해 체내에 흡수되는 것들의 과도한 범람을 막기 위해 혈액은 장에서 대부분 직접 간으로 흘러들어갑니다. 간은 체내에 불필요한 것을 쓸개즙과 함께 장으로 다시 보내 몸 밖으로 배출시킴으로써 독소를 걸러내고 중화시키는 작용을 합니다.

신장도 기발한 트릭을 써서 전혀 알지 못하고 알 수도 없는 독소들을 제거합니다. 독소에 대한 입증 책임을 전가하는 방식입니다. 신장은 혈액 속에 녹아 있는 모든 성분을 일단 다량의 작은 사구체 형태로 배출합니다. 그리고는 곧이어 오랜 진화를 통해 가치가 입증된 당분이나 전해질 같은 성분들만 다시 받아들입니다.

물이나 다른 음료를 많이 섭취하면 해독 작용을 훨씬 더 촉진시킬 수 있다고 믿는 사람은 혈액 속의 염분이 무한히 희석될 수 없다는 점을 명심해야 합니다. 안 그랬다가는 심장이 박동을 멈추는 불상사가 발생할 수도 있으니까요. 실제로 물에 대한 과신 때문에 치명적인 화를 입은 마라톤 선수들도 적지 않습니다. 이미 말했듯이 뭐든 너무 많으면 독이 됩니다. 심지어 물처럼 전혀 무해하게 보이는 것조차도 그렇습니다.

달갑지 않은 성분에서 벗어나는 또 한 가지 방법은 피부나 호흡을 통한 것입니다. 자기 자신을 대상으로 실험하기 좋아하는 사람은 마늘

한 쪽 혹은 에테르 오일 한 캡슐을 삼킨 다음 이것이 체내에서 장, 간, 혈액, 간을 거쳐 다시 몸 밖으로 배출되기까지 얼마나 걸리는지 직접 시간을 재볼 수 있습니다. 물론 실험 결과는 자신뿐만 아니라 남들에게도 아주 오랫동안 냄새를 풍길 테지만 말입니다.

단식을 하면 어떤 일이 발생할까요? 단식 방법과 트레이너에 따라 아주 다양한 가능성이 있습니다. 건강한 사람은 집에서 양배추즙과 천연 설사제를 먹으며 혼자 할 수도 있습니다. 럭셔리 호텔에서 하는 단식은 하루에 수백 유로를 지불해야 합니다. 물론 단식용 마른 식빵이 포함된 가격이긴 합니다. 단식은 의학적으로 잘 검증된 방식이며 자신의 몸에 대해 성찰하는 뜻깊은 시간을 제공합니다. 처음 사흘만 잘 넘기면 우리 몸이 얼마나 적은 양의 음식으로도 잘 견딜 수 있는지 알게 되어 훨씬 더 의식적인 식사를 할 수 있게 됩니다. 류머티즘 환자는 단식을 통해 증상이 개선되는 효과도 볼 수 있습니다. 그러나 살을 빼기에는 적합하지 않습니다. 극단적인 형태의 다이어트가 모두 그렇듯 핵심은 체중 감량이 아니라 유지에 있기 때문입니다.

단식을 한다고 '노폐물'이란 것이 제거되지는 않습니다. 그럼에도 불구하고 많은 이들에게 이런 노폐물 제거 의식은 정신적인 측면이 있습니다. 모든 거대 종교에는 의도적으로 음식을 끊는 기간이 있습니다. 얼마나 오래 하는 것이 의미가 있는지에 대해서는 학자들마다 의견이 분분합니다. 며칠간의 단식이 우리에게 좋게 작용하는 이유는 우리가 먹는 음식에 독성이 있기 때문이 아닙니다. 그냥 이제껏 너무 많이 먹었기 때문입니다.

또 다른 해독 방법은 자연도 저 자신도 미처 생각지 못한 것이더군요. 바로 발입니다! 다른 곳도 아니고 우리 몸에서 피부가 가장 두꺼운 부위를 통해서 독소를 밖으로 흘려보낸다고 합니다. 휴가 때 비행기를 탔더니 독일 최대 항공 노선의 보드샵에서 디톡스 효과가 있는 탈지면 패드를 판매하더군요. 궁금증이 발동해서—의사 카바레티스트는 휴가도 제대로 즐기기 힘듭니다!—한 세트를 구입하여 제품 설명서를 자세히 읽어보았습니다. 패드를 발바닥에 붙이고 자면 밤새 몸에 있는 모든 독소가 발바닥 피부를 투과하여 탈지면으로 이동한다는 겁니다. 하지만 더 자세한 설명은 없었습니다. 어떤 독성이 배출된다는 걸까요? 이동은 정확히 어떻게 이루어질까요? 구체적으로, 피부에 붙인 차가운 솜뭉치가 쾌적한 제 피하지방 조직보다 체내 독소에게 더 큰 매력을 갖는 이유가 뭘까요? 정말 설명서에 나와 있는 대로 독소가 배출된다고 해도 의문은 또 생겨납니다. 그러면 다음 날 아침 탈지면 패드에는 독소와 노폐물이 잔뜩 담겨 있을 텐데, 엄격히 하자면 특수 폐기물로 처리해야 하지 않을까요?

머리카락이 쭈뼛 서는 기막힌 예를 한 가지 들자면, 슈퍼마켓 식료품 진열대에는 몸속의 독소를 없애준다는 온갖 주스와 식품이 널려 있습니다.

개신교도의 입장에서 가톨릭 의식은 제게 항상 부러움의 대상이었습니다. 그런데 요즘은 가톨릭의 구마 의식이 어두운 지하실에서 벗어나 사회 한가운데로 나온 것 같습니다. 우리 내부의 사악한 것을 몸 밖으로 내쫓아야 한다는 관념은 교회 밖에서도 호응을 얻어 먹성 좋은 신과 글루텐은 모두 믿음의 문제입니다. 자신이 무언가를 전혀 받아들일 수 없다고 믿는 이들 중에는 진짜 무신론자나 진짜 알레르기 보유자가 아닌 사람도 많습니다.

이들의 사회를 사로잡았습니다. 디톡스는 말하자면 세속적인 구마 의식이라 하겠습니다. 몸속의 적은 아직 정확히 포착된 적이 없지만 다들 그 존재를 의심하지 않습니다. 적을 몰아내는 조치는 단호해야 합니다. 예전에는 물리적 고통을 통해서 이루어졌지만 이제는 고통스럽게 높아진 가격을 통해서만 가능합니다. 이 같은 조치의 성공 여부는 그 후에 왠지 더 좋아지고, 깨끗해지고, 자유로워지고, 새롭게 시작할 준비가 된 듯한 느낌을 받느냐에 달려 있습니다.

사이먼 싱Simon Sing과 에드차르트 에른스트Edzard Ernst는 공동으로 집필한 영리한 책《똑똑한 사람들이 왜 이상한 것을 믿을까?Trick or Treatment:

The Undeniable Facts about Alternative Medicine》에서 디톡스의 진실을 이렇게 요약했습니다. "디톡스를 통해 환자에게서 뽑아낸 것으로 증명된 유일한 물질은 돈이다!"

## 악의 산물, 설탕

아이를 어떻게 키워야 할지 모르겠다면
아이가 없는 사람들에게 물어보면 잘 압니다!

왜 미니바에는 저지방 저칼로리 허브 소스에 찍어 먹는 야채스틱 같은 것은 눈을 씻고 찾아봐도 없을까요? 답은 간단합니다. 밤에는 아무도 그런 것에 관심이 없기 때문입니다.

우리 뇌가 수천 세대를 이어오는 동안 어떤 훈련을 받아왔는지 궁금한 사람은 세상 어느 호텔에나 있는 이런 빌어먹을 미니 냉장고의 문을 한 번 열어보기만 해도 충분합니다. 그 안에는 우리가 피곤한 하루의 보상, 위로, 원기 회복, 휴식 등이 필요한 밤에 떠올릴 수 있는 모든 것들이 들어 있습니다. 술과 땅콩 그리고 갖가지 단것들 왕창. 제가 이런 걸 잘 아는 이유는 낮에는 항상 지극히 건강한 식사를 하기 때문입니다. 하지만 낮에만 그렇습니다. 공연을 끝내고 호텔로 돌아오는 길에는 항상 더 이상 먹지 말고 그냥 자야겠다고 마음먹습니다. 30분만 지나면 벌써 자정이 지나 다른 날이 되기 때문입니다. 몸이 눈치채지 못할 거라고 생각하지만 그렇게 되지는 않습니다. 그러면 먼저 짭짤한 것

을 먹다가 단것으로 넘어갑니다. 제일 먼저 학생 사료*를 집어 듭니다. 이걸 먹으면 좀 더 영리해질 것 같은 기분이 들기도 합니다. 말하자면 자면서 교양이 쌓인다고나 할까요? 그 다음은 초콜릿입니다. 검은 것에서부터 밝은 것으로 진행합니다. 밤에 이렇게 많은 칼로리를 섭취하면 좋을 게 없다는 건 알고 있지만 왠지 제 안에서 이런 걸 필요로 하는 것 같습니다. 누가 그런 걸까요? 제 뇌일까요? 계속 먹으면서도 무언가 나쁜 짓을 하는 것처럼 양심의 가책을 느껴야 할 만큼 그렇게 단것은 정말 위험한가요?

우리 뇌는 매일 100그램의 당분을 필요로 합니다. 혈액이 그것을 제때 공급해주지 않으면 금방 화를 냅니다. 100그램이면 정확히 초콜릿 한 판의 무게입니다. 하지만 초콜릿에는 당분 말고 지방도 들어 있습니다. 뇌는 당분이 어디서 오든 개의치 않습니다. 그리고 당분이 우리 혀의 미뢰에 도달하는 순간 행복감이라는 보상이 주어집니다. 수천 년 전부터 그랬습니다. 이렇게 아주 오래되고 아주 강력한 메커니즘을 우리는 먼저 이겨내야 합니다.

당분 섭취는 전 세계적으로 최근 50년 동안 세 배 가까이 늘었습니다. 그리고 독일에는 현재 600만 명의 당뇨병 환자가 있습니다. 단것을 좋아하는 우리의 성향에도 문제가 있지만, 명확한 원인이 밝혀진 것은 최근의 일입니다.

당분은 모든 탄수화물의 구성 요소로서 우리 몸에 불을 지피는 연료

* 견과류 믹스의 독일식 명칭.

입니다. 식물은 태양에너지와 이산화탄소와 물로부터 당분을 만들어냅니다. 그리고 우리는 당분을 체내에서 연소합니다. 이때 에너지는 다시 태양 빛으로 방출되지 않습니다. 만약 그렇게 된다면 몸에 있는 모든 구멍에서 빛이 뿜어져 나와야 할 겁니다. 에너지는 근력, 지력, 체온 등으로 전환됩니다. 이때도 물이 생겨나는데 물은 어차피 우리 체내에 아주 풍부합니다. 그리고 이산화탄소는 호흡으로 뱉어냅니다. 멋진 순환 과정입니다. 이론적으로는 말이죠.

계산은 간단합니다. 실제로 우리가 받아들이는 에너지는 연소하는 양을 초과할 때가 많은데, 바로 이것이 문제입니다. 과잉은 우리를 뚱뚱하게 만드니까요. 우리는 궁핍할 때를 대비해서 당분을 지방으로 바꾸어 에너지를 저장합니다. 하지만 그런 궁핍의 시기는 좀처럼 오지 않습니다. 너무 뚱뚱해지면 움직임이 적어지고, 그러면 열 손실도 줄어들기 때문에 외부로부터의 에너지도 덜 필요하게 됩니다. 하지만 먹는 양은 여전합니다.

과체중인 사람이 모두 당뇨병에 걸리는 건 아닙니다. 마른 당뇨병 환자도 있습니다. 이런 경우는 음식 때문이 아니라 췌장에 문제가 있어서 당뇨병이 생깁니다.

칼로리 양이 정확히 똑같은 통곡물빵 한 쪽과 흰 식빵 한 쪽은 체내에서 완전히 다른 반응을 일으킵니다. 흰 식빵에 들어 있는 탄수화물은 더 빨리 혈액에 도달하기 때문에 많은 인슐린을 사용합니다. 통곡물빵의 탄수화물은 느리게 혈액에 도달하기 때문에 인슐린을 적게 사용합니다. 췌장에서 분비되는 인슐린은 당분을 세포로 들여보내는 일을 담

당합니다. 세포에 있는 인슐린 수용체를 우리는 초인종으로 생각해볼 수 있습니다. 음식을 쉴 새 없이 먹어대면 인슐린이 계속해서 분비되고, 그러면 어느 순간부터 근육세포는 끊임없이 눌러대는 초인종에 신경이 날카로워진 나머지 초인종 소리를 무시하고 더 이상 문을 열어주지 않게 됩니다. 이것을 사람들은 '인슐린 저항성'이라는 그럴싸한 이름으로 부르는데, 제2형 당뇨병은 여기서 시작됩니다.

이런 상태가 한동안 지속되면 췌장도 더 이상 일할 맛을 잃고 활동을 완전히 접게 됩니다. 그러면 이제 본격적인 당뇨병에 걸리게 되는데 그 결과는 치명적입니다. 신장이 망가지고 뇌졸중 발작이 오고 신경도 손상됩니다. 우리가 간식으로 먹는 달콤한 마약은 유감스럽게도 별로 달콤하지 않고 오히려 독을 품고 있습니다. 우리는 단 것이 우리를 행복하게 만들어준다고 믿지만, 사실은 중증 질환을 일으켜 불행하게 만듭니다.

간의 역할도 과소평가되고 있습니다. 간은 인슐린 없이도 당분을 세포로 운반합니다. 하지만 그런 다음 어디로 보내야 할지 몰라 지방으로 저장합니다. 그러면 간은 비대해지고 염증도 생겨 점점 기능이 떨어집니다. 이것은 사람도 어느 정도 마찬가지입니다. 프랑스인은 시범도 보여줍니다. 거위에게 고칼로리 음식을 잔뜩 먹여 푸아그라라고 불리는 거위의 지방간을 고급 음식 재료로 얻어냅니다. 작동 방식은 사람과 똑같습니다! 물론 우리에게는 두 가지 결정적인 핸디캡이 주어집니다. 우리는 거위처럼 식사를 강요당하지 않습니다. 그리고 당뇨병 환자가 8주 동안 엄격한 식사 조절을 하면 혈당 수치는 다시 좋아지고 췌장과

간도 회복되어 제 역할을 합니다. 하지만 거위에게는 그런 기회가 주어지지 않습니다. 그러니 자기 자신을 사육하는 짓을 더 늦기 전에 그만두는 게 좋습니다.

전체 당뇨병 환자의 95퍼센트는 제2형 당뇨병입니다. '노인 당뇨병'이라고도 불리지만 환자들의 나이가 점점 내려가는 추세고, 심지어 어려서 걸리는 사람도 적지 않기 때문에 더 이상 어울리지 않는 개념입니다. 어릴 때 우리는 달콤한 마약을 알게 되고 사랑하게 됩니다. 이미 모유에서 그 맛을 알게 되기 때문에 당분에 대한 애착은 타고난 거라고 할 수 있습니다. 게다가 당분은 안 들어가는 곳이 거의 없습니다. 우리는 건강식이라고 생각하며 딸기 요구르트가 들어간 콘플레이크를 먹고 과일 주스를 마시고 과일 바를 간식으로 먹습니다. 미감은 다른 모든 맛을 덮어버리는 첨가 당분에 길들여집니다. 설탕은 이미 저렴하지만 EU 설탕 시장 규제가 발효되는 2017년부터 더욱 값싸게 제공됩니다.

세계보건기구는 2015년에 설탕에 대한 새로운 권고안을 제시했습니다. 우리가 섭취하는 총 에너지량에서 당분의 비중을 10퍼센트 미만으로 하는 것이 좋으며 5퍼센트 미만이면 더욱 바람직하다는 겁니다. 이 정도면 성인은 하루에 50그램, 즉 각설탕 16개 분량이고 초등학교 신입생은 그 절반에 해당합니다. 현재 남성은 하루 평균 123그램, 여성은 113그램의 당분을 섭취합니다. 권고 섭취량보다 두 배 이상 많습니다. 남자들은 단 청량음료를 여자들보다 더 많이 마십니다. 유감스럽지만 뚜렷한 사회적 경향도 나타납니다. 교육 수준이 낮은 사람들이 당분

을 더 많이 섭취하고 과체중도 더 많습니다. 제일 나쁜 것은 다량의 설탕물을 씹거나 소화하는 과정 없이 그대로 혈액 속으로 직행하게 되는 레모네이드입니다. 많이 마시면 기분은 좋아지지만 하루에 콜라 3리터는 곤란합니다. 영국의 슈퍼마켓 체인 테스코는 시민 보호를 위해 아동용 음료수에는 설탕을 추가하지 않도록 모든 하청 업체에 지시했습니다. 왜 모든 나라에서 이런 조치를 취하지 않는 걸까요?

과당이 '가공 설탕'보다 좋다는 신화는 오래전부터 통용되고 있습니다. 그러나 사실이 아닙니다. 당분이 단지 과일에서 나왔다고 해서 과당이 더 건강하거나 자연적인 것은 아닙니다. 설탕을 대체하는 감미료도 스테비아 같은 천연 성분이든 아스파탐이나 사카린 같은 인공 성분이든 모두 설탕보다 조금도 더 나을 것이 없습니다. 혀는 속을지 몰라도 체중 감소 효과는 전혀 증명되지 않았으며 몸에 해로울 가능성도 배제할 수 없습니다.

연방의회에서는 수년 전부터 식품에 첨가되는 당분을 크게 줄이도록 권고하고 있습니다. 하지만 '설탕경제협회'의 로비스트들은 2015년 11월에 모든 의원들에게 설탕은 비만을 초래하지 않는다는 주장이 담긴 서신을 보냈습니다. 이것은 1960년대에 담배 로비스트들이 엄연한 과학적 인식을 오랫동안 끈질기게 받아들이지 않았던 부끄러운 사건을 떠올리게 합니다. 이와 관련한 정치적 논의가 앞으로 어떻게 진행될지는 아직 열려 있는 상태입니다. 당뇨병을 막는 기적의 알약은 없습니다. 오직 지식만이 기적을 행할 수 있습니다.

이런 악의 산물에서 다시 벗어나는 것이 시민들의 계몽만으로도 충

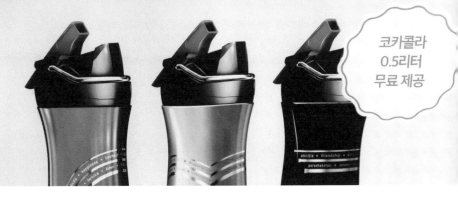
분할까요? 각개전투로도 이 싸움을 이길 수 있을까요? 아니면 좀 더 급진적인 조치가 필요하지 않을까요? 당분이 첨가된 음료에 추가적인 세금을 부과할 필요는 없을까요? 당분이 너무 많이 들어간 아동용 제품은 광고를 금지시켜야 하지 않을까요? 상품 표시에 트릭을 쓰지 못하도록 제조 업체를 강제할 필요가 있지 않을까요?

미니바 문을 열지 않는 게 최선이라는 건 저도 압니다. 이론적으로는 말이죠. 혹여 문을 열더라도 견과류 몇 알만 꺼내서 한 개씩 충분히 음미하며 씹어 먹어야 합니다. 그러면 제 췌장도 곧 잠들 수 있어 좋아할

겁니다. 마실 것도 가벼운 탄산음료 정도에서 그쳐야 합니다. 하지만 가끔씩은 스스로 구제 불능이라는 느낌이 듭니다. 저는 어릴 때부터 단 것을 아주 많이 먹었습니다. 그리고 지금도 당근보다 초콜릿을 더 좋아합니다. 설탕이 나쁘다는 건 제 부모님도 알았지만 그저 치아에 안 좋다고만 생각했습니다. 요즘 부모들은 아주 똑똑합니다. 그래서 다음 세대는 어릴 때부터 설탕 맛에 길들여지지 않기를 바랍니다. 마음대로 살 수 있다고 해서 굳이 사야 할 필요는 없습니다. 요즘 아이들은 어린이집에서 이미 설탕을 섭취하는 간단한 규칙을 배웁니다. 당분이 첨가된 인스턴트 과일 요구르트 대신 과일이 들어간 천연 요구르트를 먹고, 콘플레이크 대신 오트밀을 먹고, 주스 대신 허브티를 마시는 게 더 좋다고 말이죠.

얼마 전에 어떤 아이가 제게 하리보 젤리를 주면서 이렇게 말하더군요. "하지만 하루에 한 손으로 집을 수 있는 만큼만 먹어야 해요, 에카르트 아저씨." 무척 믿음이 가는 규칙이었습니다. 그리고 제 손이 꽤 커서 기뻤습니다.

## 미용과 정력, 큰돈이 오가는 게임

비아그라와 보톡스는 단지 젊음을
눈속임하려는 수단이 아니에요.
우울증도 치료한다고요!

스팸 메일 네 통 중에 세 통은 건강 용품과 미용 제품 광고입니다. 다이어트약, 주름 크림, 정력제 등 온갖 기적의 묘약이 수두룩합니다. 엉터리 비아그라나 아랫도리 수술 광고에 넘어가는 사람은 언제나 차고 넘쳐서 사업이 잘되나 봅니다. 하루 동안 받은 페니스 확장 시술 제안을 모두 계산해보았더니, 다 받으면 길이가 2미터 이상 늘어나더군요. 전혀 실용적이지 못합니다.

남자들에게 비아그라가 있다면 여자들에게는 보톡스가 있습니다. 둘다 더 이상 존재하지 않는 젊음을 눈속임하려는 수단입니다. 비아그라 제조사인 파이저와 보톡스로 수십억 달러를 벌어들인 엘러간사가 합병하고자 했을 때 미국 재무부가 단호히 개입하기도 했습니다. 1,600억 유로 규모의 이 빅딜이 성사되었다면 세계에서 가장 큰 제약 기업이 탄생했을 겁니다. 미용과 정력은 이제 먹거리 못지않게 큰돈이 오가는 게임의 장이 되었습니다.

일명 '소시지 중독증'이라고도 불리는 보툴리누스 중독증은 인간에게 처음으로 세균 독소의 존재를 알려준 사건이었습니다. 보톡스라는 마법의 물질은 세상에서 가장 독성이 강한 물질이자 동시에 많은 사람들에게 양심의 가책을 안겨준 물질이기도 합니다. 보툴리눔 톡신은 공기와 접촉이 없는 환경(예를 들면 통조림 깡통에 담긴 고기)에서만 증식하는 박테리아에서 생성되는 독소입니다. 보툴리눔 톡신에 오염된 고기를 먹으면 식중독으로 인한 마비로 사망할 수도 있습니다. 마비 현상은 제일 먼저 미세한 눈 근육에서 나타나기 때문에 사람들은 보툴리눔 톡신을 극도로 희석시킨 제제로 사시의 근육 불균형을 치료할 수 있겠다고 생각했습니다. 그런데 이 치료의 부작용으로 눈 주위의 주름살이 펴지는 효과가 나타났던 겁니다.

보톡스는 2002년과 2006년에 각각 미국과 독일에서 주름 치료제로 허가가 난 이후 슬그머니 사람들 사이로 퍼져나갔습니다. 지금은 수백만 명이 애용하는 대중적 현상이 되었습니다. 지난 3년 사이에 보톡스 사용자는 두 배로 늘었고, 일반 가정의학과 병원의 90퍼센트가 보톡스 시술을 제공합니다. 주름 치료의 가격도 크게 내려서 점점 더 많은 사람들이 보톡스 주사를 맞을 수 있게 되었고, 고객의 연령대도 점점 낮아지고 있습니다. 유럽인 1만 명을 대상으로 한 설문 조사 결과 독일 여성은 실제 나이보다 평균 4.5세 정도, 이탈리아 여성은 심지어 9.5세나 더 젊게 보이고 싶어 했습니다.

유의미한 의료 적용 분야의 목록도 늘어나고 있습니다. 다한증, 만성 편두통, 빈뇨증에다 심지어는—놀라지 마세요—우울증에도 보톡스가 사용됩니다. 이것도 이마와 양미간의 주름을 펴다가 우연히 알게 된 사실인데, 부작용으로 기분이 좋아지는 효과가 생겨나더라는 겁니다!

독일과 미국의 과학자로 이루어진 한 연구팀은 중증 우울증 환자 30명을 대상으로 실험을 실시했습니다. 모두의 이마에 주사를 두 차례 놓았는데, 한 집단은 처음에는 보톡스를 주사하고 12주 뒤에는 플라세보를 주사했고, 다른 집단은 먼저 플라세보를 주사한 다음 보톡스를 주사했습니다. 실험 결과는 놀라웠습니다. 환자들의 자기 평가에서뿐만 아니라 임상 설문에서도 보톡스 주사를 맞고 난 뒤 기분이 현저히 좋아진 것으로 나타났기 때문입니다. 어떻게 이럴 수 있을까요? 눈이 아니라 이마가 영혼의 거울이었던 건가요? 말하기 좋아하는 누군가는 이렇게 묻더군요. "내가 하는 말을 내 귀로 직접 듣기 전에는 무슨 생각을 하는지 어떻게 알 수 있겠어?" 우리의 감정도 마찬가지입니다. 제가 어떤 얼굴 표정을 짓는지 알기 전에는 제 기분이 어떤 상태인지 어떻게 알 수 있겠습니까? 우리는 우리의 얼굴 표정에 대해서 쉴 새 없이 이야기를 주고받습니다. 남들과만 그러는 게 아니라 자기 자신과도 그럽니다. 우리가 짓는 표정은 우리 자신에게도 어떤 인상을 줍니다!

'안면 피드백' 가설은 바로 이런 내용을 다루고 있습니다. 간단히 말하자면 우리 뇌는 마치 회진하는 의사처럼 안면 근육의 상태를 묻습니다. "자, 우리는 좀 어떤가요?" 이때 양미간에 주름이 잡히면 우리는 화가 난 상태입니다. 반대로 이마가 편안하게 이완되어 있으면 뇌는 만족스러워합니다. 그런 느슨함이 어디서 오든 뇌는 개의치 않습니다.

물론 정체성 위기, 세로토닌 결핍증, 무기력증 같은 증상이 주사 한

젊어지려는 소망은 이미 오래전부터 있어왔습니다.

방으로 간단히 사라지는 건 아닙니다. 하지만 이마 내부의 고민과 이마 표면의 고랑 사이에 무한히 반복되는 악순환을 끊을 수만 있다면 그것만으로도 이미 이득인 게 분명합니다. 우리의 생각이 오로지 다른 생각을 통해서만 영향을 받을 수 있다는 건 잘못된 생각입니다. 감정은 형식에 따라옵니다. 그러니 이제 그런 생각을 하느라 이마에 주름 잡는 일은 그만두세요. 하나도 좋을 게 없습니다!

　그다음 기적의 묘약인 비아그라는 우연의 산물입니다. 주성분 실데나필은 관상동맥을 확장하기 위한 심순환계 의약품으로써 임상시험을 거친 물질이었습니다. 하지만 이 물질의 효능은 그것만이 아니었습니다. 그런데 다른 효능은 어떻게 알려질 수 있었을까요? 어느 날 심장병을 앓는 남자들이 다른 연구에서는 보고된 바 없는 행동을 한다는 사실이 한 의사의 눈에 띄었습니다. 남자 환자들이 남몰래 약을 훔치는 것이었습니다! 무언가 이유가 있는 게 분명했습니다. 병원에서 몰래 콜레스테롤약을 훔치는 사람은 한 명도 없습니다. 하지만 실데나필의 경우 남자들이 약품의 부작용을 싫어하지 않는 게 분명했습니다. 오히려 하나같이 플라세보 집단에 속하지 않은 걸 기뻐했습니다.

이렇게 해서 실데나필은 1998년에 비아그라라는 상품명을 달고 시장에 나와 단기간에 전 세계적인 성공을 거둘 수 있었습니다. 실데나필은 해면체로 흘러드는 혈액을 차단하여 근육을 이완시키는 작용을 합니다. 다시 말해서 실데나필은 최음제가 아니라 육체적이거나 정신적인 원인에 의한 수압 차단의 강도를 줄여주는 작용을 할 뿐입니다. 물론 먼저 욕정이 일어야 하지만 그러고 나면 남자는 몸이 따라주어야 합니다. 특히 해면체가 말입니다. 실데나필은 바로 이 부분에 대한 신뢰를 제공합니다. 비아그라는 많은 남자들의 소망을 실현해주었고, 이제는 아스피린 못지않게 유명한 약품명이 되었습니다. 하지만 부작용을 노리고 먹더라도 여전히 심장에 미치는 영향이 있기 때문에 심장병 환자가 발기부전 치료제로 과도하게 사용하다 사망에 이르는 경우도 종종 발생합니다. 여자들도 비아그라를 자주 이용하는데, 화병 속의 꽃을 오랫동안 싱싱하게 유지하고 똑바로 세워주기 때문이라고 합니다. 농담이 아닙니다.

비아그라의 출현을 반기는 이들이 또 있습니다. 코뿔소들입니다. 역사적으로 코뿔소는 뿔이 정력에 좋다는 이유로 사냥당해왔습니다. 이

제 코뿔소들은 한시름 놓았습니다. 어차피 약리적 효과가 단 한 번도 증명된 적 없는 코뿔소 가루보다는 비아그라가 훨씬 더 잘 들을 테니까요. 코뿔소 뿔은 우리 머리카락이나 손톱과 성분이 똑같고 단지 밀도만 좀 더 조밀할 뿐입니다. 이 세상에 마술보다 생화학이 좀 더 많이 확산되었더라면 코뿔소의 멸종 위기도 없었을 텐데 말입니다. "남성 여러분, 혹시 코뿔소 가루가 필요하다는 생각이 드신다면 여러분의 손톱을 씹으세요. 어차피 똑같은 게 들어 있으니까요!"

미용성형수술과 관련해서 제가 특히 좋아하는 이야기가 하나 있습니다.

어떤 여자가 자신의 불행이 코 때문이라고 생각하고 오똑하게 세우는 수술을 받았습니다. 그런데 마취 중에 그만 불행한 사고가 발생하고 말았습니다. 드물지만 가끔씩 있는 일입니다. 의학적으로 사망한 여자는 신 앞에 나아가 불만을 터뜨렸습니다. "제가 왜 죽어야 합니까? 이제 겨우 스무 살인데요!"

신이 말했습니다. "내 생각에 너에게는 외모의 아름다움만이 중요하다. 그리고 그것은 어차피 오래 가지 못하니 네가 늙어가는 걸 피하게 해주고 싶었다!"

"아니, 그렇지 않아요. 그러니 제발 조금만 더 살게 해주세요!"

"좋다. 어차피 죽음은 길고도 긴 시간이니 네게 50년을 더 주겠다!"

그동안 의사들은 계속해서 여자에게 소생술을 실시하고 있었습니다. 여자는 다시 깨어났습니다. 살아난 겁니다. 여자는 기뻐하며 이제야말로 정말 수술할 필요가 있다고 생각했습니다. 그리고는 빚을 지면서까지 온몸을 뜯어고쳤습니다. 얼굴, 귀, 배, 다리, 엉덩이. 3주 뒤에 마침내 병원 문을 나섰습니다. 그런데 붕대를 칭칭 감고 거리를 걷다가 그만 트럭에 치이고 말았습니다.

하늘에 도착하자마자 여자는 다시 불만을 터뜨렸습니다. "이봐요, 하느님, 저한테 50년 더 주시겠다고 했잖아요!" 신은 한참 동안 그녀를 쳐다보더니 말했습니다. "미안하지만 네가 누군지 모르겠다!"

## '스트레스'라는 만능 키

> 말에 ㅅ음을 모두 없애버리면
> 언어 치료사가 필요 없어지지 않을까요?

정신분석은 한 마디로 이렇게 요약할 수 있습니다. "누군가 나사가 풀리면 그것은 어머니 탓이다."

혹시 이런 제 생각에 어떤 심리적 억압이 작용하고 있는 건 아닐까요? 아동심신의학과에서 인턴으로 일하던 시절 한 사내아이를 치료한 적이 있는데, 이 아이와의 만남은 심리 치료의 허와 실에 대한 제 생각에 결정적인 영향을 주었습니다. 물론 개별적인 경우를 너무 일반화하지 말아야 한다는 것은 저도 잘 알지만 말입니다. 아무튼 그 아이가 소변을 가리지 못한다는 이유로 우리 대학 병원을 찾아온 것은 여덟 살 때였습니다. 그전에도 이미 치료를 시도했지만 성과가 없었습니다. 아이가 수년간 치료를 받은 심리 치료에서는 우선 전통적인 행동 치료법에 따라 벨이 울리는 바지를 처방했습니다. 젖으면 곧바로 음향신호가 울려 제때 잠이 깰 수 있도록 아이를 훈련시키는 바지였습니다. 이 원리는 종이 울리면 자동으로 침을 흘리는 반응을 보이는 파블로프의 개를 떠올리게 했습니다. 하지만 실제로는 꽤 효과가 있는 방법이었습니다. 아이들 넷 중에 셋은 심지어 효과가 매우 좋았습니다. 그러나 그 아이의 경우는 그렇지 않았습니다. 아이의 바지는 계속해서 젖었습니다. 그다음에는 심층심리학 전문가를 찾아가 치료를 받았습니다. 아이의 진료 기록에 보면 주 1회 상담 치료, 놀이 치료, 관계 치료 등을 받았고 가족 구성원들 간의 상호작용에 대한 관찰도 이루어졌던 것으로 나와 있었습니다. 전문가는 아이가 소극적이고 가벼운 우울증이 있으며 타인과의 상호작용이 부족하다고 평가했습니다. 그밖에도 엄마가 아이를 감당하기 힘들다는 평가도 내놓았습니다. 하지만 치료가 아무리 계속되어도 아이의 증상은 개선되지 않았습니다. 아이는 밤낮으로 바지와 침대에 오줌을 흘렸습니다.

제가 아이를 처음 보았을 때의 인상은 쾌활한 사내아이였습니다. 이미 많은 힘겨운 치료 과정을 거쳤음에도 불구하고 아이의 눈은 호기심으로 반짝였습니다. 하지만 완전 초보 의사였던 제가 아이를 위해 무엇을 할 수 있었겠습니까? 저는 의대에서 배운 대로 어린 환자의 신체를 철저히 검사하여 담당 의사의 본격적인 진료를 위한 기초 정보들을 작성하였습니다. 그런데 이때 아이의 하복부 여러 곳에 흉터가 있는 것이 눈에 띄었습니다. 이런 흉터들이 아이의 심리 상태와 어떤 관계가 있었던 걸까요? 저는 아이의 출생 기록을 요구했고, 그 기록은 아이의 심리적 억압에 대해 전혀 다른 시각을 던져주었습니다. 아이는 방광과 요관 기형으로 태어나서 갓난아기 때 이미 여러 차례 수술을 받았어야 했습니다. 저의 질문을 받은 수술 담당자는 당시 아이의 해부학적 상태

가 좋지 않았기 때문에 괄약근과 방광 신경이 복잡한 상호작용을 수행하는 방광의 기능을 온전히 살리지 못했다고 설명했습니다. 다시 말해 이제껏 아이를 괴롭혀온 문제는 심리적 것이 아니라 신체적인 것이었습니다. 아이는 소심한 오줌싸개가 아니라 요실금으로 고통받고 있었던 겁니다. 아이의 신체적 상황에 대한 이런 중요한 정보가 병원과 시설 등을 거치는 동안 어쩌다 사라지게 되었는지 도무지 알 수 없는 일입니다. 안타깝게도 요즘은 한 가족 전체를 수십 년 동안 보살피고 관찰하는 의사를 거의 찾아볼 수 없습니다. 그래서 의사들은 각자 자신이 볼 수 있거나 보고 싶은 것, 아니면 검사 결과로서 주어진 것만을 볼 때가 많습니다. 아이 엄마가 아이를 감당하기 힘든 면은 분명 있지만 제가 보기에 그것은 그녀의 충분치 못한 독일어 능력과 부족한 의학 지식 그리고 만성질환을 앓는 아이를 둔 엄마들이 모두 겪는 스트레스 상황 탓이었습니다.

병동에서 우리는 외과 소견서를 새로 작성했습니다. 아이는 이제 전보다 훨씬 성장한 상태에서 다시 수술을 받을 수 있게 되었고, 우리는 부모와 아이 자신에게 상황을 자세히 설명해주었습니다. 유감스럽게도 저는 곧 다른 병동으로 배치되었기 때문에 그 뒤 아이가 어떻게 되었는지 더 이상 알 수 없습니다. 더 이상 치료사나 외과 의사가 필요치 않은 자신감 넘치는 청년이 되었기를 바랄 뿐입니다.

영혼 없는 '주류의학'의 맹점에 대한 비판은 지극히 타당합니다. 하지만 그렇다고 반대로 모든 것을 '심리적'으로 설명하려 해서는 곤란합니다. 닭과 달걀의 문제가 명확한 답을 내리기 힘든 만큼 몸과 마음도 분명하게 분리하기 어렵습니다. 그런데도 사람들은 벌써 수십 년도 넘게 아토피나 자폐증을 앓는 아이들의 엄마에게 양심의 가책을 떠안기며 자녀의 상태가 그들의 신경증적 관계 능력 부족 탓이라고 비난해오고 있습니다. 하지만 오랜 시간에 걸쳐 체계적으로 가족들을 관찰한 결과 비로소 과학적으로 분명해진 사실을 말하자면, 질환을 앓는 자녀를 둔 엄마들은 자신이 아이에게 도움을 줄 수 없다는 생각에 큰 스트레스를 받고 있었다는 겁니다. 아이가 태어나기 전에는 그들도 다른 엄마들과 똑같았습니다. 이런 사실이 밝혀져서 다행입니다.

## 물, 그만 좀 마십시다

사람의 뇌는 80퍼센트가 물로 이루어져 있습니다.
어떤 사람들은 이 사실을 몸소 보여줍니다.

웰니스 서비스 제공자의 밀교密敎 등급과 위생 등급을 알아보려면 유리 물병 안에 뭐가 떠다니는지 보면 됩니다. 수정 구슬이나 피라미드인지 아니면 파리인지. 확실한 사실은 물 없이는 생명도 없다는 겁니다. 샘이나 온천에 사람이 들끓게 하는 것도 물입니다. 옛 온천들은 언제나 치유의 장소였습니다. 비스바덴에 가면 온천이 솟는 곳마다 어디 어디에 좋다는 리스트가 길게 나열되어 있습니다. 리스트를 따라가다 보면 류머티즘이나 관절통처럼 예상 가능한 질환들 외에 '불임'이라는 글자도 자주 눈에 띕니다. 자녀에 대한 소망이 온천물 하나만으로도 충분히 이루어질 수 있다는 건지, 아니면 목욕할 때 친해진 사람을 통해서 실현된다는 건지 미심쩍은 생각이 다시 듭니다.

물은 우리 몸의 아주 중요하고 큰 구성요소입니다. 그래서인지 물처럼 건강 신화가 많이 따라다니는 식품도 별로 없습니다. 물을 에너지화해서 필터로 거른 다음 크리스털 용기에 담아 보관해야 한다고 말합니다. 물론 가장 좋은 것은 천연수입니다. 물을 수천 킬로미터 이상 전 유럽을 가로질러 화물차로 실어 나르기도 합니다. 그리하여 북해에 사는 사람이 피레네산맥이나 이탈리아에서 퍼온 물을 마십니다. 하지만 수송 과정에서 숱한 오염이 발생할 수밖에 없는, 생태적으로 완전히 말도 안 되는 프로젝트를 감수해도 좋을 만큼 그런 곳들의 물이 맑고 깨끗한 것은 아닙니다. 하지만 고향에서 환영 받지 못하는 것은 예언자만이 아닙니다. 샘물도 마찬가지입니다.

계몽적 코믹과 마술의 대가이자 저의 우상이기도 한 미국인 듀오 펜＆텔러는 공연에서 고급 레스토랑의 '워터 소믈리에'를 즐겨 연기합니다. 한 사람이 최고의 워터 전문가를 사칭하며 식탁에 다양한 메뉴의 물을 펼쳐놓고는 무식한 사이비 미식가들에게 최고급 물 몇 방울을 무시무시한 가격에 팔아넘기는 동안 그의 공범은 뒤쪽에서 정원용 호스에서 나오는 똑같은 물을 모든 잔에 담고 있습니다. 하지만 이를 눈치 채는 사람은 아무도 없습니다. 다들 번갈아가며 물맛을 보고는 '흥미로운 맛'이라거나 '완전히 다른 맛'이라고 떠들어댑니다. 메뉴에는 일본 후지산의 빙하수에서부터 프랑스제 고급 워터 로 드 로비네l'eau de robinet 까지 온갖 물이 다 적혀 있습니다. 하지만 로 드 로비네는 그냥 수돗물이라는 뜻입니다.

시어머니 같은 치료 시술사들이 흔히 내놓는 가장 유명한 처방은 물을 더 많이 마시라는 조언입니다. 그래서 도시의 주민들은 다들 물병을 하나씩 손에 들고 다니면서 시도 때도 없이 물을 마셔댑니다. 독일 도시에는 아무 데도 깨끗한 물이 없으니까요.

하지만 실제로는 수도에서 나오는 물보다 더 잘 검사된 물은 거의 없습니다. 납으로 된 관이 깔린 낡은 건물에 사는 사람이 아니라면—이 것은 간단히 조사할 수 있습니다—아무것도 겁낼 필요 없습니다. 매일 아침 수돗물을 잠시라도 사용한다면 더더욱 그렇습니다. 반대로 몇 달 동안 플라스틱 통 안에 들어 있는 물은 가소제부터 박테리아까지 오히려 오염 가능성이 더 많습니다. 병에 든 물에 대한 검사는 표본검사 방식으로만 이루어집니다. 상품 심사 재단에서 실시한 검사는 늘 같은 결과를 보여줍니다. 병에 담은 물에 수돗물보다 140배 더 비싼 값을 지불할 합리적 이유가 없다는 겁니다. 하지만 독일인들은 편안히 집에서 얻을 수 있는 물을 신뢰하기보다 마트에 가서 무거운 생수 박스를 들고 오는 걸 더 좋아합니다.

물을 너무 조금 마시는지 여부도 몸이 직접 보여줍니다. 소변 색깔로 말이죠. 몸에 수분이 정말로 부족하면 신장에서 밖으로 배출하지 않고 잡아둡니다. 그러면 오줌 색이 진해집니다. 물을 조절하는 우리 몸의 기발한 트릭이 또 있습니다. 바로 갈증입니다! 아주 간단합니다. 오직 갓난아기와 노인들만이 자연스러운 수분 조절에 어려움을 겪습니다. 한쪽은 아직 수도꼭지까지 직접 갈 수가 없어서 그렇고, 다른 한쪽은 나이가 많아지면서 갈증에 대한 감각이 무뎌졌기 때문입니다. 하지만 젊고 건강한 사람이 아침마다 3리터의 물병을 챙기면서 하루 종일 몸에 수분이 마르지 않도록 충분히 물을 마셔야겠다고 다짐하는 건 터무니없는 짓입니다. 몸의 70퍼센트 이상이 이미 물입니다. 더 마신다고 그만큼 더 좋아지지 않아요!

광고는 과학적 외양을 덧칠한 난센스를 좋아라하며 확산시켰습니다. 최근에 처음으로 물병을 사보았습니다. 추가로 산소를 공급해준다는 설명도 붙어 있었습니다! 물에 녹아 있는 주요 가스는 이산화탄소라고 알고 있던 터라 의아스러웠습니다. 하지만 분명히 '산소'라고 적혀 있었습니다. 대체 이 중요한 원소를 어떤 장기에서 우리 체내로 흡수하는지도 궁금했습니다. 대장일까요? 그곳에도 물론 가스가 있지만 그것은 몸 밖으로 다시 배출되어야 마땅하지 그 반대가 아닐 텐데 말입니다. 상표에는 작용에 대한 자세한 설명은 없고 단지 숫자만 적혀 있었습니다. 산소 0.004퍼센트. 뭐 아무튼 산소는 물속보다 대기 중에 있을 때가 훨씬 편안한 것 같기는 합니다. 대기 중에는 21퍼센트가 산소니까요. 그런데도 굳이 마실 물에 들어 있다는 '추가' 산소가 제게 필요할까요? 아니, 전혀 쓸데없는 짓입니다. 물속에 든 이런 추가 산소를 제대로 사용하려면 몇백만 년 전으로 되돌아가서 물고기가 되는 편이 낫습니다. 그러면 아가미라는 편리한 기관을 얻을 수 있을 테니까요!

5부

똑똑해집시다.
건강도 행복도 되찾으려면

# 과학의 탈을 쓴 그럴듯한 헛소리들

> "예전에는 맨날 그랬어, 잘 먹어야 내일의 해가 뜬다고.
> 그런데 지금 꼴이 어때? 기상 이변에다 뚱보들 천지잖아!"
>
> _츠보아스토아Zwoastoa

잘못된 정보는 어떻게 과학이 될 수 있었던 걸까요? 바로 다들 듣고 싶어 하는 이야기를 들려주면서 "과학적으로 증명되었다!"라고 주장하면 됩니다.

말도 안 되는 이야기가 얼마나 쉽게 대중의 관심을 끌 수 있는지 보여주기 위해 저널리스트와 의사로 구성된 팀이 아주 재미난 구상을 했습니다. 하이델베르크 출신의 의사 군터 프랑크Gunter Frank도 이 팀의 일원입니다. 그는 이미 오래전부터 의학의 잘못된 발전과 이를 보도하는 기사에 분노하고 있었습니다. 음식 이야기만 나오면 유난히 많은 헛소리들이 미디어에 의해서, 그리고 사람들의 지성과 직관을 통해서 빠르게 확산됩니다. 하지만 끊임없이 흥분하고 화를 낸다고 무엇이 달라지겠습니까? 그래서 군터와 그의 팀은 창끝을 반대로 돌려 시스템 자체를 격파하기로 마음먹었습니다. 즉 말도 안 되는 실험을 통해서, 거짓을 날조하거나 속이지 않고, 얼마나 멀리까지 갈 수 있는지 한번 시험해보기로 한 겁니다.

우선 그들은 독일 마인츠에 '다이어트와 건강 연구소'를 설립했습니다. 이름은 그럴싸하게 들리지만 그들을 증명해줄 만한 것은 달랑 인터넷 홈페이지 하나가 전부였습니다. 연구소의 관심 영역은 물론 다이어트입니다. 연구자들은 페이스북을 통해 실험 대상자를 구했습니다. 19세에서 67세 사이의 남자 5명과 여자 11명을 세 집단으로 나누고, 그중 한 집단은 아무것도 안 하는 대조군으로, 다른 두 집단은 3주 동안 엄격한 저탄수화물 다이어트를 유지해야 하는 실험군으로 삼았습니다. 두 다이어트 실험군 중 한 집단은 추가로 매일 정확히 42그램의 초콜릿을 먹도록 했습니다. 모든 과정은 세세히 기록되었습니다.

전보다 뚜렷하게 적은 양의 식사를 하면 누구나 살이 빠집니다. 두 다이어트 집단도 기대한 대로 살이 빠졌습니다. 대조군 구성원들의 체중은 변하지 않았습니다. 그런데 여기에 무슨 놀라운 이야기가 있다는 걸까요? 연구자들이 사용한 트릭은 이런 겁니다. 그들은 모든 가능한 측정치를 다 조사한 다음, 그중 순전히 우연적으로 초콜릿을 먹는 다이어트와 안 먹는 다이어트 사이의 차이를 두드러지게 보여주는 데이터가 있는지 찾아보았습니다.

이 가짜 연구자들은 운이 좋았습니다. '초콜릿 실험군'이 비교 집단에 비해 10퍼센트 정도 더 몸무게가 감소한 걸로 나왔기 때문입니다. 그들은 당장 이 사실을 기사로 작성하여 삼류 학술 저널에 발표했습니다. 이때 데이터 수집과 추론 과정을 면밀히 검토한 사람은 아무도 없었습니다. 신문은 「체중 감소 가속기로 밝혀진 카카오 고함량 초콜

릿」이라는 매우 선정적인 제목으로 이 연구를 소개했습니다. 언론에 보도되자 소식은 번개처럼 퍼져나갔습니다. 대형 포털, 여성지, 타블로이드 신문, 토크쇼 또한 「요요 대신 초코!」, 「다이어트를 돕는 초콜릿!」 등을 헤드라인으로 일제히 기사를 쏟아냈습니다. 이 과학적 헛소리는 온라인 미디어를 통해 순식간에 호주, 미국, 인도, 러시아, 나이지리아 등지에 전달되었습니다. 사방에서 영양학의 쾌거를 칭송했고, 드디어 양심의 가책 없이 마음껏 초콜릿을 탐닉할 수 있게 된 수백만 '유저'들은 환호성을 터뜨렸습니다.

그러고 나서 저자들은 사실을 폭로했고, 신문과 포털은 부리나케 다시 쏟아냈던 지시를 거두어들였습니다. 그리고 이번에는 〈슈피겔〉이나 〈쥐트도이체 차이퉁〉 같은 다른 주류 언론들이 관련 기사를 내보냈습니다. 텔레비전 방송국 ARTE와 ZDF에서는 언론 보도의 단순 무식함을 폭로하는, 〈전 세계로 퍼져나간 거짓 과학〉이라는 제목의 다큐멘터리도 제작했습니다. 기사를 작성한 기자 중 단 한 사람도 진술의 신빙성에 대해 전문적인 의혹을 제기하거나 조사하지 않았습니다. 다들 높은 클릭 횟수를 보장하는 '뉴스거리'가 생긴 것에만 기뻐했습니다.

어떻게 전문적인 검증도 거치지 않고 이런 사기 보도를 실어 나를 수 있었던 걸까요? 약간의 상식과 최소한의 팩트 체크만 있었어도, 잠시 인터넷만 검색했어도 이 연구소의 이름이 전에 한 번도 등장한 적이 없다는 걸 알 수 있었을 겁니다. 저자들의 이름을 검색했다면 이 사람들이 누구이고, 어떤 논문을 어디에 발표했는지도 알 수 있었을 텐데요. 아니면 직접 연구자들과 접촉할 수도 있었습니다. 그랬다면 그들이 내놓는 답이 얼마나 믿을 만한지 금방 알아차렸을 겁니다. 이 분야의 이미 알려진 전문가를 만나 또 다른 의견도 들어볼 수 있었을 테고요.

그런데 이들의 연구가 말도 안 되는 엉터리면서도 거짓 날조가 아닌 이유는 무엇일까요?

잡동사니 데이터에서 자신에게 맞는 것들만 뽑아 사용하는 짓을 전문용어로 '체리 피킹cherry picking'이라고 부릅니다. 30개의 측정값을 조사해 그중 원하는 결과 두 개 정도만 뽑아서 보고하는 겁니다. 이것은 배제일 뿐 거짓은 아니니까요.

요하네스 보하논 박사Dr. Johannes Bohannon라는 이름으로 논문을 발표했던 과학 저널리스트 존 보하논John Bohannon은 이렇게 털어놓았습니다. "만약 우리 조사에서 수면의 질이 어떤 측정 가능한 차이를 보였다면 우리는 초콜릿 다이어트가 잠을 더 잘 자게 해준다고 썼을 겁니다. 그것도 좋았겠군요."

실험 대상자의 수가 적을수록 통계를 활용하기 더 수월해집니다. 피실험자의 수가 10명도 안 되는 실험은 아무도 진지하게 받아들이지 않습니다. 진술이 장기적으로 신뢰를 얻으려면 많은 사람을 대상으로 상이한 장소에서 상이한 연구팀에 의해 증명되어야 합니다. 그런데 유감스럽게도 바로 이 부분이 부족한 경우가 많습니다.

더욱 유감스러운 사실은 '초콜릿 변신' 연구가 다른 식품 연구에 비해 크게 덜 과학적이지 않았다는 점입니다. 형식적으로는 무작위 대조군 실험으로서의 실험 규칙을 준수했습니다. 하지만 '네가 스스로 조작하지 않은 통계는 절대로 믿지 말라'는 오랜 규칙도 착실히 따랐습니다.

인터넷 시대에는 사람들이 더 나은 정보를 얻을 수 있으리라던, 계몽의 밝은 빛이 모니터를 통해 나라의 가장 어두운 구석까지 빠짐없이 비출 것이라던 원대한 희망은 20년 만에 정반대로 돌아섰습니다. 예전에는 술자리에서 오간 검토되지 않은 주장들이 환풍기 바람에 실려 배출되거나 알코올의 정화 작용 덕택에 다음날이면 기억에서 말끔히 지워졌지만 이제는 인터넷에 올라 계속 전달되고 확산됩니다. 어떤 내용이 인터넷에 오르면 사람들은 충격적일 정도로 무비판적으로 곧이곧대로 믿어버립니다. 하지만 진실은 얼마나 많은 사람들이 믿느냐와 아무 관계도 없습니다. 사람들은 시끄럽고 자극적인 이야기에 더 잘 반응하고, 바로 그래서 그런 이야기는 객관적이고 차분한 평가보다 더 쉽게 확산됩니다. 하지만 여기서 생겨나는 것은 지식이 아니라 두려움과 혼란뿐이며, 우리는 끊임없이 사소하고 하찮은 이야기들에 휘둘리게 됩니다. 우리는 지난 24시간 동안 벌어진 모든 일을 시시콜콜 알게 됩니다. 어느 배우나 팝스타가 어떤 성적 취향을 가졌는지까지도 말입니다. 하지만 무엇이 진짜 문제인지 혹은 내 자신의 문제가 무엇인지에 대해서는 더 이상 차분히 생각하지 못합니다. 미국의 미디어학자 닐 포스트먼Neil Postman은 벌써 25년 전에 "우리는 죽도록 즐기는 존재다!"라고 예언했습니다.

이것은 심각한 문제입니다. 이 문제를 함축적으로 표현하는 대단히 혁신적이고 간단명료한 개념이 바로 '헛소리bullshit'입니다. 프린스턴 대학의 철학과 교수 해리 프랑크푸르트Harry Frankfurt가 2004년에 내놓은 개념입니다. 헛소리를 지껄이는 사람은 참과 거짓의 차이에 아무 관심이 없습니다. 그렇기 때문에 프랑크푸르트 교수는 진실의 가장 큰 적은 거 짓말이 아니라 헛소리라고 했습니다. 세부적인 내용에 주의하지 않고 함부로 무언가를 주장하는데, 여기에는 사고의 원칙도 없고 객관적이 고자 하는 노력도 없고 표준에 대한 고려도 없습니다. 헛소리는 충동과 기분에 좌우될 뿐입니다. 물론 민주주의 국가에서는 누구나 자기 생각 을 말할 수 있습니다. 무슨 말을 할지 사전에 충분히 심사숙고했든 안 했든 상관없습니다. 하지만 꼭 그래야 하는 것은 아닙니다!

심리학자들은 우리가 갖는 의견들이 그다지 사실에 근거하지 않는 다는 것을 이미 오래전부터 알고 있었습니다. 우리는 일단 불분명한 의 견을 형성한 다음 그에 맞는 논거들을 수집합니다. 논증에 설득력이 떨 어질수록 이를 주장하는 목소리는 더욱 격렬해지고 쓸데없이 심각해 집니다.

일이 이런 식으로 전개되는 데에는 학계도 일부 책임이 있습니다. 연 구자가 내놓는 주장을 무비판적으로 받아들이는 과학에 대한 신앙적 태도가 바로 그것입니다. 이 과정에서 많은 헛소리들이 양산됩니다. 가 령 담배 회사의 재정 지원을 받는 많은 연구들은 하나같이 흡연이 해 롭지 않을 수 있다는 증명을 내놓았습니다. 물리학자들은 원자력이 안 전하다고 약속했고, 영양학자들은 매년 우리에게 날씬해지는 법을 설 명해주었지만 사람들은 매년 더 뚱뚱해졌습니다.

저는 오히려 아예 처음부터 대놓고 말도 안 되는 소리로 아무도 진 지하게 받아들이지 않게 하는 제품들이 더 마음에 듭니다. 예를 들면 애완동물 사료의 대표적 상품으로 꼽히는 '말하는 알갱이Sprechperlen'가

그렇습니다. 어느 슈퍼마켓에서나 파는 제품인데, 포장지에 보면 앵무새 한 마리가 이 사료를 먹고 놀라운 변화를 일으키는 것처럼 나와 있습니다. 앵무새가 "푸키는 사랑스러워!"라고 말하고 있습니다. 새들의 뇌에 특별히 언어 능력을 심어주는 어떤 성분이라도 들어 있다는 걸까요? 비타민과 곡물로 된 사료라는데요. 저는 이 '말하는 알갱이'가 날개 돋친 듯이 팔리는 것은 아마추어 조류학자들 덕분이 아니라 하루 종일 말 한마디 하지 않는 남편에게 낙담한 주부들의 역할이 컸을 거라고 추측합니다. 아침마다 몰래 남편의 뮈슬리 그릇에 이 알갱이들을 섞어 넣으며 아마도 이런 생각을 했을 겁니다. '이게 앵무새를 말하게 만든다면 우리 남편이라고 안 될 게 뭐겠어?'

하지만 식료품 마케팅의 끝판왕은 뭐니 뭐니 해도 크뤼거 사의 가루 차입니다. 플라스틱 차 통에서 끈적끈적한 고양이 배변 같은 걸 꺼낼 때면 정말 속이 온통 뒤집어집니다. 그런데 상표에는 더욱 기막힌 설명이 적혀 있습니다. 오리지널과 '칼로리를 50퍼센트 낮춘' 두 가지 버전이 있다는 겁니다. 이런 놀라운 영양가 절감은 대체 어떻게 가능한 걸까요? 인공감미료가 들어간 차 봉지가 따로 있을까요? 아닙니다. 성분표 제일 첫머리에는 모두 설탕이 적혀 있습니다. 아마도 가장 많이 들어간 성분이기 때문인 듯합니다. 수수께끼는 밑에 작은 글씨로 적혀 있는 설명을 읽어야 비로소 풀립니다. 오리지널은 여섯 찻숟갈을 타서 마시고—놀라지 마세요—칼로리를 50퍼센트 낮춘 버전은 그냥 절반을 타서 마시라는 겁니다! 놀랍지 않습니까? 절반만 사용하면 안에 든 칼로리도 절반으로 준다는군요. 도대체 고객을 얼마나 멍청이로 알아야 이런 게 가능할까요? 포장지에 "영양이 두 배로 풍부한" 특제품 사탕이라고 적힌 것도 똑같습니다.

이런 꼼수에 넘어가지 않으려면 대체 어떻게 해야 할까요?

일단 읽는 것을 모두 다 믿으면 안 됩니다. 그리고 모두 다 읽지도 마세요. 무엇을 읽어야 할지 의식하고 필요한 것만 읽고, 읽은 다음에 스스로 생각하세요. 하지만 자신의 생각도 다 믿지는 마세요. 간단히 말해서, 무언가가 너무나 그럴싸하게 사실처럼 들린다면 대부분 사실이 아닙니다.

# 광고 우편물의 헛소리

**전형적인 건강식품 전단지를 팩트 체크합니다.**

의학박사 얼 민델

## 치유 영양소를 통한 건강의 최적화

**뛰어난 효과!**

미국 펜실베니아 주립 대학에서 이룬 식물 영양 과학의 페거라고
유명 잡지와 의학저널리스트들은 보도하고 있다.
당신의 건강을 위한 놀라운 발견!

# "약버섯의 기적"

## 400배 더 강력해진 치유력이
## 당신의 세포를 사로잡는다

- ● 장기가 젊어진다
- ● 심장이 튼튼해진다
- ● 경화된 혈관을 청소한다

증명된 사실: 2000년 전부터 전해 내려온 이 기적의 영양소는
Q10, 알파리포산, 비타민 A, C, E 등 지금까지 알려진
모든 항산화제를 능가한다!

### 직접 체험하세요!

완벽한 건강, 20~30년 이상 더 젊어진 느낌, 새로운 활력!
이 모든 것을 단 72시간 안에 얻을 수 있다!
치료 효과를 얻을 수 있는 질병들:

- ● 고혈압
- ● 혈당 불안정
- ● 나쁜 콜레스테롤 수치
- ● 건망증과 집중력 장애
- ● 알레르기
- ● 호흡기 질환
- ● 무기력, 의욕 부진
- ● 심순환계 질환
- ● 성욕 감퇴
- ● 기타 많은 질환들!

보증: 효과가 없으면 환불

---

**전문가**

얼 민델의 이름으로
발표된 전공 서적은
한 권도 찾아볼 수 없고
미심쩍은 실용서들만
잔뜩 있다.

**치유력?**

400배라는
수치는
어디서?

**기적의 영양소**

이런 건 없다!
항산화제를 능가하는
재주를 부릴 수는 없다.
고용량 항산화제는 몸에
해롭기 때문이다.

**치료와 보호를 받을 수
있는 질병들**

영양 보충제에 질병과 관련된
광고 문구를 집어넣는 것은
엄격히 금지되어 있다.

**뛰어난 효과?**

증거는 어디에?

**2000년 전부터?**

이상하다. 얼 민델 자신
"전에 없던 놀라운 발견
을 했다고 바로 앞에서
말했는데……

# 당신이 의사에게 물어야 할 다섯 가지 질문

> "진지한 얼굴로 하는 모든 행동이
> 이성적일 거라고 믿는 사람들이 있다."
>
> _게오르크 리히텐베르크Georg C. Lichtenberg

이제부터 다섯 가지 질문을 일러드릴 테니 중요한 결정을 내리기 위해 의사와 상담할 때 주저하지 말고 이 질문들을 던지시기 바랍니다. 우리 모두 언젠가는 직면하게 될 문제에 미리 대비하려는 겁니다. 우리는 어떤 기준에 따라 중요한 치료에 대한 결정을 내려야 할까요?

국민 보건 제도의 최대 집단은 환자와 그 가족인 바로 당신입니다! 다만 다른 로비 집단처럼 잘 조직되어 있지 않을 뿐입니다. 그래서 한 사람 한 사람 모두 중요합니다. 체제를 뒤바꿀 큰 힘은 우리가 더 많은 통찰과 이해와 목소리를 가질 수 있을 때 비로소 생겨납니다. 다시 말해서 '환자 역량 강화patient empowerment'가 필요합니다.

### 첫째 질문: 어떤 효용이 있는가?

예전에는 의사들이 "이 치료를 지금 받으셔야 합니다!"라고 말했습니다. 더 이상의 토의나 상담은 없었습니다. 환자는 대개 얌전하게 고

의사에게 물어야 할
# 다섯 가지 질문

① 어떤 효용이 있는가?

② 어떤 위험이 있는가?

③ 어떤 증거가 있는가?

④ 좀 더 지켜보면 어떤 일이 생기는가?

⑤ 내게 권하는 치료를 당신 자신도 받을 텐가?

추신 : 기적의 치유자에게 물어야
할 질문도 동일합니다!

개를 끄덕이고는 병원 문을 나서며 '나중에 보면 알겠지' 하고 생각했습니다. 처방전에 적어준 약을 약국에서 받아 그다음은 어떻게 했을까요? 조사에 따르면 처방된 약의 절반은 처방전에 적힌 대로 사용되지 않았습니다. 어차피 약을 사용하지도 않을 거라면 처방도 필요 없고 돈도 지불할 필요가 없었을 텐데 말입니다.

어떤 치료가 어디에 좋고 어떤 효과가 있으며 어떻게 그 효과를 알수 있는지 충분한 설명을 들으세요. 가령 혈압약은 별로 눈에 띄는 점이 없어서 대단치 않게 생각하는 경향이 있고, 반대로 항생제는 의사나 환자가 모두 과대평가합니다. 항생제는 너무 많이 처방되고, 바이러스가 원인이어서 전혀 필요하지 않을 때도 복용합니다.

좋은 의사라면 어떤 약이 왜 필요한지 설명할 수 있어야 합니다. 모든 검사나 수술도 마찬가지입니다. 환자는 의사의 설명이 불충분하면 어떤 쓸모가 있는 치료인지 구체적으로 물어야 합니다.

올바른 판단을 위해서 반대로 어떤 해가 있을 수 있는지도 물어야 합니다.

### 두 번째 질문: 어떤 위험이 있는가?

"위험과 부작용에 대해서는 첨부된 사용 설명서를 읽고 의사나 약사에게 문의하세요." 이론적으로는 누구나 광고를 통해 이미 알고 있는 내용입니다. 그런데 실제로는 어떻게 하고 있을까요? 이 문장에 등장하는 접속사 '그리고'가 흥미롭습니다. 입법자는 사람들이 설명서를 읽고 '그리고' 의사와도 말하리라는 가정에서 출발합니다. 하지만 병원에서 일하는 의사들은 처방된 약에 대해 자세히 설명해줄 시간이 없기 때문에 환자 혼자 읽게 되는 경우가 많습니다. 이 경우 환자는 극도로 위험한 약제를 느닷없이 손에 받아든 느낌을 받게 됩니다.

첨부된 사용 설명서는 환자보다는 법률가를 위한 깃으로 보입니다. 글자가 너무 작게 인쇄되어 '두통이 빈번히 발생'이라는 글자를 미처 다 해독하기도 전에 이미 두통이 생길 지경입니다. 〈독일 의사 신문〉에서 실시한 설문 조사에서는 의사, 약사, 법률가에게 '빈번히'나 '드물게' 같은 단어를 어떻게 이해하는지 물었습니다. 그랬더니 '전문가'도 실생활에서는 이 말을 사용 설명서에서와 완전히 다르게 규정하고 있었습니다. 전문용어로 쓰이는 '빈번히'는 '1퍼센트에서 10퍼센트까지'의 의미로 고정되어 있었습니다. 다시 말해서 100명이 약을 먹으면 최대 10명에게서 부작용이 예상되지만 단 한 명에 그칠 수도 있다는 뜻입니다. 하지만 일상 언어에서 '빈번히'는 훨씬 더 자주 발생한다는 뜻으로 쓰입니다. 세 전문가 집단 모두 '빈번히'를 과반수로 이해했습니다. 다시 말해 100명 중 50명 이상에게서 부작용이 예상된다는 겁니다. 사용 설명서의 언어에서 '드물게'는 1,000명에서 10,000명까지 중에 한 명이었습니다. 반면에 일상어에서는 100명 중 5명 정도의 의미로 쓰이고 있었습니다.

느낌상의 빈도(50퍼센트 이상)와 실제 빈도(5퍼센트 이하)가 너무 차이 납니다. 모두에게 명확해야 하는 위험 코드를 전문가도 환자도 모두 제대로 이해하지 못 하고 있는 겁니다.

제가 드리는 팁은 다음과 같습니다. 부작용에 대한 두려움 때문에 그냥 약을 안 먹기보다는 그 전에 실제로 의사나 약사와 이야기하세요. 제대로 처방받은 약이라면 분명히 효용이 더 많을 테니까요. 오히려 안 먹으면 해가 됩니다. 우리 몸에 작용하는 모든 약은 원하는 효과와 원하지 않은 효과가 있기 마련입니다. 효용과 위험을 올바르게 평가할 수 있는 사람만이 건강한 결정을 내립니다. 어떤 치료법에 '아무런 부작용이 없다'고 계속해서 강조한다면, 그것은 주된 작용도 없다는 뜻일 가능성이 큽니다.

**세 번째 질문: 어떤 증거가 있는가?**

지난 50년 동안 보건 영역에서 이룬 가장 중요한 성과는 약제와 수술 및 다른 의료 조치들의 효능에 대한 지식이 체계화되고, 효과의 유무가 명백한 기준에 따라 구분되었다는 점입니다. 좋은 연구는 수많은 관찰을 하나로 묶어주고 사람의 불찰로 인한 오류를 배제시켜줍니다. 지식의 결합은 '경험 의학'과 모순되지 않을 뿐만 아니라 오히려 그것을 넘어섭니다. 어떤 치료가 100명의 사람에게 효과가 있었다면, 그것이 나에게도 효과가 있을 가능성은 비전문 의료인이 이제껏 단 한 사람에게만 도움을 주었던 다른 치료보다 훨씬 더 높습니다. 많은 증상에 대해서는 전문 집단의 가이드라인이 마련되어 있습니다. 하지만 일선 병원에서는 진료를 보는 의사마다 각자 좋아하는 치료법이 있습니다. 이것은 좋을 수도 있지만 어떤 것들은 20년 전의 수준에 머물러 있기도 합니다. 그렇기 때문에 의사의 처방이나 권유가 어떤 근거에서 나온 것인지 과감하게 물어볼 필요가 있습니다. "이 치료로 아주 좋은 효과를 본 어떤 사람을 알고 있다"는 말은 별로 의미가 없습니다. 우리에게 정말로 힘을 갖는 말은 이런 것입니다. "이 치료의 장점은 아주 많은 사람들을 대상으로 한 독립적 연구를 통해 입증되었습니다. 물론 직접 확인하실 수 있습니다."

조언을 받을 때도 마찬가지입니다. 미국 소아과 의사들이 젖먹이 아기를 엎어서 재우라고 권했던 것은 잘못된 조언이 초래한 비극적인 사례로 손꼽힙니다. 누워서 재우는 게 아기의 머리를 납작하게 만들고 침이나 토사물을 뱉어내기에 나쁘다는 생각은 1950년대부터 확산되었습니다. 어떻게 이런 생각을 하게 되었을까요? 증거는 없었고 '사람'만 한 명 있었습니다. 한 유명한 소아과 의사가 검증을 거치지 않은 단순한 주장을 내놓은 것이 발단이었습니다.

이제 우리는 그것이 갓난아기 돌연사의 원인 중 하나라는 사실을 알고 있습니다. 1980년대에 아기들의 수면 과정에 대한 체계적인 관찰이 이루어지고 나서야 의료계와 미디어는 엎어서 재우는 것이 아기의 생명을 위협할 수 있다는 점을 적극적으로 경고하기 시작했습니다. 그래서 요즘은 아기를 눕혀서 재우는 게 당연해졌습니다. 제일 좋은 방법은 베개나 인형을 곁에 두지 않고 그냥 침낭 안에 재우는 겁니다. 의료와 관련해서는 권위를 맹목적으로 따라서는 안 됩니다. 어떤 조치를 권고받을 때마다 지극히 단순하지만 가장 중요한 다음 질문을 던질 필요가 있습니다. "그걸 어떻게 아시죠?"

**네 번째 질문: 좀 더 지켜보면 어떤 일이 생기는가?**

의학의 기술은 모든 가능성을 다 실행하는 데 있는 것이 아니라 자기 치유력이 펼치는 놀라운 작용에 가능한 한 조금만 개입하는 데 있습니다. 많은 경우 저절로 좋아지며, 좋아지지 않으면 그때 반응해도 됩니다. 건강보험 환자라면 아마 예약된 날까지 오랫동안 진료를 기다리다 병이 저절로 나아버린 경험을 한 번쯤 해보았을 겁니다. 심지어 대기실에 앉아 진료를 기다리다가 그러기도 합니다.

물론 위급한 경우도 있지만 대부분은 그렇지 않습니다. 의사와 상담할 때 어떤 증상이 나타나면 반드시 다시 찾아와야 하는지, 어떤 신호가 병이 악화되는 경고인지 물어보는 것도 좋습니다. 이미 말했듯이 대체의학의 성공은 일반 병원의 6분 진료보다 훨씬 더 많은 시간과 여유를 가지고 진료를 본다는 점에 기인합니다. 이건 볼테르도 이미 알고 있던 비밀입니다. "의학은 환자에게 몸이 스스로 치료하기 위해 필요한 시간을 벌어주는 기술이다."

**다섯 번째 질문: 내게 권하는 치료를 당신도 받을 텐가?**

이 질문이 중대한 결정을 앞두고 의사와 상담할 때 중요한 이유는 무엇일까요? 의사들은 대부분 좋은 이유에서 의학을 공부하기로 결심합니다. 그리고 많은 의사들은 부업으로 여전히 인간으로 남기를 택합니다. 물론 직업 활동을 하면서 자기도 모르는 사이에 변할 때도 많습니다. 쉴 새 없이 뭔가를 받아들이고 경험을 쌓다 보면 순식간에 그렇게 됩니다. 어쩔 수 없습니다. 개업의들은 건강보험을 욕하면서 자비

부담 환자에게 불필요한 '개인 건강 서비스'를 판매합니다. 병원도 경제적 압박에 시달립니다. 병원 원무 과장이 돈벌이가 되는 치료를 더 많이 하도록 계속해서 압박하면 의사는 잘못된 자극을 받기도 합니다.

그 결과 환자들은 치료 결정이 환자의 시각에서만 내려지지 않고 '조직'도 함께 고려된다는 좋지 않은 인상을 받게 됩니다. 하지만 최후의 결정권자는 누구일까요? 환자, 그러니까 바로 당신입니다! "당신도 그렇게 하겠습니까?"라는 질문은 관점을 정반대로 돌려놓습니다. 이 질문을 통해 서비스의 '판매자'는 다시 공감하는 인간으로 바뀝니다. "나라면 이 치료를 내 어머니, 내 아내, 내 자녀에게 받게 할 텐가?"라고 생각할 수 있을 때, 의사는 더 이상 계산을 앞세우지 않고 소중히 여기는 사람의 건강과 안녕을 우선시하게 됩니다.

30년 전에만 해도 허리 통증이 있으면 침대에 누워 쉬어야 한다는 게 정설이었습니다. 하지만 요즘은 정반대로 권합니다. 누워 있지 말고 최대한 몸을 움직이라고 말이죠. 당시에 실시된 설문 조사에 따르면 의사의 60퍼센트가 허리 통증이 있었습니다. 그런데 설문 조사에 참가한 의사 130명 중 자신들의 권고를 그대로 따른 사람은 2명에 불과했습니다. 말도 안 되죠?

중증 질환의 경우는 어떨까요? 스위스의 지역 공중보건의 잔프란코 도메니게티Gianfranco Domenighetti는 거듭된 조사에서 항상 똑같이 심한 격차가 나타난다는 사실을 발견했습니다. 의사와 그 가족들은 '보통' 환자들에 비해 수술을 받는 경우가 훨씬 드물었습니다. 이런 현상은 기이하게도 법률가의 아내에게서도 나타났습니다. 이 정도는 약과입니다!

자궁 제거 수술의 경우는 차이가 더욱 심했습니다. 변호사와 의사의 아내들 중 이 수술을 받은 사람의 비율은 전체 여성 평균의 절반에 그쳤습니다. 탈장, 담석, 고관절 등의 수술도 의사가 타인에게 권하는 방법과 자기 자신에게 사용하는 방법이 달랐습니다.

길 안내자가 자신이 남들에게 안내한 길을 가지 않는 겁니다. 그것도 단순히 포크질 정도에 그치지 않고 칼을 들어야 하는 문제에서 말입니다. 외과 의사는 푸줏간 주인이 아닙니다. "좀 더 썰어드릴까요?" "아니요, 차라리 조금 덜 썰어주시면 고맙겠습니다."

## 극성 채식주의자들의 불편한 진실

> 사람들은 왜 크리스마스부터 새해 첫날까지
> 무엇을 먹을지 고민하는 걸까요?
> 그것보다는 새해 첫날부터 크리스마스까지
> 무엇을 먹을지가 훨씬 중요한데 말이죠.

인터넷 플랫폼 덕분에 매 11분마다 싱글 한 명이 사랑에 빠진다고 선전하는 '파트너 거래소'의 광고는 유명합니다. 이런 걸 볼 때마다 한숨이 나오고 사랑에 빠진 모든 이들에게 유대감을 느낍니다. 그래도 인터넷 상에서 파트너를 구하려는 사람은 이 광고를 보고 11분 동안 착실히 온라인에 머물며 멋진 파트너를 놓치지 않기 위해 클릭을 잘 해야겠다고 마음먹습니다.

하딩위험이해능력센터에서 만든 대단히 유용한 인터넷 사이트 '이 달의 나쁜 통계'에서는 오히려 숫자가 우리를 반하게 만듭니다. 불행은 누군가 사랑에 빠졌는데 일방적인 관계에 그칠 때 발생합니다. 여기서는 사랑에 빠진 두 싱글이 커플이 되는 바람직한 상황을 가정해보겠습니다. 그러면 한 시간에 여섯 쌍이 생겨나고 1년에는 5만 2,560쌍이 됩니다. 제가 만약 약 500만 명 정도로 추산되는 커플 사이트 등록 회원 중 한 사람이라면 다음 10분 안에 파트너를 만날 가능성은 500만 대

2가 되고, 이것을 다시 1년으로 환산하면 새로운 사랑을 만날 확률은 2퍼센트입니다. 잠이 확 깨는 통계입니다. 2퍼센트라면 차라리 친구들과 술집에 가는 편이 낫습니다. 맥주의 알코올 수치가 5퍼센트는 되니까요. 게다가 다들 근사한 누군가와 함께 온다면 누군가 새로 사귈 수도 있습니다. 아무튼 모니터 앞에 앉아 있는 것보다는 훨씬 나은 저녁 시간이 될 겁니다. 하지만 극채식주의자가 한 사람 낀다면 이야기는 달라집니다. 금방 피곤해집니다. 너무 상투적이었나요? 사실 의도적이긴 합니다. 이제부터 고기 이야기를 하고 싶으니까요. 이 주제는 온 나라를 서로 다른 두 진영으로 갈라놓았습니다. 그리고 양쪽 논리 모두 충분한 설득력을 갖지 못합니다. 반쪽짜리 돼지라면 이렇게 말했겠죠. 두 다리로는 똑바로 설 수 없다고 말입니다.

하지만 마냥 농담을 하기에는 심각한 주제입니다. 세계보건기구는 2015년 10월 소시지에 대한 경고를 내놓았습니다. 매일 50그램의 가공육을 먹으면 대장암 위험이 18퍼센트 높아진다는 겁니다. 소시지는 흡연, 석면 등과 같은 범주의 위험 물질로 분류됐습니다. 도대체 소시지 안에 뭐가 들어 있기에 그러는 걸까요?

비스마르크는 법률과 소시지는 어떻게 만들어졌는지 모르는 편이 낫다고 말했습니다. 하지만 통계는 한 술 더 뜹니다.

18퍼센트라는 말은 소시지 50그램을 먹은 사람이 100명이라면 그중 18명이 대장암에 걸린다는 뜻일까요?

아닙니다. 늘 그렇듯 퍼센트를 읽을 때 중요한 것은 무엇으로부터의 비율인가 하는 겁니다. 절대 수치로 보면 세상은 전혀 다른 모습이 됩

니다. 100명 중 5명이던 암 환자가 소시지 때문에 100명 중 6명이 되었다면 증가율은 20퍼센트나 되지만, 실제로 소시지를 먹어서 암에 걸린 사람은 100명 중 한 사람에 불과합니다. 대장암은 소시지를 한 번도 안 먹은 사람도 걸리니까요. 물론 소시지를 먹으면 확률이 조금 더 높아집니다. 확실한 하한치가 있는지는 말할 수 없습니다. 분명하게 말할 수 있는 것은 소시지를 완전히 포기하더라도 건강에는 전혀 해롭지 않다는 사실 뿐입니다. 육식을 많이 하면 분명히 더 위험해집니다. 독일인들은 고기를 좋아합니다. 특히 남자들은 하루 평균 150그램으로 여성의 두 배를 먹는데, 확실히 지나치게 많습니다.

그러면 흡연이나 석면과의 비교는 무슨 뜻일까요? 이것도 마찬가지로 관련성이 얼마나 확실한지만을 가리킬 뿐입니다. 그러나 실제로는 흡연이 소시지보다 훨씬 위험합니다. 심지어 훈제 소시지보다도 그렇습니다. 물론 소시지를 태워 그 연기를 들이마신다면 이야기는 달라지겠지만 말입니다. 행여나 석면으로 그랬다간 정말 끝장입니다. 절대로 시험해보지 마세요.

지구촌에 교회와 푸줏간이 허락되는 이유를 보여주는 통계도 있습니다. 전 세계에서 매년 1백만 명이 흡연으로 사망하고, 60만 명은 과음으로, 20만 명은 대기오염으로 사망합니다. 하지만 소시지를 너무 많이 먹어 사망하는 사람은 최대 3만 4,000명에 불과합니다.

소시지 문제에서는 저도 자유롭지 않습니다. 하지만 육식 포기에 관한 토론은 이야기를 좀 구분하는 게 도움이 될 것 같습니다. 네, 맞습니다. 고기를 너무 많이 먹으면 건강에 해롭습니다. 붉은색 고기가 흰색

참치를 곁들인 "미친" 샐러드
8.50유로

고기보다 더 안 좋고, 가공육이 신선육보다 더 안 좋습니다. 다 맞는 말입니다.

개인적 건강의 관점에서 볼 때 육식 포기에 관한 또 다른 중요한 논점은 윤리입니다. 문제의 이면을 들여다보면 감추고 싶어 하는 것들이 보입니다. 고산지대의 목장에서 여름을 보내는 '행복한' 소는 천 마리 중 한 마리도 안 됩니다. 닭들이 자유롭게 돌아다니는 평화로운 농장은 실제로는 공동묘지입니다. 해마다 4800만 마리의 수컷 병아리가 산란계나 육계로 쓸모없다는 이유로 채 썰림을 당합니다. 양성평등위원회라도 나서야 하지 않을까요? 이런 대량 사육의 현실을 알고 나면 식욕이 싹 가십니다. 하지만 대부분 그리 오래가지는 않습니다.

이렇게 도덕적 우위를 차지하는 채식주의자와 극채식주의자의 불편

한 진실은 그들 대부분이 실은 채식주의자도 극채식주의자도 아니라는 데에 있습니다. 채식주의자의 84퍼센트는 짧든 길든 나중에 다시 육식으로 회기합니다. 일시적인 극채식주의자는 70퍼센트 정도가 그렇게 합니다. 1만 명 이상의 미국인을 상대로 조사한 결과인데, 아마 다른 나라도 비슷할 겁니다. 고기를 포기하는 건 그리 간단한 일이 아닙니다. 정말 몇 퍼센트 안 되지만 고기에서 완전히 벗어난 삶을 살아가는 사람들의 이야기는 무척이나 자주 들려옵니다. 극채식주의는 대중적인 운동이 아닙니다. 대중을 위해 대량으로 사육당하는 동물이 들으면 섭섭할 테지만 말입니다.

많은 사람들이 고기를 조금만 덜 먹어도 동물들에겐 큰 도움이 됩니다. 몇몇 사람들이 전혀 먹지 않는 것만 그런 게 아닙니다. 좀 더 자세히 들여다보면 이미 많은 사람들이 전보다 고기를 덜 먹는다고 말하고 있습니다. 하지만 사실상 4명 중 한 사람에게만 해당되는 말입니다.

다시 말해서 이 주제에 관한 우리의 개인적 평가나 미디어의 반응은 실제 현실과는 별 관계가 없습니다. 지구온난화 문제만 아니라면 사람들이 모여 심각한 표정으로 소 방귀에 대해 토론하는 모습은 우스꽝스럽기 짝이 없었을 겁니다. 막대한 양의 고기는 미래가 근심스러운 하나뿐인 우리 지구에 막대한 양의 문제를 일으킵니다. 사람과 소 모두에게 해당되는 말입니다. 고기가 사치와 활력의 상징으로 간주되는 한 사람들은 고기를 포기하기는커녕 조금이라도 더 많이 먹으려고 기를 쓰고 노력할 겁니다. 그래서 유감스럽지만 지금 이 순간에도 전 세계의 고기 소비는 계속 늘어나고 있습니다. 여기에는 값싼 생산가도 한몫합니다.

그리고 그 대가는 엉뚱한 사람들이 치릅니다. 우리가 축산물을 더 중요시 한 탓에 전 세계의 경작지와 기초식품과 물은 점점 더 부족해지고 있습니다.

심지어 달라이라마도 고기를 좋아합니다. 우리는 대체 누구를 모범으로 삼아야 한단 말입니까?

더 이상 어떻게 해야 좋을지 모를 때는 할아버지나 할머니께 여쭈어 보는 게 최선입니다. 세계보건기구가 지난 20년 간 800건 이상의 연구를 검토하여 내린 결론을 그분들은 50년도 더 전부터 이미 실천하고 계셨습니다. 고기는 일주일에 한 번, 선데이 로스트나 닭고기. 그리고 주중에는 채식.

## 제약 회사의 배를 불려주고 계신가요?

자기 별자리를 모르는 사람이 있을까요?

자기 혈압을 아는 사람이 있을까요?

당신의 미래가 둘 중 어디에 달려 있다고 믿으시나요?

공포 영화의 한 장면: 원인을 알 수 없는 질병이 거침없이 확산되고 있습니다. 독일인의 4분의 1이 걸린 이 병은 암과 에이즈와 장출혈성 대장균 감염을 다 합친 것보다도 더 치명적입니다. 매일같이 이 문제가 대서특필되고, 이 최고의 킬러를 막을 수 있는 치료제를 개발하라는 요구도 빗발칩니다.

이제 현실로 돌아가봅니다. 킬러의 실제 이름은 고혈압이고, 살인 무기는 심근경색과 뇌졸중입니다. 독일인 4명 중 한 명이 이 병에 걸리고, 병은 계속해서 확산되고 있습니다. 효과 좋은 치료제가 많이 나와 있지만 어이없게도 충분한 치료를 받는 환자는 일부에 불과합니다. 이런 일이 세계에서 가장 부유한 나라에서 일어나고 있습니다. 고혈압은 많이 먹고 조금 움직이는 사람이면 누구나 걸릴 수 있는 병입니다. 네, 알아요. 전혀 새로울 게 없는 사실이죠. 하지만 아무도 들으려 하지 않습니다.

그래서 이제부터 역학이 아니라 심리, 고통, 금욕 등과 관련된 고혈압 이야기를 해볼까 합니다. 이를 잘 고려한다면 이제껏 안 되던 치료가 잘 될 수도 있습니다.

고혈압의 이런 확산 현상을 의사들은 '불이행'이라는 개념으로 즐겨 설명합니다. 쉽게 말해서 환자가 자기 하고 싶은 대로 하는 겁니다. 정중한 불복종이라고도 할 수 있습니다. 의사들이 이런 행동을 어떤 단어로 부르든 상관없이 이 문제에 대한 자세한 설명은 거의 들을 수가 없습니다. 특히 환자가 자신의 시각을 스스로 더 잘 이해하기 위해 어떻게 해야 하는지는 듣지도 배우지도 못합니다. 병원 문을 나서는 순간 환자는 다시 자기 현실 속에서 살아가게 됩니다. 그리고 그 현실은 의사의 이론과는 거의 아무런 관계도 없습니다.

보험 처리된 처방 약의 절반은 사용되지 않고 버려지는 것으로 추산됩니다. 일반 가정에서 버려지는 가장 값비싼 쓰레기라고 할 수 있습니다. 심리학자들은 이런 걸 '인지 부조화'라고 말합니다. 영리한 사고를 원하지만 실제로는 바보같이 행동하는 걸 말합니다. 우리는 어떻게 행동해야 하는지 알면서도 그렇게 행동하지 않습니다.

독일 튀빙겐의 심리학자 닐스 비르바우머Niels Birbaumer는 이미 오래 전부터 사고력이 신체 기능에 영향을 미칠 수 있는 가능성에 큰 관심을 보여왔습니다. 간단한 예로 호흡에 집중하면 신속하게 심신을 안정시킬 수 있습니다. 우리가 '의도적으로' 자신의 맥박을 조절할 수 있다는 사실은 간단한 심장박동 측정기만 있어도 증명됩니다. 비르바우머는 자제력의 절대 고수인 고행자를 상대로 테스트를 실시했습니다. 고행

자들은 어떻게 아무렇지 않은 얼굴로 몹시 고통스러운 상황을 참아낼 수 있는 걸까요? 바로 혈압 조절 덕분입니다! 그것도 높은 상태로 조절합니다! 고혈압이 고행자의 고통 감수성에 중심 역할을 한다는 것이 실제로 가능할까요?

고혈압 환자와 혈압이 건강한 사람을 대상으로 실시한 실험을 통해 비르바우머는 이런 사실을 증명할 수 있었습니다. 그는 실험 대상자의 목에 경추 보호대를 꼭 끼게 조여서 목 부위의 압각 수용기에 혈압이 높아진 듯한 신호가 전달되게 하였습니다. 그러자 실험 대상자의 통각은 정상인에 비해 훨씬 낮아졌습니다. 바로 이런 식으로 고행자들이 못이 박힌 널빤지 위에 앉아서도 마치 장시간 미팅에 참석한 사람처럼 참고 버틸 수 있었던 겁니다. 불편한 감각을 처리하는 기능이 작동하지 않는 덕분에 말입니다. 혈압을 높이는 약도 똑같은 효과를 낼 수 있습니다. 미국에서 실시된 한 실험에서는 정서적 무력감에 빠진 고혈압 환자들이 상대방의 얼굴 표정을 제대로 읽어내는 데 어려움을 겪는다는 사실도 확인했습니다. 분명히 화가 난 사람을 그들은 그냥 재미로 그런다고 평가했습니다. 이런 인간적인 '미묘한 차이'에 대한 무감각은 텍스트를 처리할 때도 나타났습니다. 과긴장증 환자는 '행간'의 감정을 제대로 읽어내지 못했습니다.

평생 과긴장증을 연구해온 세계적으로 유명한 약리학자 데틀레프 간텐Detlev Ganten은 이런 감각 조절의 의미를 진화론에서 찾았습니다. 스트레스나 위험 상황에 혈압이 상승하면 고통에 대한 감수성이 줄어들어 상처를 입은 상태에서도 도주가 가능했다는 겁니다. 모든 신체 기능이 생존 투쟁에 맞추어져 있을 때 유리한 쪽은 감각이 무딘 사람이었습니다. 목 부위의 압각 수용기와 뇌의 보상 및 압박 중추 사이에 작용하는 정확한 메커니즘은 아직도 연구 중이지만, 체내에서 만들어지는 진통과 행복의 호르몬인 엔도르핀이 중요한 역할을 하는 것만은 분명해 보입니다. 간텐은 "높은 압박이 주는 쾌감이 너무 좋아서 도저히 포기할 수 없다!"고 말합니다.

심리학자들의 연구에 따르면 비단 육체적 통각뿐만 아니라 마음도 고혈압을 통해 무뎌진다고 합니다. 남들의 좋지 않은 감정을 감지하는 능력이 둔해진다는 겁니다. 그리고 이것은 대부분 기분 좋게 작용합니다. 그래서 고혈압은 학습된 행동일 수 있습니다. 화가 나면 감수성이 무뎌지고, 그럴수록 기분 좋은 둔감함에 점점 더 익숙해지고, 결국 치명적인 순환에 맛 들이게 됩니다. 이것은 많은 사람들이 내적으로는 커다란 스트레스를 받으면서도, 겉으로는 천하태평한 인상을 줄 수 있는 이유이기도 합니다. 이런 사무실의 고행자는 사방에 널렸습니다. 그리고 약으로 혈압을 낮추라고 의사가 아무리 겁을 줘도 한사코 말을 듣지 않습니다. 그러면서 첫째로 아프다는 느낌이 들지 않고, 둘째로 10년이나 20년 뒤에 찾아올 나쁜 결과가 걱정되긴 하지만 나는 현재를 살고 있으며 지금까지 별 탈 없이 잘 지내고 있다는 이유를 댑니다. 차라리 순환계가 압박받는 게 낫다는 겁니다. 혈압이 다시 내려가 봤자 다람쥐 쳇바퀴 안에 있다는 느낌만 다시 들 뿐이니까요. 갑자기 혈압약을 먹지 않는 것은 비이성적인 행동이 아니라 오히려 갑옷이 벗겨질 것을 우려하는 우리 마음의 방어 반응일 수도 있습니다.

물론 제약 회사들은 약을 팔고 싶어 합니다. 그것도 더 이상 특허권이 없는 저렴한 옛날 약보다 값비싼 신약 판매를 훨씬 더 선호합니다. 질병의 경계를 이리저리 옮겨 멀쩡한 사람을 환자로 둔갑시키기도 합니다. 하지만 이것만은 분명합니다. 고혈압을 체중 감량과 운동을 통해 조절하지 못하는 사람은 약의 도움이라도 얻어야 합니다. 그러지 않고 계속해서 고행자 노릇을 하다가는 언젠가 불시에 쓰러지고 맙니다. 우리 몸이 단기적으로 생존에 필요하다고 여겨 혈압을 높이는 것은 좋은 의도에서 나온 행동입니다. 하지만 장기적인 생존을 원한다면 이런 진화의 오랜 메커니즘에 좀 더 잘 대처해야 합니다. 몸도 분명히 고마워할 겁니다.

# 흔한 질병 '우울증'을 가르치지 않는 사회

"내가 오늘 아침에 일어난 것은
모든 걸 잘하기 위해서가 아니다."

_마르코 치르프케Marco Tschirpke

샌프란시스코의 금문교는 건축학의 기적이라고 말합니다. 그리고 또한 마법의 장소이기도 합니다. 삶을 끝내고 싶은 사람에게는 말입니다.

자살은 오늘날에도 여전히 금기에 속합니다. 그 밑에 깔려 있는 마음의 병에 대한 계몽과 치료 덕분에 한해 자살자 수는 지난 30년 동안 대략 1만 8,000명에서 1만명으로 줄었습니다. 하지만 '위험한 슬픔'의 작용은 여전히 고약한 결말을 맺기도 합니다. 케빈 브리그스Kevin Briggs 경사는 금문교와 그 난간 위에 올라서는 사람을 담당하던 경찰관이었습니다. 그는 현역에서 은퇴한 뒤 강연에서 이런 말을 했습니다. "현수탑 사이에 서서 또 다른 차원으로 도약하는 순간 모든 근심에서 벗어날 수 있다고 말합니다. 하지만 진실은 다릅니다. 기적적으로 살아남은 사람은 하나같이 다리에서 몸을 던지자마자 곧바로 실수였음을 깨달았다고 고백했습니다. 지금 그들은 당시에 구조된 것을 몹시 기뻐하며 살아가고 있습니다."

우울증 환자는 죽음을 원하지 않습니다. 다만 지금처럼 계속 살아가기를 원하지 않을 뿐입니다. 그는 아무 희망 없는, 공허와 자책의 시간이 그만 멈추기를 원합니다. 누군가가 "정신 차려"라고 말하지 않고 그냥 그의 말을 들어주었으면 좋겠습니다. 우울증이 어떤 느낌인지는 걸려본 사람만 알 수 있습니다. 정신을 차리는 게 효과가 있는 사람은 우울증을 심하게 앓는 사람이 아닙니다.

우울증은 가장 흔히 과소평가되는 질병에 속합니다. 독일에서는 매년 약 490만 명의 사람이 치료가 필요한 우울증으로 고생합니다. 하지만 적절한 치료를 받는 사람은 소수에 불과합니다. 환자의 절반 이상은 자신이 우울증에 걸렸는지도 모릅니다. 환자의 가족과 의사도 병의 심각성을 제대로 인식하지 못합니다. 환자들은 대개 신체적 증상에만 관심을 갖습니다. 올바른 진단이 내려진 경우에도 아무 효과가 없는 치료가 실시되기도 하고, 효과는 있지만 너무 일찍 치료를 중단하기도 합니다. 환자의 고통과 사회적 비용 모두 가파르게 치솟고 있습니다. 전 세계가 다 그렇고 독일도 마찬가지입니다.

우울증에 걸린 사람이 전보다 더 많아진 걸까요? 아마 그렇지 않을 겁니다. 많은 우울증 환자들이 예전에는 다른 진단을 받은 탓이기도 합니다. 마음의 고통이 허리로 표출된 것인데도 진단서에는 허리 통증이라고만 적혀 있는 경우가 많습니다. 반대로 고질적인 통증이 사람을 허약하고 우울하게 만들 수도 있습니다. 그래서 통증 환자가 우울증에 처방하는 약을 먹기도 합니다. 여기서도 볼 수 있듯이 육체와 정신을 분리하는 것은 별로 의미 있는 일은 아닙니다. 하지만 사람들은 부러진 팔에 대해 말하는 것이 부서진 마음에 대해 말하는 것보다 편합니다. 그래도 '번아웃'은 무엇 때문엔가 심신이 다 소진되었다는 느낌을 금방 받게 합니다. 번아웃은 잘 알려진 개념이지만 다른 말로 바꿔 표현하기 쉽지 않습니다. 아무튼 가벼울 수도, 무거울 수도 있는 우울증의 한 증상입니다.

　사람들이 정신과 의사를 잘 신뢰하지 못하는 이유는 어디에 있을까요? 〈뻐꾸기 둥지 위로 날아간 새〉라는 옛날 영화가 보여주듯 정신과 의사에 대한 우리의 선입견은 꽤나 견고합니다. '정신병자'나 '정신병원'을 부정적으로 말하는 사람은 현대 정신병원의 내부를 제대로 살펴본 적이 없어서 그러는 경우가 많습니다. 저는 의대생 시절 첫 간호 실습을 예전에 다니던 학교 근처에 있는 정신병원에서 했습니다. 환자와 입원 상담을 할 때 저를 가장 놀라게 한 것은 환자들이 살고 있는 곳의 주소였습니다. 저는 그때 분명히 알았습니다. 정신병, 우울증, 중독증, 자살 등은 빈번히, 그리고 모든 사회 계층과 모든 연령대에서 나타나는 현상이었습니다.

　그리고 많은 환자들이 그들의 병을 정확히 알아봐주는 사람을 보면 아주 기뻐한다는 사실에 또 한 번 놀랐습니다. 자신의 머릿속에 든 생각이 어디서 오는 건지 알 수 없을 때, 몹시 위협적인 느낌을 받을 수밖에 없습니다. 이럴 때 경험 많은 사람이 호의를 갖고 친절하게 설명해주면 한결 마음이 놓입니다. "당신이 처음이 아니에요. 당신과 똑같은 문제를 가진 사람을 자주 봐왔어요. 조금도 부끄러워할 필요 없어요. 치료를 잘 받으면 다시 나을 수 있으니 조금만 참고 견디세요."

개중에는 인력 부족, 과도한 스트레스, 환자에 대한 지극히 생물학적인 이해 등으로 이런 중요한 인간적 만남이 이루어지지 못하는 정신병원도 분명히 있습니다. 그러나 대부분의 정신과 의사들은 그들이 얻고 있는 평판보다 훨씬 더 나은 사람들입니다. 그리고 비록 평판은 나쁘지만 좋은 정신과 의사가 되는 것은 그리 어려운 일이 아닙니다.

정신과 의사는 의학을 전공한 사람이고, 심리학자는 심리학을 전공한 사람입니다. 진단을 내리려면 당연히 신체에 관해서도 이해하고 있어야 합니다. 갑상선 질환도 우리의 기분을 크게 좌우할 수 있기 때문입니다. 이 경우 의사에게 올바른 갑상선 호르몬 치료를 받는 것이 심리학자와 상담하는 것보다 더 중요합니다. 하지만 대부분의 우울증에는 혈액검사나 엑스선검사가 이루어지지 않습니다. 이런 검사가 공감 능력이 풍부한 의사보다 증상의 원인을 더 잘 알려줄 수도 있을 텐데 말입니다.

저는 늘 정신과가 소화기내과보다 훨씬 더 흥미로웠습니다. 사람들의 내면 깊은 곳을 필요에 따라 상담뿐만 아니라 대장내시경을 통해서도 밝혀낼 수 있다는 점이 특히 그랬습니다. 최근에 가장 뜨거운 주제는 대장과 우울증 사이에 어떤 연결이 존재한다는 주장입니다. 그래서 박테리아로 이루어진 대장 속 물질이 혈관을 통해 뇌에도 작용한다는 겁니다. "기분이 똥 같아"라고 말하는 우울증 환자는 직감적으로 이를 느끼는 걸지도 모릅니다. 아직 연구가 실제 치료 단계에까지 이르지는 못했지만 대단히 흥미진진합니다. 우울증의 발생 원인에 대해서 전달 물질들이 뇌에 일으키는 화학작용의 이상 말고는 충분히 만족할 만한 설명을 내놓지 못하고 있는 형편이어서 더욱 그렇습니다. 그래도 약을 통해 전달 물질들을 다시 바로잡으려는 시도는 효과가 있습니다. 우울증이 심할수록 약의 효용은 더욱 잘 증명됩니다.

최고의 효과가 입증된 심리 치료는 소위 '인지적 행동치료'라는 것입니다. 이 치료는 하루 시간의 구조화(의무와 기분 좋은 활동이 좋은 관계를 유지하도록 주의), 부정적 자동 사고에 대한 암시('하는 일마다 내가 모두 잘못하는 건 아니다'), 사회적 기술의 훈련 등으로 이루어집니다.

심리적 예외 상태는 인류 역사에 언제나 존재했습니다. 이를 대하는 방식은 세대마다 사회마다 다 달랐습니다. 아무 설명이나 효과적인 대처 방법을 찾을 수 없을 때 마술적 해석이 번창합니다. 어떤 음성이 들리는 사람은 신이나 다른 차원과 접촉하는 인물로 해석됩니다. 내적인 동력을 완전히 상실한 사람은 저주를 받았거나 악령에 씐 존재가 됩니다. 발작을 일으키는 사람은 '거룩한 병'에 걸린 사람입니다. 정신 질환 환자가 위협적인 존재로 여겨진 것은 그들이 실제로 위협적이어서가 아니라 우리가 이해할 수 없는 사람들이었기 때문입니다. 우리는 '미친 사람'이 자기 자신이나 다른 사람에게 어떤 위해를 가한 경우에만 그 소식을 매체를 통해 접하게 됩니다. 이런 일방적인 소식은 계몽에 전혀 도움이 되지 못하고 오히려 선입견만 더 키웁니다.

신체적 통증이나 소화 장애는 환자로 하여금 신속히 의사를 찾아가게 만듭니다. 하지만 우울증 환자는 바로 그 병 때문에 자신을 제대로 돌보거나 도움을 요청할 능력이 없을 수 있습니다. 그렇기 때문에 환자의 가족이나 친구가 환자 앞에 놓여 있는 이런 힘겨운 과제와 파괴적인 내면의 소리에 대해 반드시 경고해주어야 합니다. 반복적이고 자기 비하적인 생각은 환자가 자신을 고립시키고 더 이상 저항하지 않을수록 점점 더 요란해지고 나빠집니다. 그렇기 때문에 늘 이런 말을 해주어야 합니다. "우울증은 흔히 발생하는 병입니다. 우울증은 약점이 아닙니다. 하지만 자신을 차단하고 기다린다고 금방 지나가는 병도 아닙니다. 전문가의 도움을 구하세요. 그러면 잘 치료될 수 있습니다. 구름이 잔뜩 낀 날 비행기를 타보신 적이 있는지 모르겠습니다. 구름을 뚫고 오르면 조금 전까지 전혀 볼 수도 느낄 수도 없었지만 해는 다시 나타납니다."

자살에 대해 말하는 걸 두려워하지 말아야 합니다. "당신은 절망에 빠진 것 같아요. 당신이 걱정됩니다. 암울한 생각이 드나요? 혹시 자신에게 어떤 나쁜 행동을 할 생각인가요? 이미 구체적인 계획을 세웠나요? 그것을 벌써 행동에 옮기기로 마음을 굳힌 건 아닌가요?"

침묵을 깨는 것은 환자에게 도움이 될 때가 많습니다. 환자 스스로 도움을 요청하게 만들거나, 최악의 상황에서도 스스로 자해를 막기 위해 입원을 고려하게 만들 수 있기 때문입니다. 1960년대 이후로 24시간 전문 도우미와 통화 연결이 가능해진 고민 상담 전화는 실제로 많은 이들에게 도움을 주었습니다. "걱정은 함께 나눌 수 있다"가 이 전화의 모토입니다. 자기들끼리 이야기하는 걸 좋아하는 청소년을 위해서 같은 또래에게 상담사 자격을 주어 말을 들어주고 문제점을 찾아내게 만드는 '평생 친구' 같은 기발한 프로젝트도 있습니다.

왜 우리는 살아가는 데 더 이상 필요하지도 않은 온갖 것을 학교에

젤렌은 독일 슈바벤 지역의 토속 빵으로 '영혼'을 뜻하는 독일어 'seele'와 어형이 같습니다.
우리의 영혼도 튼튼해지려면 식량이 필요하죠.

서 배우는 걸까요? 그러면서도 정작 살면서 한번쯤은 반드시 겪게 될
일에 대해서는 거의 배우지 못합니다. 예를 들면 긴박한 위기에 빠진
사람과 대화하는 법 같은 것 말입니다. 저는 13년 동안 학교에 다니면
서 수업시간에 포에니 전쟁에 관한 이야기는 수도 없이 들었지만 공황
발작이나 정신이상, 우울증 등에 대해서는 아무것도 배우지 못했습니
다. 서서히 무언가가 진행되고 있기는 합니다. 공익단체 '미치도록 인
간적인Irrsinnig Menschlich'에서는 각 학교에 상담자를 2명씩 파견해 어린 학
생들과 평소 말하기 힘든 모든 것에 대해 대화를 나누게 합니다. 여기

서 특히 관심을 끄는 대목은 두 상담자 중 한 사람이 '당사자'라는 사실입니다. 하지만 이 사실은 상담 수업이 끝날 때쯤 밝혀집니다. 그러면 다들 처음에는 깜짝 놀랍니다. 정신병원에 입원해본 적이 있는 사람과 '아주 평범하게' 대화를 나눈 경험은 아이들의 기억에 남게 됩니다.

독일에서는 전문의에게 진료 예약을 하고 치료 날짜를 받기까지 몇 주에서 몇 달 정도 불편한 기다림의 시간을 보내야 합니다. 그 사이 전문가들은 온라인 상담과 설명의 가능성에 주목하기 시작했습니다. 이 방법은 특히 의사를 찾아가 도움을 구하는 일을 어려워하는 사람들에게 유용할 수 있습니다. 물론 온라인 치료가 직접 만나서 받는 치료를 완전히 대신할 수 없습니다. 하지만 그래도 아예 없는 것보다는 낫습니다. 병원에서는 치료를 받고 이를 심화시키는 트레이닝은 온라인으로 받는, 이 조합은 꽤 의미가 있어 보입니다. 몸 관리도 중요합니다. 정형외과는 마사지 처방이 가능한데 정신과는 안 되는 이유를 모르겠습니다. 아마 곧 사우나 처방도 받을 수 있게 될 겁니다. 얼마 전에 처음으로 사우나에서 기분을 풀어주는 것이 가벼운 우울증에 효과가 있다고 조사되었습니다. 스스로 땀을 흘리는 것은 더 좋습니다. 운동을 하는 사람들은 대개 심장 건강을 먼저 생각합니다. 하지만 긍정적인 기분에 미치는 영향도 최소한 그에 못지않게 중요하며, 좋은 기분은 다시 심장에 바람직하게 작용합니다. 우울증이 심한 사람은 운동을 하기도 쉽지 않습니다. 하지만 그럼에도 불구하고 열심히 운동을 하면 분명히 좋은 효과를 볼 수 있습니다. 50년 이상 장기 실험을 실시한 결과 모든 연령대가 운동을 많이 하면 우울증이 줄어드는 것으로 나타났습니다.

독일 우울증 구호 재단을 이끄는 울리히 헤게를Ulrich Hegerl은 이미 오래전부터 우울증이 흔히 생각하는 것처럼 무기력하고 나른해지는 병이 아니라는 사실을 알리고 싶어 했습니다. "우울증 환자들은 내적인 긴장으로 지쳐 있습니다. 그들은 쉽게 잠들지 못하며 '영원한 시련 앞에 놓여 있는' 듯한 기분을 느낍니다. 그들은 모든 일을 마치 나른한 저항을 이겨내며 간신히 하듯이 행동합니다. 맥박과 스트레스 호르몬도 높아질 때가 많습니다. 지쳐 보이기 때문에 휴식을 취하고 잠을 잘 자야 한다고 생각하기 쉽습니다. 하지만 실제로 자고 나면 기분이 더 우울해지는 경우가 많고, 반대로 밤새 깨어 있을 때 오히려 상태가 호전되기도 합니다. 사람들은 몇 달 동안 계속되던 우울증이 수면 박탈을 통해 갑자기 좋아져 놀라곤 합니다. 최근에는 좀 더 유리한 수면 습관을 유도하는 앱이 도움되지 않을까 연구하고 있습니다."

현재 이 프로그램에는 'I fight depression'이라는 호전적인 영어 이름이 붙어 있습니다. 하지만 이것만은 분명합니다. 싸워야 이길 수 있습니다.

# 표현적 글쓰기

자기 마음에 관한 글쓰기는 놀라울 정도로 효과가 좋습니다. '표현적 글쓰기'는 제임스 페니베이커James Pennebaker의 아이디어입니다. 5일 동안 매일 15분씩 집중적으로 글을 쓰는데, 좋았던 여행 경험 같은 것이 아니라 반대로 이제껏 했던 가장 바보 같았거나 아팠거나 화났던 일을 적어보는 겁니다. 너무 고민하지 말고 그냥 생각나는 대로 써 내려가는 것이 중요합니다. 물 흐르듯 자연스럽게 쓰세요.

15분 뒤에 글쓰기를 멈추어야 합니다. 계속해서 생각하거나 글을 쓰지 마세요. 내일 또 쓰세요. 똑같은 이야기를 새로 처음부터 다시 쓰는 겁니다. 이야기는 글을 쓰면서 바뀌기 때문에 버전마다 달라집니다. 왜 이렇게 하라는 걸까요? 표현적 글쓰기를 하면 우울증이 점점 개선됩니다. 의사도 덜 찾아가게 되고 면역력도 강해집니다. 단지 종이와 연필만으로 그렇게 되는 겁니다. 어떻게 이런 효과가 가능할까요?

글로 쓰기 전까지는 흐릿한 장면들만 머릿속에 혼란스럽게 떠돌다가, 글쓰기를 하면서 정돈되고 형태를 갖춘 이야기가 됩니다. 우리는 이제 그 일을 통제할 수 있게 되고, 그 안에서 의미를 발견하기 시작합니다. 특히 치유 효과가 좋은 것은 사건의 원인과 결과와 이해가 암시되어 있는 글입니다. 반복적인 글쓰기를 통해 새로운 시각도 생겨납니다. (덧붙이자면, 표현적 글쓰기는 과도한 문자질과는 조금 다릅니다!)

마음속에 어지럽게 널려 있는 쓰레기를 단지 종이에 옮겨 적는 데서 그치지 않고, 그것들로부터 제대로 벗어나고 싶다면 마지막에 그 종이를 가지고 작은 의식을 거행해보는 것도 좋습니다. 글이 적힌 종이를 조각조각 찢어서 전부 태워버리세요. 그리고 피어오르는 연기를 바라보면서 화나고 아팠던 기억을 모두 내려놓는 겁니다. 정말 도움이 됩니다. 불에 손을 데지 않도록 조심하기만 하면 됩니다.

## 질병을 막는 최전선

"멍청이들은 자신감이 넘치고 똑똑한 자들은
회의에 사로잡혀 허덕이고 있죠."
_버트런드 러셀Bertrand Russell

 

2008년부터 10월 15일은 세계 손 씻기의 날로 정해졌습니다. "한 손이 다른 손을 씻는다"는 말이 있습니다. 하지만 이를 직접 실천하는 사람은 많지 않은 것 같습니다. 영국에서 발표된 한 연구에 따르면 고속도로 휴게소 화장실에서 여자들은 3명 중 2명만 손을 씻고, 남자들은 단 한 명만 손을 씻는다고 합니다. 사실 이런 건 개인적인 통계로도 충분히 알 수 있습니다. 남자들은 능률적인 것을 좋아합니다. 그래서 두 손가락 때문에 손 전체를 물에 젖게 만들 이유가 없다고 생각하죠. 그래도 다행인 건 이 불결한 사람들이 대부분 그 전에 누군가와 악수를 나누는 일 없이 곧바로 자기 차에 탄다는 사실입니다.

손 씻기는 생명을 구하는 능력을 지녔음에도 불구하고 실제로 행해지는 경우가 너무 적습니다. 감염의 약 85퍼센트가 단순한 악수를 통해 발생한다고 합니다. 씻는 것만으로는 부족합니다. 물도 가끔씩 교체해주어야 합니다. 이런 조치만으로도 설사 질환 40퍼센트, 호흡기 감염

25퍼센트 정도를 피할 수 있습니다. 약국에서 판매하는 어떤 약도 이 정도로 좋은 효과를 내지 못합니다. 말 그대로 당신의 건강은 당신 손안에 있습니다. 남들로부터 오거나 남들에게로 갈 많은 양의 세균도 마찬가지로 당신 손안에 있습니다. 하루에 몇 번 30초만 투자하면 감기나 복통으로 침대에 누워 있어야 할 5일을 절약할 수 있으니 남아도 한참 남는 장사입니다. 식사 전에만 씻지 말고 대중교통을 이용해서 출근하거나 귀가할 때마다 매번 씻는 게 제일 좋습니다.

의사들은 이제 심장을 이식할 수 있고, 절단된 사지를 다시 붙일 수 있고, 끔찍한 통증을 완화시킬 수 있습니다. 하지만 규칙적인 손 씻기 문제만은 아직도 해결하지 못하고 있습니다. 그래도 요즘은 눈으로 직접 볼 기회가 많아졌습니다. 의학 드라마를 보면 의사들이 수술하기 전에 손을 솔로 박박 문질러 씻은 다음 두 손을 위로 치켜 올린 상태에서 간호사의 도움으로 세균과의 접촉 없이 그리고 다른 어떤 것도 만지지 않은 채 장갑을 착용하는 장면이 나옵니다. 마치 어떤 마법 의식을 행하는 것 같은 이런 행동은 대단히 중요합니다. 손은 박테리아와 바이러스에 감염되는 가장 큰 원인을 제공하기 때문입니다.

제멜바이스 반응Semmelweis Reflex이라고 들어보셨나요? 새로운 아이디어와 그 아이디어 개발자의 고집스러운 거부 반응을 말하는데, 이 반응을 보이는 사람은 대부분 이렇게 말합니다. "허튼소리, 우린 늘 이렇게 해왔어." 이 개념에 명칭을 부여한 사람은 이그나즈 제멜바이스Ignaz Semmelweis입니다. 헝가리의 산부인과 의사였던 제멜바이스는 분만실에 있는 산모가 산파와 접촉했을 때보다 의사나 의대생들과 접촉했을 때 더

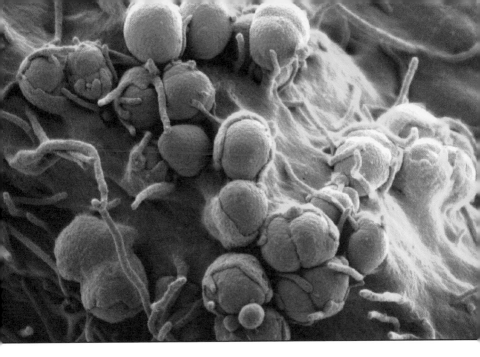

허리 아래보다는 현미경 아래에 더 관심을. 사진에 붉은색으로 채색된 나이세리아균은 크기가 0.001밀리미터에 불과합니다. 임균으로도 알려진 이 병원체들은 성병인 임질을 일으킵니다. 임균은 점막세포에 달라붙은 뒤 세포 내부로 흡수됩니다. 사진은 세포막이 임균을 집어삼킨 뒤 다시 닫히는 장면을 잘 보여주고 있습니다.

빈번히 사망한다는 사실을 발견하고 의아하게 생각했습니다. 제멜바이스는 그 이유를 밝혀내기로 결심했지만 이를 위한 그의 집중적인 검사 때문에 오히려 산모의 사망 빈도가 더 높아졌습니다. 급기야 산모들은 그가 담당하는 분만실에 들어가기를 거부하기에 이르렀습니다. 여성의 직감은 여기에 어떤 인과관계가 있다는 걸 과학보다 훨씬 먼저 예감했던 겁니다. 제멜바이스는 산모들의 우려를 진지하게 받아들였고, 당시는 아직 세균이 질병 인자로 알려지기 전이었지만 위생에 힘썼습니다.

1848년 염화칼슘으로 손을 소독하는 것만으로도 산모와 아기의 사

망이 크게 줄어들었습니다. 그럼에도 불구하고 다른 의사들은 제멜바이스의 발견을 인정하려들지 않았습니다. 자신들이 질병 유발자일 수 있다는 생각을 인정할 수 없었던 겁니다. 150년도 더 전에 손의 청결을 통해 아기와 산모의 구원자가 되었던 남자는 평생 남들에게 인정받지 못하고 조롱과 비난 속에 살아가야 했습니다. 위생은 시간 낭비로 여겨졌고 질병 원인에 대한 당대의 이론에도 부합하지 않았습니다. 새로운 세대의 의사들이 위생 개념을 이해하고 환자와 접촉하기 전에 손을 청결하게 씻기 시작하기까지는 그로부터 20년이 더 걸렸습니다. 아직도 잘 이해되지 않는 일입니다.

이렇게 20년이나 계속된 제멜바이스 반응의 고집스러움보다 더 이해할 수 없는 것은 또 하나의 명백한 감염원이 2014년에서야 비로소 진지한 조사 대상이 되었다는 사실입니다. 바로 청진기입니다. 오래전부터 업계의 상징이었고 심장이나 폐, 장 등의 상태를 살피는 데 없어서는 안 될 도구인데, 미국 의학 드라마가 크게 히트한 뒤로는 독일의 차세대 조지 클루니도 가운 주머니에 대충 꽂아 넣는 대신 목에 헐렁하게 두르고 다닙니다. 스위스의 한 대학 병원에서는 최근에 환자를 철저하게 검진한 뒤 의사의 손과 청진기의 접촉면을 검사하는 실험을 실시했습니다. 놀랍게도 양쪽 모두 똑같은 세균이 득실거렸는데 항생제도 듣지 않는 아주 위험한 균들도 있었습니다. 아마도 거의 모든 의사들이 겉으로든 속으로든 인정하는 바일 텐데, 손은 하루에도 몇 번씩 꼼꼼하게 씻을 테지만 지속적으로 오염에 노출된 청진기는 다들 거의 신경도 안 씁니다. 원래 청진기는 환자에게 직접 귀를 대고 검진하지 않고 일정한 거리를 유지하기 위해 특별히 고안된 물건인데 말입니다.

많은 환자들과 그 주변인들은 당연히 청진기를 통해 서로 접촉하게 됩니다. 응급실에서는 환자마다 청진기가 한 개씩 배정됩니다. 그러면 같은 환자를 진찰하는 모든 의사가 같은 청진기를 쓰게 됩니다. 의사의 입장에서는 눈에 보이지 않는 세균을 환자에게 옮기는 것보다 동료 의사의 귀지가 묻은 청진기를 자기 귀에 밀어 넣는 게 훨씬 더 불결하게 느껴집니다. 청결한 청진기 사용이 표준이 되는 날이 언제 올지 모르겠습니다. 영국 인턴 시절, 주임 의사가 저를 테스트하며 던진 질문이 아직도 생각납니다. "청진기의 가장 중요한 부분이 어디일 것 같은가?" 제가 제대로 답하지 못하자 그는 웃으면서 수수께끼의 해답을 말해주었습니다. "두 귀꽂이 사이일세!"

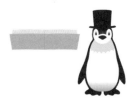

# 6부

# 기쁨이 넘치는 삶을
# 만끽하고 싶으세요?

## 당장 부정적 목소리부터 지울 것

오늘은 나무를 통째로 뽑을 수도 있겠어.

작은 나무 말이야. 어쩌면 고무나무일 수도, 아니면 잡초일 수도.

그래, 잡초는 확실히 뽑을 수 있어!

동화 《짐 크노프와 기관사 루카스》에 나오는 가상 거인을 아시나요? 동화의 가상 거인은 멀리서는 굉장히 거대해 보입니다. 그래서 아무도 가까이 다가가려 하지 않기 때문에 무척 외로운 존재입니다. 우리 내부의 나약자도 이 가상 거인과 비슷합니다. 저는 그것이 우리의 상상 속에 존재하는 마비의 힘이라고 생각합니다. 예를 들어 운동을 할 때 전체 분량의 3분의 2만 하고 나면 내부의 나약자*는 벌써 지쳤다고 우리에게 속삭입니다. 이런 내부의 속삭임을 신뢰하지 않았던 심리학자 엘렌 랭어Ellen Langer는 사람들을 여러 집단으로 나누어 운동하게 하는 실험을 실시했습니다. 그 결과, 열두 번을 반복해서 운동해야 했던 사람은 여덟 번을 하고 나면 벌써 지쳤지만, 목표가 30회 반복인 사람은 처음 20회는 손쉽게 해치우고 나머지 3분의 1을 할 때 비로소 힘들어했

---

* 내부의 나약자로 번역된 "der innere Schweinenhund"는 직역하면 "내적 개돼지"이다.

습니다. 우리 안의 나약자는 귀머거리가 아닌 것만은 분명해 보입니다. 이 녀석은 목표가 어디까지인지 정확히 듣고 나서 비로소 활동을 개시하니까요.

우리는 '자기 극복'이라는 단어를 입에 올리는 것만으로도 이미 극복할 수 없는 장애물을 내면의 눈앞에 세우게 됩니다. 항상 목표만 바라보는 사람은 먼저 지치고 맙니다. 현재와 미래의 연결, 즉 소망과 목표와 장애물과 앞으로의 구체적 계획에 대한 숙고는 일단 첫 걸음을 내딛으며 하는 것이 더 유리합니다. 그래도 아무 문제없습니다.

저는 이제껏 살아오면서 스포츠 분야에서 세 번의 자랑스러운 성취를 거두었습니다. 한 번은 마요르카 마라톤 대회에 참가해서 10킬로미터를 쉬지 않고 달린 일입니다. 또 한 번은 베를린에 있는 뮈겔제 호수를 가로질러 3.5킬로미터를 수영한 일입니다. 역시 쉬지 않고 했습니다. 하긴 물속에서 달리 무슨 여지가 있었겠습니까? 나머지 한 번은 전국 소년 체전 유도 부문에서 당시 우리 반의 최강자였던 알렉산더 제켈보다 좋은 성적을 거둔 일입니다. 이 사건은 그를 몹시 놀라게 했지만 저는 훨씬 더 놀랐습니다. 저는 정말 유도를 할 줄 몰랐으니까요. 비록 대회에서 상을 받지는 못했지만 반의 다른 아이들에게 인정받을 수 있었습니다. 그리고 그게 훨씬 더 컸습니다.

이 세 가지 성취의 비결은 무엇이었을까요? 목표가 있고 주변의 지원이 있다면 집중하여 힘을 내기가 한결 쉽습니다. 그러면 자신을 넘어서서 기대했던 것보다 더 큰 성취를 이룰 수 있습니다. 다른 사람의 동참이나 이해가 뒷받침되면 자기 안의 나약자를 극복하기 쉬워집니다.

운동은 늘 반복되는 일과가 되지 않으면 계속해서 관심을 유지하기 어렵습니다. 커다란 트럭에 스피커와 도구를 잔뜩 싣고 공연을 다니기 시작하면서 늘 탁구대도 함께 챙겼습니다. 그리고 연주자나 스태프 등 그때그때 시간이 맞는 사람과 공연에 앞서 탁구를 치고는 합니다. 물론 모두에게 저보다 잘 치지 말아달라고 부탁하지만 아무도 제 부탁을 들어주지 않습니다. 아무튼 따로 스포츠 동호회에 가입하거나 운동 시간을 미리 예약할 필요가 없기 때문에 우리는 늘 규칙적으로 탁구를 즐길 수 있습니다. 그렇게 운동은 제게 어차피 해야 하는 일과 속으로 편입되었고, 좋은 습관으로 자리 잡았습니다.

탁구는 아주 많은 사람들이 살면서 한 번은 즐겨본 운동일 테지만 대부분 어느 순간 시들해지고 맙니다. 안타까운 일입니다. 도처에 탁구 동호회가 있고, 공공 놀이터나 지하실에도 누군가 찾아와 먼지를 털어주기를 바라는 탁구대들이 설치되어 있습니다. 탁구는 빠른 반응과 공간적 사고 그리고 눈과 손을 연결하는 조정력을 훈련시켜주기 때문에 뇌의 젊음을 유지해줍니다. 체스 경기를 즐기는 사람도 같은 주장을 하지만, 조금 다른 이야기입니다.

심리학자들이 동기부여를 위해 자주 사용하는 트릭이 무엇인지 아시나요? 그들은 내담자에게 스스로를 '너'라고 부르도록 권합니다. 실제로 성인의 96퍼센트는 혼자 있을 때 자기 자신과 대화를 나눈다고 합니다. 나머지 4퍼센트가 누구와 말하는지는 저도 모릅니다. 그런데 제가 제 자신과 일인칭으로 말하는지 아니면 이인칭으로 말하는지가 동기부여에 정말 어떤 차이를 만들까요?

마침내 찾아낸 내부 나약자의 출처. 그런데 너무 귀여운데요!

네, 그렇습니다. 자기 자신을 '바깥'에서 접근하는 사람은 문제 해결 능력이 더 뛰어날 뿐만 아니라 자기 안의 나약자를 극복하려는 동기부여도 더 잘한다는 실험 결과가 있습니다. 물론 그러다 너와 나를 완전히 혼동해서는 곤란하겠지만 말입니다.

자신을 '나'가 아니라 '너'라고 부르면 왜 더 열심히 노력하게 될까요? 당연히 어린 시절과 관계가 있습니다. 그때 우리는 항상 외부에서 부과된 규율에 따라야 했습니다. 그리고 뭔가 잘못을 저지를 때마다 "너는, 너는, 너는!" 하는 소리를 들었죠. 심리학자들의 견해에 따르면 우리는 시간이 지나면서 이를 내면화합니다. 그 결과 자신과 거리를 둘

때 좀 더 자신과 대화하는 느낌을 받게 된다고 합니다.

운동은 언제 시작해도 절대 늦지 않습니다. 양로원에 근력 운동기구를 들여놓았더니 1년 만에 거주자의 15퍼센트가 사라졌다고 합니다. 혹시 힘에 부쳐 과로사한 걸까요? 아닙니다. 근력 운동 덕분에 힘과 기동성이 좋아져 혼자서도 충분히 살 수 있다고 여겨 집으로 다시 돌아갔다고 합니다.

요즘 아이들은 모니터 앞에서 끈기와 협동을 배웁니다. 하지만 평균대 위에서는 제대로 균형 잡지 못합니다. 독일 학교에서는 체육 시간이 예전보다 3분의 1이 줄었습니다. 공공 수영장들은 속속 문을 닫고 있습니다. 도심의 운동장은 잡초투성이가 되거나 경매로 팔려나갑니다. 그러면 곧 주차장 건물이 그 자리에 들어서서 자동차에서 내린 사람들이 일터까지 너무 많이 걸어갈 필요가 없게 만듭니다. 그렇게 우리는 죽도록 앉아서 지내게 됩니다.

의학 쪽에서는 좋은 소식도 나옵니다. 하루 종일 조금씩 움직이는 것도 총량만 충분하면 운동 효과가 있다고 합니다. 가령 컴퓨터를 사용하거나 전화를 받을 때 서서 일할 수 있는 책상을 사무실에 들여놓는 것도 좋은 방법이 될 수 있습니다. 이동전화는 왜 그런 이름으로 불릴까요? 통화하면서 이동할 수 있기 때문입니다. 전화를 하는 데 시간이 좀 오래 걸릴 것 같고 따로 메모할 필요가 없는 통화일 때, 저는 거리를 한두 블록 걸으며 통화하는 습관이 있습니다. 가파른 언덕을 오르는 구간도 있습니다. 그럴 때는 저의 끙끙대는 신음 소리가 통화 내용과 무관하다는 걸 상대방에게 설명해야 합니다. 하루에 15분만 운동하면 확실히 좋은 효과를 볼 수 있습니다. 당신이 그런 식으로 하루에 몇 분이나 운동 시간을 모을 수 있는지는 휴대폰 계산서를 참조하시기 바랍니다!

좀 더 필요하면 남들과 함께해도 좋습니다.

뮈겔제 수영 대회에 덜컥 참가 신청을 하고 나서 저는 매주 몇 차례 수영장에 가서 '타일 수 세기'를 했습니다. 그러다 근처에 있는 아름다운 바데제 호수에 가서 트레이너에게 몇 시간 정도 훈련을 받았습니다. 트레이너는 제게 약간의 동작 교정을 통해 얼마나 기술이 향상될 수 있는지 보여주었습니다. 더 이상 수영 연습이 지루하고 힘들지 않게 되었습니다. 연습이 재밌어지기 시작하더니 시간이 지날수록 점점 더 즐거워졌습니다. 대회 당일은 몹시 바람이 불었습니다. 물이 너무 차고 탁해서 중간에 엉뚱한 곳으로 빠지는 바람에 3.5킬로미터보다 더 먼 거리를 헤엄쳐야 했습니다. 그리고 가장 두려워하던 일도 발생했습니다. 장딴지에 근육 경련이 일어난 겁니다. 근육에 쥐가 났지만 물속에서 스트레칭하며 이 악물고 계속 헤엄쳤습니다. 편집국에서는 제가 결승점을 통과하는 사진을 찍어 액자에 넣어 선물해줬습니다. 저는 그 사진을 거울보다도 더 자주 들여다봅니다. 지금도 수영을 계속하지만 장거리 수영은 더 이상 하지 않습니다. 가끔씩 수영하다 최고의 아이디어가 떠오르곤 하지만 명청하게도 수영을 끝내고 나면 번번이 글로 적어두는 걸 까먹습니다.

당신은 어떤 운동을 합니까? 조깅 모임이나 요가 단체에서 운동을 하든, 이웃 사람 2명과 정기적으로 노르딕 스키를 즐기든, 아니면 첫 경고를 받은 뒤 심장 재활 운동을 하든, 우리는 운동을 하고 나면 전보다

훨씬 기분이 좋아집니다. 그리고 우리 내부의 나약자가 속삭이는 소리를 듣지 않은 것에 만족스러워합니다. 내부의 나약자는 우리의 부정적인 생각을 먹고 사는 가상 거인일 뿐만 아니라 어느 정도 마조히즘 성향을 지닌 존재이기도 한 듯합니다. 그는 실컷 괴롭힘을 당하고 나서도 다시 꾸지람을 듣고 싶어 합니다. 시시때때로 이런 걸 원합니다. 당신은 그가 바라는 대로 행동하시겠습니까?

## 적당한 스트레스야말로 삶의 엔진

스트레스 때문에 너무 걱정하지 마세요.
건강에 해로우니까!

요즘은 누가 병에 걸리기만 하면 꼭 이런 말을 합니다. "스트레스를 너무 많이 받아서 그래. 그러니 몸이 그런 반응을 보일 수밖에. 네 자신에게 좀 더 신경을 써. 좀 쉬기도 하고 말이야."

스트레스 때문에 병이 난다는 것은 생활심리학의 일부가 된 지 오래입니다. 스트레스는 이제 만병의 근원으로 통합니다. 하지만 여기서도 다시 그 질문을 던질 필요가 있습니다. "그걸 어떻게 아시죠?"

우리는 끊임없이 자신만의 주관적인 연구를 수행합니다. 병에 걸리면 우리는 그 책임을 돌릴 사건을 찾습니다. 그리고는 어김없이 무언가 원인을 떠올립니다. 아무런 커다란 원인이 없다면 작은 여러 사건의 합이라도 생각해냅니다. 그런 작은 것들마저 하나도 떠오르지 않는다면 이건 최악의 사태입니다. 그러면 무의식이나 어떤 잠재된 억압이 원인이니까요. 스트레스는 유치원 아이들부터 연금 생활자까지 누구나 다 받습니다. 그런데 그게 그렇게 문제일까요?

스트레스는 고정관념의 문제입니다. 특히 모두가 똑같은 생각을 가지고 있어서 문제입니다. 설문 조사에 따르면 독일인의 다수는 '스트레스 없는 삶'을 소망합니다. 하지만 직장에서 은퇴하고 더 이상 스트레스받을 일이 없게 되자마자 쓰러져 사망하는 경우도 비일비재합니다. 너무 스트레스가 없어도 지루해 죽을 지경입니다. 이번에는 심신이 완전히 소진되는 번아웃burnout이 아니라 너무 할 일이 없어 무력감에 빠지는 보어아웃boreout이 문제입니다.

과학자 토마스 홈스Thomas Holmes와 리처드 라헤Richard Rahe는 1967년 삶의 커다란 타격을 점수로 매겨 구분하는 작업을 실시했습니다. 그 결과 배우자 사별은 100점, 이혼은 73점, 실직은 45점이 나왔습니다. 결혼도 50점이나 됩니다. 남편과 아내의 점수를 합하면 다시 100점이 나옵니다. 고통은 나누면 절반이 됩니다.

두 과학자는 고통스러운 일을 더 많이 겪은 사람이 병에도 더 잘 걸리는지 알아보려 했습니다. 하지만 자세히 들여다보니 그렇게 단순한 문제가 아니었습니다. 점수로 등급을 구분하는 방식을 누구에게나 적용할 수 없었습니다. 어떤 사람들은 이혼을 큰 다행으로 여기며 기뻐하지만, 또 다른 이들은 처음에만 잠시 날아갈 듯 좋아하다가 곧 헤어진 것을 후회하며 몇 년이 넘도록 힘들어하기도 하니까요. 점수를 개별적으로 적용할 필요가 있지만 그렇게 하면 평가가 불가능한 다른 문제들이 다시 발생합니다.

스트레스와 질병의 객관적인 상관관계는 추측했던 것만큼 밀접하지 않았습니다. 오히려 스트레스가 우리에게 긍정적으로 작용한다는 증거도 많습니다. 그러니 스트레스 때문에 너무 걱정하지 마세요, 건강에 해로우니까! 이런, 이젠 저 스스로도 모순이네요.

인간은 스트레스에 잘 견디도록 만들어졌습니다. 스트레스는 우리의 삶을 지속시켜주는 엔진과도 같습니다. 우리 조상이 항상 느긋했다면 우리는 오래전에 멸종되었을 겁니다. 이것은 진화론의 창시자 찰스 다윈도 이미 알고 있었습니다. "위협에 잘 반응하는 자가 생존과 번식의 보상을 받는다."

현재 우리가 알고 있는 지식에 따르면 스트레스가 우리 몸에 미치는 영향을 결정짓는 요인은 긴장의 최고 강도가 아니라 지속 시간입니다. 회복될 전망이 보이면 스트레스는 우리 몸에 긍정적으로 작용합니다. 반면 지속적인 스트레스는 강한 사람도 어느 순간 쓰러뜨립니다. 그러면 번식도 더 이상 없습니다. 일부의 기억에는 남겠지만 진화론적으로는 아무 의미 없습니다.

하지만 단기 스트레스는 진화론적 측면에서 우리에게 대단히 호의적입니다. 스트레스 상황이 닥치면 우리 몸의 경보기들이 작동합니다. 아드레날린이 분비되고, 기관지가 확장되고, 땀이 흐릅니다. 스트레스는 짧은 순간에 우리가 아주 민첩하게 움직이고, 판단하고, 싸울 수 있도록 도와줍니다. 스트레스는 신체 조직을 지원하여 도전에 잘 대처하고 다시 균형을 회복하고 새로운 상황에 빨리 적응하게 만들어줍니다. 단기 스트레스는 주의력을 높이고, 면역 체계를 활성화하고, 상처 치유력을 가속시키고, 암세포와 더 잘 싸울 수 있게 하고, 신체 노화를 지연시킵니다.

스트레스를 과도한 부담이나 장애물이 아닌 자극으로 받아들일 수 있을 때 도피 본능은 공격성으로 발전합니다. 축구 선수들이 경기에 앞서 다 함께 큰소리로 포효하는 걸 보면 왜들 그러는지 의아할 때가 있습니다. 하지만 충분히 흐름을 타지 못하면 최상의 경기력을 발휘하기 어렵습니다. 배우들 사이에는 무대 공포증이 널리 퍼져 있는데, 많은 사람들이 무대 공포증 덕분에 그나마 무대에서 매 순간 좀 더 집중할 수 있다고 말합니다.

저는 공연이 시작되기 직전 무대 뒤에서 고무공처럼 폴짝폴짝 뜁니다. 몸의 긴장을 풀고 객석에 앉은 관객보다 좀 더 정신을 집중하기 위해서입니다. 호기심에 한 번은 24시간 심전도검사를 해본 적이 있는데, 결과는 제 느낌과 일치했습니다. 많은 사람들 앞에 서는 것이 어떤 이들에게는 엄청난 스트레스일 테지만, 저와 제 심장에는 두려움이 아닌 기쁨을 주는 일이었습니다. 제가 두려워하는 것은 오히려 다시 아주 적은 사람들 앞에 서게 되는 것입니다. 이렇게 스트레스는 지극히 개인적인 문제이며 상황을 어떻게 경험하고 평가하느냐에 따라 달라집니다.

스트레스가 머릿속에서 어떻게 발생하고, 장기적으로 우리 몸에 어떻게 작용하는지 알아보기 위해 장기 실험이 실시되었습니다. 먼저 2만 9,000명의 미국 성인에게 스트레스를 얼마나 자주 느끼는지와 스트레스가 건강에 해롭다고 믿는지 여부를 물었습니다. 그리고 8년 뒤 사망 기록을 조회하여 스트레스에 대한 당사자의 생각과 사망 확률 사이에 어떤 상관성이 있는지 알아보았습니다. 그랬더니, 스트레스가 건강에

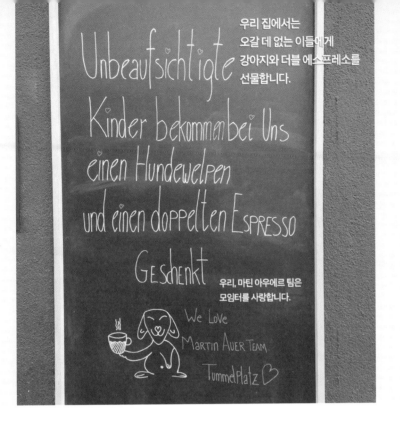

우리 집에서는
오갈 데 없는 이들에게
강아지와 더블 에스프레소를
선물합니다.

우리, 마틴 아우에르 팀은
모임터를 사랑합니다.

해롭다고 믿는 사람들의 생각은 옳았던 것으로 밝혀졌습니다. 그들의
사망 위험은 대조군에 비해 43퍼센트나 더 높았습니다. 결정적인 요인
은 스트레스 수준이 아니라 스트레스가 해롭다는 믿음이었습니다. 일
종의 자기실현적 예언과도 같았습니다. 스트레스가 별 거 아니라고 여
기는 사람들이 더 오래 살았습니다. 세상에는 일하는 걸 좋아하고, 오히
려 할 일이 없어 생각이 많아지는 걸 더 싫어하는 사람도 많습니다.

언제나 그렇듯 중요한 것은 자기 스스로 느끼는 정서적 평가입니다.
"나는 능동적인 행동가인가 아니면 수동적인 희생자인가?" 어릴 때 수

영장에 있는 3미터 높이의 다이빙대에서 뛰어내려본 적이 있나요? 이 때 당신은 자발적으로 뛰어내렸나요, 아니면 누가 억지로 밀어서 떨어 졌나요? 우리는 이런 자유낙하를 자발적으로 할 때보다 자유롭지 못한 방식으로 할 때 훨씬 더 스트레스를 받습니다.

'트리어 소셜 스트레스 테스트TSST'는 심리학자들이 생각해낸 가장 고약한 스트레스 검사법입니다. 검사 대상자는 검사관들 앞에 불려나갑 니다. 그는 혼자 서 있고 나머지 사람들은 모두 앉아 있습니다. 그는 즉흥 연설을 하고 암산 문제를 풀고 얼음같이 찬물에 더 이상 참을 수 없을 때 까지 손을 담그고 있어야 합니다. 검사관들은 모두 실험 대상자와 눈 마 주치기를 거부합니다. 그들은 웃거나 말을 건네지도 않습니다. 실험 조건 을 더욱 날카롭게 만들기 위해 검사관들은 모두 흰 가운을 입고, 검사실 은 춥고 어두우며, 스톱워치가 돌아가고, 다들 무언가를 기록하고 있습니 다. 그야말로 정신적 테러입니다.

우리 인간은 정서적 피드백에 몹시 의존하는 존재이기 때문에 이런 피드백을 지속적으로 거부당하면 더없이 큰 스트레스를 받습니다. 이 럴 때 어떻게 해야 할까요? 바깥세상에 나를 사랑해주는 누군가가 기 다리고 있다는 걸 알아야 합니다. 시험에 떨어지더라도 자신을 좋아해 주는 사람이 있다는 걸 알아야 합니다. 과거에 자신이 성공을 거둔 적 이 있었다는 걸 알아야 합니다. 그래서 미래에 자신을 성장시켜줄 여러 도전에 과감히 맞설 수 있어야 합니다.

현대의 스트레스 연구는 옛 속담을 확인시켜줍니다. "당신이 하는 일을 사랑하거나, 아니면 다른 일을 하십시오." 전형적인 '매니저병*'인 심근경색도 최고 경영자보다 중간급 매니저나 하위 매니저에게서 주로 발병합니다. 위아래에서 압박을 받는 사람이 느끼는 고통은 꼭대기에 있는 사장님보다 훨씬 심합니다. 객관적으로 스트레스가 심한 노동을 해야 하는 사람도 있습니다. 지속적인 무더위 속에서, 비좁은 공간에서, 햇볕이 전혀 안 드는 곳에서, 꼼짝달싹할 수 없는 곳에서, 감시와 욕설 속에서 일하는 사람들입니다. 사장님은 사무실 문을 마음대로 닫을 수 있고 전화도 비서에게로 돌려놓을 수 있습니다. 하지만 콜센터에서 일하는 직원은 닫을 문이 없고 항상 "품질 보장을 위해 통화가 녹음됩니다". 완전 호러입니다!

코부르크 대학 보건학자들의 연구는 콜센터 직원들도 아주 약간의 시간만 할애하면 스트레스를 낮추고 '머릿속에' 즐거움을 줄 수 있다고 설명합니다. 실험 대상자들은 모두 '행복은 혼자 오지 않는다' 사이트(glueck-kommt-selten-allein.de)에서 제공하는 온라인 트레이닝을 7주 이상 받도록 했습니다. 트레이닝은 예를 들면 긍정적인 순간에 대한 일기를 쓰거나, 친구를 돌보거나, 식사를 좀 더 의식적으로 음미하며 먹거나, 누군가에게 감사의 마음을 표현하는 등으로 진행되었습니다. 그 결과, 투자한 시간은 일주일에 15분 정도에 불과했지만 직원들은 스트레스를 한결 덜 받게 되었고, 객관적인 테스트에서도 더 좋은 성과를

---

\* 정신노동으로 스트레스를 많이 받는 관리직 사람들에게서 흔히 볼 수 있는 병을 통틀어 이르는 말

냈습니다.

스트레스 상황에서 우리는 이런 질문을 던져볼 필요가 있습니다. "굳이 스트레스를 받고 있을 필요가 있을까?"

우리는 지금 현대를 살아가고 있지만 우리 몸은 거대한 고양잇과 동물 검치호를 피해 달아나야 했던 석기시대에 만들어진 것입니다. 기쁜 소식이라면 검치호가 더 이상 없다는 사실이겠죠. 스트레스를 받으면 방향을 바꾸세요. 생명을 위협하는 짐승이라도 곁에 있나요? 아닙니다. 고작 프린트 틈에 끼어버린 잉크 카트리지일 뿐입니다.

# 애정이 담긴 신체 접촉의 강력한 힘

> "자기 어깨에는 기댈 수 없다."
>
> _플로리안 랑겐샤이트Florian Langenscheidt

ARD 방송에서 제작한 테마 주간 프로그램 〈다행이다Zum Glück〉에서 진행했던 한 인터뷰는 여전히 기억에 남아 있습니다. 텔레비전 저널리스트 마르셀 베르크만Marcel Bergmann은 아프리카에서 취재 활동을 하다가 심각한 자동차 사고를 당했는데, 오랜 시간이 지난 뒤에야 겨우 치료를 받을 수 있었습니다. 그는 결국 하반신 불구가 되었습니다. 그는 자신이 더 이상 살고 싶지 않아 휠체어를 타고 병원 계단에서 굴러떨어질 궁리만 하던 당시 상황을 매우 감동적으로 이야기했습니다. 저는 그에게 물었습니다. "무엇이 당신의 극단적인 행동을 막았나요?" 그러자 그는 이렇게 대답했습니다. "한 의대생이 매일 저녁 병원 일을 마치고 제 병상을 찾아왔습니다. 그리고는 곁에 앉아 제 손을 꼭 잡아주었습니다." 바로 이 손, 이 작은 신체 접촉이 그를 삶에 붙잡아둔 겁니다.

나중에 그는 그때 삶을 포기하지 않은 것을 무척 기뻐했습니다. 만리장성 위에 서보겠다는 꿈도 포기하지 않고 26일간 중국을 여행했습니

다. "중국은 장애인이 살기 좋은 나라가 아닙니다. 하지만 중국 사람들은 그렇지 않습니다." 중국인들은 그를 휠체어째 들어서 만리장성 위로 날랐습니다. 도와주는 손들이 많았습니다.

치료를 뜻하는 독일어 단어 'Behandlung'*은 이제 'Therapie'로 바꿔서 쓸 때가 많습니다. 하지만 단어와 함께 고유한 의미도 일부 사라지는 것 같아 무척 안타깝습니다. 사람들은 신체 접촉을 원합니다. 정중하게 이루어지는 신체 접촉만큼 빠르게 관계를 이어주는 것은 없습니다. 신체 접촉을 통한 검사는 오랫동안 의술의 핵심이었습니다. 환자가 옷을 벗고 침상에 눕거나 몸을 굽히거나 기침을 하거나 침을 삼키는 동작을 하면, 의사는 손으로 환자를 만지며 병에 대한 정보를 얻고 또 주었습니다. 의사의 손이 주는 가장 중요한 정보는 이것입니다. "당신은 지금 좋은 손길로 보살핌을 받고 있습니다."

심초음파 검사가 심음心音을 더 잘 나타내준다면 이제 어떤 의대생이 청진기로 듣겠습니까? 엑스선사진이 있는데 누가 폐의 미세한 바스락거림에 귀를 기울이며 염증을 알아내려 하겠습니까? 손을 갖다 대기만 해도 충분히 감이 온다는 것을, 환자의 상태가 어떤지 '파악'할 수 있다는 걸 어떻게 알 수 있겠습니까?

우리 문화는 점점 디지털화되고 신체 접촉도 사라지는 추세입니다. 접촉에 더욱 민감해지는 게 있다면 스마트폰이나 태블릿 컴퓨터 액정 화면 정도일 겁니다. 하지만 액정 화면이 무슨 소용이겠습니까? 비록

---

* 손을 뜻하는 'hand'에서 파생된 단어.

이제는 그런 화면들이 신체 접촉 무료 동영상을 온 세상에 퍼뜨리고 있지만 많은 사람들은 여전히 아무런 접촉도 없는 불만스러운 삶을 살아가고 있습니다. 가상이 아닌 진짜 삶에서의 신체 접촉은 출근할 때 지하철에서나 어쩔 수 없이 하게 됩니다. 하지만 집에서는 그마저도 없습니다.

생물 수업 시간에 들었던 1960년대 행동 연구자들의 끔찍한 실험 이야기가 떠오릅니다. 원숭이들은 마주 앉아서 서로 털을 쓰다듬고 이를 잡아주곤 합니다. 이것은 서로에게 관심을 표현하고 보살피는 행동입니다. 그런데 아기 원숭이를 엄마와 이런 신체 접촉 없이 기르면 어떤 일이 발생할까요? 아기 원숭이는 먹을 게 충분히 제공되는데도 잘 자라지 못하고 심지어 빨리 죽어버립니다. 이것은 인간도 마찬가지이며, 성인도 아이와 다르지 않습니다. 피부는 우리의 가장 큰 감각기관입니다. 뇌 활동의 10퍼센트는 촉감을 담당합니다. 신체 접촉은 생명의 영약입니다.

제가 신생아학과에서 의사로 일하던 무렵 조산아를 계속 인큐베이터에 두는 것이 나은지 아니면 엄마 품에 안겨주는 게 더 나은지를 놓고 의학계에서 논쟁이 벌어졌습니다. 많은 의대 교수들은 인큐베이터 안의 무균 환경이 어떤 경우에도 엄마와 함께 지내는 것보다 더 건강하다고 생각했습니다.

하지만 요즘은 '캥거루 육아법'이 큰 호응을 얻고 있습니다. 비록 아기 주머니 안에 들어갈 수는 없지만 엄마 배 위에 맨살을 맞대고 누워있는 게 아기에게 더 좋다고 합니다. 조산아에게도 엄마와 살을 맞대고

있는 게 건강에 더 좋다고 증명되었습니다. 아기는 훨씬 더 안정적이어지고, 젖도 더 잘 먹고, 잘 자라고, 일찍 퇴원합니다. 세균 문제는 어떨까요? 엄마의 균은 아기의 피부와 장에 고유한 균이 만들어지기 위해 필요합니다. 위험한 균은 병원 직원들이 옮길 수 있는 저항균입니다. 하지만 사전에 손을 깨끗이 소독하기만 한다면 신체 접촉은 아기에게 아주 좋습니다. 요즘은 전문가들도 피를 뽑는 데 몹시 조심스러워졌습니다. 아기에게 가장 좋은 것은 안정과 신체 접촉입니다.

돌이켜보면 신체 접촉의 치유력이 왜 이렇게 오랜 세월 무시되어왔는지 정말 의아스럽습니다. 예전에는 방문 시간이 몹시 까다로워 환자와 만나기가 정말 쉽지 않았습니다. 제 형이 60년대 말에 수술을 받느라 장기간 병원에 입원해 있을 때만 해도 외부의 방문이 일곱 살짜리 환자에게 해롭다고 했습니다. 이것이 '일반적인 전문 견해'였습니다. 감성이 메마르지 않은 어머니라면 누구나 심리학자나 의대 교수보다 더 잘 알 수 있는 문제였지만, 공식적인 근거는 엄마가 다시 가면 아이들이 울기 때문에 아예 오지 않는 게 더 낫다는 논리였습니다.

이제 우리는 다른 사람과의 신체 접촉을 통해 안정감을 얻는 게 얼마나 중요한지 알고 있습니다. 신체 접촉은 우리를 간지럽히고 쓰다듬고 누르면서 근심을 덜어주고 마음을 즐겁게 해줍니다. 이때 매번 각기 다른 감각 세포들이 활성화됩니다. 몇 년 전에는 아주 느린 접촉에 반응하는 C-촉각 신경이라는 새로운 종류의 신경섬유가 발견되었습니다. 이 '쾌락 수용기'를 해부학자들은 지금껏 간과했습니다. 현재 알려진 바에 따르면 피부는 다른 사람과 소통할 수 있는 고유한 채널이라고 말할 수 있을 만큼 예민한 조직입니다. 피부를 통해 우리는 말이나 제스처를 사용하지 않고도 다른 사람의 감정을 알아차릴 수 있습니다. 그리고 이런 피부 접촉은 감정을 변화시킵니다. 우리가 의식적으로 지각하게 되는 이런 신호는 곧장 우리의 행복 중추에 도달합니다. 그러면 집단 형성, 기본 신뢰, 불안감 해소 등 타인과의 애착 관계에서 중심 역할을 하는 신경 전달 물질 옥시토신이 분비됩니다. 옥시토신은 우리가 몸 안에 지니고 있는 천연 진정제입니다.

정신과에서 호의적인 신체 접촉을 치료 수단으로 사용할 수 없는 것이 잘 이해되지 않습니다. 몹시 겁에 질린 사람을 그냥 안아주거나 어깨에 팔을 얹어준다면 참 좋을 것 같은데 말입니다. 하지만 그런 건 전문적이지 않다는 이유로 하지 않습니다. 약상자에서 꺼내는 신경안정제는 전문적이라고 합니다. 물론 신체 접촉을 좋아하지 않는 환자도 있습니다. 프로페셔널의 경계도 엄연히 있고, 신체 접촉이 악용될 가능성도 충분히 있습니다. 요즘은 교사가 아이를 무릎에 앉히거나 간호사가 환자와 포옹하면, 가벼운 신체 접촉의 기술이 심신의 건강에 미치는 영향을 잘 이해하는 사람이라고 반기기보다는 나쁜 의도를 먼저 의심합니다.

관계의 끈을 연결하는 데는 가벼운 신체 접촉이면 충분합니다. 때로는 관계를 조작하기 위한 의도로도 이런 신체 접촉이 사용됩니다. 중고차 딜러가 상담할 때 1초 정도 가볍게 고객의 팔에 손을 대는 행동은 딜러의 신뢰도를 높인다는 연구 결과가 있습니다. 친근하게 손님의 어깨에 손을 얹는 웨이터가 팁을 더 많이 받는다고 합니다. 이런 바람직

한 신체 접촉의 경계는 어디쯤일까요?

일반적으로 남녀 모두 여성의 스킨십을 선호한다고 합니다. 아버지 보다는 어머니의 스킨십을, 남성 친구보다는 여성 친구의 스킨십을 더 좋아합니다. 물론 이것은 개인적으로 크게 차이가 납니다. 문화적인 차이도 있습니다. 프랑스인은 미국인보다 훨씬 빈번히 신체 접촉을 합니다. 미국인 기준으로는 부담스러운 신체 접촉의 경계를 금방 넘어섭니다. 한 심리학자는 공공장소에서 함께 커피를 마시는 사람들이 얼마나 자주 신체 접촉을 하는지 그 횟수를 세어보았습니다. 라틴아메리카에서는 180회, 파리에서는 110회, 플로리다에서는 두 번에 불과했습니다. 영국인들은 더 심해서 단 한 번의 신체 접촉도 하지 않았습니다. 혹시 커피 맛 때문은 아니었을까요?

병원에서 일할 때 저는 늘 물리치료사들이 부러웠습니다. 환자들과 몸을 접촉하고 긴장을 풀어주고 함께 훈련하면서 서로 친해질 수 있었으니까요. 당시에는 '체조 치료사'라고도 불렸는데, 이것은 그들의 전문성과 능력에 부합하지 않는 명칭이었습니다. 몸에 대한 그들의 지식은 의사들의 해부학적 지식과는 다른 것입니다. 그들은 동작의 진행 과정, 근육의 기능적 연쇄작용, 동작의 작용과 반작용 등을 모두 고려하기 때문에 예를 들어 허리에 통증이 있을 때 복부 근육을 치료하는 것도 물리치료사의 관점에서는 충분히 의미 있는 일이 됩니다. 좋은 물리치료사의 능력은 안마사를 훨씬 능가합니다. 하지만 유감스럽게도 건강보험은 외래환자의 물리치료 시간을 말도 안 되게 12분으로 줄였습니다. 이것은 뭉친 근육을 풀어주고 환자에게 집에서도 혼자 할 수 있는 법

Achtung !
알림!
An alle Muttis der Station 30 !
30개 병동의 모든 엄마들께!
Wir zeigen Ihnen täglich 2x Ihre Kinder:
아이를 엄마에게 보여주는 시간은 하루에 두 번:
von 10$^{45}$–11$^{00}$ Uhr (mit Arztauskunft: Mo.–Fr.)
10:45~11:00(의사와 동행: 월요일 - 금요일)
u. von 16$^{30}$–16$^{45}$ Uhr
16:30 ~ 16:45
Ausnahmeregelungen nach persönlicher Absprache
개별 협의에 따라 예외 조정
Neo III

예전에는 모든 게 더 좋았다고요?
천만에요! 80년대 베를린 의대 병원의 실제 방문 시간입니다.

을 알려주기에 턱없이 부족한 시간입니다.

근육은 예전에 흔히 생각했던 것처럼 멍청하게 툭 튀어나온 알통이 아닙니다. 근육은 섬세한 결합조직층인 근막으로 둘러싸여 있는 놀라울 정도로 민감한 조직입니다. 이 힘줄 덩어리 주변으로 복잡하게 얽혀 있는 신경들의 상호작용에 대해 집중적인 연구가 이루어지기 시작한 것은 불과 몇 년 전의 일입니다. 근육은 신경을 통해 동작이나 충격 같은 역학적 자극뿐만 아니라 심리적 스트레스에도 반응하는 민감한 조직입니다. 프로 축구 선수들의 근육이 손상되거나 경련을 일으키면 팀

주치의는 당연히 손으로 직접 해당 부위를 만져보며 세심하게 검사합니다. 하지만 일반 환자는 어떤가요?

요즘 사람들이 정골 요법사osteopath를 찾는 이유는 무엇일까요? 물리 치료와 도수 치료의 요소들을 특유의 안마 아이디어와 결합시킨 이 치료법의 매력은 무엇일까요? 제가 보기에는 여기서도 신체 접촉이 중요한 역할을 합니다. 뼈와 장기와 근육이 다시 제자리로 돌아가게 해준다는 마법의 약속과 함께 말이죠. 정골 요법의 이름으로 제공되는 치료의 범위는 너무 넓어서 제대로 파악하기조차 힘듭니다. 여기에는 신체 구조와 상호작용을 아주 잘 이해하여 민감한 진료와 치료가 가능한 훌륭한 전문 치료사도 많지만 그에 못지않게 엉터리도 많습니다. 많아진 수요에 편승하여 보잘것없는 전문 지식과 능력만 가지고 이 분야에 뛰어든 사람들입니다. 이런 사람들 때문에 체계적인 평가와 판단은 더욱 어려워집니다. 사람들은 신뢰하는 미용사에게 머리를 맡기듯 신뢰하는 정골 요법사에게 신체의 나머지 모든 부분을 맡깁니다. 그는 숙련된 손으로 질서에 혼돈을 가져옵니다. 우리는 그가 하는 행위를 이해할 수는 없지만 치료를 받고 새로운 출발을 맞이합니다. 저 역시 정골 요법 치료를 받았습니다. 특히 무릎과 허리에 대단히 큰 도움이 되었습니다. 제 정골 요법사는 물리치료사 자격증도 있는 여성이었습니다. 이 둘은 훌륭한 조합입니다. 하지만 정골 요법이 아무리 좋아도 환자를 능동적으로 활성화시키는 방식을 대체해서는 안 됩니다. 저 역시 가만히 누워서 아픈 부위를 어루만져주는 치료를 받는 게 더 좋습니다. 하지만 이완된 근육이 다시 제 활력을 찾고 튼튼해지려면 그것만으로는 충분치 않습

니다. 옥시토신은 느긋하게 가만히 있으라고 유혹하겠지만 잊지 말고
다시 긴장의 고삐를 당겨야 합니다!

자연요법의 브러시를 이용한 능동적인 마사지는 유명합니다. 가령
일본 사람들은 아침에 일어날 때 다양한 방식으로 자기 몸을 비비고
피부를 자극하며 혈액 순환을 좋게 하여 신체의 나머지 부분들도 상쾌
하게 잠에서 깨어나게 만듭니다. 자기 몸을 제 손으로 직접 어루만져도
좋습니다. 아무 데나 상관없습니다. 그렇다고 그 맛에 눈이 멀지는 않
을 테니 걱정 마시기 바랍니다. 우리가 자위를 하지 않는 게 신의 뜻이
라면 왜 두 팔이 더 짧게 창조되지 않았겠습니까?

## 건강의 값은 얼마일까요?

"건강한 사람은 여러 가지 소원이 있지만 아픈 사람은 단 하나의 소원밖에 없다."
_아르투어 쇼펜하우어Arthur Schopenhauer

우리는 당사자가 되면 순식간에 관점이 바뀝니다. 이에 대한 이야기를 하나 들려드리겠습니다. 뚱뚱한 남자가 허기진 배를 채우러 스테이크 집에 갔습니다. 남자는 메뉴에 있는 가장 비싸고 큰 고기를 주문한 다음 빠른 속도로 먹어치우기 시작했습니다. 그런데 너무 급히 삼키는 바람에 고기가 목에 걸려 기도를 막았습니다. 남자는 숨을 쉬지 못해 얼굴이 새파래졌고 몸을 가누지 못해 곧 질식사할 뻔 했습니다. 젊은 종업원 한 명이 이것을 보고 급히 달려왔습니다. 종업원은 뚱뚱한 남자를 일으켜 세우고는 상체를 앞으로 숙이게 한 다음 양어깨 사이의 등짝을 힘껏 내리쳤습니다. 그러자 놀랍게도 기도를 막고 있던 고깃덩이가 쑥 빠져나왔습니다.

뚱뚱한 남자는 얼굴색이 다시 정상으로 돌아왔고 깊이 숨을 들이키며 다시 안정을 찾았습니다. 남자는 두툼한 지갑을 꺼내며 말했습니다. "젊은이, 당신이 내 생명을 구해주었으니 내가 얼마를 지불하면 되겠소?" 종업원은 잠시 생각하더니 이렇게 답했습니다. "저는 돈 때문에 여기서 일을 하지만 여가 시간에는 제가 좋아하는 일을 합니다. 저는 자원봉사 소방대원입니다. 당신을 도와드린 것은 소방대원으로서 제 의무였을 뿐 아무 대가도 원하지 않습니다. 다만 제게 굳이 선물을 주시고자 한다면, 제게 원래 주려고 하셨던 금액의 절반만 주시기 바랍니다!"

추신: 위에서처럼 몸을 앞으로 숙이게 한 다음 양 날갯죽지 사이를 두드리는 것은 환자를 뒤에서 두 팔로 끌어안고 복부를 압박하는 하임리히법보다 더 효과적이고 안전합니다. 다시 말하지만, 배를 압박하지 말고 손바닥으로 등을 때리세요. 이물질을 삼킨 어린아이에게도 효과가 좋습니다.

## 음악과 춤이 뇌의 퇴화를 막죠

지휘자 오토 클렘페러가 교향곡을 연습할 때의 일입니다.
그는 비상한 청각 능력을 과시할 요량으로 이렇게 말했습니다.
"제3호른 소리가 너무 커요." 오케스트라에서 킥킥대는 소리가 나더니
누군가가 말했습니다. "제3호른은 아직 오지도 않았는데요."
그러자 클렘페러는 재치 있게 이렇게 말했습니다.
"그럼, 그가 오면 당신이 말해주세요!"

팬플루트는 보행자 전용 구역보다 더 오랜 역사를 지니고 있습니다.
폰초 차림의 그룹이 백화점 앞 보행자 전용 구역에서 연주하는 음악은
지나는 행인들의 발걸음을 붙잡습니다. 하지만 음악의 원래 아이디어
는 붙잡아두는 게 아니라 움직이도록 만드는 것이었습니다. 음악은 청
중에게나 작곡가에게나 살아가는 힘이자 살아남는 힘이 되어줍니다.
모차르트의 주피터 교향곡, 바흐의 골드베르크 변주곡, 쇼팽의 에튀드,
베토벤의 소나타 같은 음악들이 우리에게 수백 년이 넘도록 위안이 되
는 이유는 무엇일까요? 왜 우리는 잘 알지도 못하는 사람들과 동질감
을 느끼는 걸까요?
심리 치료사 루이제 레데만Luise Reddemann과 가수이자 정신과 의사인
페르 아빌가르트Peer Abilgaard는 이 문제에 대해 과감한 주장을 내놓았습
니다. 그에 따르면 음악이 위안을 주는 이유는 애당초 위안으로서 생겨
난 측면이 있기 때문이라는 겁니다. 바흐는 사랑하는 가족이 줄줄이 죽

음을 맞이하는 상황에서도 수백 년이 지난 뒤에도 여전히 감동을 주는 음악을 썼습니다. 베토벤은 아버지의 압제와 청력 상실로 고통 받으며 스스로 목숨을 끊으려고 했습니다. 하지만 아직 세상에 내놓아야 할 음악이 자기 안에 많이 있음을 느끼며 삶을 포기하지 않았습니다. 슈베르트의 낭만과 애정이 넘치는 작품들은 고통스러운 매독의 후유증 속에서 탄생했습니다.

음악의 이런 치료적 측면이 의학적 시각에서는 어떤 의미를 가질까요?

이 주제에 대한 독일의 최고 전문가는 하노버 의대의 신경학자 에카르트 알텐뮐러Eckart Altenmüller입니다. 플루트 연주자이기도 한 알텐뮐러는 음악이 뇌 전체의 연결성을 높이며, 특히 감정 중추의 반응을 좋게 해준다는 사실을 직관적으로 알고 있었을 뿐만 아니라 최신 연구 성과들을 통해서도 확인했습니다. 음악을 통해 환자들은 고통과 불안을 덜 느끼고, 기억력이 좋아지고, 뇌졸중 발작 이후 재활 속도도 더 빨라집니다. 아이들은 음악을 배우면 말도 더 잘하게 되고 사회적 능력과 정서적 능력도 좋아집니다. 음악 치료는 자신과 남의 말에 다시 귀를 기울이게 도와줍니다. 예를 들면 북을 두드리며 도취 상태에서 내면의 긴장으로부터 벗어나는 게 그런 것입니다. 'emotion'을 직역하면 '마음을 움직여 벗어나다'가 됩니다. 이것은 주술사들이 오래전부터 늘 해오던 일입니다. 그런데 독일에서는 왜 이런 음악 치료가 잘 활용되지 않는 걸까요? 제대로 된 음악 치료를 하려면 훌륭한 치료사가 있어야 하는데 그보다는 알약이 훨씬 저렴하기 때문입니다. 그래서 가장 오래된 치료술이 방치되고 있는 겁니다.

음악 치료의 훌륭한 사례는 많습니다. 팔을 제대로 움직이지 못하는 환자에게 음악을 들려주면서 음높이만큼 팔을 들어올리는 훈련을 시켰더니 팔 운동을 더 오래, 효과적으로 할 수 있었다고 합니다. 말하자면 환자는 작곡가이자 지휘자가 된 셈이었습니다. 이렇게 음악의 지원을 받는 훈련은 치료 체조를 단독으로 실시하는 것보다 치료 효과가 네 배나 더 높았습니다. 치매 환자에게도 음악은 불안을 줄여주고, 수면 리듬을 좋게 해주고, 활동성과 삶의 질을 개선해줍니다. 노래를 자주 부르면 활력도 생기고, 기분도 좋아지고, 기억력도 개선됩니다. 약 대신 멜로디를 이용하세요.

알텐뮐러는 음악 치료를 이렇게 요약합니다. "음악은 처음 청각이 형성되는 엄마 뱃속에서부터 노년에 이르기까지 모든 연령대의 뇌 연결성을 높여줍니다."

그렇다면 굳이 치매에 걸릴 때까지 기다릴 필요가 있을까요? 제 자신을 대상으로 작은 실험을 한 가지 해보기 위해 2015년 여름을 전후로 각각 한 번씩 두 차례 MRI검사를 받았습니다. 그 사이에 ARD 방송을 위해 춤 교습을 받았습니다. 웨스트코스트스윙 댄스를 배울 때 제 뇌가 얼마나 활성화되는지, 제가 춤에 얼마나 재능이 있는지 알아보고 싶었습니다. 그때까지 저는 그런 춤이 있는지도 몰랐습니다. 30년이 넘도록 춤 교습소에 발을 들인 적이 없었습니다. 그래서 동작을 외우는 것도 제게는 너무나 어려운 과제였습니다. 그럼에도 불구하고 제가 힘을 낼 수 있었던 것은, 20년이 넘는 장기 실험을 통해 사람들의 취미 활

동이 뇌의 퇴화 속도에 영향을 미친다는 사실을 입증한 전설적인 '아인 슈타인 노화 연구' 덕분이었습니다. 제 할머니는 늘 가로세로 낱말 퍼즐을 맞추셨습니다. 그래서 저는 열대우림에 사는 세 글자로 된 새의 이름을 아주 어릴 때 이미 알았습니다. 아라$^{Ara}$라는 새였습니다. 하지만 스도쿠 게임이나 낱말 퍼즐이 뇌의 퇴화를 막아준다는 이야기는 신화일 뿐입니다. 그보다는 운동이 훨씬 좋은 방법입니다. 예를 들어 수영은 치매 위험을 29퍼센트 줄여줍니다. 위험을 76퍼센트나 줄여주는 놀라운 방법도 있습니다. 바로 춤입니다!

알츠하이머는 하룻밤 사이에 발병하지 않습니다. 치매는 몇 년에 걸쳐 천천히 진행되는데, 지방의 완행열차처럼 수요 부족으로 구간이 폐쇄되면서 비로소 시작됩니다. 항상 빠른 연결 통로만 사용하고 곁가지 통로에는 절대 발을 들여놓지 않은 사람은 뇌가 효율성만 좇다 결국 지성을 송두리째 잃어도 절대로 놀라지 말아야 합니다. 물론 이것은 아주 단순화시킨 이야기입니다. 치매는 당연히 유전학과도 깊은 관계가 있습니다. 하지만 우리는 손에 쥔 것부터 실행할 필요가 있습니다! 춤은 우리를 자극하며 다양한 방식으로 즐거움을 줍니다. 자기 몸과 남의 몸을 이동시키면서 새로운 스텝을 배우고 조화로운 동작을 훈련합니다. 타인과의 신체 접촉은 기분을 좋게 해주고 귓가에 울리는 음악은 행복을 줍니다. 지금까지 이보다 더 나은 효과를 보인 약은 하나도 없었습니다. 체스 게임이나 영양 보충제도 마찬가지입니다. 그러니 엉덩이를 높이 세울 생각만 하지 말고 좌우로 리듬에 맞추어 움직여보세요. 나머지 몸도 물론 함께요.

저는 강사로부터 계속해서 머리를 꼿꼿이 세우라는 지적을 받았습니다. 처음에 발이 똑바로 앞을 향하고 있는지 보려고 시선을 자꾸 아래로 내린 탓이었습니다. 다행히도 제 발은 시각의 도움 없이도 뇌와 직접 소통할 수 있었고, 시간이 조금 지나자 머리를 꼿꼿이 세우고도 상대의 발을 밟지 않을 수 있게 되었습니다. 두 번째로 제 머리를 MRI 속으로 밀어 넣었을 때 정확히 같은 결과가 나왔습니다. 음악이 들리면 뇌의 활동이 시각 피질에서 운동 중추로 이동하는 것을 볼 수 있습니다. 다시 말해 저는 음악을 더 이상 무관심한 관찰자의 입장에서 이미지로 표상하지 않았습니다. 춤 교습 이후 제 뇌는 자동으로 박자를 운동 패턴으로 바꿨습니다. 저는 더 이상 구경꾼이 아니라 무대 한가운데 서 있던 것이죠. 그냥 지켜보지 않고 머리부터 발까지 움찔거리며 빛을 발산하고 있었습니다. 제 뇌의 피질척수로는 운동 피질에서 근육으로 가는 연결 통로가 강화되고 있다고 신호를 보내오고 있었습니다.

원래 예전에 알고 있던 것을 까먹지만 않았다면 성인이 되어서도 춤을 쉽게 배울 수 있어야 합니다. 갓난아기들은 음악을 들으면 자동으로 몸을 움직입니다. 가만히 앉아 있어야 한다고 배우기 전까지는 말입니다. 춤추는 걸 좋아하는 아이들은 공간적 사고 능력이 더 우수하고 사회성도 여러 방면에서 더 뛰어납니다. 춤은 우리의 현재만이 아니라 미래를 위해서도 좋습니다. 교부 아우구스티누스는 이런 말을 했습니다. "사람들아, 춤을 배워라. 안 그러면 하늘나라에서 천사들이 너희를 대할 방법을 알지 못하리니."

81세의 야성적 살사 댄서 패디 존스는 이 사진을 찍은 직후 더 젊은 댄서로 파트너를 바꿨습니다.

우리는 춤을 추며 여유롭게 늙어갈 수 있습니다. 30년쯤 뒤에 양로원에서 쇼팽의 폴로네이즈가 아닌 '러브 퍼레이드'의 테크노 음악이 흘러나오는 상상은 저를 흐뭇하게 만듭니다. 누군가 음악을 틀면 분당 160비트의 베이스 음이 쿵쿵거리는 소리를 이어폰 없이 뱃속의 진동으로 느낄 수 있습니다. 그러면 두 사람이 서로 눈을 맞추며 이렇게 말합니다. "들어봐, 우리 노래가 나오고 있어!"

## 시간이 돈보다 더 중요하다

아무 일도 하지 않고 빈둥거리는 짓의 유일한 문제는

언제 끝낼지 알 수 없다는 겁니다.

햄스터는 평생 자기 쳇바퀴를 출세의 사다리로 여깁니다. 열심히 달리고 또 달리기만 하다 어느 순간 지쳐 쓰러져 죽고 맙니다. 그것이 그냥 둥근 바퀴라는 사실을 영영 이해하지 못한 채 말입니다. 하지만 의식ritual은 바라보는 시각을 바꿔줍니다. 바퀴를 멈추게 합니다. 자기 자신과 직면한 과제를 옆에 서서 지켜보게 해줍니다. "맙소사, 이건 그냥 바퀴잖아. 이렇게 해서는 내가 아무리 오랜 시간 사다리를 밟고 올라선다고 해도 결코 위에 도달할 수 없어!" 그리고 일단 이것을 이해하고 나면 다시 게임에 참가할 수 있습니다. 이제 바퀴는 새로운 차원으로 바뀌고 그 안을 달리기도 훨씬 수월해집니다.

삶은 투쟁이기도 하지만 일종의 게임이기도 합니다. 이런 관점을 우리는 아침마다 훈련할 수 있습니다. 훌륭한 코치이자 친구인 옌스 코르센Jens Corssen이 권하는 '침대 맡 훈련'을 통해서입니다. "아침에 일어날 때마다 자신에게 '오늘 나는 무엇을 위해 자리에서 일어나는가?'라고

질문하세요." 이런 짧은 집중의 순간이 하루를 활기차게 시작할 수 있도록 도와준다는 겁니다. 여기에 저는 이렇게 덧붙이겠습니다. 자리에서 일어나야 할 이유가 떠오르지 않으면 그냥 계속 누워 있으라고 말입니다. 그냥 누워 있는 편이 더 나은 사람들과 상대하는 건 너무나 피곤한 일이니까요. 간호 인력을 위한 유머 세미나에서 한 여성 간호사는 제게 자신의 아침 의식을 한 가지 말해주었습니다. 그녀는 쉬는 날에도 5시 30분에 알람을 맞춰놓는다고 했습니다. 알람을 끄고 다시 잘 수 있는 더없이 좋은 기분을 맛보려고 말이죠.

제 안에 잠시도 쉬지 않고 열심히 달리는 작은 햄스터가 한 마리 있습니다. 한동안 저는 아침에 여유롭게 커피 한잔 마실 시간조차 없는 생활을 했습니다. 서둘러 커피 가루 두 숟갈을 한쪽 볼에 털어 넣고 뜨거운 물을 다른 쪽 볼에 머금은 다음 머리를 흔들며 얼른 삼키고 출근했죠. 물론 농담입니다! 정말로 그런 짓을 한 적은 없지만 집에서도 테이크아웃 느낌으로 서서 커피를 마셨습니다.

그런데 먹고 마시는 것과 관련된 의식은 왜 이렇게 많을까요? 그런 의식들이 음식을 더욱 즐길 수 있게 해주기 때문입니다. 식사를 할 때 우리가 하는 모든 사전 준비와 부수적인 일들은 애정 생활에서와 마찬가지로 정서적으로 중요한 역할을 합니다.

의식은 시간을 소비합니다. 하지만 바로 그런 번거로움 덕분에 의식은 우리에게 영원히 기억될 작은 순간을 마련해줄 수 있습니다. 와인은 물론 종이컵으로도 마실 수 있습니다. 어디에 마시든 똑같은 와인이지만 똑같은 즐거움을 주지는 않습니다. 와인은 사전에 숨을 쉬어야 합니다. 우리도 그렇습니다.

무엇보다도 의식은 항상 똑같은 방식으로 문제에 접근하지 못하도록 우리를 강제합니다. 그리고 다가올 향유의 순간에 주의를 집중시키고 특별한 행위로서 두고두고 기억 속에 간직하게 만들어 줍니다. 우리는 냅킨을 접거나 두 손을 깍지 끼거나 노래를 부르거나 잡담을 하는 등 대부분 비실용적인 어떤 행위를 함으로써 효과적으로 우리 자신을 조절합니다. 좀 더 맛있게 식사를 하고 싶다면, 초코바를 아이들 생일 파티 때 즐길 수 있는 게임의 형태로 새롭게 발전시킨 연구자들의 예를 참고하시기 바랍니다. 초콜릿 한 개를 신문지에 싸서 포장 끈으로 묶습니다. 그런 다음 한 아이에게 털모자를 쓰고 장갑을 끼고 칼과 포크로 포장을 풀도록 합니다. 아이는 다른 게임 참가자 중 누군가가 주사위를 던져 숫자 6이 나올 때까지 계속 시도할 수 있습니다. 주사위 6이 나온 사람은 의상과 식기를 넘겨받게 되고, 놀이는 같은 방식으로 계속됩니다. 포장지에 감싼 초콜릿 실험을 한 심리학자도 분명히 누군가는 이 게임을 떠올렸을 겁니다. 하지만 이 실험은 성인이 대상입니다. 실험에서는 사람들에게 처음에 초콜릿을 절반만 먹도록 허락하고 나중에 나머지 절반을 먹게 했습니다. 그랬더니 사람들이 초콜릿을 더 즐겁게 그리고 더 맛있게 먹는 걸로 나타났습니다.

이렇듯 비밀이 벗겨지는 경험은 욕망의 대상을 직접 손에 넣는 것보다 훨씬 더 흥미진진합니다.

하지만 사회적 경향은 정반대로 나아갑니다. 아무도 더 이상 복잡한 포장을 풀거나 껍질을 벗기거나 힘들여 조리할 필요가 없습니다. 모

든 게 이미 완전히 준비된 상태이며 아무 데서나 먹을 수 있게 제공됩니다. 예전에는 길거리나 대중교통 수단 안에서 음식을 먹으면 안 좋게 여겨졌지만 이런 예절은 이제 아예 사라졌습니다. 사람들은 점점 더 격식을 차리지 않게 되었습니다. 음식심리학자들은 사회적으로 의식화된 식사와 고정된 식사 시간이 점점 과거의 일이 되어간다고 지적합니다. 또 한 가지 사실은 독일인이 점점 더 뚱뚱해지고 있다는 겁니다. 둘 사이에는 어떤 연관 관계가 있습니다. 우리는 하루 종일 주변 풀만 뜯어 먹는 소들처럼 변해가고 있습니다. 물론 햄버거나 감자튀김, 과자, 사탕 따위보다 풀이 훨씬 저칼로리이긴 합니다.

코넬 대학의 브라이언 완싱크Brian Wansink는 이미 몸에 밴 이런 행동 방식을 사람들이 어떻게 깰 수 있을지 연구했습니다. 실험으로 증명된 그의 트릭은 당신이 정말로 먹고자 하는 것을 또 다른 행동과 연결시키는 것입니다. 예를 들어 하루에도 여러 번 손길이 가는 곳이 어디인 가요? 저는 열쇠 걸어두는 곳입니다. 그러면 그 밑에 과일바구니를 놓아두면 어떨까요? 그리고는 열쇠를 가지러 갈 때마다 사과나 다른 과일을 하나씩 먹는 겁니다.

절간 스님들의 차 마시는 의식을 본 적이 있어요? 우리 서구인들에게는 인내심이 몹시 필요한 일입니다. 모든 과정이 너무나도 신중하고 느린 동작으로 이루어지니까요. 먼저 물을 끓인 다음, 주전자를 준비하고, 차 분말을 잔에 넣고, 빗자루로 젓고……. 여유로움을 길러준다고 하지만 제 속에서는 조바심이 끓어오르더군요. 그냥 이렇게 소리치고 싶은 걸 억지로 참았습니다. "그냥 티백으로 마실게요. 시간은 돈이에요!"

분량도 절반

빠르기도 절반

진지함도 절반

아름다움은 두 배.

하지만 그렇지 않습니다.

시간은 돈보다 중요합니다. 분초를 매기며 금전을 좇는 대신 순간을 자신의 가장 중요한 화폐로 삼으면 전혀 다른 종류의 부를 경험할 수 있습니다. 물론 저와는 한참 동떨어진 이야기지만 어떨지 궁금하기는 하군요. 그래서 저는 선승 힌네르크 폴렌스키Hinnerk Polenski를 찾아갔습니다. 그는 알프스 첩첩산중에 있는 낡은 산장을 고요한 안식의 오아시스로 만들어놓고 있었습니다. 저는 그의 차 의식에 초대되었습니다. 선불교에는 많은 과정들이 믿을 수 없이 명료한 방식으로 구성되어 있는데, 처음 접하는 사람에게는 압박감을 줄 수 있습니다. 의식에 담긴 비

# 저절로 식생활이 개선되는 팁

→ 눈에 무엇이 보이나요? 어떤 것이 나를 향해 미소 짓고 있나요? 먹고 싶지 않은 모든 것을 눈앞에서 치워버리세요. 아예 처음부터 사지 않으면 더욱 좋습니다. 예쁜 과일 바구니는 자주 손길이 가는 곳에, 예를 들면 열쇠 걸어두는 곳 밑에 놓아두세요.

→ 봉지를 뜯으면 직접 봉지 안에서 꺼내먹지 말고 일정량을 작은 접시에 담은 다음, 봉지는 멀리 손이 닿지 않는 곳에 두세요.

→ 과자를 먹을 때 손을 바꿔서 드세요. 오른손잡이라면 오른손 대신 '불편한' 왼손으로 과자를 집으세요. 그러면 조금 덜 먹는 일이 쉬워집니다. 그 정도는 왼손도 할 수 있어요!

→ 아침에 일어나자마자 따뜻한 것을 조금 먹으면 아침 식사를 덜 할 수 있습니다.

→ 포크와 나이프로 식사를 할 때 중간중간 그것들을 내려놓으면 먹기를 잠시 중단할 수 있고 좀 더 음미하는 식사를 할 수 있습니다.

→ 식사를 방해하는 게 무엇인가요? 텔레비전을 끄고, 휴대폰도 내려놓고, 온전히 식사에만 집중하세요.

→ 정크 푸드를 먹고 싶을 때는 그것의 사진을 찍으세요. 직접 찍은 사진으로 정크 푸드를 보면, 많은 경우 먹고 싶은 충동이 가라앉습니다. 그래도 계속 유혹을 느낀다면 그냥 먹고 거기서 배우세요.

→ 첫술을 뜨기에 앞서 어떤 감정이 드시나요? 짧은 기도나 감사의 마음은 영적인 조미료로 작용합니다.

→ 왜 화장실에는 항상 거울이 있는데 부엌에는 없을까요? 무얼 먹을지 선택할 때 잠시라도 자신의 모습을 볼 수 있다면 훨씬 더 의식적인 결정을 내릴 수 있습니다. 좀 더 세게 나가려면 냉장고 문에도 작은 거울을 달아두세요.

→ **무언가를 입안에 밀어 넣을 때 자신에게 이렇게 질문하세요.**
**"저것이 내 몸의 일부가 되기를 정말 원해?"**

## 눈으로도 함께 먹어요

작은 접시에 담으면 같은 양의 음식도 더 크게 보입니다.
접시 크기를 지름 30센티미터에서 25센티미터로 줄이면
20퍼센트 정도 덜 먹게 됩니다.

밀은 지금 행동하는 방식에 매번 새롭게 주의를 기울이지 않아도 되게 해주는 마음의 가벼움에 있습니다. 형식에의 구속이 오히려 진정한 자유를 주어 성찰하고, 말하고, 침묵할 가치가 있는 일에 전념하게 해주는 겁니다. 우리는 창밖으로 조용히 내리기 시작한 눈을 바라보았습니다. 숲은 갓 내린 눈으로 더욱 고요하고 신비로워졌습니다. 힌네르크는 "눈송이는 저마다 제 자리에 내린다"는 어느 선승의 말을 들려주었습니다. 자유롭게 흩날리는 눈송이가 어딘가에 내려앉는 것이 모두 예정된 일로 우연이 아닐 수 있다는 그의 생각이 흥미롭습니다. 땅의 입장에서 보면 눈송이가 내려앉는 자리는 모두 그 눈송이의 자리입니다. 하지만 그것이 정확히 어디인지 누가 알겠습니까? 이런 종류의 사고방식에 기대어 저는 아직 차가 나오기도 전에 차의 효능을 알아차릴 수 있었습니다. 의자 팔걸이에 딱 맞는 크기의 예쁜 나무잔에 담겨 나온 차는 눈송이와 마찬가지로 자기 자리에 내려앉았습니다.

차는 전 세계에서 물 다음으로 가장 빈번히 소비되는 음료입니다. 게다가 거의 전적으로 물로 이루어져 있습니다. 하지만 전부는 아닙니다. 찻잎이 우리 몸에 좋은 성분을 담고 있다는 사실은 과학적으로도 증명되었습니다. 이것은 녹차든 홍차든 마찬가지입니다. 그런데 차에 식물 성분을 뛰어넘는 영적인 효능이 있는 걸까요?

타이완의 한 불교 북클럽은 이와 관련하여 흥미로운 실험을 실시했습니다. 그들은 차를 끓인 다음 여러 개의 작은 병에 나누어 담았습니다. 그리고 그중 절반의 병에는 선승이 추가로 다음과 같은 기원을 불어넣었습니다. "이 차를 마시는 자는 두루 건강하고 에너지와 힘과 만족감을 아주 많이 얻을지어다." 나머지 병들은 그런 기원이 차단된 옆방에 보관되었습니다.

200여 명의 실험 참가자들은 매일 병에 든 차를 마시며 자신의 기분을 관찰했습니다. 그들은 자신이 영적 기운이 깃든 차를 마셨는지, 아니면 아무 효능 없는 음료를 마셨는지 알 수 없습니다. 과연 차에서 그런 영적인 맛이 느껴졌을까요? 아닙니다. 제대로 알아맞힌 경우와 그렇지 못한 경우의 비율은 거의 같았습니다. 50대 50의 확률에 근접하는 결과였습니다. 그보다 더 흥미로운 사실은 자신이 기적의 차를 마셨다고 믿은 사람들의 상태가 차를 마시기 전보다 더 좋아졌다는 겁니다. 차가 사람들의 기분에 작용하는 효과는 분명했으며 통계적으로도 유의미한 결과를 보였습니다. 반면에 아무 기원도 담기지 않은 차를 마신다고 여긴 사람의 기분은 전과 같았습니다. 실제로는 선승의 기원이 담긴 차를 마신 경우에도 똑같았습니다. 먼 이방의 문화일 뿐일까요? 우리와는 사뭇 동떨어진 이야기일까요?

의식은 의미를 만들어냅니다. 의식은 우리로 하여금 생각을 새롭게 정리하게 만들고 무언가를 처음으로 지각하게 만듭니다. 수많은 연구의 실험 대상이 되고 있는 어떤 의식은 어이가 없을 정도로 단순하지만 매우 효과적입니다. 저녁에 잠자리에 들 때마다 그날 좋았던 일 세 가지를 기록하는 겁니다. 오늘 나를 기쁘게 한 사람은? 아름다웠던 것은? 감사하고픈 일은? 이런 걸 적고 나면 자동적으로 좋은 생각을 품고 잠자리에 들게 됩니다. 누가 바보 같았는지, 오늘 내가 무엇을 제대로 하지 못했는지, 왜 언제나 나만 문제인지 따위의 나쁜 생각은 들어설

틈이 없습니다. 좋은 생각은 세 가지 이상 떠올려도 괜찮습니다. 하지만 머릿속으로만 생각하는 것보다는 적어보는 게 더 낫습니다. 대부분의 사람들은 이렇게 하면 기분이 좋아집니다. 당신은 어떨까요? 이것을 확인하려면 적어도 3주 이상 시도해보아야 합니다. 그렇게 하실 거죠?

아니면 하루를 잘 시작하고 밤을 잘 맞이하도록 당신을 도와주는 다른 의식을 벌써 실행하고 있나요? 혹시 텔레비전 시청? 텔레비전 방송에 나오는 사람이 하는 말이라 별로 신뢰가 안 갈 수도 있겠지만 텔레비전을 오래 보는 건 건강에 해롭습니다. 침대에 누워 휴대폰을 보는 것도 마찬가지입니다. 우리는 이불 속으로 테러를 끌어들이면서도 왜 잠을 잘 못 자는지 모르겠다고 말합니다. 차라리 와인을 한 잔 마시세요. 아니면 잠이 잘 오는 차를 마시든가요. 차가 우러나는 동안 하루의 걱정 근심도 빠져나갑니다.

불교 승려들은 저녁마다 자기 잔을 깨끗이 닦아서 식탁에 거꾸로 올려놓습니다. 길을 떠날 준비가 되었다는 걸 알리고, 자신이 떠난 뒤에 다른 이들에게 설거지를 남겨놓지 않으려는 겁니다. 찻잔은 속이 비고 엎어놓은 상태에서도 선한 생각으로 가득합니다.

## 스트레스와 통증을 줄여주는 감사의 힘

"비가 오면 나는 기뻐한다.

왜냐하면 내가 기뻐하지 않아도 어차피 비는 오기 때문이다."

_카를 발렌틴Karl Valentin

'교회의 날' 분위기를 우습게 만들고 싶으면 '감사의 노래'를 부르기만 하면 됩니다. "이 좋은 아침에 감사⋯⋯" 그러나 긍정심리학에 관한 책을 탐독하면서 저는 이 노래가 옳다는 사실을 알게 되었습니다. 감사의 표현이 언뜻 부자연스럽게 들릴 수 있지만 진심에서 우러난 감사는 진정한 기적의 영약이 됩니다. 감사에는 두 가지 방식이 있습니다. '급성' 감사와 '강성' 감사입니다. 급성 감사는 도움을 받은 순간에 즉시 감사의 뜻을 전하는 걸 말합니다. 강성 감사는 감사를 삶의 기본 태도로 삼고 매순간—자연이나 인생의 아름다움을 대할 때, 인생무상을 자각할 때, 그냥 문득 자신의 무탈함이 느껴질 때마다—감사의 마음을 품는 걸 말합니다.

그런 약이 있다면 당장 처방받아야 합니다. 감사가 우리 몸과 마음에 미치는 영향은 최근 들어 점점 더 명확해지고 있으니까요. 감사의 마음은 우울증 같은 마음의 병을 막아줄 뿐만 아니라 구체적인 스트레스

증상과 통증을 줄여주는 효과도 있습니다. 감사할 줄 아는 사람은 심지어 잠도 더 잘 잡니다. 감사는 마음의 지평을 넓혀주고, 다가올 위기를 견뎌낼 힘을 비축해줍니다. 돈이 우리의 행복감을 높이는 데 별로 신통한 수단이 못 된다는 걸 안다면 감사하는 마음의 투자 가치는 더욱 높아집니다.

감사의 종을 백 번 울리는 게 천 마디 말보다 더 효과적입니다.

이런 훌륭한 마약을 손에 넣으려면 어떻게 해야 할까요?

1번: 일기장. 잠자리에 들기 전 그날 감사할 일 세 가지를 일기장에 적으세요. 이를 14일 이상 실행한 실험 참가자는 근심이 줄었고, 자신의 몸에 더 만족하게 되었으며, 실험이 종료된 이후에도 자발적으로 일기 쓰기를 계속했습니다.

2번: 감사의 방문. 문득 이미 오래 지난 일에 대해서 어떤 사람에게 고마운 마음이 들 때가 있습니다. 지금 와서 보면 그때 그게 어떤 의미였는지 더 잘 이해되기도 합니다. 이런 걸 직접 만나서 이야기하는 것은 감사의 마음을 표현하는 아주 효과적인 방법입니다. 좀 더 나은 버전은 사전에 편지를 써서 가지고 있다가 고마운 사람에게 직접 읽어주는 겁니다.

3번: 감사의 편지나 사진을 병동에 보내기.

조산아 병동에서 일할 때 저는 이런 멋진 아이디어를 직접 경험했습니다. 그곳에서는 아기의 생명을 구하기 위해 전체 팀이 며칠 밤낮을 싸워야 할 때가 많습니다. 일이 힘들어 회의에 빠질 때 저를 다시 일어설 수 있게 해준 것은 벽에 붙은 사진들이었습니다. 간호사실 옆 벽에는 다양한 모습의 아이들 사진이 빽빽하게 붙어 있었습니다. 아이 부모

감사의 종을 백 번 울리는 게 천 마디 말보다 더 효과적입니다.

들이 감사의 마음을 전하기 위해 겨우 500그램으로 태어난 아이가 그 사이 얼마나 컸는지 보여주는 사진들을 보낸 겁니다. 조피는 이제 걸을 수 있고, 케빈은 세발자전거를 타고, 멜리나는 내년에 벌써 학교에 들어간다는 소식과 함께 말입니다. 그 사진을 볼 때마다 저는 제가 왜 그곳에 있고 왜 최선을 다해야 하는지 다시금 깨달을 수 있었습니다.

왜 이런 사진 코너가 모든 병동에 없는지 정말 궁금합니다. 아, 물론 정보 보호 때문이겠죠. 하지만 단언컨대 그런 것에 개의치 않는 환자도 충분히 많을 겁니다. 그리고 군이 병원 복도에 붙여놓을 필요도 없습니다. 가령 약제실 안에 붙여놓고 의료진만 보게 해도 지치고 피곤할 때 마음을 편안하게 해주고 원기도 북돋아줄 것입니다.

퇴원하는 환자에게 병동 주소가 적힌 수신자 부담 우편엽서를 나누어주는 건 어떨까요? 그리고 6주쯤 지난 뒤에 환자로부터 병원에서 도움이 되었던 일과 안부 등을 간단히 적은 편지가 도착하는 겁니다.

혹시 예전에 어떤 의사나 간호사가 자신에게 정말 도움이 되었다는 생각이 든다면 당장 우편엽서든 편지든 이메일이든 써서 보내시기 바랍니다. 기왕이면 편지를 쓰면 더욱 좋습니다. 우편요금 정도는 부담하시고요. 장담하지만, 병원이나 요양원에 있는 사람들은 당신이 지불한 우편요금 덕분에 무척 기뻐할 겁니다!

## 먼저 자신에게 관대해집시다

"널 사랑해!"

"정말? 그럼 너무 피곤해지는데."

얼마 전에 제 대녀인 마리가 방에서 춤추는 것을 보았습니다. 우아하게 잘 추더군요. 아이는 너무 즐거워서 몰아지경이었습니다. 저는 아이에게 동기부여를 할 요량으로 이렇게 말했습니다. "이야, 정말 춤 잘 추는구나. 나중에 발레리나가 되겠어." 마리는 진지한 표정으로 저를 쳐다보며 말했습니다. "나는 이미 발레리나예요." 정말 영리한 아이 아닌가요? 마리에게는 동기부여가 필요 없었습니다. 누가 방해하지만 않으면 그걸로 충분했습니다. 저는 이런 교육학적 과실을 어떻게 만회하면 좋을지 고민하다가 노래가 좋겠다는 생각이 들었습니다. 저는 아이에게 노래를 가르쳐주기로 마음먹었습니다. 마리의 엄마가 곧 생일이란 걸 알고 있었기 때문에 엄마를 위해 부를 아름다운 옛 돌림노래를 가르쳐주었습니다. '행운과 축복이 가득하기를Viel Glück und viel Segen'이란 노래였습니다. 아이는 그 노래를 좋아했고 금방 배웠습니다. 자기 방에 가서도 혼자 노래를 흥얼거리더군요. 저는 감동한 채 문가에 서서 아

이가 부르는 노랫소리를 들었습니다. "내가 가는 모든 길에 행운과 축복이 가득하기를……" 워낙 잘난 척하기를 좋아하는 저는 가만히 듣지 못하고 다시 끼어들었습니다. "잠깐, 잘 불렀는데 조금 고치는 게 좋겠어. 엄마를 위한 노래니까 엄마가 가는 모든 길이라고 하는 게 낫지 않겠니? 닷새 뒤 엄마 생일 때도 그렇게 부르자."

마리는 네 살짜리 특유의 초롱초롱한 눈으로 저를 뚫어져라 쳐다보며 말했습니다. "나도 알아요. 하지만 그때까지는 '내가 가는 모든 길에 행운과 축복이 가득하기를' 하고 불러도 되잖아요."

저는 뭐라 대답할 말이 없었습니다.

이때 마리가 네 살의 나이에 본능적으로 내면화하고 있었던 것은 어떤 이들에게는 훨씬 더 오랜 시간이 필요한 일이었습니다. 심지어 이를 위해 집중적인 심리 치료를 받는 사람도 있습니다. 마리에게는 자기 자신과 친구가 되는 능력인 '자기 연민Self-Compassion'이 있었습니다. 조금 낯설게 들릴 수 있지만 이 말의 의미는 자기 자신이 행복하기를 바라고, 좋은 친구에게 그러듯 자신에게도 너무 엄격한 척도를 들이대지 않는 것을 뜻합니다. 적당한 독일어 번역을 찾기 힘든 '자기 연민'은 심리학의 새로운 개념으로 심리 치료의 성공 여부를 가늠하는 시금석이기도 합니다.

사람들은 오래 전부터 자기 확신은 많을수록 좋다고 여겨왔습니다. 여기에는 두 가지 문제점이 있습니다. 자신에 대한 과대평가와 지나친 자기중심주의입니다. "너는 원하기만 하면 뭐든지 할 수 있어"와 "네가 최고야" 같은 칭찬은 승자보다 패자를 더 많이 만들어냅니다. 논리적으로

만 봐도 모두가 평균 이상으로 뛰어날 수 없습니다. 그리고 아주 널리 퍼져 있는 이런 생각은 친구나 파트너를 만나기 힘들게 합니다. 자신을 우월하게 느끼는 가장 값싼 방법은 남을 끌어내리는 것입니다. 이런 태도는 학교나 직장에서 집단 따돌림의 형태로 표출되곤 합니다.

야심과 목표 지향의 차이는 다음과 같은 질문에서 찾을 수 있습니다. 나의 기준은 외부에 있는가, 내부에 있는가? 나는 남보다 더 잘하고 싶은 건가, 아니면 최선을 다하고 싶은 건가? 나는 내 자신이 이런 요구에 얼마나 근접했는지 알고 있는가?

불교에서는 "남과 비교하는 순간 번뇌가 시작된다"고 말합니다. 남들의 인정에 의존하면 패자가 될 뿐입니다. 다들 '무대' 위에서 남들의 평가와 피드백을 필요로 합니다. 하지만 대부분의 사람들은 아무리 최선을 다해도 거의 갈채를 받지 못합니다. 남자들이 여자들보다 더 자기 확신에 차 있는 듯한 인상을 풍기는 이유가 있습니다. 그것은 남자들이 자신에 대해 훨씬 덜 비판적이기 때문입니다. 남자들은 자신을 아주 대단하게 여기는 반면 여자들은 훨씬 더 현실적이다 못해 자학적이기까지 합니다. 자신의 외모와 매력을 스스로 평가할 때도 남자들은 거울을 한 번 힐끗 보는 걸로 충분하지만, 여자들은 뭔가 트집 잡을 게 발견될 때까지 끊임없이 들여다봅니다.

이럴 때 자기 연민이 필요합니다. 아무도 내 어깨를 두드려주지 않아도 나는 내 자신에게 그렇게 해줄 수 있지 않을까? 나는 내가 저지른 실수를 용서해줄 수 있지 않을까? 나는 내 자신에게 완벽함을 기대하는 건가? 누구나 약점과 부족한 점이 있다는 걸 분명히 알고 있지 않은

누구는 빼야 할 지방 덩어리라고 부르고 누구는 허리 금덩이라고 부릅니다.
누가 더 행복할까요?

가? 적어도 나는 내 자신의 약점을 받아들이고 안아줘도 좋지 않을까?

우리는 어떤 난관에 부딪혔을 때 "이건 말도 안 돼!"라는 푸념을 자주 합니다. 하지만 실제로 말이 되는 상황이라면 반대로 이렇게 생각해 볼 수 있습니다. "실패의 순간이든 성공의 순간이든 모두 삶의 일부일 뿐이야. 나도 내가 이 늪에서 어떻게 빠져나올지 흥미롭군." 삶과 자기 자신에 대한 이런 태도는 끊임없이 '나'를 추켜세우는 태도보다 훨씬 더 안정적입니다. 풀 줄기나 대나무는 훌륭한 비유입니다. 이런 것들은 유연하기 때문에 폭풍이 불어도 꺾이지 않고 버티다가 폭풍이 지나가면 제힘으로 다시 일어섭니다. 고난과 불행을 견디는 이런 능력을 우리는 회복 탄력성이라고 부릅니다. 전쟁 베테랑, 통증 환자, 이혼자 등 다양한 사람을 대상으로 연구를 실시한 결과, 자기 연민은 훈련이 가능한 것으로 증명되었습니다. 자기 연민은 자신에게 해를 입히거나 실패의 두려움 때문에 아예 시도조차 하지 않는 태도를 막아주기 때문에 우리를 더 건강하고, 공감하고, 성공하는 사람으로 만들어줍니다.

다음의 세 문장을 크게 소리 내어 읽어보세요. 이상하게 들리겠지만 그래도 꼭 해보시기 바랍니다.

"나는 내가 호의와 존경과 사랑을 충분히 받을 만하다고 믿는다. 나는 아무런 양심의 거리낌 없이 마음껏 좋은 것들을 즐길 수 있다. 나는 내 자신에 대해 웃으며 말할 수 있고 나를 너무 심각하게 받아들이지 않는다."

어떤가요? 뭔가 좀 뒤바뀐 느낌인가요? 혹시 자신과 좀 더 친해질 수 있을 것 같지는 않나요?

그렇다면 곧바로 다음 단계로 넘어가서 노래를 불러보세요. 오늘 생일이 아니어도 상관없습니다. 내가 가는 모든 길에 행운과 축복이 가득하기를!

# 7부

## 유머와 이야기가 정말
## 삶을 바꾼다니까요

# 왕으로 분장한 채 수술실로 들어간 한 남자

얼굴은 이미 선물 받았으니
웃음은 당신 스스로 지어야 합니다.

고객이 왕이라는 사실을 병원에서는 아주 금방 알아차릴 수 있습니다. 군주정은 1918년에 독일에서 폐지되었는데 말이죠.

커뮤니케이션 트레이너이자 어릿광대인 제 친구 알프레드는 팔꿈치 수술을 받기 위해 병원에 갔습니다. 그는 입원해서 검사를 받은 뒤 공복 상태로 하룻밤을 보냈습니다. 다음 날 아침 간호사가 와서 이렇게 말했습니다. "지금 수술실로 옮겨야 하니 병상에 누우세요." 알프레드는 정중하게 말했습니다. "혹시나 해서 말씀드리는데 저는 팔꿈치를 수술할 거예요. 두 다리는 멀쩡하니까 걸어서 가면 좋겠어요." 그러자 간호사는 쏜살같이 대답했습니다. "당신의 안전을 위한 조치예요!" 병원에서는 이 말 한마디면 아무리 말도 안 되는 행동이라도 모두 정당화됩니다. 더 이상 토를 달아서는 안 됩니다.

병상에 눕혀진 채 병원을 이동하는 것은 결코 기분 좋은 일이 아닙니다. 엄격한 간호사는 고집 센 환자를 다루기 위해 병상의 머리 부분을 최대한 아래로 내렸고, 알프레드는 꼼짝없이 일자로 누워 있어야 했습니다. 그렇게 누우면 거꾸로 뒤집혀 바닥에서 버둥거리는 풍뎅이가 된 것 같은 무력감이 느껴집니다. 창백한 형광등과 사람들의 콧구멍과 링거가 매달려 흔들거리는 '교수대'가 보이는데, 하나같이 아름답지 않은 광경일 뿐만 아니라 공연히 겁만 먹게 됩니다.

의사와 간호사의 교육 과정에 하루 동안 이동식 병상에 누워 병원을 이리저리 이동하는 실습을 의무적으로 포함시킬 필요가 있습니다. 범퍼카와 유령 열차가 짬뽕된 탈것에 실려 복도를 달리고 엘리베이터를 타는 게 어떤 기분인지 한 번쯤 경험해보아야 합니다. 그 다음은 이동 중에 얼마나 많은 얼굴을 마주치게 되는지 그 수를 세어보게 해야 합니다. 그럼에도 미소 지을 수 있는 사람이 있는지 보는 겁니다.

알프레드의 수술은 합병증 없이 잘 끝났습니다. 하지만 몇 주 뒤에 두 번째 수술을 받아야 했는데, 이번에는 자신만의 방법으로 시스템을 좀 깨보기로 마음먹었습니다. 그는 병원으로 가는 길에 버거킹에 들러 아이들 생일 때 사용하는 마분지 왕관을 하나 구했습니다. 그리고 잡지를 한 권 사서 둘둘 말고 고무줄로 묶어서 그럴싸한 왕홀도 만들었습니다. 물론 어릿광대의 빨강 코도 잊지 않고 챙겼습니다.

알프레드는 준비한 물건을 병원 침대 이불 밑에 몰래 감춰두고는 즐거운 마음으로 간호사를 기다렸습니다. 드디어 간호사가 그를 수술실로 데려가기 위해 왔습니다. 그는 얌전하게 병상에 누워 간호사가 밀고 가게 가만히 두었습니다. 그를 태운 병상이 병원 복도를 세 모퉁이 정도 돌았을 때 알프레드는 갑자기 자리에서 일어나 왕관을 쓰고 왕홀을

의사들은 이걸 보면 다 웃습니다. 콜론은 결장結腸을 뜻하는, 스웨덴 가구 회사 IKEA만 빼고 전 세계에서 통용되는 의학 전문용어입니다.

손에 들고 빨강 코를 얼굴에 붙였습니다. 그리고는 근엄한 표정으로 근처 사람들에게 손을 흔들었습니다. 정말 멋진 광경이었습니다!

알프레드는 이 이야기를 몇 년 전 한 유머 회합에서 했습니다. 저는 세 가지 이유로 알프레드의 이 이야기를 좋아합니다.

첫째로 이것은 정확히 사실 그대로의 이야기입니다. 둘째로 이 이야기는 무력감에 빠진 상황이 아주 간단한 몇 가지 수단을 통해 어떻게 유쾌한 순간으로 뒤바뀌는지, 뒤집힌 풍뎅이가 어떻게 순식간에 왕이 되는지 보여줍니다. 셋째로 이 이야기에는 에필로그가 있습니다.

몇 년 뒤 알프레드는 어느 카페에서 웬 손님 하나가 자신을 뚫어져라 쳐다보는 걸 발견했습니다. 결국 그 남자는 알프레드의 테이블 쪽으로 다가오더니 이렇게 말했습니다. "계속 쳐다봐서 죄송합니다. 그런데 혹시 몇 년 전에 팔꿈치 수술 받지 않으셨나요?" "네, 그런데 그걸 어떻게 아셨죠?" "당시 그 수술팀에 있었습니다. 물론 마스크를 쓰고 있었으니 당연히 저를 알아보실 수 없을 겁니다. 하지만 당신이 왕관과 왕홀 차림으로 빨강코를 쓰고 수술실로 들어오던 그 순간을 우리는 결코 잊지 못한다는 말씀을 꼭 드리고 싶었습니다. 병원에서 스트레스가 심할 때나 수술이 어렵고 오래 걸려서 너무 힘들 때면 늘 그 순간을 이야기하며 웃곤 합니다. 그러면 다시 힘이 나지요. 전 그저 당신도 이걸 아셨으면 합니다."

## 웃어라, 병이 다 나았노라!

원숭이 두 마리가 샤워를 하고 있습니다.

한 마리가 소리칩니다. "우우 아아, 우우 우우"

그러자 다른 한 마리가 대답합니다.

"그럼 물을 좀 더 뜨겁게 틀어!"

분명히 모순입니다. 사람들은 누구나 자신이 유머러스하다고 여깁니다. 하지만 우리는 유머가 없는 사람을 많이 알고 있습니다. 이건 말이 안 됩니다. 한 젊은이가 전차 앞에서 느긋하게 자전거를 타고 가고 있습니다. 전차 운전수가 신경질적으로 계속 경적을 울리지만 소용이 없습니다. 전차 운전수는 창문을 내리고 소리쳤습니다. "이봐, 젊은 친구, 앞에서 알짱거리지 말고 좀 다른 데로 갈 수 없어?" 그러자 젊은이가 말했습니다. "나는 가능하지만 당신은 못할 걸요!"

한 사람은 자기 길에서 벗어날 수 있지만 다른 사람은 못합니다. 소년 대 거인, 정신적 능력 대 육체적 능력의 대결. 이것은 다비드와 골리앗의 이야기에도 나오는 인류의 오랜 유머 소재입니다. 힘센 거인 골리앗은 육체적으로 한참 열등한 다비드의 돌팔매에 패하고 맙니다. 그리고 웃음은 폭력을 이깁니다. 창조적인 정신은 훌륭한 무기가 되기도 합니다. 특히 우리 자신이 적일 때는 더욱 그렇습니다. 가령 우울한 생각이나 심한 고통에 시달릴 때, 온 세상이 우리에게 등을 돌린 것 같을 때 우리는 오히려 자신에게 눈을 찡긋할 수 있습니다. 우리 자신과 어느 정도 내적 거리를 둘 여유만 머릿속에서 찾아낼 수 있다면 말입니다. 이것이 유머의 마술입니다. 우리 안에 있는 무언가가 우리의 고민을 너무 심각하게 받아들이지 않고 슬쩍 깔보듯 이렇게 말합니다. "모든 게 네 생각처럼 그렇게 나쁜 건 아니니까 조급해하지 말고 느긋하게 생각해!" 하지만 초조할 때 자신에게 이렇게 말하기란 정말 쉬운 일이 아니기 때문에 우리에게는 '프로 선수'가 필요합니다. 모든 문화에는 주술사만 있었던 게 아닙니다. 어릿광대나 시인, 익살꾼도 항상 있었습니다. 대개는 한 사람 속에 셋이 다 들어 있을 때가 많았죠. 이런 유머 전문 인력은 우리가 극심한 스트레스에 사로잡혀 웃음을 잃었을 때, 우리에게 웃음의 치유력을 일깨워줍니다. 우리가 우리 자신을 간지럽힐 수는 없습니다. 웃음에 '전염'되려면 다른 사람이 필요합니다. 누구나 혼자서 낄낄거릴 수는 있지만 제대로 웃음보가 터지려면 조금 무리해야 합니다.

웃음이 제일 좋은 약이라는 말은 사실일까요? 웃음의 효과는 통증을 느낄 때 가장 잘 확인할 수 있습니다. 직접 검사해보고 싶다면 한 가지 실험을 제안하겠습니다. 실험 도구는 망치 하나뿐입니다. 망치로 자신의 엄지를 두 번 때리는 실험인데, 각각 다른 조건으로 실험합니다. 한 번은 혼자서 실험하고, 또 한 번은 여러 사람이 있는 자리에서 실험하는 겁니다. 혼자 있을 때 망치로 엄지를 때리면 통증이 아주 오래갑니다. 하지만 여러 사람이 있을 때 하면 이런 어이없는 행동 때문에 함께 웃을 수밖에 없고 손가락도 훨씬 덜 아픕니다. 그래서 통증이 있는 사람은 온종일 혼자 있기보다 누군가와 함께 하거나 웃을 일이 있는 게 훨씬 낫습니다.

"어릿광대는 아스피린과도 같은데 효과는 두 배 이상 빠르다." 미국인 코미디언 그루초 막스Groucho Marx가 한 말입니다. 실제로 이런 효과를 노리고 약 20년 전부터 전 세계적으로 일선 병원에서 어릿광대를 고용하는 운동이 일어나고 있습니다. '병원 광대' 아이디어는 미국에서 뉴욕 출신의 마이클 크리스텐슨Michael Christensen에 의해 처음 시작되었습니다. 제가 운영하는 'HUMOUR HILFT HEILEN(치료를 돕는 유머 재단)'은 이를 모범 삼아 독일의 여러 병원에서 치료에 유익한 분위기를 만들어내기 위해 힘쓰고 있습니다.

어릿광대의 커다란 장점은 위계질서에서 벗어난 존재라는 겁니다. 그들은 시간을 마음대로 나누어 쓸 수 있고, 누구에게도 구애받지 않고 마음껏 관심과 애정을 보일 수 있으며, 그들을 필요로 하는 곳에는 어디든 당장 달려갈 수 있습니다. 요즘 독일에는 웃을 일이 별로 없는 곳에 어릿광대를 투입하는 다양한 방식이 생겨나고 있습니다. 그리고 실제로 많은 효과를 보고 있습니다. 최근에 그라이프스발트 의과대학 소아외과에서는 어린 수술 환자를 어릿광대의 손을 잡고 수술실로 들어가게 하는 실험을 실시했습니다. 아이의 절반은 어릿광대와 함께 수술실로 들어가고 나머지 절반은 예전의 일반적인 방식으로 수술실로 이동하게 했습니다. 실험 결과는 수치로 분명히 나타났습니다. 수술에 대한 아이들과 부모의 두려움이 어릿광대를 통해 현저하게 낮아졌습니다. 어릿광대의 투입을 통해 아이들은 신뢰 호르몬인 옥시토신 수치가

30퍼센트 정도 증가했습니다. 모두들, 특히 의사들과 간호사들이 이 프로젝트에 커다란 신뢰를 보냈습니다.

어릿광대의 이런 유머 작업은 흔히 어린아이를 위한 것으로만 여겨져 왔습니다. 하지만 요즘은 그들이 하는 일의 일부에 불과합니다. 베를린 훔볼트대학의 심리학자들은 성인 심근경색 환자들을 대상으로 병동의 어릿광대가 치료 성공률을 높이는지, 신경계 환자의 우울증 부작용을 줄여주는지 여부를 실험해보았습니다. 어릿광대의 투입은 노인 질환, 양로원, 진통의학 등의 분야에서도 큰 성공을 거두고 있습니다. 어릿광대 아이디어는 호스피스 운동과 마찬가지로 의료 산업화에 대한 일종의 반문화라 하겠습니다.

간호 인력과의 작업도 중요합니다. 요즘은 '맞춤의학'이 많이 거론됩니다. 하지만 동시에 인력 절감도 가능합니다. 간호사들 중에는 병실을 좋은 분위기로 만들고 순식간에 웃음과 희망을 확산시키는 재능을 타고난 사람이 있는가 하면 정반대의 재능을 타고난 사람도 있습니다. 그리고 대부분은 그 중간 어디쯤에 위치합니다. 그들은 이쪽이나 저쪽 어느 방향으로도 기울 수 있습니다. 그래서 여러 해 전부터 우리 재단에서는 '돌봄 속의 유머' 워크숍을 실시하고 있습니다. 워크숍에서는 15명이 한 팀을 이루어 세 시간 동안 훈련하고 게임도 하고 성찰의 시간도 갖습니다. 여기서는 사람을 어떻게 대해야 하는지, 무엇에 주의하고 무엇을 살펴야 하는지, 상대를 존중하는 유머와 비꼬는 유머는 어떻게 다른지, 어떻게 하면 당혹스러운 상황을 손쉽게 헤쳐나갈 수 있는지, 간호사로서 억지웃음을 짓지 않고 자발적인 미소를 잃지 않으려면

나 자신을 어떻게 돌봐야 하는지 등과 같은 주제를 다룹니다. 독일 최초로 실시된 이 프로젝트는 지금까지 2,500명 이상의 간호사와 요양사들이 위의 컨셉에 의거한 교육과 전문적인 도움을 받았습니다.

유머는 명랑하지만 여유롭고 초연하지만 애정을 잃지 않는 정신적 태도를 말합니다. 반면 냉소는 애정이 결핍된 초연함으로 언제나 씁쓸한 뒷맛을 남깁니다. 심리 치료에서도 유머는 진지하게 받아들입니다. 유머 넘치는 표현이나 이야기는 번뜩이는 기지로 우리를 일깨워 순식간에 대상을 다른 시각에서 볼 수 있게 해줍니다. 오래된 문제는 해결하는 데도 오랜 시간이 필요하다고 흔히들 말합니다. 하지만 반드시 그런 것은 아닙니다. 유머는 갑작스런 관점의 변경을 통해 단칼에 문제에서 벗어나게 해줍니다.

자신이 덫에 걸린 걸 깨닫는 순간은 우스꽝스러울 수밖에 없습니다. 술에 취한 사람이 원형 옥외 광고탑을 돌면서 벽에 가로막혔다고 투덜대는 상황과 똑같습니다. 밖에서 보면 그냥 몸을 돌리기만 하면 벗어날 수 있는데 말입니다. 하지만 당사자는 자신의 '세계관'이라는 한없이 긴 장벽에 가로막혀 더 이상 앞으로 나아가지 못합니다.

이미 오래된 것을 바꾸는 데에 오랜 시간이 필요치 않다는 걸 최면 치료에서도 경험할 수 있습니다. 최면 치료는 옛 이야기와 놀라운 통찰과 내적 체험의 변화가 동반되는 작업인데, 단 한 번의 시도만으로도 성공을 거두는 경우가 있습니다. 그럴 때 내담자는 마치 기적을 경험한 듯한 느낌을 받게 됩니다. 하지만 이런 '자발적 회복'은 치료사의 도움 없이도 가능합니다. 이것은 대부분의 흡연자들이 하루아침에 담배를 끊을 수 있는 것과도 비슷합니다.

유머와 농담은 왜 세상 어디에나 있을까요? 제가 보기에 가장 설득력 있는 이론은 우리가 한 가지 사고 패턴에 빠져들지 않도록 막아주는 해독제라는 주장입니다. 사람들은 자기 주변에서 일어나는 현상에 대한 단순한 설명을 좋아합니다. 그래서 종종 원인과 결과를 착각하기도 합니다. 유머는 자신의 잘못된 생각을 웃음으로 바로잡을 기회를 제공합니다. 이데올로기는 종류를 불문하고 항상 유머와는 거리가 멀 수밖에 없습니다. 자신이 유일한 진리를 가졌다고 믿는 사람은 다른 시각을 받아들일 수 없을 테니까요.

어떤 남자가 방랑길에 나섰다가 길을 잃었습니다. 간신히 물가에 도착한 그 남자는 물길을 따라가다 보면 언젠가 다리도 나오고 문명 세계도 다시 발견할 수 있으리라는 희망을 품었습니다. 하지만 아무리 가도 길이나 다리가 나오지 않았습니다. 그렇게 한참을 가는데 강 저편에 농부 한 사람이 밭에서 일하는 것이 보였습니다. 남자는 기뻐하며 이렇게 소리쳤습니다. "여보시오 농부 양반, 강 반대편으로 가려면 어떻게 해야 하죠?" 농부는 잠시 생각하더니 이렇게 대답했습니다. "당신은 이미 강 반대편에 있잖아요!"

유머는 모순을 굳이 해결할 필요 없이 그대로 담고 있을 수 있습니다. 우리의 이성은 세상을 분류하고 싶어 하지만 모든 걸 선과 악으로, 옳고 그름으로, 좌와 우로 나누기에 이 세상은 너무 복잡합니다. 우리의 영혼에는 모순이 해결될 필요 없이 그대로 존재할 수 있는 세 가지 상태가 있는데 바로 꿈과 정신병 그리고 유머입니다. 삶을 더 이상 이

유일하게 병원에서 감염되어도 좋은 것은 웃음입니다.

해할 수 없을 때 사람은 미쳐버릴 수도 있고 절망할 수도 있지만 그냥 웃어버릴 수도 있습니다. 웃음은 가장 건강한 방식일 뿐만 아니라 전혀 피상적이지 않습니다. 이점을 사람들은 크게 오해하고 있습니다. 사람들은 웃음을 통해서 존재의 이중적이고 모호한 성격을 있는 그대로 받아들입니다. 모든 웃음은 작은 깨달음을 의미합니다. 세상의 모든 치유 의식과 종교에는 모순, 낙관, 이해, 치유 등을 전하기 위한 수단으로 유머들이 등장합니다. 유머는 두려움의 기를 꺾어버립니다. 심지어 죽음 앞에서도 그렇습니다.

스카이다이버가 낙하산을 메고 비행기에서 뛰어내렸습니다. 잠시 후 첫 번째 줄을 잡아당겼지만 낙하산이 펴지지 않았습니다. 다행히도 비상용 낙하산이 하나 더 있었기 때문에 크게 당황하지 않고 두 번째 줄을 잡아당겼습니다. 낙하산은 또 펴지지 않았습니다. 그때 갑자기 믿을 수 없는 일이 벌어졌습니다. 한 남자가 지상에서 그를 향해 날아오는 게 보였습니다. 스카이다이버는 이제 살았구나 하면서 그 남자에게 소리쳤습니다. "낙하산 좀 고쳐주시겠어요?" 그러자 그 남자는 이렇게 대답했습니다. "아니요, 저는 가스관만 고치는데요!"

이 유머를 얼마 전 완화 의료 병동에 있는 제 또래의 한 남자에게 말해주었습니다. 그는 말기 암 환자로 자신의 상황을 잘 알고 있었습니다. 생명이 얼마 남지 않은 중환자이면서도 자신을 정성껏 전문적으로 보살펴주는 병동에 진심으로 고마워하는 그의 모습은 무척이나 인상적이었습니다. 그는 제 유머에 큰 소리로 웃으며 정말로 재미있어했습니다. 그 순간에 우리 두 사람은 한없이 자유로웠습니다. 마치 낙하산을 펴지 않고 자유낙하를 하면서 만난 것 같았습니다. 호스피스나 완화의료 병동에 처음 가보는 사람은 그곳에 무거운 침묵 대신 즐거운 웃음과 노랫소리가 흐르고 '지금 아니면 언제 하겠어?'라는 식의 에너지가 가득한 것을 보고 놀랄 때가 많습니다. 극작가 버나드 쇼<sup>Bernard Shaw</sup>는 이런 말을 했습니다. "죽는다고 삶이 웃기지 않은 게 아니듯 웃는다고 삶이 심각하지 않은 것도 아니다."

그런데 실컷 웃고 나면 그 뒤에 무언가 남는 것이 있을까요? 유머에도 지속적인 힘이 있을까요? 지금 그것을 알아보기 위해 한 가지 테스트를 해보겠습니다.

달마티안 한 마리가 계산대 앞에 섰습니다. 계산원이 물었습니다. "점을 모으시겠어요?"*

저는 이 유머를 좋아합니다. 생생한 그림을 머릿속에 그릴 수 있게 해주니까요. 이런 농담은 항상 듣는 사람의 선지식을 전제합니다. 첫째로 달마티안이 점박이 개라는 사실과 둘째로 계산대에서 이런 어리석은 질문을 자주 듣게 된다는 사실을 알고 있어야 합니다. 이야기를 전할 때 달마티안 대신 닥스훈트를 등장시켜서는 안 됩니다. 앞 문장에서 점박이 개가 듣는 이의 눈앞에 그려져야만 뒷부분의 포인트 적립에 빵터질 수 있습니다. 아직 점이 없는 흰둥이 달마티안이 '포인트'를 모으기 위해 분주히 돌아다니는 상상은 계산원이 의미가 있든 없든 계속해서 똑같은 질문을 던지는 우스꽝스러운 상황과 충돌합니다. 우리의 이성은 이 두 가지 해석 중 어느 것이 '옳다'는 결정을 내릴 수 없습니다. 그래서 생겨난 논리적 긴장이 웃음과 더불어 방전되는 겁니다. 혹시 유머에 지속적인 힘이 없다고 여기신다면 제가 장담하지만 다음번에 슈퍼마켓에 가면 분명히 생각이 바뀌실 겁니다. 슈퍼마켓 계산대에서 "점을 모으시겠어요?"라는 질문을 받으면 곧바로 달마티안이 떠오르면서 어느새 입가에 웃음이 번지고 있을 테니까요. 왜 그런지는 물론 이 책의 독자들만이 알겠지요. 마음껏 웃고 다른 사람도 감염시키시기 바랍니다.

---

* "포인트를 적립하시겠어요?"의 독일어 표현을 직역한 문장.

## 행복하게 늙어간 사람들을 주목할 것

찰리 브라운: "언젠가 우리는 다 죽을 거야."

스누피: "맞아. 하지만 그전까지는 살아가야 하지."

양로원에서의 첫날밤. 저는 아직 새벽잠이 덜 깨서 선잠에 빠져 있었습니다. 어디선가 알람이 울렸습니다. 어떤 얼빠진 사람이 또 자기 건 줄 모르는 모양이라고 생각했습니다. "뒤뒤뒤뒤", 끈질기게도 울립니다. 잠을 잘 자려고 솜으로 귀를 틀어막은 게 그나마 다행이었습니다. 다시 한번 돌아보았습니다. 저는 어제저녁 늦게 처음 밤 근무를 서기 시작했습니다. 이곳에는 밤새 같은 자세로 잘 수 없는 사람이 많습니다. 안 그러면 등창이 생기니까요. 침상을 바꾸고 베개를 새로 받치고 누운 자세를 바꿉니다. 스스로 돌아누울 수 있는 게 얼마나 큰 자유인지 모릅니다. 저도 그렇게 해보았습니다. 소리는 여전히 신경을 거스릅니다. 잠이 깨면 생각도 깨어납니다. 이곳에는 나 말고 아무도 휴대폰이 없는데. 알람 소리는 제 휴대폰에서 나고 있었습니다.

25년 전 의대생 시절에는 노화와 죽음을 사악한 적으로 배웠습니다. 하지만 천만의 말씀입니다. 현재 알츠하이머에 걸린 사람이 예전보다 훨씬 더 많이 살고 있는 것은, 간단히 말해서 좋은 신호입니다. 그들이 다른 질병으로 사망하지 않았다는 뜻이니까요. 내년이면 저는 50세가 됩니다. 아주 후하게 잡아서 전반전은 이미 넘어선 셈입니다. 알츠하이머를 떠올릴 때 제가, 그리고 우리 모두가 두려워하는 것은 무엇일까요? 고소공포증이 있는 사람은 탑을 한 걸음씩 한 걸음씩 천천히 올라가보는 게 좋습니다. 거미가 무서운 사람은 종종 고무로 만든 거미를 만져보시기 바랍니다. 그리고 나이를 먹는 게 두려운 사람은 매트리스에 비닐 커버를 씌워놓은 곳에서 밤을 보내보세요. 저는 그렇게 사흘을 제 미래일지도 모르는 곳에서 지냈습니다. 뒤셀도르프 게레스하임 구호센터의 페르디난트하이에 요양소였습니다.

"방문을 잠그는 게 좋을 걸요." 아담은 제게 그렇게 경고했습니다. 이곳에는 밤중에 제멋대로 돌아다니는 사람이 좀 있다는 것이었습니다. "좀비 영화 봤죠? 장담하지만 그런 영화를 처음 생각해낸 사람은 분명 양로원에서 아이디어를 얻었을 거예요. 잠옷 바람으로 돌아다니는 유령 같은 존재들, 이상한 소음, 이따금 내지르는 비명, 그리고 질질 끄는 발걸음, 공허한 눈빛……" 하지만 이렇게 말하는 아담의 목소리에는 오히려 애정이 담겨 있어 무시무시한 공포 분위기를 느낄 수 없었습니다. 아담은 폴란드에서는 자동차 정비공이었지만 지금은 양로원에서 요양사로 일하고 있습니다. 20년 전 독일에 실습하러 왔다가 그대로 눌러앉은 경우입니다. "내가 원했던 일은 요양사가 아니었지만 집에 돌아가서 오늘도 내가 얼마나 많은 사람에게 도움을 줄 수 있었는지 생각하면 행복해져요."

그곳에 함께 살았던 제 동거인 후트 씨는 80세를 훌쩍 넘긴 노인입니다. 그는 밤 늦게 활동하기를 좋아하는데 복도 중간쯤까지 가다가 다시 돌아오곤 합니다. 인사도 아주 다정하게 하고, 남의 방에 들어오면 금방 미안하다고 말합니다. 제가 무슨 일이냐고 물었더니 "아내에게 가는 길"이라고 말하며 제가 있는 쪽을 가리켰습니다. 그리고는 웃으면서 손으로 머리를 톡톡 치고는 "아니, 여기가 아니지" 하고 말했습니다. 저는 방이 어디냐고 물었습니다. 그는 자신의 방이 어딘지 정확히 알고 있었습니다. 어쩌면 너무 심심해서 그러는지도 모르겠습니다. 그는 발을 질질 끌면서 아직 문이 그대로 열려 있는 방으로 들어갔습니다. 텔레비전에서는 큰 소리로 범죄 드라마가 상영 중이었지만 아무도 제대로 줄거리를 따라가고 있는 사람은 없었습니다.

후트 씨는 예전에 춤을 많이 췄다고 합니다. "왈츠, 폭스트롯……" 이야기하는 그의 눈이 반짝반짝 빛을 발하기 시작합니다. 저는 몇 가지 스텝을 가르쳐줄 수 있겠냐고 물었습니다. 그는 자세를 취하고 몇 걸음 움직여보더니 웃으며 말했습니다. "맨발로는 안 되겠어." 우리 두 사람은 서로의 체면을 지켜주었습니다.

하루 뒤에 저는 비슷한 연령대의 다른 노인과 탁구를 쳐서 졌습니다. 하인츠 닌크 씨는 1961년에 보루시아 뒤셀도르프 클럽에서 독일 챔피언에 올랐었다고 합니다. 제가 아직 태어나기도 전의 일입니다. 현재 그는 보루시아 뒤셀도르프 클럽의 탁구 부흥 프로젝트를 알리는 홍보대사로 활동 중입니다. 탁구를 누구나 함께 즐길 수 있는 놀이로 만드는 방법은 많습니다. 공을 더 크게 만들거나 스티로폼으로 만들거나 풍선을 사용할 수도 있습니다. 그러자 복도에서 발을 질질 끌고 다니던 후트 씨가 풍선 공으로 스매싱을 날리고 발리를 때려 저를 놀라게 만들었습니다. 제가 얼마나 성급하게 겉모습만으로 다른 사람을 판단했는지 깨달았습니다. 그들 안에 어떤 모습이 숨어 있는지 전혀 몰랐던 겁니다. 일주일에 몇 번 정도 탁구를 친다면 후트 씨는 얼마나 건강하게 늙어갈 수 있을까요? 아무도 정확히 알 수 없겠지만 좋은 질문이긴 합니다.

뇌는 우주에서 가장 복잡한 구조를 지니고 있습니다. 하지만 이런 뇌에 대한 사용 설명서는 없습니다. 그러니 대부분의 사람들이 잘못 사용하는 것은 어쩌면 당연한 일입니다. 혹시 뇌를 최대한 오래 신선한 상태로 유지하고 싶어서 아주 드물게 사용한다면 그건 정말 패착입니다. Use it or lose it! 머릿속에서 사용되지 않는 것은 파기됩니다. 과학자들은 아직 '신경 퇴행'을 제대로 이해하지 못한 상태입니다. 그들은 현미경을 들여다보며 언젠가는 저 지저분한 단백질 찌꺼기를 배수관 세척제와 같은 약제 한 방울로 시원하게 제거하게 될 날을 고대하고 있습니다. 하지만 사실상 알츠하이머-플라크가 문제의 원인인지 아니면 수반되는 현상인지도 아직 분명치 않습니다. 그런데도 왜 우리는 여전히 실험실만 열심히 들여다볼 뿐 삶은 제대로 관찰하지 않는 걸까요? 우리가 어떻게 늙어 가는지 보여주는 가장 대규모의 실험이 바로 우리 눈앞에서 진행되고 있는데 말입니다. 건강한 노인들을 관찰하고 그들에게 그리고 당신 자신에게 질문해보세요. 삶에서 진짜로 주의를 기울여야 할 게 무엇인지.

치매의 치료 성공률이 저조한 이유는 신경세포 회복을 위한 치료가 너무 늦게 시작되기 때문입니다. 이것은 벌써 두 시간 전에 축구 경기가 끝났는데 경기장에 전단지를 뿌리고 있는 것이나 마찬가지입니다. 알츠하이머의 경우, 우리는 20년이나 뒤늦게 접근하고 있습니다. 뇌는 하루아침에 파괴되지 않습니다. 그리고 분명한 원인도 있습니다. 뇌세포를 건강하게 유지하는 어떤 마법의 주문이나 '앱' 같은 것은 없습니다. 많이 움직이고 다채로운 삶을 영위해야 합니다.

마찬가지로 학문적 연구도 진짜 삶의 영역에서 더 많이 이루어져야 합니다. 취학 전 연령의 아이들에게 일찌감치 노래, 춤, 북 치기 등을 가르치면 어떤 효과가 있을까요? 우리의 세금이 수백만 유로나 투입된 대대적인 역학 조사는 대부분 일반적인 설명을 결과로 내놓습니다. 실제로 한 집단을 뽑아서 그들에게 무언가를 가르친 다음 10년 뒤에 구체적으로 무엇이 더 좋아졌는지 확인하는 실험은 한 번도 실시된 적이 없습니다. 그럼에도 불구하고 우리는 춤을 많이 춘 아이들이 공간적 사고를 더 잘 한다는 사실을 이미 알고 있습니다. 당연히 사회성도 더 좋아집니다. 하지만 제가 알고 싶은 것은 40세에서 60세 사이에 규칙적으로 춤을 추면 제 뇌가 얼마나 건강하게 유지될 수 있는가입니다.

우리는 나이가 한 살 두 살 많아질 때마다 매번 새로운 것들의 진가를 새삼 깨달으며 성숙해집니다. 예순 살이 되어서도 여전히 스무 살 때와 똑같은 옷을 입고 똑같은 목표를 추구한다면 그 사람은 우스꽝스럽게 보일 수밖에 없습니다. 인생의 커다란 수레바퀴 안에서 어떤 이들은 나이가 들수록 점점 더 쾌활해지고 여유로워집니다. 유머는 치유에 도움이 됩니다. 비록 어떤 것은 영원히 치유될 수 없을지라도 말입니다. 열려 있는 외부 자극은 모든 감각을 통해 우리 마음속 깊은 곳을 자극할 수 있습니다. 신체 접촉이 그렇고 유머와 음악이 또한 그렇습니다.

양로원에서 보낸 사흘은 제게 새로운 시각을 얻게 해주었습니다. 일종의 노화 시뮬레이터였습니다. 귀가 잘 안 들리고 정보 처리에 어려움이 생긴다면 말을 감지하는 방식도 달라집니다. 예를 들어 누가 느닷없이 "빈에 가십니까?"라고 물을 때 이 물음에는 아무 의미가 없습니다. 하지만 뇌 기능이 제한된 사람은 "병원에 가십니까?"를 그렇게 표현할 수 있습니다.

사회 교육학자인 율리아 리하르츠Julia Richarz는 제게 이런 말을 했습니다. "알츠하이머 환자들에게 우리는 미친 사람들이에요. 그분들의 시각에서 보면 우리는 아무 의미도 없는 말을 지껄이고 이상한 짓을 하면서 그들을 전혀 이해하지 못하는 사람들이죠." 그녀는 이곳 양로원에서 일하는 직원이라면 누구나 마음에 새기고 있는 사실을 한 가지 제게 알려주었습니다. 반대는 스트레스만 불러온다는 것입니다. 지금 자기 부모를 돌봐드려야 한다고 말하는 사람에게는 당신 부모님은 벌써 오래전에 돌아가셨고 당신 나이가 벌써 90세라고 말해봤자 아무 소용이 없습니다.

그보다는 배후에 자리 잡은 감정을 인지하고 반응하는 편이 훨씬 낫습니다. "정말 자상한 분이시군요. 당신이 다른 사람들을 돌봐주셔서 저도 기뻐요. 여기도 좀 봐주세요……." 학교에서는 왜 이런 걸 배울 수 없는 걸까요? 삶의 여유를 찾기 위해서 힙스터들은 왜 굳이 이국적인 호텔로 가는 걸까요? '템포 늦추기'는 아무 양로원에나 가면 아주 저렴하게 배울 수 있습니다.

알츠하이머가 단지 드라마나 코미디에 불과할까요?《치매인Demen-sch》이라는 책에서 노인학자 토마스 클리에Thomas Klie와 만화가 페터 가이만Peter Gaymann은 치매의 진지한 부분과 우스운 부분을 모아보았습니다. 한 만화에서는 노파가 지팡이를 짚고 길을 가다 십자가상 앞에 서서 예수님에게 이렇게 말합니다. "당신은 항상 모든 걸 용서하고, 나는 항상 모든 걸 잊어버리니 우리 둘 다 결과는 똑같구려."

울리히 파이Ulrich Fey는 십년이 넘게 어릿광대 알베르트로 분장하고 노인 요양 시설을 방문하고 있습니다. 어릿광대는 사랑스러운 인물로 아무에게나 무례하게 굴고 다른 사람들보다 어리숙한 척 합니다. 그들은 일부러 바보짓을 하면서 심각한 일을 좀 더 가볍게 만들어줍니다. 프랑크푸르트 양로원의 휴게실에는 다양한 사람들이 모여 있습니다. 건강 상태가 양호한 이들과 그다지 양호하지 않은 이들, 눈이 보이는 이들과 안 보이는 이들, 말을 하는 이들과 안 하는 이들. 하지만 어릿광대와 함께 노래 부르는 것은 다들 좋아합니다. '로렐라이 언덕'과 '오, 마이 파파'를 부르면 하나같이 눈이 말똥말똥해지는데, '노래는 즐겁다'를 부를 땐 더욱 그렇습니다. "아, 저건 엘비스가 아주 잘 불렀는데." 누군가가 향수에 젖은 목소리로 말합니다. 그러자 평소에 늘 말이 없던 이가 묻습니다. "누구라고?" "엘비스 프레슬리 말이야!" 또 다른 이가 묻습니다. "그 사람도 여기 들어왔어?"

엘비스는 살아 있습니다! 대단히 감동적인 영화〈그 노래를 기억하세요?)Alive Inside〉는 음악이 삶의 막바지에 다다른 사람들에게 얼마나 큰 영향을 미치는지 잘 보여줍니다. '음악과 기억Music and Memory' 프로젝트는 미국에서 시작되어 지금은 독일에도 전파되었습니다. 아이디어는 간단하고도 기발합니다. 치매 환자에게 예전에 좋아하던 노래를 들려줌으로써 오랫동안 잊고 있던 기억들을 되살리는 겁니다. MP3 플레이어를 이용해서 하루에 두 번 10분씩 음악을 약처럼 환자에게 들려줍니다. 저는 음악 치료사와 함께 이 방법을 직접 시험해볼 수 있었습니다.

사람과 노래가 다 다르듯 반응도 다 다릅니다. 무덤덤할 때가 있는가 하면 다들 눈에 눈물이 고일 때도 있습니다. 저는 '그대와 천상에서 춤추네'의 왈츠 리듬에 맞춰 93세의 여인과 춤을 추었습니다. 또 '베로니카, 렌츠가 돌아와요'가 흘러나오자 늘 멍하니 생각에 잠겨 있던 할머니가 갑자기 회춘이라도 한 듯 생기가 돌며 두 눈을 치켜뜨는 모습도 보았습니다. 치매가 너무 심해서 침대에 누워 지내는 69세 남자는 롤링 스톤즈의 '새티스팩션Satisfaction'을 헤드폰으로 들려주자 이불 밑으로 다리를 떨었습니다. 이것을 보면서 저는 얼른 부모님에게 젊었을 때 무슨 노래를 주로 들었는지 물어봐야겠다고 생각했습니다.

"돌보는 시간이 살아 있는 시간이다!" 이것은 환자와 돌보는 이 양쪽 모두에게 해당될 수 있는 말입니다. 하지만 누가 그럴 시간이 있을까요? 시간이 금이고 아껴야 하는 것이라면 먼저 관심을 쏟는 시간부터 아끼게 되는 게 매정한 현실입니다. 그렇게 해도 별로 눈에 띄지 않으니까요. 제가 예전에 일했던 베를린 대학의 샤리테 병원은 유럽에서 가장 큰 종합병원입니다. 하지만 샤리테Charité라는 말이 '카리타스caritas',

즉 이웃 사랑에서 나온 것이라는 사실을 대부분의 사람들은 잊고 있는 듯 보입니다. 병든 사람을 돌보는 것은 기독교 중심의 서양권에서 원래 자선 행위였습니다. 병원은 찾아온 사람을 정성껏 돌보는 장소이고, 환자는 고객이 아니라 고통받는 사람인 것입니다. 요즘 사람들은 서양 문화의 위기에 대해 많이들 말합니다. 이웃 사랑, 연대, 정의와 같은 가치를 지키기 위해서라면 우리는 기꺼이 거리로 뛰쳐나가야 합니다.

저는 양로원에서 받은 집중 훈련을 통해 많은 것을 배웠습니다. 끊임없이 예전과 비교하고 잘 안 되는 것에 분노한다면 늙어간다는 것은 아주 나쁜 일이 될 겁니다. 하지만 게레스하임 양로원에서 저는 이런 두려움을 없애주는 많은 노인들을 만났습니다. 그곳에는 진심으로 걱정해주는 사람들이 있었습니다. 그들은 마음을 활짝 열고 저를 맞아주었고 제게 모든 것을 다 감추지 않고 보여주었습니다. 누군가 저를 알아보고 "당신, 텔레비전에서 봤어요. 달리 달리 쇼!"라고 말하자 다 함께 웃으며 반겨주었습니다. 그곳에서 저는 춤을 추고, 동물을 쓰다듬고, 노래를 부르고, 침묵을 배웠습니다. 남편이 죽은 지 40년도 넘은 할머니와 이야기를 나누었습니다. 어떤 할머니는 매일 두 번 위층에 누워 있는 남편을 만나러 갑니다. 할머니의 남편은 뇌졸중으로 쓰러져 몸을 움직이지 못하고 할머니를 알아보지도 못하지만 할머니를 보는 얼굴은 지극히 만족스러운 표정입니다.

더 이상 '쓸모'가 없는 사람들을 매일 돌보는 사람을 존경합니다. 다시 건강해질 수 없다는 이유만으로 사람을 무가치하게 여기지 않는 사람을 저는 존경합니다. 일상의 영웅들은 소변을 받아내고, 눈물을 닦아주고, 더 많은 궂은 일을 처리합니다. 밤이고 낮이고, 주말에도, 크리스마스 때에도.

다네케 씨는 제게 가능한 한 세상 구경을 많이 하라고 권했습니다. 그는 평생 여행하기를 좋아했고 여든 살에 아내와 함께 쿠바로 배낭여행을 떠나기도 했습니다. 86세인 그는 현재 집에서 생활하기가 불편해 단기 요양 중입니다. 저는 어디가 제일 아름다웠냐고 물어보았습니다. 사모아? 필리핀? 노르웨이? "그건 어디라고 콕 집어 말할 수가 없군요. 하지만 저녁에 침대에 누워 눈을 감고 있으면 어딘가가 눈앞에 보이고, 그러면 떠나는 거예요."

# 걱정, 무기력, 질병을 이길 49가지 습관

우리가 매일 생각하고 행하고 먹고 나누고 공유하고
즐기는 작은 것들이 모이면 엄청난 효과를 낸다.

무엇이 정말로 나의 건강에 도움이 될까? 우리는 이 판단을 간단히 운에 맡겨볼 수도 있습니다. 뒤에 준비된 49개의 도움말은 모두 과학적 근거를 지녔거나 실생활의 경험을 통해 사실로 입증된 것입니다. 중요한 점은 당신이 뭐라도 하는 것입니다. 물론 아무것도 안 하기로 결정할 수도 있습니다. 하지만 아무것도 안 하면서 계속해서 뭔가를 해야 할 텐데라고 생각만 하는 것이 건강에 가장 해롭습니다.

간단한 원칙이나 뻔한 사실, 사소한 깨달음 하나가 커다란 도약의 발판이 되는 경우를 많이 보았습니다. 보건학자들이 하나같이 하는 말이 있습니다. 우리가 매일 생각하고 행하고 먹고 나누고 공유하고 즐기는 작은 것들이 모이면 엄청난 효과를 낸다는 겁니다. 우리는 단기간에 도달할 수 있는 것을 과대평가하는 경향이 있습니다. 예를 들면 2주 만에 살을 10킬로 뺀다거나 하는 것 말입니다. 그리고 오랜 시간을 들여야 도달할 수 있는 것은 과소평가합니다. 하루에 최소한 15분

이상 걷기가 그런 것입니다. 당신이 얼마만큼을 먹든 상관없이 2주 만에 10킬로를 빼는 건 불가능합니다. 도대체 왜 그런 식으로 10킬로를 빼야 한단 말인가요? 이때 당신에게서 없어지는 건 좋은 기분입니다. 좋은 기분을 유지하는 일은 끊임없이 건강을 걱정하는 것보다 훨씬 중요합니다.

도움말 로또의 작동 방식은 다음과 같습니다. 로또 용지에 아무거나 마음에 드는 숫자 여섯 개를 적어 넣으세요. 우리는 6/49 로또 게임을 하는 겁니다. 당신이 뽑은 여섯 개의 도움말이 과연 당신에게 해당되는 것인지 확인해보세요. 수령 장소는 당신 자신입니다. 어떤 도움말이 당신에게 정말로 유익할 것 같은가요? 몇몇 도움말은 직접 실천에 옮겨 봐야 비로소 효과를 알 수 있습니다. 또 시간이 일주일 정도 지나야 효과가 나타나는 도움말도 있습니다. 당장에는 흥미를 느낄 수 없지만 상당히 유익하고, 장기적으로는 더 큰 즐거움을 주는 도움말도 있습니다. 반대로 당신에게 당장 기쁨을 줄 수 있는 이런 도움말도 있습니다. "오늘 하루 세 사람에게 칭찬하는 말을 건네 보세요."

일주일 동안 여섯 가지 도움말을 모두—아니면 최소한 한 가지라도—실행에 옮겨보세요. 그리고 다음 주에는 다시 로또 번호를 뽑으세요. 원하신다면 똑같은 숫자를 다시 적으셔도 좋고, 아니면 여섯 개의 새로운 아이디어에 기회를 주셔도 좋습니다. 상급자는 제 도움말을 자신이 직접 작성한 도움말로 교체하셔도 됩니다. 그렇게 하면 당첨 확률은 더욱 높아집니다!

행운을 빌어요!

# 건강로또 6/49 7회분 용지

| 1 | 8 | 15 | 22 | 29 | 36 | 43 |
|---|---|----|----|----|----|----|
| 2 | 9 | 16 | 23 | 30 | 37 | 44 |
| 3 | 10 | 17 | 24 | 31 | 38 | 45 |
| 4 | 11 | 18 | 25 | 32 | 39 | 46 |
| 5 | 12 | 19 | 26 | 33 | 40 | 47 |
| 6 | 13 | 20 | 27 | 34 | 41 | 48 |
| 7 | 14 | 21 | 28 | 35 | 42 | 49 |

| 1 | 8 | 15 | 22 | 29 | 36 | 43 |
|---|---|----|----|----|----|----|
| 2 | 9 | 16 | 23 | 30 | 37 | 44 |
| 3 | 10 | 17 | 24 | 31 | 38 | 45 |
| 4 | 11 | 18 | 25 | 32 | 39 | 46 |
| 5 | 12 | 19 | 26 | 33 | 40 | 47 |
| 6 | 13 | 20 | 27 | 34 | 41 | 48 |
| 7 | 14 | 21 | 28 | 35 | 42 | 49 |

| 1 | 8 | 15 | 22 | 29 | 36 | 43 |
|---|---|----|----|----|----|----|
| 2 | 9 | 16 | 23 | 30 | 37 | 44 |
| 3 | 10 | 17 | 24 | 31 | 38 | 45 |
| 4 | 11 | 18 | 25 | 32 | 39 | 46 |
| 5 | 12 | 19 | 26 | 33 | 40 | 47 |
| 6 | 13 | 20 | 27 | 34 | 41 | 48 |
| 7 | 14 | 21 | 28 | 35 | 42 | 49 |

| 1 | 8 | 15 | 22 | 29 | 36 | 43 |
|---|---|----|----|----|----|----|
| 2 | 9 | 16 | 23 | 30 | 37 | 44 |
| 3 | 10 | 17 | 24 | 31 | 38 | 45 |
| 4 | 11 | 18 | 25 | 32 | 39 | 46 |
| 5 | 12 | 19 | 26 | 33 | 40 | 47 |
| 6 | 13 | 20 | 27 | 34 | 41 | 48 |
| 7 | 14 | 21 | 28 | 35 | 42 | 49 |

| 1 | 8 | 15 | 22 | 29 | 36 | 43 |
|---|---|----|----|----|----|----|
| 2 | 9 | 16 | 23 | 30 | 37 | 44 |
| 3 | 10 | 17 | 24 | 31 | 38 | 45 |
| 4 | 11 | 18 | 25 | 32 | 39 | 46 |
| 5 | 12 | 19 | 26 | 33 | 40 | 47 |
| 6 | 13 | 20 | 27 | 34 | 41 | 48 |
| 7 | 14 | 21 | 28 | 35 | 42 | 49 |

| 1 | 8 | 15 | 22 | 29 | 36 | 43 |
|---|---|----|----|----|----|----|
| 2 | 9 | 16 | 23 | 30 | 37 | 44 |
| 3 | 10 | 17 | 24 | 31 | 38 | 45 |
| 4 | 11 | 18 | 25 | 32 | 39 | 46 |
| 5 | 12 | 19 | 26 | 33 | 40 | 47 |
| 6 | 13 | 20 | 27 | 34 | 41 | 48 |
| 7 | 14 | 21 | 28 | 35 | 42 | 49 |

| 1 | 8 | 15 | 22 | 29 | 36 | 43 |
|---|---|----|----|----|----|----|
| 2 | 9 | 16 | 23 | 30 | 37 | 44 |
| 3 | 10 | 17 | 24 | 31 | 38 | 45 |
| 4 | 11 | 18 | 25 | 32 | 39 | 46 |
| 5 | 12 | 19 | 26 | 33 | 40 | 47 |
| 6 | 13 | 20 | 27 | 34 | 41 | 48 |
| 7 | 14 | 21 | 28 | 35 | 42 | 49 |

| 1 | 8 | 15 | 22 | 29 | 36 | 43 |
|---|---|----|----|----|----|----|
| 2 | 9 | 16 | 23 | 30 | 37 | 44 |
| 3 | 10 | 17 | 24 | 31 | 38 | 45 |
| 4 | 11 | 18 | 25 | 32 | 39 | 46 |
| 5 | 12 | 19 | 26 | 33 | 40 | 47 |
| 6 | 13 | 20 | 27 | 34 | 41 | 48 |
| 7 | 14 | 21 | 28 | 35 | 42 | 49 |

# 49가지 건강 습관

1) 일본 사람들은 이것을 신린요쿠라고 부릅니다. 삼림욕입니다. 오늘은 숲속을 걸어보세요. 혈압을 낮추고 스트레스를 풀어줍니다. 맑은 공기는 폐를 정화시켜줍니다. 나무가 내뿜는 물질이 우리의 면역 체계를 자극한다는 사실도 새롭게 밝혀졌습니다. 그러니 모든 감각을 열고 푸른 숲을 만끽하세요!

2) 운동할 시간이 별로 없으신가요? 그러면 강도를 높이세요! 운동 능력을 한계치까지 사용하는 1분간의 인터벌 트레이닝은 45분 동안 지구력 트레이닝을 하는 것만큼 체력을 끌어올려줍니다. 짧고 굵게 전력 질주 어때요?

3) 80세가 될 때까지 우리는 4천 번의 주말을 경험합니다. 이 많은 시간 동안 어떤 꿈을 실현시키렵니까? 먼저 종이에 적어보고 다음 주말에 첫걸음을 내딛으세요.

4) 트램펄린 위에 올라가서 한 번만 뛰면 바로 어린 시절로 갈 수 있습니다. 작은 트램펄린을 하나 장만해서 일하다 졸릴 때 올라가서 뛰세요. 단 1분 만에 잠이 다 달아납니다.

5) 좋아하는 시인이 누구인가요? 오늘 새 시를 한 편 읽고 외운 다음 누군가에게 들려주세요. 그 사람이 무척 좋아할 겁니다.

6) 조커: 오늘 아무것도 하지 마세요. 하지만 반드시 끝까지 지켜야 합니다.

7) 근처에 춤을 추기 적당한 장소를 찾으세요. 집에서 좋아하는 음악을 틀어놓고 거실에 앉아 휴식을 취해도 좋습니다. 당신의 영혼이 몸에서 나와 춤추게 하세요. 영혼은 다시 돌아올 테니 걱정 마시고요.

8) 당신에게 닥칠 수 있는 건강의 위험에 대해 얼마나 많이 알고 싶으세요? 현재 알려진 가장 좋은 방법은 정확한 가족력을 아는 것입니다. 집안에 대장암, 정신병, 심근경색 등 특정

질환이 자주 발생한다면 의사를 찾아가 이에 대해 상담을 하는 것이 질병 예방에 큰 도움이 됩니다.

9) 오늘은 담배를 끊기에 좋은 날이군요. 담배를 전혀 피우지 않는다면 주변의 누군가가 담배를 끊을 수 있게 도움을 주셔도 좋습니다. 금연은 언제해도 결코 늦지 않습니다. 담배를 끊으면 80번째 생일을 맞이할 가능성이 배가됩니다.

10) 동기부여에 도움이 된다면 당장 만보기를 장만하세요. 요즘은 휴대폰 앱으로도 많이 나와 있습니다. 하루에 1만 보를 목표로 잡으세요. 천리 길도 한 걸음부터입니다.

11) 집에서 기르는 동물이 있나요? 개를 기르는 사람은 우울증에 잘 안 걸립니다. 매일 밖으로 나가 거리를 걸으며 다른 사람을 만날 좋은 핑계가 있으니까요. 그리고 당신이 집에 돌아오면 항상 꼬리를 흔들며 반겨주는 누군가가 있으니까요.

12) 악기를 연주해본 적이 있나요? 수준이 높든 낮든 상관없으니 당신의 능력을 다시 살려보세요. 음성도 악기입니다. 라디오에서 나오는 노래를 함께 불러보세요. 아니면 합창대에 들어가거나 근처에서 열리는 '떼창' 모임에 참가해보세요.

13) 오늘은 10분 정도 당신에게 완전히 새로운 것을 해보세요. 평소에 좀 더 잘 알고 싶었던 것은 없나요? 하지 못했던 취미 생활이나 관심거리에 몰두해보세요. 평소에 눈을 주지 않던 진열대에 있는 잡지를 사서 읽어보세요. 오늘은 무엇을 새로 알게 될까요?

14) 당신을 웃게 만드는 게 무엇인가요? 좋아하는 코미디언은 누구인가요? 어떤 풍자, 어떤 구절이 당신의 유머 감각과 잘 맞나요? 당신의 웃음보를 자극하는 만화나 책, DVD, CD, 기타 다른 습득물 따위로 당신의 보물 상자를 채워보세요.

15) 지중해식 식사를 하세요. 풍부한 야채와 좋은 기름 그리고 무엇보다도 여러 명의 좋은 사람들로 당신의 식탁을 채우세요.

16) 혈압을 재보세요. 오래 걸리지 않습니다. 하지만 혈압이 좋으면 당신은 오래 살 수 있습니다.

17) 오늘은 55분마다 잠시 하던 일을 멈추고 몸을 움직여보세요. 앉아 있는 것은 담배를 피우는 것만큼이나 건강에 해롭다고 합니다. 계속 앉아서 담배를 피우지 말고 잠시 밖으로 나가 크게 심호흡을 하세요.

18) 솔 마사지를 해보세요. 아침마다 적당한 솔로 팔과 다리를 심장 방향으로 마사지하면서 몸과 마음에 활기를 불어넣으세요.

19) 오늘은 과일을 통째로 씹어서 드셔보세요. 요즘 유행하는 스무디보다 포만감은 더 크고 혈당 수치는 더 느리게 올라갑니다. 갈아서 먹는 건 더 이상 씹을 수 없을 때 해도 늦지 않습니다.

20) 당신이 찾아가면 반가워할 사람을 방문해보세요.

21) 하루에 포옹을 몇 번쯤 하시나요? 경우에 따라 차이가 있겠지만 대부분의 사람들은 누가 안아주는 걸 좋아합니다. 확신이 서지 않는다면 물어보고 하시면 됩니다.

22) 주위를 돌아보세요. 눈에 띄는 물건 중 없어도 되는 것 세 가지를 골라서 남에게 선물하거나 기부하거나 휴지통에 버리세요. 우리의 소유물이 우리를 소유합니다. 그것으로부터 벗어나 자유로워지세요.

23) 오늘은 당신이 먹는 모든 음식에 당분을 추가하지 말아보세요. 음료수, 커피, 비스킷 등에 모두! 단맛이 부족해서 정말 문제가 되던가요?

24) 집안이나 지하실에 곰팡이가 핀 곳은 없나요? 집안 공기를 신선하고 건조하게 유지하세요. 필요하면 작은 환풍기를 설치하는 것도 좋습니다. 이런 생활 독소의 위험을 피하기 위해 전문적인 도움을 받는 것도 고려해보세요.

25) 당신의 예방접종 이력을 아시나요? 예방접종은 어린아이들만 받는 게 아닙니다. 성인도 받을 필요가 있는데, 특히 여행을 떠날 때나 특정 유형의 간염 예방을 위해서는 반드시 받아야 합니다.

26) 텔레비전을 한 시간 보면 기대 수명이 20분 정도 줄어든다고 합니다. 그리고 그 시간은 다시는 돌아오지 않습니다. 프로그램을 의식적으로 선택해서 보고, 잠들기 전에는 텔레비전을 끄는 게 좋습니다. 텔레비전을 보고 나서 잠자리에 들기 전에 잠시 집 주위를 걷고 오거나 와인을 한 잔 마시면 '차단'에 도움이 됩니다. 그리고 잠은 소파보다 침대에서 자는 게 더 낫습니다.

27) 귀마개나 헤드폰을 이용해 주변 소음을 줄여보세요. 조용히 일에 집중하는 데 큰 도움이 됩니다. 잠도 더 잘 잘 수 있습니다.

28) 주변에 멀리까지 잘 내다볼 수 있는 곳이 어딘가요? 언덕? 다리? 높은 빌딩의 테라스? 먼 데를 바라보면 기분이 좋아지고 시력에도 도움이 됩니다.

29) 오늘은 조용히 식사를 해보세요. 다른 일에는 신경을 끄고 오직 식사하는 데만 주의를 집중하세요. 냄새, 맛, 혀에 닿는 느낌, 씹는 느낌, 목으로 넘어가는 느낌, 뱃속의 느낌 등을 음미하세요. 주의: 이 훈련은 당신의 입맛에 맞는 음식을 먹을 때만 해야 합니다.

30) 임종을 맞을 때 사무실에서 좀 더 많은 시간을 보내지 못한 게 후회된다고 말한 사람은 아무도 없습니다. 오늘은 30분 일찍 퇴근해서 그 시간을 당신에게 정말 중요한 사람과 함께 보내세요.

31) 오늘은 휴대폰을 침실에서 추방하세요. 휴대폰 화면뿐만 아니라 거기에 뜬 내용도 우리 잠을 방해합니다. 잠을 쫓을 생각이라면 최신 뉴스 말고 더 좋은 것들이 있습니다.

32) 당신이 알고 있는 80대 노인 중에 가장 멋진 분은 누구인가요? 그 분을 직접 찾아가든지 아니면 당신의 롤 모델에 대해 쓴 글이나 책을 읽어보세요. 다행히도 우리가 더 오래 살게 된다면 그때 무엇이 우리를 기쁘게 할지 미리 질문을 던져보는 것도 나쁘지 않습니다.

33) 아침에 일어날 때 잠시 이런 생각을 해보세요. 나는 오늘 무엇을 위해 일어나는가? 그리고 별다른 이유를 찾을 수 없다면 그냥 누워 계셔도 좋습니다.

34) 오늘은 샤워를 하며 노래를 불러보세요. 욕조에 누워서 불러도 상관없습니다.

35) 오늘은 맨발로 걸어보세요. 유명한 마음챙김 명상가는 이런 말을 했습니다. 기적은 물 위를 걷는 게 아니라 자기 발밑의 풀을 느끼는 것이다.

36) 누군가에게 꽃다발을 선물하세요. 그리고 그것을 두 시간 뒤에 다시 다른 누군가에게 선물하라고 그 사람에게 말하세요. 그러면 기쁨이 두 배가 됩니다.

37) 주변의 작고 척박한 땅에 화초를 심거나 가로등이나 울타리에 털옷을 짜 입혀 지나다니는 사람을 미소 짓게 만들어보세요.

38) 오늘 하루 당신 자신 말고는 아무도 연락이 닿을 수 없는 사람이 되어보세요.

39) 오늘 자발적으로 세 사람에게 칭찬해보세요.

40) 예전에 큰 도움을 받았던 사람에게 감사의 편지를 써보세요.

41) 아이에게 이야기를 읽어주세요. 아이와 함께 이야기를 지어내보면 더 좋습니다.

42) 파트너의 정확히 어떤 점을 사랑하는지 적어보세요. 왜 상대를 선택했는지 분명히 기억하는 것은 관계를 더욱 좋게 만들어가는 비결입니다.

43) 당신의 장례식 때 어떤 좋은 말을 듣게 될지 상상해보세요. 당신에게 중요한 것은 무엇인가요? 당신의 어떤 가치, 어떤 메시지를 당신이 죽은 뒤에 기억하게 될까요? 아일랜드 속담에 이런 것이 있습니다. "사람들이 네 무덤 앞에서 너무 거짓말할 필요 없도록 살아라."

44) 물건보다는 경험을 선택하세요. 음악회, 여행, 강좌 등 좋은 경험은 우리를 행복하게 만들어줍니다. 실행에 들어가기 전부터 벌써 설렘에 기분이 좋아지고, 그 순간에도 즐겁고, 나중에 돌이켜보면 절로 입가에 미소가 지어집니다.

45) 오늘은 당신이 머고 싶지 않은 모든 것을 눈앞에서 치워버리세요. 아예 사람들의 손이 닿지 않는 지하실이나 장 속에 치워버리면 더 좋습니다. 조금도 아쉽지 않죠?

46) 조그만 거울을 마련해서 냉장고 문 안쪽에 붙여놓으세요. 그리고 냉장고를 열 때마다 잠시 당신의 눈을 보세요. 당신 자신의 목격자가 되세요. 자신에게 정말로 이로운 것만 먹을 수 있게 도와줍니다.

47) 오늘은 걸어갈 때 머리끝에 달린 보이지 않는 끈이 당신을 가볍게 위로 끌어당겨 꼿꼿하게 만들기 때문에 키가 2센티미터 정도 커졌다고 상상하며 걸어보세요. 어떤 느낌이 드시나요? 다른 사람들의 반응은 어떤가요? 평소보다 좀 더 부드럽게 걷게 되지 않나요?

48) 힘겨운 싸움을 해야 했던 때를 떠올려보세요. 그 일로 어떤 배움을 얻었나요? 그때의 상황을 극복하는 데 무엇이 도움이 되었나요? 혹시 지금은 도움도 더 잘 구하고, 감정도 더 잘 나누고, 남들에게 더 따뜻하고 도움이 되는 사람이 되어 있지 않은가요?

49) 초콜릿 한 봉지를 사서 하루 세 번 한 알씩 플라세보로 드셔보세요. 여기에 어떤 효능을 담을지는 직접 결정하세요.

** 사진 저작권에 대한 정보는 아래와 같습니다.

–Design and all Illustrations by Jörg Asselborn

–All Illustrations by Dirk von Manteuffel (p. 69, 179, 253, 288/289)

–All "Penguin" illustrations by Jörg Pelka

–All photographs © privat

–Illustration p. 30: Lüttes Welt / ideapro GmbH

–Photographs © Michael Zargarinejad (p. 97)

# 방탄 사고
## 걱정, 무기력, 질병으로부터 당신을 지킬 해독제

1판 1쇄 발행  2019년  6월  10일
1판 3쇄 발행  2021년  4월  12일

지은이 · 에카르트 폰 히르슈하우젠
옮긴이 · 박규호
펴낸이 · 주연선

(주)은행나무
04035 서울특별시 마포구 양화로11길 54
전화 · 02)3143-0651~3  |  팩스 · 02)3143-0654
신고번호 · 제 1997-000168호(1997. 12. 12)
www.ehbook.co.kr
ehbook@ehbook.co.kr

잘못된 책은 바꿔드립니다.

ISBN 979-11-89982-15-7 (03320)